全国政协文化文史和学习委员会
天津市政协文史资料委员会 编

天津

MING REN GU JU BO LAN
TIAN JIN JUAN

卷

（上）

中国文史出版社

一、早期党的领导人故居

于方舟故居

张绍祖

于方舟

于方舟（1900—1927），原名兰渚，又名方洲。他之所以用"方舟"为名，"盖以渡人之舟，窃自期也"。他出生在天津宁河县俵口村一个农民家庭里。其故居正房3间，砖木结构，抬梁式，硬山顶。小方舟自幼父母常给他讲述当年八国联军侵略中国的罪行，也常讲述林则徐、关天培等抗英故事和义和团反帝斗争的英勇事迹，使他从小受到反帝爱国的启蒙。他6岁开始在本村念私塾，13岁入该村小学乙班读书。在学校，他最爱听国文老师讲岳飞、文天祥等民族英雄的故事，并经常阅读这方面的书籍，还给同窗好友讲述。1917年秋，他考入直隶省立第一中学（今天津三中）读书。当时学校成立了三育促进会，并创办《进修》周刊，他因踊跃投稿，被聘为该刊的编辑员。1918年10月，他署名"于兰渚"，在《进修》周刊第21期至23期上，连续发表纪实小说《庚子燹余记》，描写"因庚子之役，京地大乱"，一个小康之家由京都逃难、流寓僻乡的凄惨遭遇，揭露帝国主义侵略中国的罪行。1919年"五四"运动爆发后，该校组织了学生救国团，推举于方舟为团长。5月14日，天津学生联合会成立，于方舟为省立第一中学的学生代表，被选为天

于方舟俵口村故居

津学联会评议会的委员，随后又被推选为参加天津各界联合会的学生代表。1919 年 5 月 23 日，于方舟带领该校学生，积极参加了天津 15 所中等以上学校的罢课斗争，该校成为天津"五四"运动的一支骨干力量。

为推动"五四"运动深入发展，天津学生联合会成立了讲演部，于方舟被选为学联宣传科及演讲队职员。他积极发动省立一中的进步学生成立演讲队，经常到东门里、东北角等地宣讲，揭露日本帝国主义妄图灭亡中国的罪行。号召提倡国货，抵制日货，给听众以很大的鼓舞和教育。8 月 23 日，于方舟在街头演讲时被反动军警抓走，拘押了半个月。出狱后，他仍无所畏惧地进行反帝爱国宣传。

在反帝反封建的革命斗争中，在新思潮的影响下，天津的革命社团相继诞生。1919 年 9 月 16 日，周恩来等发起组织了觉悟社。是年 10 月，于方舟发起组织了新生社。新生社在李大钊的指导下，以省立一中学生为骨干，其中有于方舟、王天麟、韩麟符、陈镜湖、安幸生、李培良等 10 余人。主要的活动是学习和宣传马克思主义。

社址在英租界达文波道（今和平区建设路）芸芳里2号。这里的楼房原系英商先农房产公司经营，建于1900前后。这是一座不引人注意的小楼。这座房屋三面临胡同，一面与邻房相连。坐落在里巷的临近入口处，是一所二层简易小楼，青砖墙，瓦垄铁顶，内部是木地板地，普通抹灰顶棚，木转角楼梯，楼上下均为住房两大间加一小间。新生社占用楼下的小间，居室面积6平方米左右，屋门堵死，有一个后门直通一狭窄胡同供出入，与本楼各住户互不干扰。这种环境很适合做秘密工作。

1920年4月1日，新生社创办了《新生》杂志，介绍新思潮。在创刊时，李大钊曾来天津，对天津青年开创新的思想阵地给予关怀和支持，并将《新生》杂志誉为"带有社会主义色彩"的刊物。1920年秋，在李大钊的关怀下，新生社组织了天津马克思主义研究会，创办会刊，介绍十月革命后苏俄的情况，宣传革命主张。在于方舟的领导下，马克思主义研究会的会员们积极学习《新青年》《少年中国》等革命刊物，用革命理论联系中国的实际。马克思主义研究会的活动，推动着马克思主义在天津的传播。同年冬，根据李大钊的意见，将天津马克思主义研究会改为了社会主义青年团。新生社中的一些成员是天津建党时的第一批共产党员。其中于方舟、安幸生、李培良等成为天津地方党组织的创始人和重要领导人。新生社还曾翻印党中央机关刊物《向导》，寄往北方各省共产主义组织。历史证明，新生社的创立及其社会实践活动，为天津地方党组织的建立，奠定了思想基础和干部基础。

新生社后移往英租界咪哆士道（今泰安道）3号。于方舟于1922年9月，考入天津南开大学文科；转年经李大钊介绍加入中国共产党。1924年春，于方舟与江浩等一起在法租界24号路（今和平区长春道）普爱里34号组建中共天津地委，他任委员长。同年3月9日，在直隶高等工业学校建立社会主义青年团天津地方执行委员会，他也任委员长。在第一次国共合作时期，他致力于统一战线工作。1924年他和江浩曾以直隶省代表身份出席国民党第一次全国代表大会，他被选为国民党执行委员会候补执行委员。回津后，他与李锡九等人在英租界义庆里19号筹建了国民党直隶省党部。是年12月4日，孙中山偕夫人宋庆龄乘日船"北岭丸"抵达天津，以于方舟为首的中共天津地委和国民党直隶省党部，动员和组织工人、学生、市民约2万人到旧法租界美昌码头（今营口道东口）迎接。12月31日，孙中山起程赴京时，于方舟等率各界、各团体代表200余人前往车站送行。

1927年大革命失败后，于方舟时任中共顺直省委组织部长。是年10月，中共顺直省委决定派于方舟赴玉田领导农民暴动，在一次突围后，行至丰润县沙流河附近时，与当地民团遭遇，不幸被捕。在狱中，他化名于绍尧，在敌人的威逼利诱下，坚贞不屈，大义凛然。12月30日，于方舟在玉田县城南门外英勇就义，年仅27岁。

于方舟故居1976年地震后按原样修缮。1991年8月被列为天津市重点文物保护单位。故居坐落在现宁河县俵口乡解放村北头。坐南朝北，4间普通房舍，粉墙青瓦，门楣上高悬着彭真同志题写的"于方舟故居"金字牌匾。堂屋，东壁上镶刻着李瑞环同志题写的"津门之光"四个大字。西屋，两节躺柜，上面摆有古式花瓶等饰品，临窗土炕，摆放一张小木桌，上面一盏油灯，方舟小时就在这盏油灯下读书学习，周恩来几次来方舟家，也是在这盏油灯下两人共商革命大事，切磋诗文。入夜，在土炕上同眠。东屋，现已改成方舟事迹陈列室，二间相连，墙壁上悬挂着邓颖超大姐书写的"于方舟烈士纪念碑"题词真迹，及李运昌等同志的亲笔题词。展窗内陈列着方舟的多幅历史照片，还有方舟与毛泽东等人在国民党第一次全国代表大会上被选为中央执行委员和候补执行委员的名单（影印件），方舟生前读过的书籍，撰写的文章、诗词等，还陈列着多幅连环画，再现了方舟组建天津共产党、开展学生运动、领导农民暴动等重要革命活动的历史画面。

毛泽民故居

张绍祖

1937 年时的毛泽民

毛泽民（1896—1943），湖南湘潭人，毛泽东之弟，1922 年在湖南自修大学任庶务，同时在该校补习班学习。同年冬参加中国共产党。1925 年在农民运动讲习所学习，结业后到上海，任中共中央出版发行部经理。1929 年冬，党中央派毛泽民率一部分同志携带在上海购买的印刷设备来天津开办秘密印刷厂，在英租界广东道福安里 4 号（和平区唐山道 47 号）正式开办。这幢一院两厢的青灰砖二层楼房约建于 1900 年，建筑面积 226 平方米，前门临街、后门有胡同，四通八达，出入方便。为了秘密工作的需要，对院内外作了巧妙的布置。大门口挂"华新印刷公司"的铜招牌，公开营业，名义上承印《马太福音》一类书籍和各种表格、请柬、喜帖、讣闻、发票等业务以作掩护；一楼右厢房设接洽外来业务的柜房。柜房内设一办公桌，桌下有暗铃，柜房的同志就是警觉的哨兵，密切注视着周围的情况，保护着印刷厂和自己人的安全。另一侧厢房作机房，设印刷机 3 台。毛泽民化名周韵华，是印刷公司经理，兼管顺直省委的财务，并负责党中央对全国的出版发行工作。当时厂里有 21 人，都是党团员，大多是从上海来的。这些同志具有高度的政治觉悟，没有假日，不分昼夜，以旺盛的革命热情埋头于

毛泽民故居（先农里11号）

党的工作。

党内需印刷的文件，先由地下交通送到小白楼先农里 24 号（开封道先农里 11 号，已拆迁）毛泽民住所，这是一所建于 1901 年的二层砖木结构的普通民宅。经毛泽民审查同意，再送印刷厂，打出清样。由毛的爱人钱希钧分送顺直省委负责同志定稿。当时柳直荀任顺直省委秘书长。为了掩护身份，在法租界五号路（今吉林路）和二号路（今长春道）一带开设了一个小古董店，柳任经理，许多文件材料均由他核定，他还经常为党刊撰稿。

印刷厂从 1930 年 1 月开始工作。除印刷党中央的秘密指示、决议和刊物《布尔什维克》《红旗》外，还印刷苏区的一些重要文件。顺直省委的秘密书刊《北方红旗》《中国青年》《共产主义 ABC》等及各种小册子、传单。

1930年毛泽民在天津创办党的秘密印刷厂旧址（原广东道，今唐山道）

《反杜林论》《共产主义运动中的"左派"幼稚病》等书也在这里印刷过。1930年5月以后，天津市委的印刷品也全部在这里印刷。这里成为党中央设在天津的秘密印刷厂。

1931年初，党中央调毛泽民同志回上海，抗日战争时期到新疆工作，1943年9月27日被盛世才秘密杀害。毛泽民调走后工作由彭礼和接任。"九一八"事变后，党中央决定停办天津秘密印刷厂，华新印刷公司胜利完成了历史使命。现唐山道47号中共中央在津秘密印刷厂旧址为市文物保护单位。

江浩故居

张绍祖

早年天津和平区长春道西端的东侧普爱里4排21号（原为34号），是一座普通的二层红砖小楼房。这是中国共产党早期党员和出色的革命活动家江浩的故居，也是中国共产党天津地方执行委员会的诞生地。

江浩

江浩（1880—1931），原名江文浩，河北省玉田县人，生于1880年11月13日。早年留学日本，先后加入同盟会、国民党，参加了孙中山领导的辛亥革命和反袁斗争。辛亥革命后，他当选为国会议员，参加护法运动。1921年加入中国共产党。1924年1月，他在广州参加了国民党"一大"，会后被我党派来天津，先帮助国民党创建了直隶省党部，为主要负责人，同时从事天津建党工作。江浩私人住宅楼下是一间小客厅，一张圆桌摆在中央，几条凳子围在四周，墙上挂着一幅旧天津地图。楼上一间房子与楼下大小相同，室内陈设简单朴素，两张木床摆在两边，一张世界地图挂在中央。这是江浩同志的卧室。这间居室的后面还有一间亭子间，专供来往过路同志临时住宿。

1924年3月，就在这所小楼的楼下客厅里召开了天津建党会议。当时参加会议的有于方舟、江浩、张兆丰等同志。会上确定了天津地区党的工作方针政策和行动纲领，成立了中国共产党天津地方执行委员会，江浩任组织

江浩故居——天津中国共产党的诞生地

部主任。从此天津的革命运动进入了一个新的历史转折。这座小楼成为了天津革命运动的战斗司令部。同年底，在天津地委领导下，江浩以国民党特派员身份，参与领导了迎送孙中山和开展国民会议运动。12 月 4 日，孙中山抵津。天津地委发动群众到码头欢迎。当天中午，江浩同于方舟、马千里到孙中山住所张园联系邀请孙中山讲演和会见群众事宜。晚上，举行欢迎茶会，孙中山因病派代表出席。30 日，孙中山离津前夕，天津 50 多团体举行欢送大会，江浩作了报告。与此同时，江浩同于方舟、马千里共商筹建天津国民会议促成会。他成为天津国民会议的主要领导人。转年 3 月，他参加了在北京召开的国民会议促成会全国代表大会，当选为常务委员，成为全国国民会议运动的重要领导人之一。

1925 年"五卅"运动在上海爆发后，江浩团结天津各界人民组织天津各界联合会，投入反帝爱国斗争。6 月 14 日，天津各界 200 多团体 10 万余人举行市民大会，江浩、邓颖超等 7 人被选为请愿代表。会后，群众游行至省公署时，江浩等向李景林递交了《各界请愿书》。

1926 年初，江浩出席了在广州召开的国民党"二大"。1927 年 8 月 1 日，南昌起义时，江浩任革命军事委员会委员。同年 10 月，他乘船赴苏联，又去比利时出席反帝国主义大同盟理事扩大会议。会后返回莫斯科，入莫斯科中山大学特别班学习，1930 年 10 月毕业。1931 年因心脏病发作逝世，终年 51 岁。

江浩有一儿一女。早年加入共产党。儿子江震寰是第一次国共合作时期天津著名的 15 烈士之一；大女儿江韵清是大革命时期天津妇女运动领导人之一。

刘少奇故居

张绍租

天津市和平区黑龙江路隆泰里 19 号，是一座普普通通的两层砖木结构小楼，坐落在隆泰里两条胡同之间的临街处，楼下前后门相通。在抗日战争爆发的前夕，刘少奇同志来天津担任中共北方局书记，就住在这座小楼里，主持北方局的工作，谱写了光辉的篇章。

1936 年春的一天，细雨蒙蒙，刘少奇同志长途跋涉 2000 公里，从延安来到天津。他身穿

刘少奇

长袍，头戴礼帽，脚穿圆口布鞋，化装成"教授"模样，泰然自若地走出了东车站。他到天津后，先后在兴安路上哈密道口的北洋饭店和中原公司（今百货大楼）旁的一家小旅店住了两个星期，便搬到了隆泰里 19 号楼上寓所。这间屋子是从先农房产公司租来的，面积为 19 平方米。室内陈设十分朴素，只有一张木板床、一个小方桌、两把藤椅、四把木椅和一个煤球炉。后来，少奇同志为了显示一下"教授"的风度，才添置一个大衣柜。

少奇同志屋子下面，是惠兴裁缝店，师傅叫王惠，徒弟叫郭大，专门承做各种各样的中式便服。当年王惠曾亲手给少奇同志做过一身便服，郭大也曾为少奇同志打过开水。师徒二人在和少奇同志不多的交往中，只知道他是准备到一所大学任教的"教授"，眼下正在家中养病。

刘少奇寓所（隆泰里 19 号）

在这所小楼，少奇同志经常和北方局负责同志一起，研究如何开展斗争。他每天除了阅读党的文件外，还要看大量白区的各种报刊和一些其他资料，据以分析革命斗争的形势。他努力贯彻瓦窑堡会议精神，为建立华北地区抗日民族统一战线而忘我地工作。在这座小楼里，少奇同志以多种笔名撰写了大量文章。3月 10 日在河北省委党刊《火线》上发表了《中共中央北方局为抗日救国宣言》，阐述了中国共产党抗日救国主张。4 月 5 日，在《火线》发表《论北平学生纪念郭清烈士的行动给北平同志的一封信》，批评北平学生"三·二一"抬棺游行的"左"倾行动。4 月 10 日，在《火线》上发表《肃清立三路线的残余——关门主义与冒险主义》著名文章。

纠正河北党内"左"倾错误思想残余，树立白区工作正确路线。4 月 13 日以"陶尚行"署名，在《自由评论》发表了《关于共产党的一封信》，批评国家社会党领导人张东荪对北方局《抗日救国宣言》的错误评论。5 月间，为粉碎日本侵略者与国民党政府秘密签订的《华北防共协定》，积极开展上层统战工作，并通过张克侠做 29 军军长宋哲元的工作，使其拒绝执行《协定》中关于 29 军南撤的规定。6 月 7 日和 7 月 12 日，他以"莫文华"署名，在《生活日报》连续发表了《关于人民阵线的两封信》，阐述党的抗日民族统一战线的政策主张。7月15日以"K·V"署名，在《火线》发表了《肃清空谈的领导作风》一文。11月，针对国民党军队傅作义部，在绥远击溃了进犯的日伪军，收复了百灵庙，他以"吕文"署名发表了《论"全国抗战是否立刻爆发"和救亡阵线当前的主要任务》，赞扬绥远抗战精神，号召人民支援绥远抗战。西安事变发生后，相继发表了《北方共产党发言人谈话》《西安事变的和平解决与蒋氏的恢复自由》《西安事变的意义及其以后的形势》等文章，阐明党在解决西安事变中的正确方针和政策，廓清西安事变发生后在人们思想上引起的混乱。

在这座小楼，少奇同志亲自组织发动了天津爱国学生举行的"五·二八"反日大示威，亲自领导了营救长期被关押在敌人监狱中一批党的重要干部出狱的工作。

在天津工作的日子里，少奇同志过着十分俭朴的生活。党中央让他带来5件黄金物品——两只镯子、一根项链、一个皮带扣和一个鞋拔子。他珍藏起来从不动用。少奇同志严格执行党中央的规定，每月用于吃、穿的生活费从不超过10元。当时，少奇同志患有胃病，夜里经常失眠，每天往往只能入睡4个多小时。但他很少到医院看病，平常也不吃药。有一次，他得了重感冒，又发烧又咳嗽，一连十多天也未能痊愈，这时他才请人到药房里买了一点药。等到病情略微好转了一些，他又没白天没黑夜地工作了起来……十年动乱期间，林彪、江青反革命集团无耻地篡改历史，污蔑少奇同志"贪污了金鞋拔子"，"推行了投降主义路线"，纯属捏造。

1937年3月，少奇同志离开天津，返回延安，参加党的全国代表会议和白区工作会议。

刘清扬故居

张绍祖

刘清扬

天津市红桥区西北角严翰林胡同 14 号院（原春德街东胡同 1 号）是中国妇女运动的先驱者刘清扬故居。这里同时是天津学生从事爱国反帝运动和党开展妇女运动的重要遗址。1919 年五四运动时期，"天津学生联合会""天津女界爱国同志会"和"觉悟社"的领导人周恩来、邓颖超、郭隆真等，都曾在这里领导过天津爱国学生的革命活动。1924 年天津女界进步团体"女星社"和《妇女日报》社的代表刘清扬、邓颖超、李峙山还在大院的南屋，接待了第三国际驻广东代表、孙中山顾问鲍罗廷的夫人。

1894 年 2 月 15 日（农历正月初九），刘清扬出生于天津一个回族家庭。其故居为一座四合院民宅，坐北朝南，砖木结构，青瓦硬山顶。北房面阔 5 间，南房面阔 4 间，东西厢房面阔各 3 间。建筑面积 150 平方米。1905 年冬，她将满 12 岁时，进入天津严氏女学读书，受到了著名教育家严范孙先生的爱国主义启蒙教育。

1906 年，天津发起一场群众性的爱国储金运动。在一次募捐大会上，少年清扬毅然摘下自己心爱的金戒指捐给大会。"13 岁的女学生捐出一个金戒指"的事传为佳话。1907 年女革命家秋瑾遇害，刘清扬受到很大震动，她立志以秋瑾为榜样，走革命的道路。

1909 年，刘清扬考入直隶第一女子师范学堂（简称女师），在同盟会会员白雅雨老师的影响下，参加了中国同盟会在天津的秘密组织——天津共和会。辛亥革命爆发后，她积极为白雅雨等组织的滦州起义筹措经费。滦州起义失败后，她于 1914 年在天津创办了大同女学报。

1919 年"五四"运动爆发后，刘清扬回到女师。于 5 月 25 日组织成立了天津女界爱国同志会，她被选为会长。郭隆真、邓颖超被选为讲演队长。她们上街游行，高呼"国家兴亡，匹夫有责""外抗强权，内除国贼"等口号。她们在大街小巷宣讲提倡国货、抵制日货的道理。她们打破男女界限，和天津学联并肩战斗、相互支援，举行声势浩大的集会和示威游行。刘清扬在斗争中表现了高度的爱国热情和较强的组织才能，尤其她那激昂慷慨的演说，更是振奋人心，铿锵有力。她先后被选为天津各界联合会常务理事、抵制日货委办会常务委员以及全国各界联合会常务理事，并两次代表天津各界赴京请愿。

1919 年 9 月 16 日，刘清扬同周恩来、马骏、郭隆真、邓颖超等 20 位男女青年，在草厂庵天津学联办公室举行会议，在会上成立了天津青年进步团体"觉悟社"。次年 8 月 16 日，李大钊约集觉悟社、少年中国学会、曙光社等几个团体在北京陶然亭坐商民主爱国大事，她被推为会议主持人。年底，刘清扬赴法。

1921 年 1 月，刘清扬与张申府在法国巴黎结婚。同年，由张申府介绍她加入了中国共产党。1923 年底，从欧洲回国后，她在天津加入了"女星社"，并创办了一份专门宣传妇女运动的报纸《妇女日报》。她出任总经理，李峙山任总编辑，邓颖超任编辑。《妇女日报》积极宣传马克思主义，是当时中国唯一的妇女报纸。她先后在《妇女日报》发表了《纪念卢森堡》《我主张限制生育的一个理由》《我所以提倡妇女勤劳》《列宁的精神》等文章，号召妇女向革命领袖学习，并提倡限制生育和优生等，为中国妇女积极投身革命、走出家庭，起到了积极作用。1924 年 5 月，她与李大钊、王荷波、罗章龙一行 4 人代表中国共产党到苏联莫斯科参加共产国际第五次代表大会，她就中国妇女运动的发展情况作了发言。

1924 年底，中国共产党组织的"中国女界国民会议促进会"正式成立，向警予、刘清扬等 5 人被推为执行委员。1925 年 3 月 8 日，全国 20 余个妇女团体在北京太平湖纪念"三八"国际妇女节，到会 1200 余人，她被推为临时主席，并向大会致了热情洋溢的开幕词。5 月，她当选为国民党北平特别市党部执行委员会委员，妇女部长。6 月，在天安门召开"北平国民大会"，她被女界代表推选为中央主席，而后，国民党北平特别市党部、学联、全国女界联合会、北京大学等全国 500 多个团体发起集会，命名为"全世界被压迫民族国民大会"，朝鲜、印度、日本等国代表也参加了大会。她作为女界代表被推为大会主席，并受宋庆龄之托，发表了讲话。7 月，她筹备出版妇女刊物《妇女之友》，并创办妇女文化补习学校（漫云学校），为开展妇女工作开辟了阵地。1927 年 1 月，她服从中共中央决定，到武汉任妇女部长。之后，又受宋庆龄委托，与国民党中央妇女部长何香凝共同主持妇女党务训练班工作。

1935 年"一二·九"运动爆发后，于 1936 年 1 月在北京大学法商学院举行北平妇女救国会成立大会，刘清扬被推为主席。1944 年，在重庆，中国妇女联谊会成立，李德全任会长，刘清扬任理事兼秘书长。1946 年，她组建了北平妇女联谊会，当选为会长。12 月，她率领北平妇女联谊会成员和广大学生，抗议美国士兵强奸中国女大学生沈崇，要求美国军队撤出中国。1949 年 3 月，她参加第一次全国妇女代表大会，成立了中国民主妇女联合会，被选为执行委员，全国妇联副主席。

建国后，刘清扬历任政务院文化教育委员会委员，政协全国委员会常委、政协河北省副主席、中国民主同盟中央常委、中国红十字会副会长等职。刘清扬一生为中国妇女运动作出了杰出的贡献。1977 年 7 月 19 日，刘清扬病逝于北京，享年 83 岁。

李季达故居

张绍祖

李季达，字世昌，1900年1月10日生于风景秀丽的四川省巫山县城关镇，目前李季达故居已修复。他是中共早期革命活动家，曾任中共天津地委书记、顺直省委宣传部部长、工人部部长兼天津市委书记。

李季达天资聪慧，5岁入私塾，10岁入县立小学，后进重庆一所半工半读学校。1917年，考入留法勤工俭学四川分会设立的成都第二届留法勤工俭学预备学校，学习法文。入学不久，

李季达

他就投入反对日本帝国主义、反对北京卖国政府的革命洪流中去。1920年7月，李季达毕业，后赴法留学。在法国期间，他开始研究和接受马克思主义，并于1924年加入中国共产党。

1925年李季达回国不久，被调任中共天津地方执行委员会书记。他与于方舟等人一起组织各界民众和团体声讨帝国主义罪行，组织集会和游行，广泛地组织和发动了天津人民投入反帝斗争中。其后，他又领导了天津著名的宝成罢工、"砸裕大"事件，并协同中共北方区委领导了著名的天津海员大罢工，掀起了天津人民反帝运动的新高潮。

在艰苦的革命斗争中，李季达与王贞儒（王卓吾）由革命的战友，发展

李季达故居（现南京路集贤里 17 号）

为革命的伴侣。王贞儒毕业于直隶省立女子师范学校，与邓颖超是同学，一起参加"五四运动"，是天津女界同志会的成员，天津觉悟社的社友。与邓颖超等成立女权运动同盟会直隶支部，在《新民意报》创办副刊《女星》和《觉邮》，开办女星补习学校，出版《妇女日报》等，后成为天津地委妇运领导人。1927 年元旦，他们结婚了。租下的新居——英租界小河道（和平区上海道）集贤里 6 号（今南京路集贤里 17 号），这里又是地委的办事机关，以家庭为掩护开展机关工作。

1927 年 4 月，全国局势急剧变化，蒋介石叛变国民革命，张作霖与蒋介石遥相呼应，对共产党和国民党左派进行大屠杀。在这血雨腥风的日子里，李季达格外镇定。他一面嘱咐各级组织谨慎行事，一面将党的重要文件和全天津 500 名党员的名单巧妙地存放在法租界浙江兴业银行总行的第一号保险柜里。同时将家（地委机关）转移至保定道松寿里 79 号，很快又移至长沙路求志里 17 号。6 月，中共临时顺直省委在津成立，李季达任省委宣传部部长、工人部部长兼天津市委书记。由于叛徒出卖，李季达夫妇于 8 月 16 日在南开体育社典华学校内被捕。

李季达化名李吉荣，在狱中与敌人进行了英勇斗争。他受尽了压杠子、灌辣子水、点天灯等非刑，几次昏死过去，但凭着一副共产党人铮铮硬骨，始终坚贞不屈，亲友探望时送给他的食物和用品，他总是分给难友们共同食用。党组织曾发动 50 多家巨商出面具保，亲友也多方营救，但终无效果，除王贞儒、赵狱龄等人因"罪证不足"获释外，敌人最后还是决定要杀害李季达等人。

面对死亡，李季达泰然自若，写信给亲人们说："这也许是我给家中最后的信，希望哥哥们听从我过去的劝告，不要买田，不要剥削人，要靠劳动养活自己。"他托人把信和一本当年在法国买的字典转交家人作为永久的纪念。

1927 年 11 月 18 日下午 1 时，李季达、粟泽和姚宝元三人，被军警押至刑场。当日天津《益世报》以"党犯临刑无惧色"为题报道："……津埠人民皆一睹党犯容貌"，"竟由早十时许鹄立道旁候观"，李季达等虽"发须过长，但面不改色，立在车上第一辆大车，大声疾呼，打倒军阀"……"坚持到底"等语。李季达把敌人对他"押赴刑场，游街示众"的机会，作为宣传中国共产党的正确主张，愤怒声讨帝国主义和蒋介石屠杀工农、摧残革命的滔天罪行的讲坛。《益世报》报道说，他义正词严大义凛然的临别演说"气壮山河，怒发冲冠，持续一个多小时"，"其壮烈情景，感天惊地，鹄立候观的津埠人民无不为之感动"。在"围观者人山人海的南市上权仙前刑场"，李季达"一面大声演说，一面高呼口号：'全世界无产阶级联合起来！''打倒万恶的帝国主义！''打倒军阀！''中国共产党万岁！'"。

李季达大义凛然在枪声中倒下了。但他为中国人民解放事业英勇献身的精神永远为人们所敬仰。

安幸生故居

张绍祖

安幸生

安幸生（1902—1927），生于天津市北辰区上河头镇中河头村，是天津地方党组织的创始人之一，曾与邓颖超等老一辈无产阶级革命家在天津开展革命活动，是天津早期工人运动领袖。其故居占地面积 3000 多平方米，建筑面积 300 平方米，四合套院，面阔 5 间，外院东西配房各 2 间，内院东西配房各 3 间，进深 1 间，五架抬梁式。其故居也是天津农村第一个党支部的诞生地，被列为天津市爱国主义教育基地。2001 年在纪念建党 80 周年时，对故居进行了全面整修，并精心设计制作近 50 块图文并茂的展牌。修复后的故居基本保持了原有风貌，在里院正中竖立了高 2.8 米的安幸生烈士纪念碑，碑身上有邓颖超同志题写的"安幸生烈士纪念碑" 8 个金色大字和汉白玉石雕安幸生烈士半身像。

安幸生原名安毓文，号仁岗。1902 年生于一户富裕的农民家庭。他幼年丧母，姐弟 5 人，排行第二。父亲安维礼年青时崇尚"新学"，在当地兴办了三河头小学（后改天津县公立第四十八小学），安幸生在这里度过了童年。1918 年，他以优异成绩考入天津直隶省立第一中学（今天津市第三中学）。

由于他聪颖过人，擅写作，长雄辩，深得老师的喜爱。

1919年"五四"运动爆发，安幸生、于方舟等天津青年热血沸腾，群起响应。5月6日他作为省立一中代表赴北洋大学参加了天津十所中等以上学校学生代表会议，积极参与天津学生联合会筹备工作。接着又率领全校学生参加了天津各界"国耻"纪念日示威游行和5月23日全市学生罢课大示威，并赴省公署请愿，强烈要求惩办卖国贼、释放北京被捕学生。在这一系列斗争中，安幸生显示了卓越的组织和领导才能。

1922年中国劳动组合书记部在天津设立支部，安幸生为支部主任。是年10月，唐山开滦五矿举行总同盟罢工，安幸生带领天津支部积极开展了募捐后援活动，给罢工工人以有力支持。同年秋安幸生由罗章龙介绍加入了中国共产党。

1924年7月安幸生与于方舟等筹建了中国共产党天津地方执行委员会，他任执委，分工负责海员与码头工人运动。安幸生通过举办平民识字班的形式，发动群众、联系群众，帮助各工厂、码头建立基层工会，成绩显著。1925年5月1日，安幸生参加地委组织的天津各行业工人示威游行，纪念工人阶级自己的节日。5月6日，天津宝成纱厂资本家借故开除一名女童工，为保护工人利益，打击资本家对工人"生杀予夺"的气焰，党和工会发动该厂工人罢工，劳资双方僵持。安幸生奉党组织之命参加了这次调解，在与资方谈判时，他慷慨陈词，驳斥资方种种借口，迫使资方接受工人提出的三项要求。

1925年5月30日，上海发生"五卅惨案"。"津人得讯后，莫不发指"。安幸生立即组织天津反帝大联盟召开紧急会议，发表宣言声讨帝国主义的罪行。6月1日，天津各界召开反帝示威游行大会，安幸生首先报告上海惨案详细经过，激起群众无比愤慨，讲话不断被口号声打断。6月5日，天津各界万余人罢工集会游行，声援沪案。他又代表全市学生在大会上宣读誓词：誓死与英日断绝经济关系，打倒帝国主义，联合弱小民族，实行民族自治。

　　1925 年 7 月 18 日，在安幸生组织下，"中华海员工业联合会天津支部"在法租界长春大旅社召开成立大会，安幸生被选为书记。在他的领导下，先期从香港到达天津的全体海员宣布罢工并发表声明，决心"与强暴的英国人反抗，非达最后目的誓不上工"。随后陆续到达天津的"顺天""朝阳"等轮 500 余名海员也加入罢工行列，同时在日商大连、大阪和英商怡和、太古 4 个码头工作的 2000 余工人也举行了同盟罢工。1925 年 8 月 4 日，中共天津地委组织了纺织、印刷、油漆、地毯、铁路、制鞋等 20 余工会在广东会馆成立了天津总工会，安幸生为委员长。由此，形成了天津工人阶级反帝斗争的坚强核心。

　　1925 年 8 月 9 日，中共天津地委和天津总工会发动宝成、裕大、北洋、裕元纱厂 2 万名工人为反对宝成资方苛罚女工余阿英案举行同盟罢工，军警赶来与宝成纱厂工人发生冲突。中共天津地委认真分析形势，决定将罢工主要场所转到日人操纵的裕大纱厂。当晚，安幸生、吕职人等各界代表赶到宝

安幸生烈士故居

成纱厂，打破僵局，同厂方达成复工协议。8月11日下午5时，裕大纱厂数千名罢工工人遭到奉系军阀李景林的残酷镇压，拘押了安幸生等各界联合会代表19人和400余名罢工工人，查封了天津总工会等群众团体。各界代表先被关在督察处，后转入第三监狱关押。

在狱中，安幸生和其他共产党员李希逸、辛璞田、姬兆生、吕职人组成党支部，与狱外党组织取得联系，开展狱中斗争。直到12月25日，国民军占领天津时安幸生等人才出狱。中共天津地委为表彰他们的革命精神，赠予每人"革命先锋"纪念章一枚。

1926年元旦，天津各界团体在南开操场集会欢迎国民军，安幸生讲演，表示要与国民军一道为打倒一切军阀而奋斗。下午，天津总工会举行升旗礼，安幸生以总工会秘书身份作报告，号召"各工友加倍努力，以期得到最坚固之团结"。

1926年夏安幸生奉命调往上海等地工作。转年5月，他参加中共五大会议后回津，不久被党组织调往北京，同蔡和森、王荷波一道从事恢复北方区委和北京市委的工作，10月21日不幸被捕。在狱中，安幸生大义凛然无所畏惧，于同年11月21日，在京师法院地方看守所后门被杀害。

1949年中华人民共和国开国大典之后，根据党中央的决定，在北京八宝山革命公墓举行了安幸生等28位烈士忠骨安葬仪式，周恩来总理亲自和其妻子董恂如抬着安幸生的骨殖坛走向墓地。党和人民永远铭记安幸生为中国早期的工人运动作出的杰出贡献。1986年9月14日，安幸生母校（现天津市第三中学）在校庆85周年之际，隆重举行了安幸生塑像揭幕仪式，邓颖超亲笔为塑像题写了"安幸生烈士纪念碑"碑文。

周恩来故居

张绍祖

1914 年的周恩来

周恩来生前曾多次称天津是他"青年时代的故乡"。1913 年 2 月，15 岁的周恩来随四伯父周贻赓从奉天（沈阳）来到天津，住在河北区元纬路元吉里 4 号一个狭小的平房院落里，这是周恩来在天津的故居（已不存，元吉里已建为楼群）。周恩来准备暑假报考南开中学，考试的科目有英文、国文、算学 3 门。当时周恩来在东北上的是高小三年级，他到天津后到离家很近的直指庵小学高小四年级毕业班就学，还在天津大泽英文、算学补习学校补习了 3 个月的英文。8 月 16 日，他参加了"南开"入学考试。录取后，在 8 月 19 日报到入学，编在一年级己三班（以后改为丁二班）就读。

"南开"学杂费很贵，四伯父收入微薄，自用和赡养家中尚感不济，而家中除伯母用线编织些线袋、自行车把套、墨盒袋之类的小东西换些钱外，再没有其他收入了。周恩来为了减轻家里的负担，不得不抽空为学校抄写文件材料，搞油印，刻蜡板，挣钱贴补膳宿费用。那时候，他终年穿一件洗得发白的蓝布长衫，星期日洗了连夜烤干，星期一再穿。他常从家里带一小罐炸酱当菜吃，舍不得到食堂去买菜，据《南开学校同学录》（1917年）记载："君家贫，处境最艰，学费时不济，而独能于万苦千难中。多才多艺，造成斯绩。"

周恩来在南开学校受到系统的教育，培养造就了多方面才能，学校东楼（今"周恩来同志青年时代在津革命活动纪念馆"）和北楼是他上过课的地方。西斋35号是他在校居住的宿舍。

周恩来故居（河北区元纬路元吉里4号）

"南开"是四人一间宿舍，可以自由结合，新学年前只要把写有名字的木牌系在一起，投到指定的票箱，学校就给安排在一起。从1914年第二学年开始，周恩来、常策欧和张鸿诰等四人，同住一间宿舍达两年之久，周恩来和张鸿诰两床相对，分在室门的左右侧，共用一张书桌。"南开"作息制度严格，早6点半起床，6点半以前起床的人，动作要轻，不能影响别人，走路都要踮着脚走。晚10点钟熄灯，熄灯后任何人不能再开灯。南开功课虽紧，但对体育锻炼很重视。周恩来喜欢练习武术，对文娱活动也很爱好。周末的时候，他常邀集一些同学在宿舍开京剧清唱会，当时有学余叔岩、言菊朋唱段的，也有学梅兰芳、尚小云唱腔的，热闹得很。

周恩来学习刻苦认真，各门功课都名列前茅，因为他品学兼优，在入学第二年，经教师推荐，学校主动免去了他的学费，成为当时南开学校唯一的免费生。在校期间，周恩来积极参加救国斗争，在全校大会上，他以"中国现时之危机"为题发表了长篇讲演。周恩来注重时事，钻研政治，有理想，有抱负，在对待婚姻上也是表现不凡的。他是南开有名的高才生，又每年参

周恩来在南开学校的宿舍——西斋 35 号

加话剧演出和校际辩论会，全校闻名。当时校董严范孙先生有一女，因为器重周恩来的才学人品，就托人向周恩来提亲。周恩来曾在散步时对张鸿浩说：严家托人向我提亲，要把女儿许配给我。我是个穷学生，假如和严家结了亲，我的前途就一定会受严家支配，因此辞却了。1917 年 6 月，他以优异成绩毕业，不久赴日留学。

1919 年 4 月下旬，周恩来从日本留学回津仍住在伯母家中。当时，正值轰轰烈烈的五四运动，他每天都步行到南开学校参加活动。

是年 7 月，周恩来等同志创办《天津学生联合会报》(《学联报》)。在南市协成印刷局一间小屋室，他夜以继日编报，时常通宵达旦。直到"看《学联报》！看《学联报》！"报童的叫卖声唤醒了沉睡的天津城时，他才迎着晨曦，徒步回到伯母家中稍事休息。

1919 年 9 月，周恩来进入南开大学。9 月 16 日在草厂庵学联办公室，周恩来与郭隆真、邓颖超、马骏等 20 名男女青年创建了觉悟社。在转年震惊中外的"九一廿九（民国九年一月二十九日）事件"中，周恩来等被捕入狱，与敌人进行了坚决斗争。7 月 17 日，他和被捕代表赢得了自由。

直到 1920 年 10 月，周恩来赴法留学，才离开了前后生活达 6 年之久的故居，离开了天津——他青年时代的故乡。1925 年 7 月周恩来在天津参加五四运动时的战友邓颖超来到广东，8 月 8 日，这一对昔日战友结成终身伴侣携手迈入革命征程。

二、抗日爱国人士故居

马占山故居

金彭育

马占山

位于五大道上的湖南路，是一条非常短的小胡同，在建筑上也很一般。胡同的北侧有一幢灰砖楼房，原门牌是英租界46号路燕安里40号，即现在的湖南路11号。这是建于20世纪20年代的砖木结构楼房，主体2层，局部3层，带地下室，属折中主义建筑风格。这幢普通的楼房，是近代史上风云人物马占山的故居。他在五大道住过的另两处住房是：大理道7号和30号。20世纪30年代中叶，天津发生一件事曾引起社会的轰动，这便是寓居英租界的著名东北将领马占山与冒充其父的人打官司的事。

马占山，祖籍河北丰润，1885年生于吉林怀德。幼时家境贫寒，年轻时曾啸聚山林，后被官军收编为衙门哨官。26岁时投靠清军奉天统领吴俊升，而后屡获升迁。1928年6月4日，皇姑屯事件，张作霖、吴俊升被日军炸死，由少帅张学良主理东北政务。1930年，45岁的马占山任黑龙江省黑河警备司令。1931年"九一八"事变后，代理黑龙江省主席的马占山临危受命。11月4日，马占山率部与日军血战嫩江铁桥阵地。"江桥抗战"对日首战告捷，

20 世纪 30 年代，上海福昌烟草公司生产的"马占山将军香烟"在《申报》的广告

国人激奋，马占山一时声名远播，连"马占山"牌香烟也市场热销。江桥血战，日军受阻，但日军依靠其军事优势，在飞机掩护下步步进逼。战至 11 月 18 日，马占山部伤亡惨重，又无援军，19 日，日军占领齐齐哈尔。马占山率部到黑龙江省海伦县建立省政府。是年底，南京国民党政府任命马占山为黑龙江省政府主席。马占山于 1932 年 4 月 7 日带亲信随从 200 余人抵黑河，通电全国，再揭抗日旗帜。

马占山随即联合吉林和海拉尔抗日部队，组成东北救国抗日联合军，总司令部设于哈尔滨，马任总司令，又传令各县组织义勇军，转战于黑龙江和吉林铁路沿线。由于不能有效地冲破日军的围追堵截，于 7 月退入山林。28 日，马占山部在庆城罗圈店南森林附近遭日军伏击，伤亡惨重。马部少将参议韩述彭在突围时被日军射杀，血肉模糊，日军误认为马占山尸体，立即拍照登报，大肆宣传。但此时马占山在混战中已率卫队 50 余人突出重围，进入山林，辗转 40 多天出山至龙门镇。而后 9 月底至讷河组织三路义勇军围攻省城。战至年底，抗日联军终因势单力薄退至拜泉。12 月 7 日，马占山

湖南路 11 号马占山故居

等退入苏境。其后，马占山和苏炳文一行在游历了苏联和欧洲部分国家后经香港回到上海、南京。蒋介石对马占山继续抗日的要求置之不理，马占山万般无奈之际，只得北上天津寓居。他寓津的时间是 1933 年夏至 1936 年冬。1934 年 8 月，马占山住进了其家人已先期住进的燕安里，当时跟随他的有副官、警卫和秘书。当日本特务了解到马占山来津的消息后，便想暗杀他。1935 年春，日本特务成立了由 5 人参加的暗杀小组，组长是绰号"死神"的团伊玖。他们租用了距马占山寓所仅 2 米多的燕安里 1 号小楼。日本特务准备用手榴弹炸死马占山，但没有得逞。一计没成，又生一计。不久，日本特务又绑架马占山之子马奎，但马占山在报上拒付赎金，马奎又借机脱身，日本特务的阴谋又一次落了空。

当时，天津民众抗日热情十分高涨，在津的东北军人和爱国人士也很多。在津期间，东北爱国人士杜重远、阎宝航、栗又文是马占山寓所的座上客，与之交往甚密。在共产党员孙达山影响下，马承诺联络张学良停止内战，一致抗日。1936年12月，马占山到西安支持张学良、杨虎城逼蒋抗日的爱国行动，参与了震惊中外的西安事变，并在"八项主张"上联合署名。1937年，抗日战争全面爆发，马占山任东北挺进军司令，与日军作战。战场纵横千里，包括大同、绥远、包头、五原、托克托、大青山等地。马占山拥护中国共产党提出的抗日民族统一战线政策，在挺进军中，有共产党员邹大鹏、栗又文，他们帮助马占山抵制国民党特务的反共摩擦罪恶活动。

抗日战争胜利后，蒋介石用马部骑兵打内战，后又任命马占山为松北挺进军司令，但马占山长期避居北平未到东北就职。1948年底，国民党反动统治江河日下，全国解放指日可待，中共北平地下党通过马占山邀请邓宝珊来北平，劝告傅作义放下武器，接受和平。1949年1月上旬，马占山、邓宝珊、傅作义通过商议，决定响应和平号召，宣告起义，北平和平解放。新中国成立后，马占山寓居北京。1950年11月29日，因患肺癌去世，享年65岁。

李文田故居

张绍祖

李文田

2004年9月3日，是中国抗战胜利59周年纪念日。来自京、津、济南的6位抗日爱国将领后代聚会津门，寻访到了抗日爱国将领李文田官邸旧址——北安道20号，其女李燕异常高兴。

李文田，字灿轩，河南浚县人。清光绪二十年（1894）正月初五生。毕业于保定陆军军官学校第六期步科。曾任西北军团长、旅长及兵工厂总监等职。1936年1月，任察哈尔保安处处长，2月授少将军衔；第29军重建时任第38师副师长；同年底驻防天津，家属随着迁津。他还兼任天津警备司令、市公安局局长（次年2月改为天津市警察局局长），并一度代理天津市市长。

李文田故居位于原意奥交界路，又称意奥南大街，故居位于原奥租界内。1946年门牌号改为胜利路20号，今为北安道20号。随着李文田来津的家属有夫人荣智乘和5岁的次女李燕。荣智乘（1899—1972）毕业于天津直隶女子师范学校，曾任北京香山慈幼院教师。1927年前后与李文田结婚。而长女李素8岁正在北京孔德小学就学，与外婆一起留在了北京东城故居。主楼为砖木结构，两层带地下室，后面另有一座两层附楼，约建于20世纪20年代。主楼二层前脸，唐山大地震中倾塌，后经修复成现在的面貌。另外，主楼左侧原

李文田故居

来还有一部分建筑，前些年因妨碍新的规划建设被拆除。决定实施"天津大出击"的"七人会议"即在此举行。

史称的"七人会议"于1937年7月27日上午10时，由李文田在其寓所召集，参加者为主要军政负责人。有第112旅旅长黄维纲、独立第26旅旅长李致远、第38师手枪团团长祁光远、天津保安司令刘家鸾、天津保安总队队长宁殿武以及市政府秘书长马彦翀共7人。会议作出了以下几项决定：一是趁日军兵力不足，主动出击打一个突袭战，攻击时间定在29日凌晨2时。二是统一指挥第38师和地方保安部队，选举李文田为天津各部队临时总指挥，刘家鸾为副指挥。三是对参战兵力作出部署，保安队第一中队攻取东车站（今天津站），由宁殿武指挥；手枪团、保安队第三中队及独立第26旅一个营攻击海光寺日本兵营，由祁光远指挥；独立第26旅及保安队第二中队攻击天津总站（今天津北站）和东局子日本飞机场，由李致远指挥；武装警察负责各战场交通指引和疏导；驻地离津较远的黄维纲旅作为总预备队。四是发动攻击的同时向全国发布抗日通电，电文称"日人日日运兵，处处挑衅"，"我方为国家民族图生存，当即分别应战，誓与津市共存亡，喋血抗日，义无反顾"。"七人会议"开了整整12个小时。于当日夜10时结束。"七

人会议"以后,指挥人员按照部署迅速调集部队。7月28日各部队都进行了紧张备战。参战士兵每人备有几张大饼,军用水壶灌满绿豆汤,做长期作战和转移准备;负责进攻东局子飞机场的部队,每人还配发了火柴和一小瓶汽油等,准备烧毁日军飞机。

29日凌晨2时,中国军队在海光寺日本兵营、火车站、东局子机场以及市区日租界等处,同时向日寇发动攻击。这是北平和天津陷落前的最后一战,也是卢沟桥事变以来我军主动进攻的唯一战斗,史称"天津大出击"。

战斗开始后,李文田将总指挥部设在了西南哨门,与刘家鸾、李致远等随时听取战况报告。战事一开始进展顺利。到拂晓,我军攻进东局子机场,并烧毁了十几架日机;日租界的敌人被三面包围,日本侨民也被推上战场;海光寺日本兵营的日军龟缩在工事内等待援救;天津总站被中国军队占领,东车站日军被逼退到一个仓库中。是日天津《益世报》向全国发布抗日通电全文。

1937年7月29日天津《益世报》刊登的李文田部通电抗战的消息及战况

此时日本驻津总领事在给日本驻北平大使馆的电报中惊呼："从二十九日午前二时左右起，由于中国方面的攻击，我方处于甚为危惧的状态。"下午 2 时半，数十架日机对东车站、天津总站、市政府、电话局和邮务总局以及南开大学等地施行狂轰滥炸，中国军队伤亡惨重，天津群众罹难者两千多人。

29 日傍晚，日本大批援军从北平等地陆续开来。李文田所率部队被迫撤出市区，转战河北等地继续抗日。7 月 30 日，天津沦陷。

李文田撤出天津后，夫人荣智乘和次女李燕及已来津居住的长女李素为躲避日军抓捕，装成病人，躲到法租界一所教会医院居住。荣智乘妹妹在那所医院工作。1938 年，李素和李燕入慈惠小学读书。1939 年 6 月荣智乘带着两个女儿乘船去香港，转乘飞机到重庆，又辗转湖北抗战前线与丈夫李文田见面。

李文田所在的第 38 师于 1937 年 10 月升格为第 59 军，其任副军长。1938 年 5 月，任第 27 军团副军团长。曾协助张自忠指挥随枣战役、襄樊战役等。1940 年 7 月，任第 33 集团军总司令。1941 年 10 月 三女李玲生。1946 年 7 月，任第三绥靖区副司令官。1948 年 9 月授陆军中将军衔。后因不愿打内战脱离军队，1949 年 3 月任总统府参军。1951 年在原籍河南浚县逝世。

李文田故居解放前曾由华纱布公司作为货栈使用，天津解放前夕，主人赴台由一个姓杨的人（绰号杨瘸子）代管，负责对外出租（当时俗称"二经"，即二手经营）。1956 年公私合营后成为公产。住户最多时，挤了十几户人家，现在还有 6 户。

李文田是著名抗日将领，其故居又是史称"七人会议"遗址，建议文物部门挂牌保护，使其成为爱国主义教育基地。

吉鸿昌故居

张绍祖

吉鸿昌

坐落在和平区花园路（旧称天津法租界40号路，亦称霞飞路）5号的红楼，曾是著名爱国将领吉鸿昌将军的故居。这座楼房建于1917年，是一幢带有庭院的欧式三层小楼，占地一亩四分五厘，建筑面积600平方米，砖木结构，红砖清水墙，素称"红楼"。

"红楼"是吉鸿昌将军夫人胡洪霞于1931年用20万元购置的。吉鸿昌（1895—1934），河南扶沟县人。1913年参加西北军，因作战勇敢，机智超群，逐步从一名普通士兵递升至军长，曾任宁夏省政府主席。1930年中原大战后，被蒋介石收编，任第二十二路军总指挥兼第三十军军长，奉命进攻鄂豫皖革命根据地，但他不愿替蒋打内战，态度消极。1931年8月被蒋介石解除兵权，强令携眷出国"考察"。在欧美等国考察期间，大力宣传抗日救国思想，受到爱国侨胞热烈欢迎。

1932年日军进攻上海的"一·二八事变"爆发后，吉鸿昌毅然回国，寻找党并向党组织请缨抗战。受党组织派遣，赴湖北宋埠发动旧部起义投奔红军。起义失败后回到天津住在红楼，在党的指导下开展抗日救亡工作，写成《环球视察记》一书。是年秋，党组织根据吉鸿昌的表现，批准他加入中国共产党。从此"红楼"成为我党地下组织的联络站和秘密活动点。为了便于开展党的秘密工作,吉鸿昌特意对楼内设施、房间通道进行了改造。楼道铺上地毯,使之适合主人的身份,更主要的是使人来人往不出声音,房间一室多门,以便有情况可以随时撤出。当时党的一些领导同志路经天津常住这里。

1933 年 5 月,吉鸿昌联合冯玉祥、方振武在张家口建立察哈尔民众抗日同盟军,任第二军军长兼北路前敌总指挥,率部连克康保、宝昌、沽源和多伦等地,声威大震。蒋介石不仅不支持同盟军,还以其破坏国策为罪名,联合日军夹击同盟军。吉鸿昌率部战至 10 月中旬,因弹尽粮绝而失败。后辗转潜回天津,在党组织的领导下,又投入了新的战斗。

1934 年 5 月,在这幢红楼里成立了包括冯玉祥、李济深、南汉宸、方振武、任应歧等各派反蒋抗日力量代表在内的"中国人民反法西斯大同盟",吉鸿昌被推选为大同盟中央委员会主任委员。

花园路 5 号吉鸿昌
故居三楼一角设有党的
秘密印刷所

为了进行抗日宣传，吉鸿昌等编辑出版《民族战旗》，作为反法西斯大同盟的机关刊物。他用自己的钱购置了简易印刷工具，并在三楼的一角设置了简易秘密印刷所。每逢出版刊物，印刷工作紧张时，吉鸿昌总是抽空帮忙。他经常说："我这人一辈子活得可真值得，工、农、兵、学、商五行我都占全了。"这个秘密印刷所还承担印刷党内文件和宣传品。吉鸿昌派王幼兰、王再兴负责发行，派茹志章到日租界邮局邮寄宣传品。

吉鸿昌的活动引起了敌人的注意。国民党复兴社派出大批特务到津。"红楼"日夜被特务监视。吉鸿昌当机立断，把印刷所秘密转移他处。他整天到"惠中""国民"等饭店访友、打牌、听戏，通过牌桌与各地抗日反蒋人士会谈、联络。1934年10月初，根据工作需要，吉鸿昌暂将家搬到英租界牛津别墅（现和平区新华南路庆云里）3号。11月9日，吉鸿昌在天津法租界国民饭店45号房间遭国民党军统特务暗杀受伤，被法国工部局逮捕关押于其监狱（今和平区解放北路34号），11月14日引渡到国民党第五十一军陆军拘留所（蔡家花园），后又引渡到北平军分会，关押于北平炮局子陆军监狱（今炮局胡同21号）。敌人使出种种手段，仍不能令吉鸿昌屈服。24日，吉鸿昌被国民党反动派杀害于陆军监狱。临刑前，他用树枝做笔，大地为纸，写下了气壮山河的爱国诗篇："恨不抗日死，留作今日羞。国破尚如此，我何惜此头？"

吉鸿昌将军英勇就义后，夫人胡洪霞为丧事筹措经费，将"红楼"以低价8万元抵押出手。后来，"红楼"几经转卖，于1959年5月由国家接管。为纪念吉鸿昌烈士，"红楼"被列为革命遗址、市级文物保护单位，现归天津市和平区卫生局使用。

关麟征故居

金彭育

1938 年，在台儿庄血战中，负责攻击日寇的国民党部队五十二军被当时国内外军事评论家称为"关铁拳"，这"关"字是指时任军长的关麟征。关麟征（1905—1980），原名志道，字雨东，国民党陆军中将。他是陕西户县人，生于 1905 年 4 月 18 日。其家庭是一个耕读传家的农民之家，家境贫穷。中学时，他因家庭变故负债，中途退学。从少年时代，他便立志弃文学武，而后终于投笔从戎。1924 年，他顶替

关麟征

一个叫吴麟征的同乡，改名关麟征，前去广东投考黄埔军官学校，经考试，成为第一期学员。关麟征被分配到步兵科第三队，并参加了国民党，同年 12 月毕业。从黄埔一期毕业到 1949 年，他经历东征、北伐、抗日战争，他率部在长城古北口和台儿庄与日寇浴血苦战，并重创敌军。

早听说关麟征在天津有旧宅，但不够确切。经过走访和搜集一些零星资料，确认关麟征旧宅位于英租界加的夫道，即现在和平区长沙路 95 号，由和平区房管局办公使用。关麟征旧宅曾由其家眷常住，他也住过几次。旧宅是一处砖木结构的英格兰庭院式建筑，占地面积 1608 平方米，建筑面积 2708 平方米，有主楼、配楼、后楼各一幢。主楼朝西南，三层，立面一侧为独特

的半圆形。楼内房间宽敞明亮，钢窗、菲律宾木地板、实木门，室内天花板上有方形和圆形灯光灰线，装修讲究。一楼有客厅、饭厅、书房。佛堂位于一楼至二楼转角处，窗朝东北，房间稍暗，有20多平方米。二楼、三楼主要是卧室和书房，房间较大。配楼为红砖清水墙，房间稍小，装修一般。主楼和后楼之间有平台相连接，后楼的房间进深较小。该处旧宅院落宽敞，院内有草坪、花坛和鱼池。现在，配楼因破旧已拆除，建起新颖的办公楼。

1948年8月，李宗仁担任国民党政府代总统时，关麟征被任命为陆军总司令。这年秋，他便辞职，退出军界，并把一家老小送到香港居住。11月，关麟征偕夫人从成都乘飞机前往台湾。在香港机场小憩时，他告诉同机旅伴"去探望病中的父亲，随后来台"。但此后关未去台，而是一直居住在香港。关麟征在香港，深居简出，闭门谢客。他不参加任何政治性的集会和社会活动，不会见新闻记者，不在报刊上发表任何言论，过着"隐士"式的生活。他"无官一身轻"，以读书、写字为乐趣；生活有规律，洁身自好，每日早睡

关麟征故居

早起，不吸烟、不喝酒、不打牌；对我国古书熟读深研，书法造诣颇深。他的草书曾参加过香港大会堂的展出。

1972 年，他在夫人、女儿的陪伴下前往美国、欧洲各地旅游，历时月余，然后返港。

关麟征虽身居香港，但他非常关心祖国，思念故乡。他从香港《大公报》《文汇报》上看到祖国大陆经济建设欣欣向荣的情况时，总感到很高兴。1979 年 5 月，他在大陆的妹妹关梧枝赴港探亲。在火车站，30 多年未见面的兄妹抱头痛哭，千言万语一时竟不知如何说起。当关梧枝向他介绍大陆解放后的变化，日新月异的经济建设和文化教育情况时，他兴致勃勃，并且经常插话说："对！就应该这样办！"关夫人对妹妹说："几十年来，没见你大哥这么高兴过。"关麟征对中国共产党十一届三中全会后实行的政策表示赞赏。1979 年底，他得知在故乡的妹妹当选为省政协委员，在给大陆友人的信中写道："梧枝妹谬获拔擢，尚望兄多多指教，使无负于政府和人民之所托，是为至盼！"他关心在大陆的黄埔同学、军界故旧。他希望早日结束台湾同祖国大陆分离的局面，实现祖国统一大业。他曾对妹妹说："我是炎黄子孙，我盼望祖国早日统一啊！"

1980 年 7 月 30 日凌晨 1 点多钟，香港伊莉莎白医院，一位年过古稀的昏迷老人被送进来，这位老人就是关麟征。医生护士在抢救过程中发现他胸前伤痕累累，感到惊讶。关夫人介绍说"这些伤痕是他抗日浴血奋战所伤"。8 月 1 日，关麟征逝世。中央人民广播电台、《人民日报》和全国各大报纸都登载了他逝世的消息和简历。徐向前元帅向他在香港的家属发去了唁电："噩耗传来，至为悲痛，黄埔同窗，怀念不已，特此致唁，诸希节哀。"

杨十三故居

金彭育

杨十三

1939 年 7 月 21 日下午 6 点左右，杨十三随部队转移到太行山区黎城县上遥镇时，与前来"扫荡"的日寇遭遇。当时大雨滂沱，战斗激烈。处于重病垂危的杨十三，在担架上心脏停止了跳动，终年 50 岁。八路军总部在山西省襄垣县土河村召开追悼大会，由朱德总司令主持，彭德怀副司令致悼词。毛主席送了题为"悼念冀东抗日英雄杨十三"的挽联，题曰："国家在风雨飘摇之中，对我辈特增担荷；燕赵多慷慨悲歌之士，于先生犹见典型。"朱总司令也送了题为"彪炳日月"的挽词："渤海毓雄，民族之杰。霭霭风仪，异质挺特。冀东义起，倭奴气慑。瞻彼真容，彪炳日月。"9 月 18 日，社会各界在重庆南渝中学礼堂为杨十三召开追悼大会，董必武、叶剑英、刘清扬、张伯苓等人参加，董必武讲话，赞扬杨十三抗战有功，有爱国正义感。

杨十三在天津的寓所位于英租界的伦敦道伦敦里 12 号，即现在的和平区成都道鹏程里 4 号，为一处旧公寓式楼房。卢沟桥事变、天津沦陷后，杨十三利用"租界"的特殊地位，秘密开展抗日活动。杨十三，名彦伦，又名裕民，字灿如，从兄弟排行十三，故名，直隶迁安人，生于 1889 年。他生在一个世代书香门第的家庭，自幼聪颖伶俐，得到其父杨立三（政修）和其母的宠爱。念完私塾后，父亲原决定将他送进天津学校读书，但他执意到天津直隶高等工业专门学堂附属工厂当徒工。

1911 年考入直隶高等工业学堂附属中学实科，学习物理。1914 年该中学并入天津南开中学。在南开中学他结识了比他低一年级的周恩来，并利用业余时间与周恩来等同学一起排练戏剧，同台演出，以爱国剧目向广大民众进行爱国主义思想的宣传。1916 年，他就任天津直隶省工业实验所化学工业课技士。面对着满目疮痍的旧中国，他幻想工业救国，并身体力行。经调查研究，他认为芦苇是我国大宗的造纸原料，经试验，首创芦苇制浆造纸新技术，并为上海大中华和江南造纸厂首先采用，对我国开拓造纸工业新原料、新工艺作出了可贵的贡献。

1919 年，五四运动风起云涌，杨十三在天津积极参加游行示威活动。他的侄子杨秀峰，是 5 月 4 日痛打卖国贼曹汝霖的北京学生代表之一，为此遭到通缉，杨十三不顾个人安危，秘密进京，将杨秀峰接回天津养伤。五四运动中，杨十三如饥似渴地阅读李大钊编辑的《新青年》杂志，和周恩来等同志同台演戏，开展革命宣传活动。他不忘工业救国，1920 年，毅然放弃了直隶省工业试验所化学工业课长职务，赴美半工半读，在赛瑞克斯大学攻造纸专业，留学期间他考察了美国的南北各大造纸厂。1923 年，杨十三回国，以其学成的知识，致力于家乡造纸工业的改革，在三里河帮助李显庭建立显记纸厂。投产以后，质美价廉，畅销国内外。此时，杨十三已是名噪一时的造纸专家，时任河北省立工业学院的化工教授兼斋务课主任。

1935 年底，杨十三和洪麟阁在工学院组织学生上街游行，声援北平学生反对"华北自治运动"。二人筹划一旦时机成熟，就举行武装起义。天津沦陷后，杨十三组织工业学院校友及其子女 20 多人，组成"工字团"进行抗日活动，并接受中共河北省委领导的华北人民抗日自卫委员会的委派，于1938 年春率"工字团"成员到冀东组织抗日武装，组建"华北抗联"第三路

杨十三故居（成都道鹏程里4号）

军，共计5000多人，与日伪军浴血奋战，屡建战功。

1938年夏，八路军邓（华）、宋（时轮）率领的四纵队在沙峪和日寇激战，纵队参谋长李钟奇同志肺部负重伤。因环境残酷，伤势恶化，时任第三路军政治部主任的杨十三亲派其堂侄杨效贤秘密护送李钟奇到天津，住进伦敦里12号杨十三家中。这时，日寇对天津防范统治甚严。为保证安全，杨十三请了好友、名医黎宗尧和池石卿在马大夫医院秘密进行治疗。手术后出院，仍回杨十三家中疗养，由杨的夫人司湘云煎药做饭，由其次女杨效莲陪同经常到医院换药检查，历时40多天。李参谋长痊愈后，安全离开天津，重返冀东抗日前线，继续指挥部队同敌人浴血战斗。

1938年10月，冀东暴动失败，司令员洪麟阁壮烈牺牲，为国捐躯。杨十三以文弱之体，在枪林弹雨中幸获脱险。暴动虽然受挫，但杨十三毫不气馁。此时，由于他的胃病复发，于是回天津家中养病。1939年春节过后，杨十三胃病稍愈，便率领长女效昭等6人离津去找部队，继续抗日。杨十三途经冀中阜平时，正遇国民党河北省政府主席兼冀察战区司令鹿钟麟在这里。鹿钟麟知道杨十三系教育界知名人士，又是冀东抗联负责人之一，特动员杨十三留在国民党战区抗战，杨坚辞不就，于是鹿钟麟送杨十三500块银元作川资。杨十三等经过艰苦

朱总司令题赠的挽词

跋涉，从冀西来到太行山区黎城八路军总部。总部为杨十三开了欢迎会。会后，朱德总司令、彭德怀副总司令接见了杨十三，并同他进行亲切交谈。杨十三把鹿钟麟送给他的500块银元交给了朱总司令，要求转交给《新华日报》作为办报经费。

1939年7月21日，民族英雄杨十三为民族解放事业流尽最后一滴血。全国解放后，杨十三和左权等7位烈士于1950年10月2日移葬于邯郸晋冀鲁豫烈士陵园。

张自忠故居

张绍祖

张自忠

张自忠（1891—1940），字荩臣，山东临清人。1911年考入天津法政学堂，后来转入济南法政专门学校。1914年，他毅然与同学数人投东北新民屯新练陆军第20师39旅的车震团长，1916年入伍于冯玉祥之十六混成旅模范连当学兵，历任排、连、营长。1924年，升任学兵团团长。1926年任国民第一军第十五混成旅旅长。1927年任第二集团军司令部副长官。旋即任第二集团军军官学校校长，在军官学校，张自忠聘请了许多好教员，他们认真地讲授了战史、战略和战术。该校造就了不少干部，对抗战作出了重大的贡献。

1929年，张自忠任第二十五师师长。1930年，中原大战冯玉祥失败，任改编后的二十九军三十八师师长。1933年任喜峰口第二十九军前线总指挥，参与指挥喜峰口抗战。1935年华北事变后，任冀察政务委员会委员兼察哈尔省主席。1936年6月，出任天津市市长。

在天津市长任上，张自忠首先调38师分驻津市附近及津浦铁路沿线，又密查天津市潜伏之扰乱治安的危险分子，予以安置，地方治安稳定。是年夏，天津英租界内，发生英巡捕殴打中国人力车夫事件，一时全市哗然。张自忠对英租界车夫甚是同情，乃令主管部门，通知英租界数千户人力车夫，一律不在英租界内拉坐。采取这一报复性措施后，在英租界雇不到人力车，造成交通困难。英领事馆向市府交涉，请求解决。张将军告之必须惩办殴打车夫的肇事人，并保证今后不再发生类似事件，方可解决。英领事接受了这一条件，风波才算平息。

是年秋，英商平和洋行出口大批西口羊毛，拒不缴纳地方捐税，并声言自《辛丑条约》以来，英商从来不纳地方捐税。对此，张自忠将军批示："不纳捐税，不准开船。"英领事馆派人交涉，无效。最后平和洋行只得照章纳税，船始放行。

1937 年 5 月 8 日至 18 日，天津英总领事馆为庆祝英皇加冕典礼，举行宴会，招待驻津各国来宾。在商讨最高来宾问题时，日本驻屯军司令田代皖一郎坚持要以最高来宾身份出席。张自忠将军闻讯后，义正词严地对英国领事表示："英界为中国领土，日军驻津系不平等条约的产物。国际场合，不能喧宾夺主。若以田代皖一郎为最高来宾，中国方面决不出席。"结果英总领事馆不得不决定以张自忠将军为最高来宾，维护了国家的尊严。

张自忠将军廉洁奉公。张任市长后，包商托人找张要想承包天津税务，愿出款 65 万元。签立合同时，可写 30 万或 40 万，张自忠可得 25 万为私有。张不允，坚持用自己手下的人办税务。他说："咱们自己为税务，可以多安排一些失业人员，比包给人家有好处。"在大沽成立军警稽查处，是以军队为主稽查走私货物的，查获很多。张自忠叫手下的人一律交公安局处理，军队不得过问。

张自忠将军注重法纪，不徇私情。天津市郊葛沽有一匪首，在津沽一带聚众抢劫，犯案多起，被捕获。该匪以帮会关系认识青帮头子张树声。张树声以老长官的身份由南京来天津为匪首求情。张自忠未允其请，照旧依法将匪首处决。

伦敦道（今成都道 60 号）张自忠故居

　　张自忠将军在津故居有两处：一处在河北大经路天津市政府内后园（今第二医院）；另一处在英租界伦敦道（今和平区成都道 60 号，天津市民政局）。1936 年 6 月，他出任天津市市长期间，以庆安堂名义购得厚德堂川记在英租界伦敦道空地一段，占地 4.356 亩（2904 平方米），建楼房一所。这所楼房原建有楼房两幢，为砖墙水泥顶，主楼三层，后楼二层，共 16 间，砖灰平房 14 间，楼平房建筑面积 1400 平方米。主楼楼下为会客室并兼有卧室，二三楼均为卧室，一二楼有卫生间，二楼有平台两个，三楼有屋顶大平台一个。后楼楼下为餐厅并设有卫生间，二楼为书房。进大门右侧平房也是会客室，左侧平房为男佣人宿舍及门房。

　　1937 年"七·七"事变时，张自忠正在北平养病。7 月 28 日，宋哲元下令：冀察政府委员会委员长、北平行辕主任及北平市长等职，统统由张自忠代理。平津沦陷后，张自忠于 8 月 6 日在《北平晨报》发表辞职声明，9 月 3 日秘密化装潜出北平，来到天津，于夜八九点钟回到伦敦道住所，与妻子儿女团聚，当时举家都沉浸在一片忧伤气氛之中。他静静地沉思了很久，才开口要笔墨纸张，立即给北平的美国友人福开森先生写了一封感谢信。又坐了一会儿，简单叮咛家人一些勤俭生活、教育儿女的话，就匆匆地离开了家。9月10日，秘密地乘英租界工部局的小火轮，闯过天津大连码头、驰往大沽外，换乘英国商船"海口号"南下。

张自忠回到军中担任第五十九军军长，1938年3月，台儿庄战役中，张自忠率部增援临沂，取得大捷，立了大功。是年10月，升任国民党政府军第三十三集团军总司令。1940年5月7日于湖北宜城襄河之战截击日寇主力，张亲临前线指挥作战，日军突增兵万余，激战9昼夜，因寡不敌众，陷敌重围，伤亡惨重，张自忠6处受伤，16日在南瓜店战斗中壮烈牺牲。终年49岁。他那不畏强敌、誓死抗击日寇的献身精神，大大鼓舞了全军将士抗战杀敌的斗志，18日晨终于收复了南瓜店。国民政府为张将军举行了国葬，将张自忠晋升为陆军上将；18集团军总司令朱德、副总司令彭德怀联名敬挽联。为永志张自忠的抗日功勋，天津将市中心与海河并行的道路命名为"张自忠路"。

张自忠离津后，张自忠故居于1939年—1940年期间，曾由丹麦领事馆使用。

抗战胜利后，1946年9月进行产权登记时，该楼产权更名为张自忠之子张剑光。1948年9月张剑光等将该楼卖与韩悦森名下，由经营鬃毛出口的万通贸易行使用。1955年万通贸易行实行公私合营后，该楼由中国畜产公司天津分公司接管。是年改由天津市民政局使用。1961年3月23日畜产公司将该楼移交给房管局经营。天津民政局于1955年在院内西侧建会议室一座，1985年将会议室及其北侧平房拆除改建为三层办公楼一幢，并在东侧建平房（车库）一座。现民政局共有楼房三幢，56间，平房18间，建筑面积2182.45平方米。

张学良故居

张绍祖

张学良

1924 年 11 月，张作霖打败吴佩孚，奉军入关，从此"少帅"张学良与天津结下因缘。他指挥的奉军第三、四方面军司令部设在天津。初到天津时，他住在利顺德大饭店，后来以京奉铁路宾馆（今 51 号花园酒店）为别墅之一，常在这里举行欢宴、舞会，接待过当时国内外的许多重要官员。一楼曾珍存着他当年用过的镶嵌着象牙的台球案和象牙台球。据说，张学良在此养过两匹心爱的赛马——"黑驹"和"兰花青"，由于喂养精心，长得膘肥体壮。

后来买下了法租界 32 号路（丰领事路）公馆（今和平区赤峰道 78 号）。该公馆由前后两幢砖木结构楼房组成。前楼为一座欧式风格的三层灰色洋楼，建于 1921 年，原为旗人贝勒所有，1924 年张学良以张寿懿（张作霖五夫人）名义购自法国领事馆。1931 年张来津时曾在此居住。这所建筑为三层砖木结构，占地面积 1003.64 平方米，建筑面积 1418 平方米。这所建筑造型美观、豪华、大方，底层入口有带窗的三跨暖廊，中央有一大厅，右边为客厅及餐厅，左边为接待室。二层 6 间为卧室及卫生间，三层亦作卧室及卫生间。室内宽阔考究，内部楼梯、地板、门窗均系用菲律宾木料。前楼二、三楼有屋顶平台，平台上原有一个亭子，立面平台层层向后退缩，柱子、栏杆、柱墩上饰雕花盆。楼前有小花园，广植花草树木。楼后有二层小楼，建于1926年，为佣人住房及仓库。两幢楼房共有42间房。

32号路是天津有名的"督军街"，住着不少官僚政客、遗老遗少。一时张少帅公馆门前车水马龙。年轻的少帅身旁聚集了一群阔少与军阀，其中有外交总长曹汝霖的儿子曹璞、德国克虏伯军火大买办雍剑秋的儿子雍鼎臣以及不知自己有多少兵、多少枪、多少老婆的"三不知"将军张宗昌等。这些人陪侍着张学良出入南市著名妓院天宝班、英租界马场道的西湖饭店、德租界的圣安娜舞厅（今北京影院楼上）、佟楼的蔡家花园舞厅等，沉湎于酒色歌舞之中，以至染上了吸毒癖好，害得"少帅面容瘦削灰暗，须发下垂，没有什么一点英雄气概"（《大公报》记者徐铸成的描写），但是张学良是一个聪明绝顶的人，他很快毅然戒除毒瘾，重新振作。

张学良故居（赤峰道78号）

孙中山为张学良写下"天下为公"四个字

在津期间，张学良与赵四小姐开始热恋。赵四小姐名赵一荻，又名绮霞，其父赵庆华曾任交通次长，赵四小姐曾在天津中西女学（建国后改为女六中、长征中学）读书。蔡公馆是天津名门闺秀、贵家子弟的社交场地，主人是张学良的三弟张学曾的岳丈。赵四小姐经常到蔡公馆去玩，时常遇到张学良，很快成为朋友。而促成赵四小姐与张学良相知相爱的则是赵四小姐的大姐夫冯武越。当时冯在天津办《北洋画报》，画报封面上每期必选登一帧名闺玉照。赵四小姐的芳影多次出现在封面上。张学良对赵四小姐的绮年玉貌很是倾心，在交往中感情越来越亲密，到 1929 年的春夏间，便相约去沈阳北陵秘密同居。这就是当年轰动一时的"赵四失踪"的传闻。

张学良在津也曾结交了一些知识界人士，如南开学校校长张伯苓、《大公报》总经理胡政之、总编辑张季鸾等。1929 年，张学良筹办东北大学，自任校长，延聘张伯苓为校董。张学良对胡政之、张季鸾以礼相待，注意他们的政治见解，如东北易帜问题曾听取胡政之的意见。

张学良除此住宅外，据说在五大道儿童医院附近有一座别墅，为黄色小洋楼；在睦南道桂林路口，有一座夫人别墅；在吴家窑有一座小型平房别墅。在旧德租界（今河西区）宁波道 1 号（一轻总公司老干部活动中心）有一内宅。1925 年第二次直奉战争后还在蔡成勋的蔡家花园居住过。

1928 年 6 月张作霖遇难后，张学良返回沈阳，以后他还断断续续来过天津。赤峰道 78 号房产，1949 年后张寿懿去香港，由其子张学铨管理出租。1956 年进行私房改造后由国家经营，1960 年改按公产掌管。

张学铭故居

张绍祖

张学铭（1908—1983），字西卿，奉天（今辽宁）海城人，系张学良之二弟。1928年入日本陆军步兵学校学习，1929年返国，就职于东北军。1930年10月出任天津市公安局局长，1931年4月任天津市市长兼公安局局长。

张学铭在任职期间曾两次粉碎日本特务操纵的天津便衣队骚乱，维护了地方治安。1931年"九一八"事变前夕，张学铭和他留日同学、天津市保安队队长王一民一起到北平向张学良汇报天津治安形势和日军的活动

张学良与弟弟的合影。左为张学铭、右为张学思

情况。返津后，张学铭遵照张学良的指示，会同河北省主席兼东北军第二军军长王树常提前实施冬防，加强戒备。事变发生后，日本天津驻屯军司令香扼浩平和大特务土肥原贤二在天津制造暴乱，他们收买了流氓、赌棍、大烟鬼2000多人组成了天津便衣队，由日本人出钱、发枪，并委任李际春、张璧、袁文会、石友三等为军政头目。11月8日，这群民族败类由日租界的万国公寓、大同公寓出发，在日军掩护下，袭击国民党的公安局、市政府和省政府。早已潜入中国管辖区的便衣队则分别从南市、万德庄、南门外、广开

及河北一带策应。日租界的日本警察、宪兵在日租界边沿向我方射击，为便衣队吆喊助威。当晚便衣队攻占了靠近日租界的南市警察署一区六所和驻海光寺二区六所及河北电灯房。张学铭事先已得知暴乱的消息，他指示以东北军改装的天津保安队进一步做好戒备，于11月9日凌晨击退了便衣队的进攻，夺回被便衣队占领的地方。这帮乌合之众组成的所谓"第五纵队"（便衣队），狼狈逃回租界。11月26日，日本侵略者发动了第二次便衣队暴乱。当晚9时，在日军机关枪的掩护下，便衣队又从日租界海光寺附近袭击中国保安队，日军并在中原公司（今百货大楼）等处架设大炮，袭击国民党省市政府、公安局、电话局等处，妄图配合便衣队，搞垮天津国民党政府。由于张学铭早已指示保安队作好布防，所以这次暴乱很快被击溃。

抗战期间，张学铭的大部分时间闲居于香港与欧洲，后曾移居南京。抗战胜利后，任东北保安司令部参议室中将主任、国民政府主席东北行辕参议室副主任、中将总参议。平日，一身将军服，领章金板双花，十分神气。在鸡尾酒会上，他非常活跃，能吃、能喝、能玩，人家同他开玩笑，称他为"总餐宜"，他笑着说："我无议可参，何不'餐宜'？"

1949年1月15日，天津解放后居于天津。1950年他给周恩来总理写信，希望给他一个读书的机会。不久，他进入了华北人民革命大学学习，毕业后返津任天津市人民公园主任，一干就是10年。10年间，他不辞辛苦，到处奔走，为公园购进了不少珍贵的动物和奇异的花卉。当时香港的一家报纸奚落张学铭，说他从市长宝座跌入园丁泥坑。张学铭理直气壮地说："占世界四分之一人口的中国人全是建设社会主义的园丁，大惊小怪的是那种无知的人。"1954年张学铭委托中央文史研究馆馆长章士钊先生致函毛泽东主席请求为公园题字，同年9月19日，毛主席复函并附亲笔书写的"人民公园"4个大字。张学铭万分高兴，立即制成匾额，悬挂在公园正门上方。这4个黑底金字，笔势豪放，笔力遒劲，挥如泼墨，气贯长虹，耀人眼目。据说，这是毛主席亲笔为国内园林公园题写的唯一匾额。

张学铭后任市政工程局副局长、民革天津市委副主委、民革中央委员等职。张学铭一直受到周恩来总理的关怀。在"文化大革命"开始时，他和夫人朱洛筠全家迁往北京，住在东四八条其老岳父朱

张学铭故居（今睦南道 50 号）

启钤的家里，受到保护。周总理和邓大姐曾亲自到家看望，并与他们合影留念。但后因林彪一伙制造"东北军"案，张学铭含冤入狱，1973 年才平反出狱。1978 年十一届三中全会后被特邀为全国政协委员，天津市政协常委。1983 年 4 月 9 日病逝于北京，享年 76 岁。

张学铭住宅坐落于英租界香港道（今睦南道 50 号），建于 1925 年，是一所宽敞的庭院式住宅，大门坐北朝南。二层砖木结构，占地 1756 平方米，建筑面积 1300 平方米。1931 年张学铭以大福堂名义购自郑织之房产。此宅布局前为主楼，是一幢二层带顶子间的西式楼房，后为辅助用房。主楼前有花园，占地一亩多，植有草皮。从院门通往主楼和汽车房是一条 40 多米的通道，辅以淡紫色的地面砖，道旁植有一排低矮的冬青树。主楼为两层带顶间的西式楼房。首层设有带暖廊和花室的大厅，并与宾客卧室、餐厅、备餐厅、乐坛、酒吧间、厨房、卫生间和楼梯间相连。大厅内采用彩色玻璃提拉通天窗采光，门窗和地板用上等硬木制作，顶棚和柱子带有装饰灰线。餐厅内设有装饰考究的壁炉。餐厅和客厅由镶有磨花玻璃的高大木拉门连接，在举行宴会和舞会时将门推入墙内，以扩大空间。餐厅内木制护墙板局部有木雕花纹，以暖色调为主。二层设有卧室、会客厅和两个卫生间，木结构的顶层大阁楼作为贮藏室用。后楼是佣人房间及家庭教室等。汽车房设在底层。外墙采用紫红色机砖砌筑，多坡筒屋顶，建筑立面比例和谐。张学铭在这里长期居住。

宋哲元故居

张绍祖

宋哲元

宋哲元，字明轩，山东乐陵人，1885 年生，私塾教师出身。1907 年投笔从戎，毕业于北京武卫右军随营武备学堂。历任团、旅、师、军长、方面军总指挥、集团军总司令、战区副司令长官等职，并先后兼任热河、陕西、察哈尔、河北四省政府首脑，平津卫戍司令兼北平市市长，冀察政务委员会委员长等职。1931 年"九一八"事变后，宋通电全国请缨杀敌，1933 年率 29 军将士参加长城喜峰口之战，采用夜战和绕攻敌后的战术，以大刀迎战日军，挫敌甚重，取得了喜峰口、罗文峪长城战役的胜利，大长了中国人民的志气。

1937 年"七七"事变爆发后，宋率部奋起抗战，在平汉、津浦沿线抗击日寇。1938 年，宋因病先后辞去第一集团军总司令、第一战区副司令长官之职，改任军事委员会委员。1940 年 4 月 5 日病逝于四川绵阳，终年 55 岁。

宋哲元在津期间的主要寓所和活动场所位于英租界（今新华路 231 号和今南京路 86 号）。

宋哲元为何移居天津？据著名作家周骥良先生讲这源于一次内战：1924 年，宋任西北军第十一师师长，奉冯玉祥之命从张家口出征多伦，攻克多伦后又挥师南下攻克承德。此时部队正要休整,但另一路进攻天津的西北军被李景林的队伍阻于杨村,冯玉祥又令宋哲元助攻天津。宋哲元带兵赶到杨村,激战三天三夜,李景林终于战败退出天津。但宋哲元的队伍并未进入市区,而又退回承德。在他的《明轩自纪》中,把这次三战三捷的远征列为他一生中的得意战役,既体现了他的迅猛出击,又展现了他的吃苦耐劳。他的"西北军中的赵子龙"绰号就是这样得来的。李景林战败离开天津,一口恶气出不来,退兵经乐陵时把宋家集洗劫一空,宋的老母抢先一步逃到天津租界地避难。宋哲元 20 世纪 30 年代在津买了两处房子,均在英租界,一处面对墙子河,为 29 号路(今为南京路 86 号,原房已拆),这是一座高台阶的洋式平房,宋老太太居住,后有两座小楼,他的两个妹妹各带子女住一座小楼。这都出于宋哲元的孝心,作此精心安排。宋和他的妻子常淑青和儿女等则住在距母亲住宅百米之遥的另一座楼房里。这座楼房在 17 号路上(如今的新华路 231 号,现原房已拆除,建起富兰特大酒店)。

新华路 231 号(原 253 号)楼房是宋哲元于 1932 年以明仁堂名义购自英商先农公司代马幼山经营的房产。1946 年 8 月登记时,更名为宋华玉(宋哲元之子),1950 年 12 月由公产管理局代管。这所楼房占地 1.196 亩(797.34 平方米),2 层,砖木结构,有楼房 21 间,平房 8 间,厦子 2 条,建筑面积 763.33 平方米。该楼沿新华路一侧及北侧两面走廊从上到下均带玻璃窗。宋哲元一家从 1932 至 1937 年来津住在此楼内。楼后平房为车库、厨房和裁缝师用房。解放后,沿新华路一侧的院墙及平房已拆除,成为马路便道(20 世纪 90 年代全楼拆除重建)。

南京路 86 号(原为 98 号),有前楼、中楼、后楼。其中中楼是宋于1934 年 10 月以德荫堂宋名义购自因仪品公司与石寅生涉诉而由天津地方法院拍卖的房地,占地 2.326 亩(1550.67 平方米),是一所带地下室的西式平房宅院,有砖墙铁顶西式平房 11 间,过道 5 间,地窖子 10 间,砖墙瓦顶平房 2 间,砖墙灰顶平房 4 间,全所共 32 间,建筑面积 700 余平方米。宋买

宋哲元故居（新华路 231 号）

宋哲元故居会议厅旧貌（南京路 86 号）

后经过油漆粉刷加装暖气设备，专作会客、开会和小憩之所。院内有树木花坛等。此房后来由其二弟宋春元居住。1946 年 8 月登记时，具保更名为宋春元。1958 年私房社会主义改造时，除楼内 6 间宋自住房外，其余改造为公产，曾租与低压电器厂。另 86 号前楼与后楼由宋之眷属居住，这 3 幢楼房在 1976 年地震时震毁，80 年代拆除重建高层楼房。

宋哲元穿着一贯非常简朴，随冯玉祥多年，从来都是身着布军装，和士兵没有两样。在天津居住期间，可以说是他穿戴最讲究的时候，经常头戴一顶呢帽，脚穿一双礼服呢鞋。每日清晨起身后，他总要率儿女，走到母亲家，向母亲问安。如果母亲不说让他坐，他就不坐，他是一位儒家思想浓重的将军。他一生侍父母大孝，名闻遐迩，尤令部下引为楷模。他在灌县时，一天游青城山，喜得一墨竹，便为老母制一手杖，刻己乳名于上，并诗一首。诗云："前岁辞亲日，中原板荡秋。敢轻离老母，无奈赋同仇。但愿常服侍，羞看此杖头。待儿归去后，常伴我娘游。"（赵新儒：《乐陵宋上将明轩事略》，《遗集》，第 1274 页。）题罢泪如雨下，泣不成声地说："不知何日我娘能御此杖也！"随从劝其遵医嘱戒悲、戒怒，但他仍唏嘘不已，不能自抑。

宋哲元和家里人一桌共餐，从来没有小灶之说。桌上是四菜一汤，两荤两素。荤菜也只是菜里有肉而已，如果有一盘酱肘子，那就是最好的菜了，这也是他最爱吃的菜。他常常赶不上回家吃晚餐，到家时厨房里已经封了火，他从来不要厨师捅开，说那太费事了，只是用热水对一碗或两碗小米汤，然后就着馒头和咸鸭蛋把饭吃了。由于他军务缠身，不经常来天津，偶尔来津，总要合家团聚一番，但也从来不摆筵席，几个家常菜，最后再上一盘炸油饼就算是家宴了。他极少喝茶，平常就是以小米汤代茶。原来还吸纸烟，有一次和几位年轻军官在北京青年会听讲演，得知纸烟是洋烟，一年之中不知被洋人赚走多少钱。他出来之后就把口袋里的纸烟撕了个粉碎，立志不再吸纸烟。

将军对子女管教极严，女孩和男孩一样剪短头穿短衣，个个都像个小兵，他还经常要孩子们学习操练，主要是跑步和齐步走，还要让孩子立正听他的讲话。宋哲元提倡尚武精神，他除了让子女们刻苦读书外，还让他们学武，他特地用重金从家乡请来武术师宋治平教子女们武术，院内左侧设置操练场地，有压板、秋千、滑梯、双杠等。宋哲元有时兴起，也抄起大刀演练一番，大刀片上下翻飞，只见寒光不见刀影，功夫很深。

宋哲元不但尚武而且喜爱书法，并颇见功力。他的书法有家传，祖父宋宜府，父亲宋湘及都是教书先生，他从小就识字习字。到他17岁时也在村里教村塾，常常用树枝蘸泥水在石板上写字。后来投笔从戎，入冯玉祥队伍，冯好写字尤好题词，因而也带动了宋将军在这方面的发展。他一度寄居天津后，托词"养病"，且常以习字自娱。他经常徜徉于碑帖石刻之间，沉醉于书法艺术之中。他写的毛笔字刚劲有力，骨架匀称，近似欧体。李腾汉是他的外甥，收藏一幅宋哲元墨迹拓片，3个两尺见方的颜体大字"民为贵"，写得十分浑厚。1931年"九一八"事变以后，国难当头，他在山西训练队伍时，手书"为国家扶正气，为民族争生存"，以砥砺将士。1933年参加长城战役，在喜峰口外老婆山争夺战中，以大刀片夜袭敌营，在向将士训话时有"宁为战死鬼，不作亡国奴"之语。队伍出发之后，他立即把这两句话写下来，写得雄劲有力。

赵天麟故居

金彭育

赵天麟

1992 年 4 月 6 日，国务院民政部追认在 1938 年 6 月 27 日被日本特务暗杀的天津市耀华学校（现耀华中学）校长赵天麟为革命烈士。同时，在耀华中学科技馆前特立一尊赵天麟先生的半身铜像，以供后人瞻仰，并恢复了耀华中学的"君达堂图书馆"。

赵天麟校长的故居位于五大道，其地址在成都道昭明里 2 号（今成都道 73 号）。这是一所一侧靠昭明里，正门在伦敦道的二层砖木结构的小洋楼，还带半地下室与顶层储藏室，进大门上高台阶，二楼有大平台，设备齐全讲究，周围环境幽雅。

赵天麟（1886—1938）字君达，天津人。天津普通中学（官立中学前身）毕业，后升入北洋大学堂法律系。1906 年为首批资送赴美留学生，毕业后获哈佛大学法律学博士学位，并被授予象征哈佛大学学习最高成绩的金钥匙奖。

回国后，赵天麟于 1912 年执教于北洋大学，任法律兼理财学教员。1914 年 3 月 13 日，他被任命为北洋大学第三任校长。在任校长期间，他恪尽职守，勤奋工作，诲人不倦。他总结了 20 多年北洋大学的办学经验，提出了"实事求是"的校训。为给学生创造一个良好的学习环境，赵天麟校长对全校进行了调整，建造了较完善的教职员工宿舍、运动场和花园。宿舍和教室环境良好，暖气、卫生设备齐全。图书馆里，图书和各种资料齐全，且不断增加。赵天麟十分注重实践学习，健全和完善了各种实验室和陈列室。使学生得以在学习中做到理论与实践相结合，取得显著成果。赵天麟校长在北洋大学当校长的8年中，培养了许多国家栋梁之材，可谓桃李满天下。这期间，还发生了两件震惊中外的事件，显示了赵天麟校长强烈的爱国心、正义感和斗争精神。第一件是：1916年10月天津人民反对法帝国主义强占老西开的斗争。赵天麟被推选为"维持国权国土会"副会长，多次与当时的北洋政府交涉，维护国家主权，并参加了赴京请愿活动。这场斗争，天津人民同仇敌忾，给法帝国主义以沉痛的打击。第二件是：1919年的五四运动期间，赵天麟校长严词拒绝北洋政府让其用高压手段阻止学生罢课的爱国行动，并于1920年1月愤而辞职，回家隐居。由于赵天麟的学识和声望，后受聘于开滦矿务局的协理。由于赵天麟为人耿直，对工商界的钩心斗角现象不能随波逐流，1933年他辞去了待遇丰厚的开滦矿务局协理职务。在这期间，赵天麟于1931年还被推选为天津英租界工部局董事会华人董事。

1934年，赵天麟受聘于天津耀华学校任第三任校长。耀华学校坐落在英租界围墙道上，墙子河边，始创于1927年。初名为"天津公学"，是当时英租界内的中国人为争取子女的求学权利，由英工部局华人董事庄乐峰（字仁崧，开滦矿务局和中兴媒矿董事）主持向当局申办，发动募捐集资创办的。校址最初在英租界戈登道（现湖北路37号），翌年迁至英租界红墙道（现新华路消防总队）。因学生增多，规模扩大，于1929年迁至

赵天麟烈士塑像

现址。在赵天麟于 1934 年担任校长时，在校学生已增至 1000 余人。遂将原"天津公学"之名改为耀华学校，取光耀中华之意。中学部取名为"耀华中学"，小学部取名为"耀华小学"。

赵天麟校长为提高耀华学校的教学质量，首先抓了师资水平。他聘请的教师注重真才实学和业务素质，而不看重社会背景、经济地位和资历。对每位应聘来的教师，他都进行严格的考核，量才使用。有的教师在现场进行教学实践时，他亲自听课。只有看到了、听到了应聘者的实际水平，才得以聘任。因此，耀华学校的师资水平很高，在社会上名声很大。由于严格办校，高水平授课，使耀华学校学生的成绩十分突出。1936 年，全市高中会考，获高中总分第一名及第三、四、五名的都是耀华学校的学生。

赵天麟校长为人正直，心胸豁达，办事认真。他对学校的规章制度抓得很严，所以耀华学校师生的纪律和综合素质是全市最高的。不论学生的家庭贫富，他都能一视同仁。在生活上，关心师生，对经济上拮据的学生他还慷

位于成都道昭明里 2 号（今成都道 73 号）的赵天麟故居

慨解囊，热心赞助。耀华学校的学生不仅成绩优异，在体魄上也很出色。这得益于大力开展体育活动，有设备完善的操场、体育馆、健身房，在全市各项体育比赛中，耀华学校的学生经常名列前茅。

1937年"七七"事变后，天津沦陷。日军轰炸机滥炸南开大学、南开中学等学校，使大批师生失业失学。面对这种情况，赵天麟校长基于民族义愤，利用学校在租界的条件，挺身而出，克服困难，顶住压力，毅然决然地在耀华学校开办了特别班。招收失学的学生800多人。在校舍十分紧张的情况下，妥善安排班次，使教学秩序井然有序。

当时天津在敌伪统治下，伪市教育局勒令全市各校要用日本人审定的教科书，赵天麟校长拒绝使用。1937年9月耀华学校召开"建校十周年庆祝大会"，学校升中国国旗，唱中国国歌。他还支持和保护师生的爱国行动，有的学生要离开天津到前线去抗日，他予以帮助，还送去路费。天津的日本宪兵要到耀华学校参观，被他拒之门外。赵天麟校长的爱国行为，使日本人恨之入骨，欲置他死地而后快。敌伪发来带有子弹的恐吓信。英国天津租界工部局警务处得到日本特务要暗杀赵天麟校长的情报，通知了他，但他不屈服，泰然处之，并写下遗书。当时，赵天麟家中有80岁高龄老母，子女尚年幼，最小的儿子只有3岁。为了保护赵天麟校长的安全，英工部局警务处和耀华学校都做了安排，但过了一段时间，并未发现异常情况。1938年6月27日清晨，赵天麟校长准备乘出租车上班，但汽车一直未来。他怕迟到，便步行前往，但出家门不远就被日本特务枪杀。这位爱国教育家壮烈牺牲，时年52岁。

高树勋故居

金彭育

　　高树勋，直隶盐山人，生于 1898 年。他出身贫苦，先是在北京店铺当学徒，受尽欺压。18 岁只身进川，在冯玉祥部队当兵。他为人正直，作战勇敢，因屡建战功，后升至师长。1930 年，高树勋的部队被收编为国民党第二十六军。当 1931 年他的部队被派到江西对红军进行"围剿"时，高树勋逐渐看清了国民党的反动面目，思想起了变化，毅然决然地脱离国民党部队，回到天津，居住在英租界香港道寓所，即现今的睦南道 141 号。

　　这是一处幽静的院落，绿树掩映着一幢造型别致的英式小洋楼。楼的立面两侧为平面，靠左侧中间立面为凸出的半圆形玻璃窗。小楼清水砖墙，木质阳台，暗红瓦顶，典雅大方。院中共有楼、平房 29 间，占地面积 1275 平方米，建筑面积 641 平方米。

　　寓津期间，他受到进步思想的影响，倾向共产党，他认为只有中国共产党才是中国的希望。他和吉鸿昌等爱国将领组织抗日武装，屡建奇功，被群众誉为"飞虎将军"。抗战期间，高树勋除掉大汉奸石友三，被世人称道。

　　石友三在敌后不断进攻八路军部队，勾结日军进行公开投敌活动。当时，石友三、高树勋的部队同时移驻河南濮阳一带，石部驻巩庄，高的新第八军驻柳下屯。石友三在日寇面前屈膝投降，当了汉奸，并要挟高树勋跟他共同投敌。高不但不依，反以民族大义给以斥责。石友三恼羞成怒，怀恨在心，多次欲置高树勋于死地，但高都脱了险。从此，他俩矛盾越来越深。石

率部起义的国民党军第十一战区副司令长官高树勋

友三想害高树勋未成，又想通过另一西北军同人，时任冀察边区游击队总指挥的孙良诚从中疏通，以缓和矛盾，待机杀高。高树勋不动声色，反而将计就计，设宴招待石友三和孙良诚，张网以待，请君入瓮。1940 年 12 月 1 日上午 10 点，石友三大摇大摆来到高树勋军部。石带一连骑兵，连长为其弟石友卿，但这些人被拦在屯外。石友三只带 8 名亲兵进了屋。将近 12 点时，石的亲兵被安排到另一间屋吃饭，而石友三则进了摆有丰盛酒宴的大厅。当士兵摆完菜时，突然将石友三缴枪逮捕。高树勋派人在历数石投敌叛国汉奸罪恶后，命石自缢，石不从，几名士兵迅速上前将其勒毙。石友三部指导师师长石友信也被击毙，他是石友三弟弟。石另一个弟弟石友卿在第二天逃跑未遂，被活埋。

　　1948 年 10 月 30 日，当时任国民党第十一战区副司令长官的高树勋，经长期的秘密准备，毅然率领部队进行了震惊中外的"邯郸起义"，并由邓小平、薄一波同志做介绍人，光荣地加入了中国共产党。邯郸起义推迟了蒋介

高树勋故居（今睦南道 141 号）

石全面内战计划的进行，受到中共中央及毛泽东同志的高度评价，并带动了国民党军队中爱国军人陆续投向人民，对解放战争的胜利作出了贡献。解放后他当选为全国政协委员、国防委员会委员和河北省副省长。1953 年，毛主席在北京亲切接见并宴请了高树勋。他于 1972 年 1 月 19 日逝世，享年74 岁。

高树勋故居——睦南道 141 号现保存完好，由市民居住。

三、社会名流故居

李叔同故居

张绍祖

李叔同

李叔同是中国近代文化史上一位具有绝代才华的先驱者，是近代天津历史中在世界上最知名的人士，是著名佛教大师。2000年是李叔同诞辰120周年，1999年笔者考察了作为天津市重点文物保护单位的李叔同故居，拜访了老住户杨长和、朱立生等，并翻阅了大量的文字材料，现将李叔同故居情况介绍如下：

一、陆家竖胡同2号故居

1880年（清光绪六年）10月23日（农历九月二十日），李叔同出生在天津河东粮店后街陆家竖胡同2号。其确切地点是，天津的发源地三岔河口之东，粮店后街东侧，地藏庵前一条东西向的陆家胡同东口，坐北向南的第一个门。

当年这个大门，是一座规模不甚大的门楼。门楼里迎面有4扇平门，平常不敞开，正对着院内北房，起着"影壁"的作用，西面整个镶着木板，东面是出入的走道。院内是青方砖墁地。北、东、西三面，各有3间青砖房，墙下磨石抱角，房上有1米左右的女儿墙。靠里首东西又各有一小厦子，北房后面是一个小后院，有3间灰土房。这样形成了一所以北房为上房的南北方向的长方形"三合院"。西房靠外首的一间窗前，原有一棵大树。在老宅的不远处就是原北运河的河道（1918年河道裁弯取直后改为东河沿大街），顺河往东是金钟河，从贾家大桥到小树林，沿河是一片树林。周围环境优美，令人流连忘返。民初，李叔同在《忆儿时》的歌词中动情地写道："春去秋来，岁月如流，游子伤飘泊。回忆儿时，家居嬉戏，光景宛如昨。茅屋三椽，老梅一树，树底迷藏捉。高枝啼鸟，小川游鱼，曾把闲情托。儿时欢乐，斯乐不可作。儿时欢乐，斯乐不可作。"这正是在写他所降生的老宅的内外情景。

李叔同两三岁时，他父亲李筱楼在粮店后街山西会馆斜对过，购置了一所规模宏大的宅邸，即现在的粮店后街60号。李叔同降生的老宅随之租给他人使用。1930年前后卖出，买主是当时河北大街公记货栈的同人毛维霖。毛维霖购置此房后，进行过维修，房基一直未变，只是在房屋间数上有所变动。后由毛维霖的两个儿子毛永权和毛永炎分住。日前，笔者到此故居考察，见院内有两棵大树和爬山虎，看来是后来种的了。

二、粮店后街 60 号故居

粮店后街60号是李叔同青少年时代生活的地方。据说这座房产有150多年的历史，为一座典型的坐西朝东的清代建筑物，呈正方形，占地面积1400平方米，分4个院，为"田"字形，西面（后院）地势高于东面（前院）；东西略长，南北略短，但从东到西，从南到北都是9间房。共有房屋60余间，是清代道光年间一钱姓富户所建。

故居前门门口开阔，比一般门口要宽，远远望去用青砖砌成的高高的"虎座"门楼十分壮观。近观门前挂有"进士第"的大匾（清同治四年，即1865年李叔同之父李筱楼考中进士），门洞挂一"文元匾"。有四级大青石台阶，大门两侧有精致的石门枕和雄伟的石扁狮一对。巍巍的大门楼顶部、厚厚的大门和高高的门坎均呈现紫棕色。细看超长的大青砖磨砖对缝，门楼上的刻砖别致精巧。大门楼旁还有一座长条形建筑，是轿房。这一切表明这是一户名门望

李叔同故居

族、官宦人家。

　　进了大门，前有装潢讲究的影壁，左侧有门房一大间，对面有一条黑色长春凳。过了门房，前面就是前四合大院。大院有两个砖砌的小门，有南北房各3间，从桄看像3间，实为两间，均为一明一暗，有隔板。南边的两所房子为主房，北房外屋是佛堂。东西房各5间，西房是上房，中间堂屋是明的，两边各两间是暗的，屋子之间有隔板。东房是桐达钱庄，柜房门前廊柱上，有木制的抱柱对联，红底黑字，上下联第一字分别是"桐""达"两字。西房为客厅，有雨厦，形成走廊，一米多宽。东西房前脸为木结构，西房有直径300厘米明柱4棵。门窗均有精美的图案，花纹精巧玲珑。室内外都是大青方砖墁地，室内方砖，光滑耀目。前院5间西房大客厅的正中，挂有一块金地蓝字堂匾——"存朴堂"，为李叔同父亲李筱楼所起所书。厅堂的抱柱上李筱楼请人书写对联，上联是"惜食惜衣，非为惜财缘惜福"；下联是"求名求利，当思求己胜求人"。

　　在这大四合院的右侧，在"田字形"当中"一横"的地方，是两间房宽的间道，临街处即是大门和门房。在间道当中"十"字交叉的地方是"洋书房"，周围是"意园"。

李叔同的"洋书房"为中西合璧的建筑，与院内其他房屋迥然不同。此房为刀把形西房，青砖瓦顶有流水沟，呈"7"状，上五层高台阶，到砖台，前为门，室内面积约有20平方米，前脸为木结构，朝东朝南有窗，窗为两层玻璃门，一层纱门，门窗皆为白色，屋内明亮。屋内有中式木床和书橱，格局颇为讲究。"洋书房"的布置也很别致，墙上挂着李叔同在日本留学时画的油画，为一裸体的女人。屋中摆有钢琴。书橱中除书籍外，还有贴着来信的册子和在上海时的用款账本，还有使用的碑帖等。1910年，李叔同从日本留学返津，经老友、直隶公立工业专门学校国文教员周学彬（字啸麟）先生介绍到该校任图绘教员。课余之暇，在"洋书房"读书、写字、作画、刻石，并接待来客。

"洋书房"前有一个小花园，被称为"意园"，在间道影壁墙的后面。"意园"的前面有5根木桩，用竹竿斜插成菱形的竹篱，园内葡萄、藤萝和牵牛花等攀缘在竹篱上，别有一番情趣。八角门上挂有一块长方形的小匾，黄地绿字，右边书"意园"二字，为李叔同亲笔书写，左边写有建园年月和缘由。"意园"和后院的游廊相通，和前跨院的中书房、客房及两边的南厦、北厦组成一个小巧的园林。园内有修竹盆花，后院有金鱼缸、荷花缸、山石盆景、石榴树等，环境优美典雅。

"意园"的北面有一个小门，通往西跨院四合的西房，这是接待来宾的会客室。"意园"的东面有一柴房和男厕，与前院的存物房和女厕相连。

在后三合大院，有西房5间和南北房各3间，过厅后面无东房，而是5间房长度的游廊。后院西房和前院西房在同一子午线上，也是中间堂屋是明的，对称的两边两间是暗的，中间有隔板。堂屋摆有桌子，两边的屋子则是一间屋子半间炕，灶口不在堂屋，而在里屋。里屋门框上有三角形的镏金木雕，雕有柿、葫芦、核桃等18种果子，每一种果子都有一种象征意义。如

名 人 故 居 博 览 ｜ 天 津 卷

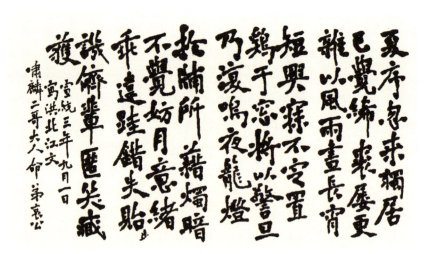

1911 年，李叔同在直隶高等工业学堂任绘图教员时写给该学堂国文教员周啸麟的字屏

柿子象征着"事事如意"，葫芦象征着"子孙万代"，核桃象征着"和和美美"。在每间屋子门框两边有锃光瓦亮的挂门帘的铜活儿。西房的台阶共四阶，由 8 块大小不同的青石对称铺成，有"四平八稳"之意。西房的北头，有一大间平顶的平房，靠后门洞，是后盖的。据说过去是个小花园。此房比其他房屋稍长，进深却略短 500 厘米。房内砖地和地板地各一半。北面墙全部镶有玻璃砖，屋内光线强特别明亮。靠西南角有一个抱柱书橱。传说盖此房时，立起了一个柁，用柱子顶着，等撤柱子时，撤不了啦！吃上劲了！工匠有些为难了，灵机一动，以柱子为中心，做了个别具匠心的抱柱书橱，外有明亮的玻璃门，真是巧夺天工！后院的后门在粮店前街，即三岔河口附近，隔河就是天津旧城东门外的天后宫和玉皇阁。

北边的房子是前后跨院（也叫东西跨院），3 间房宽，三层房屋依次是东房为中书房、当中的西房为客房、最后的西房为下房，另有穿堂门，贯通前后两个跨院。从地势较高的后院到地势较低的前院，有用砖盖着的明沟，一下大雨很快就流走了。

李叔同故居，在 20 世纪 30 年代，经房产经纪人苗姓介绍，杨家和朱家合伙购买。购买后，将前大四合院中的南北房窗户，改成 4 扇，其中有两扇能启闭，光线变得较明亮。东西房未作改动。全院更换了电线，新修了下水道和 4 个厕所。前院增建一个化粪池，后院南北房的土炕，也被先后拆除。

在解放初期，前院的厨房曾拟改做肥皂的地方，曾安装过一口大锅，还在屋顶开设了天窗。后因故未能实现，随即将设备拆除变卖。1958 年城市公社化时，由粮店街领导出面，借用前院厨房，改作办公室。后又占用"洋书房"，并将后三合院的"厦房"，改为食堂，还在房顶增开了天窗。

60 年代末，粮店街办事处将后三合院的南北房改建，南房用红砖砌成，北房用青砖砌成，房顶都改为大机器瓦。虽使用面积未增加，但内部结构和门窗等均改变了原貌。同时，"洋书房"在备战中，下部挖防空洞，地基受到破坏。70 年代初，后院西房瓦顶部分前檐，经小关房管站修缮，改用了红砖，并将原结构改变。1972 年 10 月和 12 月，杨长和与兄长先后迁到后院，由粮店街办事处用红砖将前后院砌隔。后来，小关房管站将后院拆除，新建一间半房，另修小院和一个厕所。1973 年 9 月，粮店街办事处迁出，大门口厅房和"洋书房"分给朱家居住，其余房屋均分给因葡萄糖厂扩建的拆迁户。1973 年 10 月，由小关房管站将前院大四合院全部拆除，计东西客房各 5 间，南北房各 3 间，共 16 间，改建为两层红砖楼房。

1976 年 8 月的大地震中，后三合院的西房前后檐损坏严重，用旧青砖砌后墙，用新红砖砌前檐墙，墙体变薄，改变了原来的结构。"洋书房"顶部震坏，在修缮中，将门口向前移动，南窗去掉，并在"洋书房"一侧加盖一间与该房相通的小屋。

李叔同故居原来只有前后两个门，后来

李叔同遗墨

整个大院截卖了几次，新买主分别各自开门，形成了东、北、西三面6个门，即今东面的粮店后街60号、62号、64号，北面的向河胡同13号、15号、17号。

　　李叔同故居这一古老民宅历经沧桑，老屋颓圮，面目皆非，破落不堪。李叔同儿时嬉戏的树荫和起居小筑、"洋书房"、客厅等也只是依稀可见。海内外有识之士及关心中国、瞩目天津文化者，频繁来访，既叹一代宗师之遗物飘零，又悲李氏故园之旧迹难觅。修复李叔同故居已成为众心所向，其不仅可以弘扬中华民族的传统文化，也将为中外文化交流发挥巨大的作用。1992年9月26日，在纪念中国近代文化名人李叔同逝世50周年座谈会上，天津李叔同研究会提出倡议，尽快修复李叔同故居。李叔同在新加坡的弟子广洽法师特致信并托人带来新加坡各界人士为修复大师故居捐款新加坡币4万元（折合人民币13.83万元），这其中包括广洽法师个人捐款新币3000元。修复李叔同故居得到老市长李瑞环、天津市政府、河北区政府等各方面的关注，现正结合危房改造准备建立李叔同纪念馆，修复李叔同故居。

严复故居

张绍祖

　　严复的故居在哪里？一直是大家关注的热点问题。笔者近十多年来曾翻阅了有关资料，访问了研究天津地方史的老学者，亲自进行了实地考察。

　　1992年6月4日，笔者在天津文史研究馆

严复故居遗址前的铜像（东门外宫北大街大狮子胡同1号）

向地方史专家王翁如先生请教严复在天津故居，老人对我十分肯定地讲：严复故居在东门外宫北大街大狮子胡同，其门口有狮子。1998年笔者在王翁如编著的《天津地名杂谈及其他》一书（天津人民出版社1998年12月第一版）中"大狮子胡同"一节里看到："天津以狮子为胡同的地名不知有多少了。什么大狮子、小狮子、石狮子等胡同，但都是有个不足二尺大小石狮，镶在附近墙壁上面得名的。这条呢，坐落在东马路到文化街上，长160米，宽不足6米，也是在墙上镶有个石狮子而得名（石狮在古代也称'辟邪'——梵语，意为大狮，置于门外能镇魔驱邪）。清末著名文化人严复（1854—1921）曾在这里住过……"王翁如在为《今晚报》等报刊撰文中也多次提到严复故居就

在东门外宫北大街大狮子胡同。笔者与王翁如同住小海地 10 余年，经常来往，又多次谈及严复故居，王翁如对有人说严复故居在粮店街大狮子胡同予以否定，他从其长辈所传说和亲自考察认定严复故居在东门外宫北大街大狮子胡同。

据 1894 年 10 月 3 日严复在给陈宝琛的信中写道："从者如有赐覆，径寄津水师学堂或津卫大狮胡同大生生字号后严公馆当不失也。"（见王拭主编的《严复集》第三册书信中第 501 页）笔者认为当时"津卫"所指是天津老城及临近老城的地区，与现在所说"津卫""津沽""沽上""津门"是天津的代称不同。当时的粮店街大狮子胡同则称天津河东粮店街大狮子胡同了。笔者认为王翁如的考证可信。

2004 年 7 月，南开区政协文史委曾组织区政协委员拜访从 1939 年起就住在东门外宫北大街大狮子胡同 2 号的鲍家驹老先生，其父鲍馨远，解放前曾任天津警察局八分局局长，解放后曾任市政协委员、市文史研究馆馆员。鲍家驹讲解放前在宫北大街和大狮子胡同交口处的西南角，有一家小书店叫"大生生"书店，面临宫北大街。而林开明先生据《张公（张锦文）襄理军务纪略》记载，认为"大生生号"当是"大生客寓"，应属一家老字号旅馆

海大道德源里（今建设路源茂里）的严复故居

（见林开明《严复居津寓所寻踪》，载于 2004 年 9 月 21 日《今晚报》副刊）。8 月经过专家学者多年、多方面的调查考证初步确认天津市南开区古文化街大狮子胡同 1 号是严复在天津故居遗址。

1880 年严复应李鸿章之邀到天津任北洋水师学堂总教习，当时没有带家眷，住在学堂。在 1883 年前后，严复才把母亲、妻子王氏和长子严璩接到天津共同生活。在大狮子胡同的"严公馆"，严复一家生活了 16 个年头。母亲和妻子分别在 1889 年和 1892 年病逝天津，1892 年在天津严复又娶江莺娘为妾。1893 年英国生物学家赫胥黎的《进化论与伦理学及其他论文》一书刚发表就引起严复的注意，1894 年至 1896 年夏天，他在这个寓所，以最快的速度翻译了整整影响几代人的《天演论》等名著，撰写了《辟韩》《原强》等一系列不朽雄文，被称"为中国西学第一者也"（康有为语）。从小在"严公馆"长大的严璩，在 1895 年由天津去英国留学，江氏在"严公馆"，生有二男一女。1899 年 3 月 26 日邻家失火殃及"严公馆"，"居室半毁，不堪更住"，"严公馆"被毁后严复搬至海大道（今大沽路）德源里新居。

2001 年 9 月，笔者查阅了《天津市和平区地名录》并实地考察，和平区历史上有 3 个德源里，其中东起建设路，西为实口，长 50 米，现名建设路源茂里的德源里（唐山道和保定道之间），属于旧英租界，有 5 个门牌，为青砖二层小洋楼。这里是严复故居所在地，到底几号曾是严复故居尚未考证出。据《天津租界》一书记载，建设路，旧称达文波路，在 19 世纪末尚未开辟，属于海大道西侧，故有"海大道德源里"之说。1900 年 6 月，八国联军进攻天津城前夕，严复全家从此离津迁居上海，因为是仓促逃难，德源里的所有书籍，俱未携带。据严复说，"津寓为法兵所占入，书籍文稿散失不少"。另据严复《戊申日记》记载，德源里还是天津闽学会所在地。1908 年 10 月 11 日（九月十七日），严复曾出席天津闽学会在此召开的欢迎会。

为了纪念严复，2004 年国庆，随着新修的天津古文化街的开业，建于大狮子胡同故居遗址的天演广场和严复铜像落成。

梁启超故居

张绍祖

梁启超在"饮冰室"

梁启超（1873—1929），是我国近代著名的资产阶级思想家和学者，字卓如，号任公，又号饮冰室主人，广东新会人，举人出身。他是康有为的学生，曾和康有为一起发起变法维新运动，是"戊戌变法"运动的中坚人物。戊戌变法失败后逃亡日本，主编《新民丛报》，介绍西方资产阶级的政治学说，对当时中国的知识界有比较大的影响。

1911 年 10 月，梁启超由日本回国后，民国初年曾出任司法总长、财政总长。并在清华大学和南开大学任教。鉴于国内局势动荡，他决定"永住津，不住京也"。他在意租界西马路请著名建筑师白罗尼欧设计并建造了一幢具有意大利风格的寓所（今河北区民族路 44 号）。1914 年底建成，1915 年举家迁来天津。这幢意式两层楼房，有地下室，顶层有阁楼。一二层各有 9 间房，由互通的门分为东西两部分。东半部由梁启超专用，楼下是过厅、小书房、客厅和起居室。二楼是他的书斋，起名"饮冰室"，另有图书室和浴室。另半部由其家属居住。

在此，他曾与蔡锷将军策划过反袁帝制武装起义。那是 1915 年 8 月 20 日，复辟帝制的"筹安会"成立后，蔡锷立即来津到梁启超寓所与梁研究对策。梁启超说："余之责任在言论，故余必须立刻作文，堂堂正正以反对之。君（指蔡锷）则军界有大力之人也，宜深自韬晦，勿为所忌，乃可以密图匡复。"随后，蔡锷回到北京。为了麻痹袁世凯，蔡锷便伪装消沉，同时密送眷属离京回原籍，为自己脱身做准备。梁启超在天津发表了《异哉所谓国体问题者》的文章，做反对袁世凯帝制的舆论宣传，在全国造成很大影响。蔡锷在天津联络北京及西南各省军界人员，做好讨袁的准备。蔡锷在梁启超的津门寓所召开会议，为护国运动制订了具体的军事计划。当时参加会议的除蔡锷、梁启超外，还有戴戡、王伯群等军界要人。会议商定：云南于袁世凯下令称帝后即独立，贵州则越一月后响应，广西则越两月后响应。然后，以云、贵之力下四川，以广西之力下广东，约三四个月后会师湖北，挺进中原。另外密派何鹏翔、黄实赴云南接洽，派彭权、何上林赴广西运动，派赵恒惕、陈复初赴湖南联系，派毕厚赴广东接头。这样，讨袁的一切准备工作基本就绪。

　　讨袁大计定后，蔡锷、梁启超也先后南下。1915 年 11 月 19 日，蔡锷改名化装，在天津乘船转道日本赴云南，于 12 月 19 日到达昆明。梁启超于 12 月 18 日到达上海。25 日，蔡锷、唐继尧等联合通电宣布云南独立，武装讨袁。同时组织护国军，以蔡锷为第一军总司令入蜀，以李烈钧为第二军总司令入桂，唐继尧以都督名义兼第三军总司令留守云南。之后，贵州、广西、广东、浙江、陕西、四川、湖南等省相继宣告独立，通电促袁世凯退位。北洋系统的军阀官僚也与袁世凯离异，帝国主义各国则"警告"袁暂缓称帝。袁世凯在内外的压力下，被迫于 1916 年 3 月宣布撤销帝制，企图仍回到总统的地位，但遭到各方的拒绝。同年 6 月，袁世凯忧愤而死。于是，护国运动宣告结束。

　　从此，梁启超的津门故居作为反对袁世凯称帝的护国运动策源地，而闻名海内外。

　　1924 年，梁启超又在寓所右侧建造了一幢饮冰室书斋（今河北区民族

梁启超故居

路46号），造型独特，精致典雅，遂将饮冰室斋名专用于此楼。在这里，他曾接待过杨度、汤化龙等至朋密友。"饮冰"一词，始见于《庄子·人间世》："今吾朝受命而夕饮冰，我其内热与？"梁启超受光绪帝命变法维新，内心焦灼，故饮冰以解内热，宣传变法维新来强国。梁启超用"饮冰室"这个名称，是从1899年始。是年，梁在横滨办《清议报》，从第25期开始用笔名"任公"，开辟"饮冰室·自由书"专栏。1901年，梁自号"饮冰子"，转年出版第一本文集题名《饮冰室》，并自号"饮冰室主人"。这座"饮冰室"两层小楼的正面有3个小拱门。门前两侧是石阶，当中有一蓄水池，池中雕一石兽，兽口终年流水不断，使小楼生机盎然。一楼正中是大厅，一到夏季，他就在此开办"饮冰室暑期讲学馆"。大厅的周围有5间房，其中4间是他的书房和图书资料室，另一间杂用。二楼靠西北角，也是一间大厅，中间放一张长桌，周围放置10把红木椅，主要用于接待客人。靠东南角的几间屋是梁的卧室及图书资料室。

梁启超从1915年至1929年在"饮冰室"书斋写了60多篇著作，如《清代学术概论》《老子哲学》《墨经校释》《中国佛教史》《中国近代三百年学术史》《袁世凯之解剖》等，都受到学术界的珍视。1928年9月，他因病住院，未等痊愈，便急于出院回饮冰室去完成《辛稼轩先生年谱》的著述，翌年1月9日病逝。

严范孙故居

张绍祖

中国著名教育家严范孙，名修，字范孙，号梦扶。别号倡匾生。天津人，祖籍浙江慈溪东乡。清顺治年间，其七世祖鹰翅以经商北来，定居天津，居于西北城角文昌宫西四棵树（红桥区西北角严翰林胡同10号、12号）。

严范孙

该宅院为中国式四合院建筑群，有前门二处，后门一处。前门有正门和旁门。正门12号（旧4号），为一座坐北朝南的虎座门楼，5磴台阶，进门倒座是账房，两侧分别通东跨院和西花园。主院正房是一座高大房屋，台基很高，外有走廊环绕，下有地窨子，东西两旁均是藏书楼，院内有假山、柿树和玻璃厅一座（会客厅）。厅南是书斋和花园，种有枣树和花草，故书斋取名"枣香室"。东边旁门是10号（旧2号），有三道跨院，第一跨院是车房和马厩；第二跨院是"老女中"课堂，严范孙即在此办学；第三跨院是"烹饪室"。西面两个四合院有后门，为贞女大街5号（旧1号），有一座小型虎座门楼，3磴台阶。各院既相隔独立成院，又有便门相通，整片住宅占地6.471亩（4314平方米），共有房屋百余间，建筑面积2000多平方米。宅院四周，东临文昌宫大街，东边大墙与小石道街平行，北临贞女大街，西面是邻房，南面原来是二堡三道街，自从严范孙为翰林后，改名为"严翰林胡同"。

各院房屋建筑形式，均以北面为正房，正房开间是"明三暗五"式，东西厢房均为 3 间，倒座间数不定。房屋是木梁柱举架式结构，前面出檐，木隔扇，后面檐墙无窗。小青瓦顶，高台基，院内砖甬道。屋内木地板，细线灰顶棚。部分房屋是砖木结构，玻璃门窗。

严范孙于 1860 年 4 月 2 日出生在三河县。3 岁时，祖母逝世，迁回天津。从小受到传统的封建教育。6 岁入塾，先后从师于查帖青、孙竹泉、周玉山、沈季平、于筠庵等先生，系统地研读过"四书""五经"，相继参加过郡试、院试，取入府学。

1874 年（同治十三年），应岁试，取一等第七名。光绪初年，从举人张绅（子笏）学，并到辅仁书院按期应试各课，也间或应问津书院月课，所作课艺常名列前茅。1881 年（光绪七年），他拜见了问津书院山长张佩纶，倍受先生赏识，并由张引见了北洋大臣李鸿章。转年中壬午科试举人。正考官徐桐对他的经艺卷倍加称赏。

1883 年（光绪九年）3 月严范孙赴京，应会试，中进士，后授翰林院编修，补国史馆协修。充军典馆详校官，充各直省乡试试卷磨勘官等。1888 年至 1894 年间，严范孙还多次出考试差，光绪帝曾先后召见他。这期间，严范孙受其师张佩纶等影响，较多地致力于《史记》《汉书》《通鉴》，并开始接触"西学"，研习《代数术》《数学理》《格致入门》《天文启蒙》《地球地录》等西方先进自然科学知识，这对他的治学旨趣由书史经传转向实用，接受资产阶级思想都产生了重要的影响。

1894 年（光绪二十年）8 月，严范孙简授贵州学政，他于 12 月抵贵阳就任，巡赴各州县命题课士，发《观风告示》，《劝学示谕》。1897 年 8 月，严范孙在革旧维新形势下，提出了对当时教育改革很有影响的《请开经济特科奏折》。1897 年 12 月，严范孙三年期满离任，黔中士子为其树去思碑与誓学碑，称颂严范孙为"经师兼为人师"，"二百年无此文宗"。

严范孙故居主院正房

1898 年（光绪二十四年）3 月，严范孙返抵津寓后，开始了他创办新式教育的实践。同年 10 月在其家宅开办严氏家塾。11 月，礼聘刚从海军退役回乡的张伯苓主持家塾，学生虽然只有 6 人，所学课程却为英文、数学、理化等西学。张伯苓在严修支持下，全力改革私塾教学，半日读经书，半日读洋书，尤注重学生的体育。师生一起共同做户外活动，如骑脚踏车、跳高、跳远和足球之类。"严氏家塾"的创办实际上开创了天津民办新式学堂的最初形式。

1902 年（光绪二十八年），严范孙赴日考察教育归来，在自己的家里创办了严氏女塾。入学的学生，主要是严氏家属。年龄从 10 岁到 20 岁不等。严智怡（严范孙次子）任主任兼教员，教国文，严智钟（严范孙三子）教英文，日本教员川本教日文和唱歌，山口教手工，野崎教织布。学费每人每月 1 元。上午学缝纫、洗衣、织布。织布从纺纱到织成平纹布、斜纹布和毛巾。下午上课，课程有国文、英文、算术、日文、音乐、图画等课。严范孙曾亲自教作文。女塾所用教科书和教具，多是严范孙从日本带回的。

1904 年春，严范孙偕张伯苓又去日本考察，通过对日本教育的实地考察，更加坚定了创办新教育的信念。严范孙对张伯苓说："吾安得于吾津试办民立中学一处，以作中学之模范。"张伯苓答道："不难，似虑者，无地与钱耳，苟有此二者，吾极愿效绵薄。"回津后，严范孙即为这"地"和"钱"而奔波。严范孙多次与张伯苓、王益孙（奎章）等商议，决定以严氏家塾（简称严馆）与王益孙家塾（简称王馆，成立于 1900 年）合并成立"私立中学堂"。严范孙以自己的偏院作为校舍并提供学校用具，严、王两家每月供给中学纹银 100 两作为经费。张伯苓任校长。学生除严、王两馆学生外，又新招学生，共 73 人，设中学班和高师班。1904 年 10 月 17 日开学。年终，根据严范孙从保定来信意见改名为"敬业中学堂"。1905 年底，学校又更名私立第一中学堂。

1905 年（光绪三十一年）严范孙还把严氏女塾改为严氏女学，设高小（三年）、初小（四年）两级，设置国文、英文、日文、数学、理化、史地、音乐、图画等课程。严淑琳（严修之妹）任监学。初小教员有韩升华、韩咏华等。高小只办了一班，有 13 名学生，该班任教的教师均是当时天津教育界知名人士，如华海门、郑趾周、戴有三、张星六等。严氏女学为天津女学之发轫，是一所正规的女子小学，不仅在天津开风气之先，也是全国较早的女子学校之一。

1905 年，严范孙在其宅内，还创办了严氏保姆讲习所，这是天津最早的幼儿师范学校。该所专门培养幼儿教育师资，聘日籍女教师大野铃子主持。由她教的课程有保育法、音乐、弹琴、体操、游戏、手工等。大野授课由学生中日文程度较高的严智蠲（严修长女）当翻译，其他国文、英文、算术、生理、化学等课程，由张伯苓、尹劭询、时子周等担任。该所有 20 余名学生，根据不同的文化程度分为两个班，学制三年。学员半天在课堂听课，半天在严氏蒙养园实习。毕业时经考试合格后发毕业文凭。在毕业生中有张祝春（张伯苓之妹、马千里夫人）、刘清扬（天津觉悟社社员、天津最早的共产党员之一）、韩咏华（梅贻琦夫人）、韩升华（傅佩春夫人）等。该所毕业生为我国培养了第一批幼儿教育工作者。她们对京津幼教事业的发展起了促进作用。

继严氏保姆讲习所创办不久，同年严范孙又在家宅设立了严氏蒙养园，这是天津最早的幼儿园，是作为保姆讲习所的实习教学场所而成立。

1909 年，严修在严宅又成立师范班，有学生 8 ~ 9 人，学生半天到蒙养园授课，半天在师范班上学。课程有国文、数学、英文、化学等，由南开学校教员兼任。1919 年严修还在严氏女学中成立了中学班，由"南开"校长张伯苓兼任校长。尹劭询任教务主任，教员由南开中学教师兼任。

以家宅为基地创办了小学、女学、幼儿园、幼儿师范、中学，这在中国近代民办教育史中实属罕见之事。以家宅为基地创办不同层次、不同类别的学校，体现了严修为创办新式教育的胆识与气魄。这些学校今天看起来规模很小，制度也不甚完善，但它们是严修创办新教育的实验田，这些实验田不仅在天津近代学校的兴起中，有着重要的开创意义，而且还有着重要的示范意义。

1904年直隶总督袁世凯延请严范孙出任直隶学务处督办。是年，严范孙偕张伯苓赴日本考察，访文部省，听讲教育制度及行政管理，了解学校各学科的内容、教材及教育方法，归国后，于保定创办初级师范学堂，设立《学务报》，派官绅赴日本习法政。

1905年，严范孙在直隶创办各级各类学堂多处，设各县劝学所，为全国首创。《清史稿》记载："劝学所之设，创始于直隶学务处。时严修任学务处督办，提倡小学教育，设劝学所，为厅、州、县行政机关。仿警察分区办法，采日本地方教育行政及学校管理法，订定章程，颇著成效，三十二年，学部奏定劝学所章程，通行全国，即修呈订原章也。"

1905年冬，清政府成立学部，严范孙诏署学部侍郎。严范孙在学部治

位于重庆道144—146号的严修旧宅

事精勤，事无巨细，曾有"勤劳甚于司官"之誉。但严修锐意兴学，在清政府腐败政局下，阻力甚大。到 1908 年光绪、慈禧相继去世，载沣摄政当国，罢斥袁世凯，而严范孙上疏力保，清廷借故下旨交部察议，终罚薪俸半年。翌年，兼官学部事务的军机大臣张之洞病故，严范孙这时"确见天下事决无可为"，只得以扫墓为由，告假还津。1910 年 3 月，奉谕准奏开私，自此严修不复仕。

严氏住宅是严范孙的先人分批买进的，只有书楼和其对面的新排房是 1919 至 1922 年买进。严范孙过世后其遗属将 10 号院卖与天津中百公司，12 号裁卖出一部分，剩余部分于 1958 年出租私房进行社会主义改造时由政府经营成为公产。房屋已非原貌。

辛亥后，严范孙致力于里居办学，从 1910 年至 1919 年间，严范孙纵游海内外各地，考察教育事业。此间严家迁往英租界爱丁堡道（现重庆道 144 号、146 号）。此宅建于民国初年，为砖混结构 2 层英式公寓，坐北朝南，建筑面积 670 平方米，整体呈坐椅形，为清水砖墙，部分砂石混水墙。二层大阳台，两坡顶出檐。房屋规整、稳重，室内设施完善，装修讲究。

1921 年间，严范孙发起组织城南诗社。1927 年 8 月，严范孙与林墨青、华世奎等人发起创立了一个研究国学的团体——崇化学会。1929 年 3 月 15 日，严范孙病逝于里第，享年 69 岁。

严范孙逝世后，天津《大公报》于 16 日发表社评《悼严范孙先生》，称"严氏之持躬处世，殆不愧为旧世纪一代完人"。1946 年著名学者胡适之撰写《教育家张伯苓》一文中，特别提到"范孙先生是中国旧道德传统和学识渊博最可敬佩的代表人物。他是一位学者、藏书家、诗人、哲学家、最具公德心的爱国志士"。张伯苓把严先生称为"今之圣人"，尊为南开"校父"。周恩来总理 1950 年在中南海宴请张伯苓等人时，借刚刚端上桌的一碗高汤寓意深刻地说："严先生就像一碗高汤，清而有味。"1959 年周总理视察南开大学时，同校友们说道："严老先生是封建社会的好人。"

周学熙故居

金彭育

周学熙（1865—1947），字缉之，别号止庵。1894 年中顺天乡试举人。初官于浙江，后为山东候补道员。1901 年入直隶总督袁世凯幕，受派主持北洋实业，是袁在经济方面的得力助手。

1898 年 6 月，直隶总督裕禄任命张翼（燕谋）为开平矿务局督办，周学熙为总办，这是周从事实业之始。1900 年，入侵的沙俄军队占据了开平煤矿，张翼到天津利顺德大饭店避难，德国人德璀琳与当时任开平矿务局工程师、后

周学熙

任美国第三十一届总统的胡佛设计，从张翼手中用一纸空文攫得开平煤矿。周学熙为保护国家利益，拒不签字，并辞去总办。1903 年春，周学熙被派往日本考察 40 多天。归国后，周认为"国非富不强，富非工不张"，决心振兴民族实业，走国强民富之路。是年 8 月，创办天津工艺局，周学熙任总办。总局先后创办了实习工厂、劝业铁工厂、高等工业学堂、教育品制造所等。从 1903 年到 1908 年，周学熙兴工振商，名声大振，加官晋爵，还被清廷封赏一品。1905 年，周学熙任天津官银号督办，其主旨为"维持市面，振兴实业"。1906 年，周学熙经艰苦交涉，收回被强占的唐山细棉土（水泥）厂，开办唐山启新洋灰公司，采取新工艺，生产飞速发展。在开平煤矿不能收回

澳门路 3 号周学熙故居

国有的情况下，周学熙 1907 年创办滦州矿务局，"以滦合开"，最后于 1912 年 6 月 1 日成立中英合办的开滦矿务局。1908 年，周学熙任总经理，建成北京自来水厂。周学熙 1912 年和 1915 年两度出任北洋政府财政总长，兼税务处督办，1915 年秋，周学熙因反对袁世凯称帝，被其软禁。直到 1916 年 6 月袁死后，周才得以与家人团聚。1918 年，周学熙任全国棉业督办，后辞去该职专事经营实业，创办耀华玻璃公司、华新纺织公司以及所属的天津、青岛、唐山、卫辉 4 个纱厂。周学熙一生创建颇多，崇尚节俭，乐善好施。他除在办实业中写下大量文稿、手记外，还留下《周止庵先生自叙年谱》《东游日记》《止庵诗存》《止庵诗外集》等著作。

周学熙作为我国著名实业家，北方近代民族工业奠基人，其"实业救国"事迹，已被收入我国高中历史教科书中，《辞海》条目中也有记载。1991 年，在周学熙诞辰 125 周年之际，天津社科院、秦皇岛市政府、天津市工商联等 20 个单位先后在天津和秦皇岛市召开"周学熙实业集团与中国现代化"国际学术研讨会，与会者有来自全国各地和日本、美国、澳大利亚的学者和企业家。

1912 年至 1921 年，周学熙先后以"华兴堂周"的名义在天津英租界 32 号路小河道（后上海道，现南京路）与 38 号路西德尼道（现澳门路）交口处购买 12 亩地，建了 3 组楼房宅院，人称"周公馆"。其包括原上海道三多里、澳门路 1、3、5、7 号。1928 年，这些房屋曾托管于美商中华平安公司，后解除托管。1947 年登记时为其子周志辅、周志俊、周志和、周志厚共有。1956 年，第一批私房社会主义改造后，该房由国家经管。

1976 年地震，原三多里和澳门路 1 号震损，1981 年至 1982 年该址改建为高层住宅楼——两幢联体的云峰楼。澳门路 1 号改为三多里五层砖混结构住宅楼。现澳门路 3、5 号楼基本保持原状。该楼为中西结合的 3 层砖木结构楼房，机砖清水墙，部分砂石罩面，窗口镶嵌花纹装饰。楼内三槽窗，卫生、暖气设备齐全。现为民用。

澳门路 7 号院内有一所造型独特的西洋古典风格 2 层楼房，砖木结构，由周学熙本人居住。该楼四面四角凸出，南侧正门 2 楼有梯形平台凸于楼前，下设 4 根罗马柱，整体平面设计呈"龟"型，其设计意图为"福寿延年"和"吉祥如意"。一楼为客厅、餐厅和书房。二楼为起居室、卧室、卫生间。楼内菲律宾三槽窗、木地板、木楼梯及廊杆，有暖气和卫生设备。该二层楼共有大小房屋 27 间，另有平房 10 间。

此楼早年曾租给白俄人作俱乐部使用，解放后先由消费合作社使用，后由和平区副食品公司使用，现后房拆除，建起港澳大厦。原楼东侧有周府花园，有雕花外廊、山石景、花坛、花架、绿地及各种果树。爬藤植物点缀，景色优美。周学熙晚年曾与好友一同在此风雨相聚，诗酒唱和。现花园已不存。

张伯苓故居

张伯苓

张伯苓（1876—1951），我国近代著名教育家，名寿春，天津人，祖籍山东，生于一个书馆先生的家庭。北洋水师学堂毕业，任海军士官生。亲睹甲午覆师、威海易帜之辱，愤然立下教育救国之志。1898年应我国近代著名教育家严范孙之聘，教严氏家馆。1901年又兼教王奎章家馆。1903年随严范孙赴日考察教育。

1904年（光绪三十年）10月16日（九月初八），他与严范孙为了实现"教育救国"的理想，在西北角文昌宫以西四棵树严宅偏院，将严馆与王馆合并，创办了天津最早的私立中学——天津民立中学堂（天津私立中学堂）。学堂经费由严、王两家每月各出银100两。当年招收学生73人，分为三班，并附设高级师范班，招师范生6名。张伯苓任监督（校长）。转年2月改称"私立敬业中学堂"，师范班增入4名。5月奉袁世凯令改称"天津私立第一中学堂"。夏，袁世凯来校参观，对办学颇赞许，捐助学校建筑费银5000两。暑假后，学生增至90名，另有预备班学生20余名。严、王两家增助经费每月银100两。

1906年（光绪三十二年），高级师范班经两年学习期满毕业。毕业生有陶孟和、时子周等 10 人。其中 4 人由学校资送日本留学，4 人留校任教。学校教师达到 10 人。同年，邑绅郑菊如先生捐助天津西南水闸旁空地 15 亩。张伯苓与德国人汉纳根开设的大广公司几经交涉，换成"南开洼"的一块 10 多亩空地。严范孙、王奎章、卢木斋等集银 26000 两，兴建新校舍。1907 年 9 月 22 日学校召开新校舍落成暨学校成立三周年纪念会，校名改为"私立南开中学堂"。

学校迁到新校址后，开始了一个新的发展阶段。1908 年（光绪三十四年）开学，学生增至 190 名。暑假前第一届毕业生 33 名。1910 年（宣统二年）春开学，学生增至 230 名。1911 年（宣统三年），直隶提学使傅增湘将"北洋客籍学堂"和"长芦官立中学堂"并入南开中学，并将两校经费归南开支用。

1912 年 1 月，改称南开学校。翌年大规模建筑校舍。1914 年，直隶省工业专业学校和北洋法政学校附设的中学堂，同时并入该校。在校学生，1912 年 260 余人，1916 年超过千人。1923 年后，竟达 1600 余人，为华北最大学府。

张伯苓于 1908 年赴美考察教育，1917 年再次赴美入哥伦比亚大学师范班研究大学教育，并进行实地考察。翌年回国后，开始筹备南开大学，1919 年正式成立开学，并于 1921 年迁八里台新址。1923 年成立南开女子中学。1928 年成立南开小学。至此南开学校成为一个包括大学、中学、女中和小学的 4 部系列学府。他所创立的完整私立教育体系，为中国近代教育史提供了一个典型。他随之成为旧中国私人办学的典型。

1928 年他第三次出国去日本、欧美考察教育。1931 年成立南开经济研究所，次年成立应用化学研究所。1936 年在重庆成立南渝中学。

抗战前，张伯苓一直居住在南开一纬路 195 号（今南开区三马路 26 号），长达 40 余年。该址在电车厂旁边的一个羊皮市中，门前晒满附近居民制作的臭羊皮，像个贫民窟。故居为旧式四合院，青砖墙，灰瓦顶，砖木结构平房。占地近 600 平方米，建筑面积 400 平方米。大门设在东北角朝北

南开三马路 26 号张伯苓故居

开，旧房虽是四合院，但不规则，除 3 间南房为书房较好外，其他房屋均属一般平房。虽然简陋，却整齐清洁，几净窗明。院子里有秋千、单杠、双杠、碛子石锁等运动器械，供孩子们锻炼身体。张伯苓故居常有师生往来，曾在南开中学任教的舒庆春（老舍）和南开中学毕业生万家宝（曹禺）及周恩来等经常到家拜访。据说，有一次张学良登门拜访。汽车在这普通居民区的土道上转来转去，却怎么也找不到"张公馆"。张学良亲睹此景，不禁惊叹道："偌大大学校长居此陋室，非我始料！令人敬佩。"蒋廷黻在回忆录中也说："张伯苓本人生活朴实，即使依照中国的标准，也是很了不起的。他和太太住在一栋旧式中国房子里，他私下从不饮酒，公开场合也只是象征性的。他出门乘黄包车，从不坐汽车。他的朴实生活得到了很大报偿。"

1937 年"七七"事变后，南开大、中学校舍被日军炸毁，大学迁昆明与北大、清华合组西南联大，张伯苓参与筹办并任"联大"校务委员会常委。南开中学与南开女中迁往重庆，与重庆南渝中学合组改名重庆南开中学。张伯苓在离津后，将南开区三马路 26 号故居捐献给了红十字会，后为救世军诊疗所。1938 年他任国民参政员并当选为副议长。1945 年张伯苓出席国民党六全大会，当选为中央监察委员。抗战胜利后，他主持南开大学、南开中学、南开女中在津复校。此时他居住在南门外大街 272 号的一所 欧式灰砖二层楼内（现为天津市无线电六厂）。1948 年他出任考试院院长。

1949 年重庆解放前夕，蒋介石、蒋经国三次劝他一同去台湾，均被他以不愿意离开大陆，不愿离开学校师生为由而拒绝。重庆解放后，于 1950 年 5 月，在周恩来总理直接安排下，张伯苓夫妇乘机从重庆来到北京，住在傅作义寓所，周恩来总理看望了张伯苓夫妇。张伯苓夫妇到在北京生活 4 个月后回天津。

张伯苓刚回到天津时，借住在卢开源家。两周后，迁住大理道 87 号（现 39 号）与三子张锡祚同住。该楼建于 20 世纪 20 年代，为三层英庭院式砖木结构。室内均为菲律宾木地板、门窗和楼梯。房屋前后有宽敞的庭院。南开的老校友常来看他。每逢周五，他都邀请一些老校友吃饭，欢聚和畅谈。有时也去听听小彩舞（骆玉笙）的京韵大鼓，韩俊卿、银达子的河北梆子。他感到生活很惬心，高兴地对家人说："从前办南开坎坷不平，以后就是平坦大道了。"

张伯苓回到天津后，每天除看报纸、听新闻广播，并开始读毛泽东的著作，他先读了《新民主主义论》，又读了《论联合政府》。有一次黄钰生去看他，他很沉静地对黄钰生说："子坚，我若早几年看到毛主席的书，我可以少犯许多错误。"

但是，在当时的政治气候下，并不是大多数人都能理解他和正确对待他。1950 年 10 月，周叔弢代表周族向南开大学"周孝友堂藏书记念室"捐书。学校虽邀请张伯苓参加捐赠仪式，但只被安排在一般座位而不能入座主宾席了。"南开"当年校庆也没有邀请他参加。他不能理解，从此变得沉默了，常常在屋子里叹息。

1951 年 2 月 14 日晚，张伯苓突然中风，2 月 23 日，与世长辞，终年 75 岁。

张伯苓一生没有资产积蓄，生前常对儿孙们说："留德不留财。"病逝后，家人从他的衣兜里发现 7 元多钱和两张过期戏票。这就是张伯苓留给儿孙们

南门外大街 272 号张伯苓故居

的全部遗产。

　　周恩来得知张伯苓逝世的消息后，转天即专程赶来天津吊唁。他匆匆走进张家，张伯苓的儿子们迎到走廊里磕头。周恩来没有停留，就走进他的老师的卧室，向张伯苓遗体深深行礼。随即到对面屋里看望王夫人，问了后事安排，然后到客厅向校友们讲话。他说："很遗憾没有早点来，没能见到张校长。本来他身体一直很好，从四川回来想让他多休息一下，再作安排，没想到突然故去了。"接着他又说："张校长办教育这么多年，确实是有贡献的，咱们都是他的学生。"周恩来还说："人民政府对张校长很关心，对他寄予希望，没想到他故去了，很可惋惜。"周恩来为张伯苓送了花圈，花圈缎带上写着：伯苓师千古，学生周恩来敬挽。

　　周恩来亲来吊唁并讲话，在当时有着特别的意义。一扫南开校友和远近至交的顾虑，人们纷纷前来致丧悼念。3 月 4 日发引，移灵永安公墓，参加丧仪的宾客近千人。张伯苓去世后，他的学生和生前友好发起筹备张伯苓追悼会。4 月 8 日，在南开女中举行了追悼会。

王劭廉故居

张绍祖

在法租界（今和平区）丰领事路（今赤峰道）与樊主教路（今新华北路）交口（今赤峰道74号），有一座造型新颖的小洋楼，他是天津近代著名教育家、北洋大学的奠基人王劭廉的故居。故居为砖混结构，二层带地下室，建筑面积918平方米。红砖清水墙，平屋顶，入口两侧以条石砌筑台基，形成外廊。方形门厅，上筑阳台，侧面二层作带状外廊。建筑整体色调明快，保存完好。

王劭廉

王劭廉，字少荃，天津人，祖居天津河东，1866年（清同治五年）生。1886年（清光绪十二年）于天津北洋水师学堂第一期毕业，为该堂总办严复的得意两弟子（另一人为伍光鉴）之一，被派赴英国深造，在格林海军士官学校就学，实习造船工程，曾在英国早年最著名的海舰Drag.knot上实习，与王劭廉一同实习的，有已故英皇乔治五世（当时是皇太子）。在海上实习之余，他常与同学一起登岸练习骑马，一次不慎坠马，一臂骨折，同学扶掖医治，他行若无事，未有任何痛苦状，可见其意志坚忍卓绝，并非常人所可比拟。他毕业后又攻读法律政治。归国后曾任威海水师学堂、天津北洋水师学堂教习，担任数学、英文等课程。他的教授方法，以严为主，所造就的学生成绩优异。1900年（清光绪二十六年）八国联军入侵天津，北洋水师学堂成为战场，被迫停办。王劭廉去北京任五城学堂（北师大附中前身）总教习，后创办顺天学堂。1906年（清光绪三十二年）北洋大学堂总教习丁家立辞职，经丁推荐，由王劭廉接任，总教习改称教务提调。王劭廉接掌北洋教务，是北洋治校办学之权由外国人手中归于中国人之始。

王劭廉主持北洋大学校务9年，正值清末、辛亥革命、民国初年的动荡年代。他为开创北洋大学的新局面，作出了重要贡献，在该校发展史上有不可泯灭的地位。曾任北洋工学院院长的李书田在《北洋大学之过去》一文中，对王劭廉作了高度的评价："王氏学问渊博，治校严明，校章所定，贯彻始终，不维学生敬畏如神明，外籍教授莫不心悦诚服，不稍迟误，北洋功课以森严闻世，望门墙者愈多，良风所播，直迄今兹。"师生们称王劭廉掌校阶段（1906—1914年）为北洋大学堂的第一个复兴时期。

王劭廉专心矢志于教育事业，一贯主张："无论治何事，作何业均须首重实际，事之利于众者为之，否则不屑为，不贪名，不骛远。"为人正直，不慕仕途，不屈权贵。他曾几次被请当官，都坚决辞而不就。如袁世凯召开"约法会议"后改组参议院，请王劭廉进参议院，被王推辞。根据北洋校友吕金藻回忆，民国初年，袁世凯欲改帝制，几次召王劭廉入京咨询采取帝制如何，"先生（王劭廉）在大众之中既云'既成民国不能变更，单独召见亦云如是'。毫不畏惧，终不变节。嗣发表教育部长，亦辞不就。"王劭廉常谓："教育为吾所好，党政理财平生不愿尝试也。"他一生为教育"鞠躬尽瘁，死而后已"。丁家立任北洋大学堂总教习时曾兼任保定直隶高等学堂总教习并掌管直隶全省16所中学，丁赴美后，清政府拟请王接掌直隶学权，王推辞不就，全身心致力于"北洋"教育。

王劭廉治学严谨。在校治事持之以恒，遇事处理恰如其分，凡是认为可以办的事，当机立断，雷厉风行。而在处理校务时，尤能掌握分寸，措施得当。如原学堂假期是按外国习惯而定，他上任把每一学年的假期，改为按中国风俗习惯规定，以适应中国的实际，并缩短了寒暑假期，深得中国师生赞同，外国教员也无条件照办了。他责人从不疾言厉色，不苟言，不苟笑，态度郑重，气度宏伟，人皆由敬而畏。他常言"作一件事，务须脚踏实地去作"。不走捷径，富于责任心，无论所任何事，自觉学识未足，即以全力以赴。

王劭廉对校务严格管理，学校所定规章制度一抓到底，严格执行。他首先以身作则，从不迟到早退，亲自听课，办事认真，不讲情面。经常听外国教员讲课，纠正了当时有些外国教员，特别是美国教员上课迟到之旧习。他运用十分熟悉的欧美习惯，针对一个外国教员的明显缺点，毫不客气地当面指出。经过几次这样的事例，树立起威望，一改过去只会恭维洋人的陋习，表现出对中外教员一视同仁，同样严格。这样使中国教员更为敬服，外国教员亦能认真工作，特使学生敬佩。因此，王劭廉治学严格逸事的不胫而走，流传于天津社会各界，流传至今。

王劭廉故居

王劭廉深知大学必有大师，在延聘教师上要求选择学行优长者，不准徇私情，不准以个人好恶来延订。对于不称职者根据公论坚决辞退。对于教师严格考核。对于未经告假随意旷课者，对于有意紊乱规则者，对于不能胜任者，据实查明，予以辞退。因此，他延聘的教师均是有真才实学的中外鸿儒，如汉文教习吴稚晖、徐德源，教育学教习、日籍学者渡边龙胜，化学教习美籍学者福拉尔博士（与爱因斯坦过往甚密）等。这些教师任教兢兢业业，诲人不倦，而讲习尽属新学，持民主精神，讲授认真，教学方法先进，形成了"北洋"严谨的教学风格。

王之名誉地位颇高，当时北洋大学在国内外享有盛名，和王的影响不无关系。王的教学风尚所制成规、脚踏实地严谨求实的良好作风，对北洋优良校风的形成产生重要影响，后被继任长校人所发扬，到1914年赵天麟任校长后终于形成"实事求是"的校训和"严谨治学"的校风。

王劭廉留学英国，对欧洲的先进科技十分了解，深感到培养高层次科技人才对兴国的重要。工接仁教务提调后非常重视选派优秀留学生出国深造。1907年（清光绪三十三年）派第四班的马寅初、冯熙运等14人到国外留学。其中13人赴美、一人赴德。1908（清光绪三十四年）年，为造就中等师范师资，又在师范班第二班中选出7人，其中4人赴日本留学，2人赴比利时留学，1人赴英国留学。1914年又选派2人赴日留学。王劭廉任期内共派出留学生3批23人，这在当时是少有的。在资送出国留学生中，他依据每人资质，选其深造的学科，使其成为著名学者和高级科技人才。如马寅初为著名经济学家，刘景山为著名铁路专家，齐璧亭、李建勋为著名师范教育家，冯熙运为著名冶金专家等，为国家造就了大批人才。

王劭廉善于吸收国外先进的教育经验，并面向我国实际。他主持教学后，对学生个人专业兴趣更为重视，学生入本科一、二年内，还可要求转学门（专业）。这种因材施教，能发挥学生之所长，培养高质量的专门人才，而非培养泛泛的"通才"。他主张办学要面向社会需要，1907年、1908年为满足社会对中等学校师资的需要，先后开办了两期师范班，将保定直隶高等学堂及五城学堂中年龄稍长，并国文较优，西学程度亦高者，拨入师范班肄业，为发展我国师范教育作出了贡献。1907 年开始，他将原北洋按正科每年排一班的建制方式，改为正科新生班次按甲、乙、丙、丁……顺序排列。并于 1908 年春重行厘定功课，将高等普通科目作为预科功课，提高了课程难度。与此同时，他严把入学关，他认为只有高质量的生员才能培养高质量的人才。如 1907 年招考本科生时，在天津、上海、汉口、广州等地报纸登广告招生，花费甚巨，结果各科考生只有法科一人合格，但他决不因此降低标准。结果，这一年除预科转升本科者外，外考新生，只取了这一名。他坚持"北洋"招取新生要始终严格把关，保证生源质量，这对培养高质量人才是至关重要的。

王劭廉在掌管北洋教务期间，严格学风，注重因材施教，重视教师队伍的选择和培养等为北洋后期的发展打下了良好的基础。他以生源质量为重，加强后期培养，面向社会需要培养教育人才。学习外国科技，培养高质量人才的教育思想对北洋以后的发展起到重要作用。

王劭廉在学校任职期间先后兼任教育部临时教育会议议长、直隶学务公所议长、顺直咨议局局长、天津县议事会副议长等职。他身在学校，心系天下。1905 年以后，资产阶级民主革命运动迅猛发展，清政府于 1906 年 9 月 1 日颁布了《预备仿行宪政》的上谕，拉开了抵制革命的假立宪帷幕。王劭廉作为资产阶级立宪派的领导人就在这一"合法"气候下积极投入了立宪请愿运动。

1906 年，天津先于各省筹办地方自治，成立了天津府自治局。1907 年，天津县议事会产生。经过初选、复选后，举 30 人为议事会会员。天津大盐商、花翎三品衔李士铭为议长，身为北洋大学堂教务提调的王劭廉为副议长。当时各省绅、商、学界代表川流不息地直趋京师，要求速开国会。直隶省代表团以状元刘春霖领衔递送了请愿书。代表团中有王劭廉、温世霖（普育女学堂监督）和胡家祺（天河师范学堂监督）。1908 年 8 月，清政府颁布《钦定宪法大纲》，核准宪政编查馆拟定的 9 年为期，各省成立咨议局，逐年筹备宪政和届时召开国会的方案。

1909 年，各省咨议局接连成立，10 月，顺直咨议局在天津设立，共选出议员 168 名，王劭廉当选为顺直（直隶）咨议局局长，天津的议员有李士铭、孙洪伊、胡家祺等人。1910 年 2 月，王劭廉主持顺直咨议局召集各县推举议事代表会议，各县代表随身带来拥护国会请愿签名册，据统计有 2000余人。3 月，他又主持成立了天津国会请愿同志分会，推举了第二次上京请愿代表。6 月 16 目，各省请开国会代表发动第二次请愿。天津的立宪请愿运动一直持续到 1911 年初。

1914 年（民国三年），教育部拟令"北洋"专办工科。王劭廉认为这对于"北洋"是伤筋动骨之举，于是年 3 月 4 日托词体弱，又以当选约法议员为名，毅然请辞"北洋"教务提调职务。

王劭廉离开北洋后到开滦矿任协理 10 年。于 1936 年 11 月 9 日病逝于天津法租界丰领事路（今和平区赤峰道 74 号）寓所，享年 70 岁。是月 13日，北洋同学总会、北洋同学会天津分会及全校师生组织了前国立北洋大学教务提调王少荃先生追悼会，参加者约百余人。追悼会上对王劭廉在北洋的贡献给予了高度评价："先生为发展吾国现代大学教育之第一人，北洋大学之有今日荣誉者，胥属先生一手奠其始基，北洋毕业同学之有今日地位者，则桃李门墙春风化雨，直接间接，无不遍被先生之教泽也。且先生专心教育，始终不渝，缅怀伟大之精神，攸为后人之模范，不唯北洋之尊宿，抑亦全国之灵光。"是月 23 日，在学校化学讲室请曾任校长的赵天麟作讲演《王劭廉先生之生平及其治校之往绩与办学之精神》。届时全校师生参加，全体静默 3分钟以志哀悼。王劭廉在北洋大学发展历史上，乃至中国现代高等教育历史上，有着相当重要的地位。

张克忠故居

张绍祖

张克忠（1903—1954），化学工程学家、教育家，中国化工学会创始人之一，我国化学工程学奠基人。

张克忠，字子丹，天津人。出生才二月，父早丧，其母携孤儿居于外祖父家。母亲含辛茹苦地抚养儿子。克忠12岁毕业于天津模范小学（今南开区中营小学），随之考入南开中学。他的天资与勤奋，引起了张伯苓校长关注与器重，准予他免费就读，又鉴于他的数学成

张克忠

绩优良，每当寒暑假学校举办数学补习班时，便破格特许张克忠教课，得资以补学业之需。他中学毕业后考入南开大学最早的文理混合班。1923年，张克忠得简氏资助赴美国留学，考取了美国麻省理工学院，攻读化学工程学。1928年，麻省理工学院授予张克忠化学工程科学博士学位，为该院获得此殊荣的第一个中国人，并且出版了他所著的《扩散原理》一书。国际科学界公开承认"张氏扩散原理"。

1928年暑假，张克忠回到南开大学，住百树村46号，到1937年抗战爆发，整整10年，以旺盛的精力从事教学、科研和院系建设。先创建南开大学应用化学研究所，继创建化学工程学系、电机工程学系和机械工程学系，

为南开大学工学院的建成奠定了基础。张伯苓校长任命他为应用化学研究所所长、化学工程学系系主任，工学院建成后，又担任工学院院长。

抗日战争爆发后，张克忠赴重庆积极进行应用化学研究所的迁渝活动，并参加筹建永利制碱川厂，还到西南联大工学院兼任一定的教学任务。1942年底，他携眷离渝入滇，到昆明化工厂工作。1945年8月，他应资源委员会之请负责接收青岛的敌伪化工厂，担任接收小组组长。1947年4月，张克忠一家重返母校南开大学，住百树村36号。张克忠主持"南大"工学院院务兼化工系主任，并继续为"永久黄"做些工作。期间撰写《工业化学》一书。他早年编著的《无机工业化学》与《有机工业化学》两书，已交付出版。

1948年张克忠从南开百树村搬到睦南道63号（今37号），该楼为其夫人王端驯的房产，建成于20世纪30年代。这是一座带阁楼和地下室的二层砖木结构小洋楼，与旁边的65号（今39号）张克忠内兄王会宾住的小洋楼一模一样，都是由王会宾设计并监督施工的。两个院内都各有三四间平房和车房。楼下是书房、客厅和餐厅，楼上是3间卧室和卫生间。前后有院落。现由天津开发电力公司使用。

1949年在高等教育部建立之前，在北京成立了高等教育委员会，张克忠担任了高教委员会委员。张克忠还应邀参加了中国人民政治协商会议第一届会议，应邀列席最高国务会议，还当选为天津市第二届各界人民代表会议的代表。在第一次参加国务会议开幕的那天，周恩来总理很快发现了他，并且走过来，笑容可掬地拉着他，一直走到毛泽东主席身边，向毛主席介绍说：这就是张克忠，子丹教授！而毛主席对他，也像对故知一样。毛主席说：新中国要富强，要发展科学。要发展新兴的化学工业，你们任重道远呵！克忠当时真不知道该对毛主席说什么才好。"全心全意为人民服务"这句名言，是解放后才学到的，克忠说他将以实践这句名言来报答党与国家。

天津解放之初，黄敬市长亲自邀请张克忠谈话，专门听取他对发展化工科学的意见。1950年中国化学工业会与中国化学工程学会决定将会刊《化学工业》和《化学工程》合并改刊名为《化学工业与工程》，由张克忠任总编辑兼经理。1951 年 9 月，天津市工业试验所正式成立。所址在芷江路 18 号一幢三层小楼中，张克忠担任所长，同时他还担任着南开大学工学院院长兼化工系主任的双重职务。就在这种十分繁忙的情况下，张克忠仍然坚持著书立说。白天没有时间，就在晚上执笔。有 3 年左右的日子里，克忠于睦南道故居灯下写作，夜以继日地编撰化工专著。

张克忠与母亲杨氏合影

1952 年张克忠一家搬入马场道桃园村大街 105 号，为四户联体楼房中的一幢（此房在 2003 年前后拆除）。

1954 年 3 月 25 日，张克忠在桃园村大街故居病故，年仅 51 岁。

张克忠夫人王端驯曾就读于直隶省立第一女子师范学校附属小学。11 岁的那年，赶上了 1919 年"五四"反帝爱国运动。她曾参加邓颖超组织的演讲队，在街头演说，还深入住户进行宣传。邓颖超主持在广东会馆募捐演出，她曾在一个多幕话剧中担任主角。1928 年她正就读于南开大学数学系时与张克忠相识、相爱，毕业后结婚。

端驯是克忠的贤内助，1937 年 7 月末，当日军对南开园狂轰滥炸的时候，克忠不在天津，她侍奉克忠的老母，携带两个孩子，一同避乱于北门西的娘

睦南路 37 号张克忠故居

家。福无双至，祸不单行。在兵荒马乱之中，大儿子、4 岁的松寿高烧不退，
求医诊断为脑膜炎。在日本侵略军占领之下，孩子的病得不到治疗与静养，
幼小的生命夭折。她承受着深重的悲痛，挥泪别了爱子的孤坟，奉老母携次
子离开天津南下，历经艰难，一直到武汉才与克忠相会，相对凄怆。然后
由武汉乘江轮西上到达重庆，住进了南渝新村。她与克忠于 1937 年到 1945
年，在国民党统治区的大西南居住了 8 年。

在重庆的日子里，周副主席与邓颖超大姐曾多次到南渝中学看望张伯苓
校长夫妇。克忠家与张校长家为邻居，端驯常到张家闲坐，也曾在那里遇见
周副主席与邓颖超大姐。有意思的是周副主席仍然称呼她为"五四小朋友"，
1938 年 10 月 17 日南开学校校庆时，她作为在渝校友与周副主席和邓大姐一
起照了相。

张克忠从 20 世纪 40 年代初发现有高血压症，1947 年下半年高血压的痼
疾发作，差一点出了危险。1953 年，一度因高血压而半身瘫痪，卧床半年。
端驯日夜细心照料克忠，直到逝世。端驯 1993 年逝世，享年 85 岁。

庄乐峰故居

张绍祖

庄乐峰（1873—1949），名仁松，字育文，号乐峰。江苏丹阳人，1889 年入天津北洋水师学堂，学习训练时，不小心从桅杆上摔下来，腿部受伤，虽然很快恢复，但影响到他向军界发展。毕业后一度留校任教。1900 年，八国联军入侵天津，北洋水师学堂成为战场，在东局子保卫战中，该学堂毁于敌人的炮火而停办。庄乐峰外语好，转任开平矿务局督办张翼的翻译，因参与张翼与英商墨林公司有关开平煤矿的交易，受到非议，一度避居青岛。后与黎元洪、

庄乐峰

朱启钤等人筹办山东枣庄中兴煤矿，庄任董事。

他还曾为美商胜家缝纫机公司的买办，开滦公司的董事。20 世纪二三十年代，是庄乐峰事业的顶峰。

1927 年，汉口、九江英租界被中国政府收回，天津英商赛马会为缓和中国人的情绪，开始吸收中国人担任董事，庄乐峰是首批华人董事，担任英租界华人纳税会董事长。为了争取中国纳税人子弟上学的权益，于 1926 年 11 月向英租界工部局提出筹建中国人学校的要求。此事虽然英租界工部局董事会（英租界的最高管理机构）通过，但英租界工部局要求必须由中国人募

花园路庄乐峰故居

德租界庄乐峰故居

捐，方可兴办。于是，庄乐峰先生等呼吁各界，募得捐款数万元，并商定由工部局以中国人所纳税款额的 18% 补助学校经费，实际上是以中国人的资财供中国人办学使用。

庄乐峰于 1927 年 4 月在英租界办起了第一所华人小学，称"天津公学"。最初校址在今湖北路，是年 9 月 1 日开学。由庄乐峰任学校管理委员会主任委员，第一任校长王龙光。开学之初有男女学生 46 名。教师仅 4 名。1928 年迁至今新华路消防大队所在地。

天津公学成立后，申请入学的学生日益增多，教室不足，庄乐峰在墙子河畔（今南京路）觅得一片 53 亩洼地作为新校址。1929 年动工，先后建成 4 个校舍、大礼堂、体育馆和图书馆，至 1938 年全部竣工。学校也于1934 年更名为耀华学校，聘请享有盛名曾为北洋大学校长的赵君达博士担任校长。

1937 年天津沦陷后，庄乐峰与赵天麟校长一起带领全校师生，抵制日伪当局强行推行的奴化教育，坚持在学校升中华民国国旗。1938 年 3 月，日军侵占枣庄，对中兴煤矿实行军事管制。4 月，中兴公司在汉口召开董事会，决定"决不与日人合作"。两个月后，日军兵临连云港，中兴公司炸毁了在连云港的码头和装煤机，并用 3 艘巨轮沉船封港。庄乐峰还与其他董事一道，把煤矿的生产设备埋入地下，不为日本人生产。中兴公司股份是他主要的经济来源。煤矿被日本当局控制后，家庭生活日蹙。迫不得已，他将花园路寓所的一楼出租给了银号。

庄乐峰寓所在法租界霞飞路（今和平区花园路 10 号）。这是 20 年代天津的一座著名德国庭院式建筑，由外国建筑师毕伦特（Behrende）设计，建于 1926 年，该建筑坐东朝西，主楼有四层，建筑外墙饰面采用暖色调——浅黄色，墙间作古典壁柱装饰，柱间栏杆花纹，也具有古代建筑风格。屋顶是仿法国曼塞尔式。平面西部入口门厅处有衣帽间，第一层设有前厅、客厅、餐厅以及后部正中的大厅。有两层楼的高度，二层环绕大厅设有带栏杆的回廊，站在上面可俯视整个大厅的活动。此厅是当年演戏、举办舞会的地方，各楼层的卧室及其他房间很多。整幢建筑构图完整，外观宏伟，室内装饰讲究。

庄乐峰在德租界威廉路（今解放南路292号）还有房产。建于1931年，为德式楼房，砖木结构，包括三层互通式北楼两幢，两层南楼一幢。后租与曾任北洋政府交通总长的吴毓麟。抗战时被日本宪兵队占用。后成为徐鹏志房产，1950年由市公产清管局依法没收，先后由市财经委员会、市人民检察院使用。南楼和庭院长廊已拆除，1983年新建框架结构6层办公楼一幢。

庄乐峰在天津的房产除今花园路10号和解放南路292号两处外，还建有重庆道育文坊与武昌道宏寿里，均在1939年建房成巷。育文坊为两层楼房（唐山地震后加盖至三层），现保存完好，以庄乐峰的字"育文"命名；宏寿里在今桂林路与沙市道转角处，原为砖木结构平房，1987年拆除，建起一栋五层办公楼和一栋六层住宅楼。宏寿里是以其孙庄道宏名字命名的，是庄乐峰给孙子的生日礼物，取"道宏长寿"的意思。另外，庄乐峰在北戴河也置有房产，至今那里还有一条"乐峰路"。

1949年庄乐峰在花园路寓所去世。庄乐峰只有一个儿子，名叫庄义奎（1896—1964），号云九。毕业于唐山交通大学和美国康奈尔大学，曾任鲁丰纱厂经理，住在花园路10号居所。

袁家骝故居

张绍祖

袁家骝博士 1913 年出生
于北京。当时，他的祖父袁
世凯已就任中华民国大总统。
袁世凯去世时，他年仅 3 岁。
他的父亲是袁世凯的次子袁
克文（寒云），是民国初著名
的诗人，"绝怜高处多风雨，
莫到琼楼最上层。"是袁克文
诗作中脍炙人口的诗句。

袁家骝

　　袁家骝是袁克文的三子，幼年生活在北京大总统府，童年生活在河南彰
德袁府，13 岁到第二故乡天津读书。其故居位于英租界伦敦道（现成都道
93 号）。这片房产原是旧军人、汉奸石友三房产，名世界里。为英式里弄式
房屋，三层、砖木结构，造型一般。他靠勤奋苦读，于 1926 年考入南开中
学，初二跳班考入天津新学书院（天津市十七中学校址）。

　　袁家骝聪明用功，在新学书院期间就表现出对物理学的极大兴趣。他
把零花钱都花在购买矿石和电器元件上，依照着理化书本上的知识设计、组
装"话匣子"（收音机）。他一级级跳班，毕业后考入天津工商学院（今天津
外国语学院院址），后来又转入北平燕京大学物理系深造。1932 年读完本科，

袁家骝故居

升入燕京研究生院，毕业后到开滦矿井工作。发现袁家骝这一物理学界奇才的，是燕京大学的校长司徒雷登。他把研究生毕业后已在开滦就职的袁家骝招回来，举荐到美国加利福尼亚大学深造。

1936 年，袁家骝来到美国留学。头一年，在加利福尼亚大学柏克莱分校专攻高能物理。一年后，转往加利福尼亚理工大学，他被聘为物理系助教。袁家骝超常地勤奋，他一不去娱乐场所，二不去繁华商店，每天只睡 6 个小时，全部精力都投入课堂和实验室里，有时在实验室里一干就是几个通宵。

两年内，袁家骝取得了十几项研究成果。1940 年初，获得了高能物理学博士学位。该大学校长、美国第一位诺贝尔物理奖获得者罗伯特·密尔根聘他做研究员。1941 年，日本袭击美国在太平洋的海军基地珍珠港，引发了太平洋战争。袁家骝应邀参加美国政府的国际科学研究工作，协助制造雷达，将其所学贡献于反侵略战争。1942 年 5 月 30 日，他与在加利福尼亚大学柏克莱分校认识了 6 年之久的吴健雄博士结婚。吴健雄博士被誉为原子物理学皇后以及"中国的居里夫人"，是世界上首颗原子弹研制人员中唯一的女性。

婚后，袁家骝夫妇长期坚持一个原则：实验第一，生活第二。当有人问及袁家骝博士，是否觉得他太太忙于工作而忽略家庭时，袁家骝说："没有。家庭生活对我们来说是第二位的，吃穿住都很简单。我们做起实验来，家里人有时几个礼拜都不见一次面。"他又说："这几十年，我们工作的地点经常是分开的。她忙她的，我忙我的，只有周末才回到纽约这个家。"1947年，他们的独生子袁纬成出世了。袁纬成如今也是物理学博士，与美国姑娘结婚，生下一个女儿。

从1950年起，袁家骝夫妇就住在哥伦比亚大学的一套公寓里。他们的家庭始终保持着浓厚的中国色彩，天津的地毯、雕花的酸枝茶几，还有沙发上鲜红的罩子。墙上挂着安徽铁画梅、兰、竹、菊。客厅里，挂满了出自张大千、徐悲鸿、郑板桥、吴作人、仇英、赵佶、肖淑芳、张大壮、董作宾等名家手笔的书画，其中不少已属稀世珍品。客厅小桌上，摆放着吴博士家乡江苏太仓郑和纪念馆寄来的一只精致的郑和时代的船模型和一对紫砂盘，上面刻着"纪念郑和下西洋五百八十周年"。就在这里，袁家骝夫妇共度了40多个春秋。在科学的大道上，取得了一项又一项令世人瞩目的光辉成就。

袁家骝博士于第二次世界大战结束后，先入美国普林斯顿大学，从事宇宙线的研究。后来应该校密尔顿·怀特教授的邀请，进入美国布洛克海门国

袁家骝、吴健雄夫妇

家研究所，一干就是 30 余年。他为世界物理学高科技的发展作出了杰出的贡献，推动了世界高能物理学的发展。

从 20 世纪 70 年代初开始，袁家骝、吴健雄夫妇多次回家乡探亲、旅游、讲学，并对中国的教育事业、科学技术的发展十分关心。1973 年，袁家骝、吴健雄夫妇第一次回家乡省亲。10 月 15 日，周总理上午陪同某国家元首飞抵洛阳参观，下午就赶回北京，在人民大会堂天津厅单独接见了他们夫妇。1984 年 9 月，袁家骝夫妇到中国，当时的中顾委主任邓小平接见了他们，进行了长时间亲切的谈话，称赞他们为中国做了很多事。是年 11 月，他们到合肥科技大学，参观了中国独立设计的重点科学项目——国家同步辐射实验工程的预研装置和设计图纸。他们高兴地赞许说："这台加速器的性能指标，居于当今世界上同类装置的先进行列。"

1986 年 9 月 17 日，吴健雄的母校南京大学授予吴健雄、袁家骝"名誉博士"称号。1997 年 2 月 16 日，85 岁高龄的吴健雄博士平静安详地离开了人世。而袁家骝博士仍在为攀登新的科学高峰而努力拼搏。他特别关注吴健雄袁家骝科学讲座基金会和吴仲裔奖学金基金会，因为他对这两个基金会付出了很大心血。袁家骝一生非常节俭，把所有的积蓄都花费在了两个基金会里。他每年都要请国际著名科学家包括诺贝尔奖获得者来中国讲座。另外，他一直惦记着南京的吴健雄纪念馆，那是为纪念他夫人吴健雄而创建的。纪念馆有很多科研资料，他把一生的研究、书籍、论文都陈列在里面，希望这些物理资料能给国内年轻的科学家带来帮助。他同时关注着江苏省明德学校下一代的成长，明德学校是吴健雄的父亲吴仲裔创办的，他们夫妇俩为该校先后几次投资。谈起明德学校，袁家骝总说，科学家应该从小抓起。

2003 年 2 月 11 日，袁家骝博士在北京协和医院与世长辞，享年 91 岁。袁家骝和夫人吴健雄一起被安葬在江苏省太仓市浏河镇的明德学校。

金钺故居

金彭育

金钺（1829—1972），字浚宣，号屏庐，天津人，监生出身，清末曾任民政部员外郎。辛亥革命后耻为袁世凯政权服务，赋闲家居，以读书自娱。金钺一生编刻天津地方文献数十种，对桑梓文化的保存和传播作出重要贡献。金钺自 20 世纪 40 年代中叶从天津老城厢迁居特一区（现河西区）台北路 2 号。1952 年迁居苏州道玉川居胡同 5 号，这是一所砖木结构的 2 层小楼，现已拆除。金钺在河西区居住了 30 多年。

金钺

峰泽堂金氏清初康熙年间自浙江绍兴迁津，亦儒亦商，代有著名文人，著作亦多流传。迁津始于六世祖金平（子昇），他素有诗名，构岭南轩，接纳南北文士，著有《致远堂集》4 卷传世。七世祖金在中（驭东），著有《可亭见集》。八世祖金玉冈（芥舟），是清康乾年间全国知名的诗人、画家、书法家、旅行家，有大量诗文、书法、画作传世。八世祖姑金至元（含英），诗人查为仁（莲坡）妻，与查氏长居津沽名园水西庄。颖慧绝人，尤工于诗,格调清拔孤秀,不染粉黛习气。有《芸书阁剩稿》一卷和查氏夫妇唱和之作《松陵集》传世。九世祖金昶(永和),玉冈子,著有《归欤草堂集》。十世祖金佩(芥孙),玉冈孙,诗画俱佳。金玉冈从孙女金沅(芷汀),号向梅女史。训导梅成栋妻,有《向梅小草》传世。十一世祖金铨(野田)善诗、金石,尤精书法,断章尺幅,人争惜之。有《野田印宗》《野田诗草》《善吾庐诗存》传世。金氏一门,笃志劬学,现有《金氏家集》5种。其中有两种由金钺编刻。

金钺喜乡里文献,得暇便多搜求,其中除供给编纂天津志书外,编刻书籍颇多。这里分两方面,一是编刻自家先人诗文集,如《金氏家集》;二是乡里文献,承担印资,所费不赀。这样,使津沽桑梓文化得以保存传世,其贡

台北路 2 号金钺故居遗址

献大矣！高凌雯在《志余随笔》中云："天津有藏书之家，无刻书之人，近惟浚宣喜为此。网罗旧籍，日事铅椠，十余年来未尝有闲。由其先人撰述，推及乡人著作，已刊行20余种。金钺对《天津新志》十分尽力。除王仁安的《天津政俗沿革记》是由其自费刻书，金钺写序文外，其他均由金钺出资刻印，并参与《天津新志》的搜集、校勘工作。金钺编刻的书有：《金氏家集》《屏庐丛刻》《天津诗人小集》《许学四种》《金刚愍忠表忠录》《江苏艺文志》等。此外，金钺还校订了《天津文钞》。《屏庐丛刻》一书，两函12册，编刻的乡人著述有：王又朴的《诗礼堂杂纂》、查为仁的《莲坡诗话》、查礼的《铜鼓书堂词话》、梅成栋的《吟斋笔存》、杨光仪的《耄学斋日卒语》、徐士銮的《古泉丛考》等15种。王守恂的《王仁安集》先后4集由金钺一力承担。金钺30岁以后，诗文创作更趋活跃。民国七年（1918年）完成《戊午吟草》，民国十年（1921年）完成《辛酉杂纂》，以及《屏庐文稿》和《屏庐题画》。其中最能反映金钺学识、思想、人格、抱负的当属《辛酉杂纂》，此书包括《漫简》二卷、《屏庐臆说》一卷、《偶语百联》一卷，书中既有读书笔记，也有独具特色的文学作品。

金钺幼承家学，一生无不良嗜好，唯喜看书藏书、刻书编书。他书工八分，画善墨竹，其墨竹为学者画，清雅孤秀。劝业场楼上他曾题匾一块"毓文商行"。家居津沽时，常与名士严修、章钰、赵元礼、王守恂、高凌雯等诗文往还。金钺还是津门名收藏家，他收藏的"魏皇甫驎碑"，原系清咸丰年间在陕西鄠县出土，后归端方，最后由金钺收藏，此碑曾被罗振玉辑入《六朝墓志菁英》一书。解放初期，金钺曾将此碑连同其他珍贵收藏品捐献政府。天津市人民政府文化局曾为此向金钺发了"褒奖状"，内容如下：金浚宣先生以其珍藏魏皇甫驎碑一块，齐乞伏君墓志二块，木刻书板四十八箱，天津人士著作八十五册，捐献政府，化私为公，殊堪嘉尚，特予褒奖此状。

张叔诚故居

张绍祖

张叔诚

在和平区成都道 118 号市人民体育馆旁边，有一座灰色的三层小洋楼，现为市体委所在地，曾是著名文物收藏家张叔诚先生的故居。

张叔诚（1898—1995），名文孚，别号忍斋，直隶（今河北）通县（今属北京市）人。他是前清工部右侍郎、总办路矿大臣张翼之子，著名实业家。1913 年（民国二年）入天津南开中学就学，与周恩来同学，后因父兄相继去世而辍学。他从 18 岁就担任了其父张翼创办的山东枣庄中兴煤矿公司监察人，后历任中兴煤矿董事、协理、常务董事等职。

张叔诚不仅是一位著名实业家，更是一位著名文物收藏家、鉴赏家。他的父亲张翼是一位文物收藏家，平素最喜字画和古陶瓷器，常与亲友中的收藏家、鉴赏家一起纵论文物，评定真伪等级，探讨书画家的造诣。在这样的家庭氛围熏陶下，张叔诚自孩提时代便对文物情有独钟。那时，他家居北京，一到农历腊月，便有小贩沿街叫卖杨柳青年画，每每让家人买上几张细细品味。他考入南开中学后，学到了不少有关收藏和鉴赏文物的基本知识。

其父去世后，张叔诚便继承其爱好，致力于文物的收藏和鉴赏。

最初，由于手头较紧，叔诚不能随心所欲购买心爱的文物，有时竟为此夜不能寐。后来，他当了董事兼协理，经济宽裕了，遇到有价值的文物便千方百计买下来。如石涛的《仿张僧繇青绿山水》画，是他在北京琉璃厂茹古斋花了 4750 元买到的名画。后来，日本人要办书画展览，托友人说情要出两万元买这幅名画，还有人出更高的价钱购买此画，均被他婉言谢绝。张叔诚认为收藏文物应以珍藏和鉴赏为主，为赢利而收藏是不足取的。叔诚为辨别书画真伪，曾悉心研究过画论。他恪守前人遗训，悉心收藏历代名画。别人都讲看画，他却讲读画、审画。他鉴赏画作真伪的原则是七分看画，三分看有关的书籍。张叔诚收藏到的对象除书画外，还有旧玉、图章和成扇等。1931 年，他出于对文物的爱好，在北京琉璃厂集资开设了宝古斋。

张叔诚一生致力于文物收藏，擅于鉴别真伪，发掘真品，不惜重金，刻意搜求，家藏珍品甚多。有宋代著名画家范宽所绘的《雪夜寒林图》。此画

成都道 118 号张叔诚故居

在明末被天津的安仪周收藏，安死后由其子孙卖出，当时的直隶总督买走了这幅画，将它呈献给乾隆皇帝，后存于圆明园。1860 年，英法联军焚毁了圆明园，抢走了大批珍贵文物，《雪景寒林图》也在劫难逃，被外国士兵拿到书肆上拍卖，被叔诚之父张翼发现，以重金买下带回天津，成为传家之宝。

还有窑变观音，此系明宪宗成化官窑烧制的五彩观音，为海内外仅有的一尊明代质量最佳的瓷像。其来历是：明宪宗皇帝为母后修了一座庙宇，名曰大报国寺，皇太后欲在庙中供奉一佛像，差人到各地寺庙去"请"，终未有如意者，便决定在景德镇烧制一个"窑变"五彩观音。1900 年八国联军火烧大报国寺把窑变观音扔到寺外，几经辗转，为张翼所得。张翼请人把手脚残破、背后开裂的窑变观音整修如故，带回天津。此后，窑变观音引起了许多古董商的垂涎。其中，有一位对瓷器有特殊鉴赏力，名叫郭宝昌的人，与张叔诚过往甚密，特意从北京来天津叔诚家小住，为亲眼目睹窑变观音的神采，并愿出美金 20 万元购买，也被张叔诚婉言谢绝。郭不甘心，又到处烦门托窍，游说张叔诚。张叔诚认为：文物是祖国历史文化发展的实物见证，是不能再生产的特殊物品，保护文物是每个炎黄子孙义不容辞的职责。他始

重庆道 189 号张叔诚故居

终不为银钱所动。窑变观音在叔诚家中珍藏达半个世纪以上，他为此不知耗费了多少心血。张叔诚珍藏的还有东周时代的青铜乐器克"镈傅"、元代边鲁的《起居平安图》等稀世作品。

新中国成立后，张叔诚是天津文史研究馆馆员，曾任天津市政协委员。从1979年开始，张叔诚先后3次将精心珍藏的481件名贵古玩字画主动捐献给国家。1981年3月8日，天津市人民政府召开了"周叔弢、张叔诚同志捐献文物图书授奖大会"。市长胡启立高度评价了二老的爱国举动，并向他们颁发了奖状和奖金。1987年6月26日，邓颖超在津时曾说："张叔诚先生捐献给国家大批文物，这种爱国主义精神是金钱买不到的。"

1981年9月28日至10月28日，在北京故宫博物院举办了"天津周叔弢、张叔诚捐献文物图书展览"，每天接待观众2000多人，受到社会各界人士的欢迎和赞誉。

张叔诚捐献的文物除《雪景寒林图》《起居平安图》《仿张僧繇青绿山水》，青铜乐器克"镈傅"等传家之宝外，还有宋人无款画《牛》《溪山邂昆图》《芦雁图》《锁谏图》，钱选的《花鸟图》和《青山白云图》，方方壶的《葡萄》轴，陈琳的《竹林七贤》轴，黄子久小幅《山水》轴，赵孟頫的书法《洛神赋》卷等稀世作品。其他文物有商代的黄玉兽面纹佩、黄玉螳螂、周代的玉节及名贵的绿浸玉环、白玉蝉和白玉柄形器。

张叔诚的成都道故居，落成于1936年，原为二层小洋楼。"文革"中加盖一层，变为三层，并有后楼，也为二层。由比利时工程师设计，建筑费为3万法币。该楼装饰讲究，二楼有阳台，门窗地板均菲律宾木。楼内许多房间用于收藏文物。楼周围庭院很大，包括现在人民体育馆那块地，是一座花园宅邸。1956年在张叔诚故居一侧建成天津体育馆。1958年初，李耕涛通过周叔弢与张叔诚协商由政府购买此楼，供市体委办公用。张叔诚迁往重庆道231号（今189号）新居。

1995年7月7日，张叔诚先生因病逝世，享年97岁。

华世奎故居

张绍祖

著名书法家华世奎（1864—1942），字启臣，号璧臣、思暗，祖籍江苏无锡。先世经营盐业，明末先祖华元炳北迁。迁居顺天府东安县（今河北省安次县）。清康熙二年（1663年）定居天津鼓楼东大刘家胡同，后又移居现东门里141号大院，因院门前有青石台阶九级直伸大街，俗称"高台阶华家"。华家有个高大的祠堂，颇有气魄。正中高悬着华世奎之祖先三代合影。而最上的一辈衣冠穿戴都是明朝服饰——圆领纱帽，这是天津华氏南支始祖。清咸丰年间华家接办河北省定兴县、新城县两县的"引岸（盐业）"，很快致富。后又开设了油坊、茶叶店等商号。发展成为津门豪富，列为"天津八大家"之一，宅邸也习呼之为"高台阶华家大院"。华世奎的父亲名华承彦，字屏周，继承祖业，终生未曾出仕。除经营盐业外，平素喜欢结交文人雅士，个人也饱读诗书。清同治三年（1864）农历五月二十三，华世奎出生于华家大院，至此已是华家迁津后的第十一代（一说第八代）。华世奎为独生子，深受家庭传统文化熏陶，家教甚严，"进退应对皆有矩度"。华世奎从4岁起从父学书，起初专攻小楷，曾对王羲之的《乐毅论》、王献之的《洛神赋》、钟繇的《宣示表》等帖大下功夫，每日悬腕写白折百字。及长，父为世奎请著名学者杨香吟老先生在家授课，规定每天下午临帖习字，历时十多年研习隶篆，专注于秦《泰山刻石》《琅琊山刻石》，汉《鲁峻碑》《史晨碑》等，到了十几岁时，他的小篆和隶书已取得可喜成就。由于他笔耕不辍，勇于吃苦，善于钻研，并经常站立书写，腕力和臂力都达到超人的程度，为他日后书写榜书奠定了坚实的基础，也为他名列津门四大书法家（华世奎、孟广慧、严范孙、赵元礼）排行之首创造了条件。

华世奎故居

光绪五年（1879 年）华世奎 16 岁考取了天津县学附生（秀才），光绪十一年（1885 年）他 22 岁时考取拔贡，置于内阁任中书职掌缮写，29 岁升为翰林院编修。光绪十九年（1893 年）应顺天府乡试中举，被擢升三品衔军机领班（清时称"答拉密"），辅佐军机处大臣处理日常事务。因书法、文采皆佳，光绪二十八年（1902 年）他被推荐到军机处办理文书事务，也称章京。凡军机大臣的繁重政务，皆秉承军机大臣意拟定文稿，襄办一切事务，被称之"小军机"，在宫内撰写皇帝诏书，地位显赫，权重一时。宣统三年（1911 年）清实行新政，裁军机处，改设皇族内阁，奕劻任内阁总理大臣组亲贵内阁，华世奎又被任内阁阁丞。他秉承内阁总理大臣之命，指挥各局司的工作。当时，奕劻任命徐世昌为协理大臣。华世奎与徐世昌既沾亲又是故交，交情深厚，得志一时。至辛亥革命军兴，袁世凯任内阁总理大臣。徐世昌退出内阁，专任军咨大臣，加"太保"衔。袁世凯每有机要事务须咨询时，多派华世奎就商于徐世昌之府邸。华世奎成为袁世凯与徐世昌之间的桥梁。当时将华世奎内阁阁丞的官阶定为正二品，一跃而成为内阁副相。这是华世奎一生的黄金时代。

1912 年辛亥革命成功，民国肇造，华世奎在宫内书写了溥仪皇帝的最后一封"退位诏书"后，随着清王朝的垮台，以省亲为名，回居天津故里，东门里华家大院老宅。他退隐天津，因老宅房室狭窄，又为避免事端和图清静，便在意租界意、奥交界路（今北安道 3 号）买了一座三层楼的住宅，全家迁到这里居住。这是一座地上三层、地下一层的意式风格的小洋楼，它是当年意租界16座尖顶形建筑之一，楼顶为瓦楞板结构，蔚为壮观。一楼迎面为宽敞的大厅，厅两侧的房屋住着佣人。二楼迎面一大间，两侧各两小间，为主人及家人起居生活及会客的地方。顺着狭窄弯曲的楼梯上到三楼，迎面大间为主人的书房，两侧耳房为艺术作品及文物的储藏室。

华世奎向以清朝遗老自居，自号"北海逸民"，始终不肯将发辫剃掉，不用民国年号。他在自己的照片上，亲题两首绝句："荏苒年华五十强，浑如一梦熟黄粱。本来面目存真我，犹是儿时华七郎。""田园株守非闲人，文物衣冠付劫尘。惟此弁髦难割爱，留同彩服寿双亲。"民国十一年（1922年），溥仪结婚时，华还"入都朝贺"并请溥仪给华家祠堂题"望阀高华"匾额，引为荣耀。1925年溥仪移居天津日租界宫岛街张园（今鞍山道）后，华世奎便常去张园"行在"（旧称帝王旅居之地），向溥仪"恭请圣安"，以表他对清室的"忠诚"。华世奎曾为"双烈女"题写过两块碑。"双烈女"一事发生在民国初年，而他在"双烈女"的石碑上，写成"我皇清退位之五年"，同时碑文内还写有"吾辈遗臣""大清监察御史""诰授荣禄大夫内阁阁丞"等旧官衔。并书有"乾坤虽否"之句。

华世奎不善经商，"引岸"托人代管，未几，油坊和茶叶店也相继倒闭。华本人终日与逊清遗老、下野军阀政客诗酒酬唱，生活靡费，不久债台高筑，被人称为"穷八大家"。他只好以卖字为生，靠书写大量牌匾和条幅，用几支毛笔维持一家八口的生活。当时天津的各大南纸局都挂有他写字的"润例"（价目表），华世奎的账房管事叫志原，专司卖字之职。华世奎当时的笔单：对联一副8块大洋，中堂10块大洋，匾额榜书、贺幛挽联另议。"天津劝业场"是华世奎一生中最富功力的代表作品，润笔价格就是由志原与劝业场主高星桥谈妥的，每字100块大洋，五字500块大洋。那时写字都讲究原大，为了写好"天津劝业场"5个近人高的大字榜书，华世奎曾带侄子到现场查勘，回家后拼成三张八仙桌子含酒屏气写成。那时华的字很值钱，想白取难过志原这一关，于是亲属中捉刀代笔、仿他的字换钱的亦不少。他的侄子华泽贤、华泽驯等都因家境窘困而仿效"华体"，有的写牌匾条幅，有的还拿到当铺去卖，他心里明白但也不去追问。此外，津门还有几位书法家临写"华体"卖钱。茶余饭后，华世奎漫步街头，发现有摹仿他的牌匾，如果字写得不错，华一般也不计较，但如果与自己的神韵相去甚远，华就会请店家取出笔墨纸砚当场书写，且分文不取，为当时书法家们所啧啧称道，并传为佳话。

华世奎手写家谱

华世奎书法，以颜体字为功底，功力深厚，榜书道劲峻伟端凝，有馆阁之气魄，颇为津人所喜爱。二三十年代，他写过不少碑文、匾额和联语。除如今尚存于中山公园内之"南皮双烈女"碑文外，原东门里文庙进口处的两座牌坊上的"礼门""义路"，也为其所书。为商店所题匾额遍及津门。如他所书正兴德茶叶庄、敦庆隆绸布庄、华竹百货店、金九霞鞋店等匾额，都给人们留下极深刻的印象。他所书联语颇多，当年流传极广，至今存世极少。

1937年"七七"事变天津沦陷后，汉奸们想利用华世奎的声望，以高官厚禄为诱惑，请他出头维持天津局面。华世奎说："我已老矣，无能为力。风烛残年，蜡头无几，何必添彩。"婉言拒绝参与日伪组织，表现了其高尚的民族气节。

华世奎积极参与地方的文化教育和公益事业活动。1927年，华世奎与严范孙、林墨青、王守恂等人，于东门里文庙内创建"崇化学会"，选严修为首席董事。严修死后，由华世奎主持会事，在天津培养了不少义理、训诂、掌故方面的人才。他还长期主持文庙事务，经常参加与严范孙、林墨青、李金藻共同创建的城南诗社活动，吟咏酬唱，极一时之盛。

华世奎1942年春病逝于天津寓所，终年79岁，有子泽宜、泽传。"天津民俗博物馆"内藏有华氏家谱，华氏还有《思暗诗集》流传于世。

赵以成故居

金彭育

1934 年的赵以成

1963 年，广东省人民医院，无影灯下，医生们正给海军战斗英雄麦贤得做脑外科手术，在脑部被弹片炸伤、脑浆外流的危险情况下，手术获得成功。1999 年，北京中央电视台文艺晚会上，身体健康的麦贤得红光满面、神采奕奕。为他做手术的便是天津医学院教授，被誉为中国神经外科创始人的赵以成。

赵以成，字泽如，1908 年生于福建漳州市。1926 年考入当时福建协和大学医科班，翌年转入北京燕京大学医学预科班攻读，1929 年 6 月获学士学位。同年 7 月进入北京协和医学院继续深造。1934 年 6 月毕业，获医学博士学位。留校工作时，他与同学，妇产科大夫汪培娴喜结连理，寻得了亲密的终身伴侣和事业上的得力助手。汪培娴是"五四老人"，是早年在天津和周恩来、邓颖超同志搞学运和同台演出的战友。

留校期间，赵以成任外科住院医师、神经精神科研究员，后转任脑系外科住院医师，论文问世颇多。1937 年获孙氏耳鼻喉科论文著作奖。1938 年，赵以成获得洛克菲勒奖学金。12 月，以学者身份赴加拿大蒙特利尔神经病学研究所，在世界著名神经外科专家潘菲尔德教授指导下，广泛涉猎国内外脑神经外科医学理论和医疗实践，创造发明一种特制胎膜防止粘连的新方法，成为当时西方崛起的神经外科医学研究中的佼佼者。1940年元月，赵以成在归途中赴美国8所神经外科中心考察，对国际上神经外科的发展趋势，更有广泛的接触和了解。他回国后仍在北京协和医院工作。太平洋战争爆发后，医院关闭，先在北京私人行医，1943年携眷迁居天津。

到天津后，他在克伦坡道购买一处住房。该房原为夏姓私宅，是一幢非常精巧别致的英式小楼。虽然经过半个多世纪的风雨沧桑，小楼现在基本完好，今址为常德道69号。

新中国成立后，赵以成任河北医学院名誉教授及天津市立总医院神经外科顾问。1951年初，他参加抗美援朝医疗队，在冰天雪地和炮火中救死扶伤。1952年5月，赵以成在天津市总医院建立脑系科，当时在全国尚属首创。1955年，苏联脑系外科专家阿鲁秋诺夫访华，对赵以成的示范技术倍加赞扬，建议在北京设立脑系外科研究机构。于是，他应中央卫生部聘请，在北京创立脑系神经外科，并亲任北京神经外科研究所所长。他奔波于京津之间，为开创我国神经外科医学呕心沥血。在党和政府的支持下，天津医学院

1971年，赵以成与江培娲结婚纪念日全家留影

赵以成故居

附属医院和北京同仁、宣武医院神经外科不断发展壮大。

早在 50 年代，赵以成就非常重视国内神经外科人才的培养，先后在京津两院分期分批培养全国各省市的神经外科医师近 200 人。他的早期学生现已是各医学院校领导、教授和知名学者，成为我国神经外科的支柱和骨干，可谓桃李满天下。1962 年 9 月，毛主席委托赵以成邀请白求恩大夫老朋友、加拿大蒙特利尔神经外科研究所潘菲尔德教授和夫人访华，参观国庆庆典，又参观京津沪发展神经外科的成果。潘菲尔德教授在学术演讲讨论会上，屡次称赞赵以成的技术和成就，给予很高评价，并说："青出于蓝，而胜于蓝。"

赵以成从事神经外科事业近 40 年，具有渊博的理论知识和丰富的临床经验，千方百计为病人解脱险境，手术操作非常精细，治愈率高。他这种对人民负责的态度和操作方法，已被后辈继承下来并加以发扬。赵以成主编和参加编写《神经内外科手册》《外科学》《实用脑肿瘤学》《实用神经病学》等书。他在国内外发表的医学论文约 50 篇。

赵以成是我国神经外科医学创始人，在医学、科研、教学诸方面做出了重大贡献。他是我国人大代表、全国政协委员。在"文革"浩劫中，赵以成遭受冲击和迫害。1970年，他患直肠癌后经周总理关照安排入北京日坛医院治疗。手术后，他把病体置之度外，坚持讲学、会诊，孜孜不倦。1974年9月，他因病逝世，享年67岁。1978年，世界卫生组织访华团参观京津沪等地神经外科研究机构。加拿大蒙特利尔神经病学研究所所长维拉姆·费德尔教授为缅怀已故赵以成教授在脑神经学科作出的卓越贡献，回国后成立"白求恩·赵友谊金"以示纪念，并邀请其长子赵克明医师赴加拿大见习访问两年，成为第一个接受友谊金的学习者。

赵以成教授的故居是一座仅100多平方米的二层小楼，英格兰别墅式，共有房间8间。上台阶，半圆形门口十分别致。墙面为部分清水砖墙，部分水泥断块。楼下为饭厅、客厅，楼上为卧室、书房。室内铺菲律宾木地板，中世纪的壁炉也很精美。后院宽敞，有甬道、花坛和葡萄架，环境幽雅宁静。

朱宪彝故居

金彭育

朱宪彝

1991 年 10 月，天津医学院在校内中心实验楼前操场上塑立了我国著名内分泌专家、医学教育家朱宪彝教授的半身铜像，以弘扬他的优秀品质和崇高精神，激励后人继承他未竟的事业。

朱教授生前居住在成都道 100 号，这是一所普通的三层连排里弄式楼房。

朱宪彝，天津市人，生于 1903 年。1922 年考入北京协和医学院。1930 年毕业获博士学位，并以连续 5 年以上第一名的优等生资格，荣获温巴姆奖学金。毕业后留协和医学院任内科住院医师。从 1934 年开始，对钙磷代谢进行系统研究。首次阐明了软骨病与佝偻病发病机制中钙、磷、维生素 D 的变化规律，提出最佳治疗方案，解决了一大医学难题。1936 年秋赴美国波士顿哈佛大学医学院生化系进修，完成了肌肉细胞内液电解质及血清钙离子测定等课题的研究。在十几年的深入研究中，朱宪彝先后发表学

朱宪彝和家人在一起（1973年）

术论文30多篇。这些论文中的数据迄今仍为一些权威学者所引用，有"当代钙磷代谢知识之父"之称。1951年他主持创办了天津医学院和内分泌研究所，任院长兼所长。作为我国临床内分泌学的奠基人，他培育了大批专业人才。在医学实践中，他为许多患者解除了病痛，使他们恢复了健康。

朱教授曾当选中华医学会理事、内分泌学会会长、天津市人大代表、全国人大代表。1984年12月25日，他在伏案著书时，心脏病突发，溘然长逝，终年81岁。他不仅把一生献给祖国的医学事业，而且留下遗嘱，把遗体献给医学院，并把他的私人住宅和一生珍藏的图书和医学资料及个人存款捐献给医学院，充分体现了一名共产党员、著名学者的高风亮节。

朱教授的医学成就给他带来巨大的声望，是国际上名副其实的"当代钙磷代谢知识之父"。1999年10月，在美国亚利桑那州期高次戴尔市举行的第八届国际骨形态计量学学术会议上，大会主席、美国纽约市的戴维·丹姆斯特教授在大会致辞中，谈到他与朱教授的交往和学术情谊。他说："最难忘的一件事是有机会与德高望重的中国朱宪彝医生通信并最终能拜访他。在

朱宪彝故居

20世纪30年代，在当时叫作北平协和医学院工作的朱宪彝博士和他的同事开展了一项十分出色且独一无二的关于人体必需的维生素 D 缺乏、代谢和治疗的研究工作。朱宪彝一直从事他这项特殊的工作，一直到1949年新中国成立他回到家乡行医。在30年中，朱宪彝和国外的科学家没有任何私人之间的联系。1970年以后，我才能够和他建立了联系。1983年，我和81岁高龄的朱宪彝博士终于见了面。尽管他身体虚弱，但他仍然整日工作而且思维未受任何影响。3天的相处留下了最美好的回忆。"

成都道100号是朱教授的旧宅，也是他逝世后献给天津医学院的私人故居。这所楼房是1950年2月朱教授购自联合银行，也就是"北四行"的房产。在中国近代，天津是华北地区的金融中心。"北四行"系指中国近代的金城、盐业、中南和大陆四银行，1948年改为联合银行。朱教授的旧宅连同永定里共35所英式连排里弄式楼房，是原属于私营四行储蓄会的房产。这些房屋是1934年由中国工程司的著名建筑设计师阎子亨设计的。朱教授旧宅为三层砖木结构楼房，偏东南朝向，机砖翻身，水泥屋顶，木质地板，三槽窗户，有暖气卫生设备，也有前后小院。全楼有房屋16间，建筑面积254平方米，占地114平方米。房间虽不豪华，但布局紧凑合理，宽敞明亮，居住舒适。这里附近还居住政府财政次长朱作舟、天津面粉大王孙冰如等人。

林崧故居

张绍祖

林崧（1905—1999），字肩宇，福建仙游人，是我国妇产科病理学的奠基人、著名妇产科专家、藏邮大家。

林崧

林崧出生在福建莆田市仙游县度尾后埔乡一个殷实人家里。他 14 岁入福州青年会办的基督教会中学，1923 年毕业后考入福州协和大学，攻读化学系。翌年，转学到北京燕京大学读书。到 1927 年，他学习期满，在"燕大"获得两个系的毕业证书和理科学士学位。同年考取北京协和医学院医疗系。1932 年林崧在协和医学院毕业，获得医学博士学位。毕业后他被留在协和医院妇产科，在做完第一年住院医师后，便被提为住院总医师。1933 年至 1935 年他连续做了两年住院总医师。

林崧做完住院总医师后，就留在妇产科做助教。由于林崧在妇产科的临床实践和病理方面刻苦钻研作出了一些成绩，由妇产科推荐到德国进修，主要是学习妇产科病理学专业。1937 年林崧从国外进修回来，被协和医学院教授委员会聘为副教授兼任妇产科主治医师，并继续在协和妇产科工作。从那时起，林崧和麦克维教授一起开展妇产科病理学的研究工作。这项工作当时不仅在"协和"是首创，在国内也是首创。

睦南道 65 号林崧故居

1941 年 12 月 8 日太平洋战争爆发，侵占北平的日本人占了协和医学院。1942 年，林崧和著名的内科专家卞万年、肿瘤专家金显宅、泌尿科专家施锡恩、骨科专家方先之等一行 20 多人来到天津。

林崧初到天津，自己开业行医，后来就在私立恩光医院工作。林崧的医术高明，除在本院执医外，还在天津第二私立医院、水阁医院等处担任顾问，还在陆军医科学校兼任妇产科教学工作，也经常到教职工会办的妇婴医院义务行医。

新中国成立后，于 1953 年天津市卫生局把水阁医院改建成为妇幼保健院，任命林崧为院长，并兼顾恩光医院的医疗工作。是年，天津市卫生局筹建天津市中心妇产科医院，林崧与柯应夔、杨柯、俞霭峰等被聘到该医院轮流值班。林崧还担任过市邮电医院、纺织医院、第三医院和解放军 254 医院的妇产科顾问。1956 年天津市公私合营时，林崧与其他专家把恩光医院的全部动产与不动产无偿上交国家，全体医师、职工由国家妥善安排。林崧被安排到天津市第一中心医院任妇产科主任，一直工作了几十年没有离开临床第一线。1963 年，中央卫生部曾给他颁发了专家证书，不规定退休年龄，永远享受专家荣誉和待遇。

从 20 世纪 50 年代初期，林崧就着手把在天津及全国范围内建立和开展妇产科病理学这项工作作为自己的中心任务和努力方向。开始，林崧在天津市第一中心医院妇产科和天津市中心妇产科医院分别建立病理室，抽调人员，添置设备，建立一套工作秩序，花费了不少心血。为了妇产科病理学这个新兴的事业，林崧除了做好临床工作，还用相当多的时间和精力进行讲学、办学习班，以传授知识和培养后继人才。

林崧从事妇产科病理学多年，收集和积累了大量的典型病历资料。其中，积累的病理切片成千上万。林崧除了参加《病理产科学》《中国实用肿瘤》等教科书的编著工作外，还集中精力撰写了《妇产科病理学》这本书。1982 年，林巧稚大夫欣然为此书写了序言。这本书作为我国妇产科病理学方面的第一部较完整的临床与病理相结合的专业论著，有力地推动了我国妇产科病理学的发展，它的出版填补了我国医学史的空白。1986 年，该书荣获中国图书奖荣誉奖和北方 10 省市优秀科技图书一等奖，1988 又在第四届全国优秀科技图书评奖中，被评为一等奖。

林崧从事妇产科临床、教学及病理学方面的科研工作 50 多年。任过中华医学会妇产科分会理事、天津妇产科学会主任委员、《中华妇产科杂志》《国外医学文摘》妇产科分册编委。他出席过历届妇产科学年会，发表过有关妇产科临床实践病理研究的论文。其中特别是有关妇女恶性肿瘤和卵巢肿瘤的分类，各家有各家的说法，他阐述了自己的独到见解，受到国内外妇产科病理学研究部门的重视和关注。作为我国妇产科学界资格老、水平高的老专家，林老赢得了世人的钦敬。邓颖超同志生前在天津会见林崧时，赞扬他说："您为中国妇女服务，是林巧稚之后最好的妇科医生，我感激您，全国妇女感激您"。

　　林崧的家庭是个美满和睦的家庭。林崧与夫人余性稚是"青梅竹马"，他们是同乡。性稚5岁时，她偶然有机会来到舅舅家探亲，其舅与林家是邻居。林崧的父母一眼就看上了这个小姑娘，要求性稚的父母能将女儿许配给儿子。性稚的父母不同意，说："我女儿端不了你家的饭碗。"林崧的母亲说："不当媳妇当女儿也行。"终于在性稚舅舅及亲戚的撮合下，1911年性稚与林崧订婚，1926年20岁时结婚。在主张"男主外，女主内"年代，她在福州广山女子中学毕业后，没有继续升学，没有正式参加过工作，但在治理家务、教育子女方面，花费了毕生的精力。

　　林崧在津故居位于睦南道65号。是建于20世纪30年代的折中主义的三层楼房。砖木结构，清水砖墙，四坡瓦顶，大屋檐。室内设施完善，菲律宾木地板和楼梯，有欧式壁炉，天花板有灯光灰线，三槽窗，房屋规整，环境幽静。

　　他与夫人余性稚，互敬互爱，相濡以沫，恩爱长久，他们在事业与生活的风风雨雨中，共同走过了60余年。他们对子女教育是严慈结合，教育有方。林崧平时生活简朴，淡泊名利不讲求吃穿，布衣、布袜、布鞋，几十年如此。

　　集邮是林崧毕生的业余活动之一。他在致力于医务工作之余，以集邮为乐事，集邮成为他全部生活的一项重要内容。林崧的集邮生活是从1936年开始的。他的集邮生涯，几乎是与他的妇产科的学术活动同步开始的。当年，他随同老师谢和平教授出国考察，他们乘坐的是一艘货轮，沿途中，每逢停泊在一个港口，谢老师总是利用别人上岸游玩时间独自去搜集邮票。林崧在无形中受到了感染，于是也跟着买，从那时起，他便对这方寸大小的纸片产生了兴趣，从此开始了他长达60多年的集邮活动。对他而言，当然医学早于邮学。以他那样丰富扎实的科学文化底蕴，以他那么严格认真的处世为人，一旦有了什么新的追求，正可谓气脉相通、借鉴有门。集邮有幸得他厚爱，他也就很自然地成为一名出色的集邮专家了。

林崧在我国集邮界，邮品收藏丰富、邮识渊博，为邮人共知。1982年中华全国集邮联合会第一次代表大会上，他作为天津集邮界的代表出席大会，并被选为常务理事。1982年12月30日，天津市集邮协会在市邮电管理局礼堂隆重召开成立大会，林崧当选为副会长，一直连任了多届。

　　林崧自80年代初以来多次代表我国参加国际邮展，并屡屡获得金、银大奖，蜚声国内外。1998年7月，国家邮政总局刘立清局长，在天津会见林崧时说："您是我国最老资格的集邮家，对我国集邮界作出了特殊和突出的贡献，我们感谢您。"

　　林崧是20世纪50年代就被国家卫生部授予的天津市十位一级教授之一，历任天津市政协委员，天津市第九、十届人大常委会委员，全国第五、六、七届政协委员。他是我国妇产科病理学奠基人、著名妇产科专家，同时他又是我国著名的集邮专家。1999年12月6日林崧不幸在天津病逝，享年95岁。

沈理源故居

金彭育　张绍祖

沈理源

沈理源（1889—1949），浙江杭州人，毕业于上海南洋中学，后官费留学意大利，在罗马奈波利工科大学攻读水利和建筑专业。回国后他在天津任建筑师，长达30年，是天津近代著名的建筑设计师，在天津设计的房屋有百余处。此外，他还在北京设计了真光电影院和清华大学的电气馆、体育馆、图书馆等。沈理源既是一位多产的建筑师，又是桃李满天下的教育家，他于20世纪20年代末兼任国立北平大学建筑系教授，到30年代中后期任天津工商学院建筑系主任（天津大学建筑系前身），为我国的建筑行业培养出大批的优秀人才，如曾任天津市副市长、建委主任的虞福京，天津大学著名教授冯建逵等，为建国后天津建筑教育事业打下了坚实的基础。他同时还是建筑翻译家，日本侵华期间，沈理源致力于福莱克契著的《世界建筑史》亦称《西方建筑史》的翻译工作，此书为我国第一部世界建筑史的译本。

沈理源在天津曾经当过华信工程公司总工程师，华信工程公司原为1920年由一家外国人开的建筑事务所，1931年改由沈理源经营。当时在天津的西方职业建筑师如林，例如有比商仪品公司的门德尔松、英商同和公司的爱迪克以及天津劝业场的设计者法国人慕乐等等，他能站住脚跟，并与之抗衡，足见他具有卓越超凡的才能。

沈理源是天津建筑师的佼佼者，天津的汇丰银行、横滨正金银行、盐业银行等 12 座著名的银行建筑，除去 7 座是由外国建筑师设计的，其余 5 座均出自沈理源之手，被当时建筑界誉为银行建筑的"神手"。早期他设计了天津盐业银行、浙江兴业银行、中央银行等，都采取了西洋古典建筑形式。后期的新华信托银行、金城银行逐渐受西方现代建筑思潮的影响，采取了摩登主义造型。

原盐业银行位于赤峰道 12 号，天津分行大楼建于 1926 年。该楼平面为矩形，三层混合结构，有地下室。正平面入口两侧为 6 根爱奥尼克巨柱支撑的空廊，檐部有阁楼。入口门廊由山花、倚柱、台基、台阶组成，一层是科林斯柱廊的八角形大营业厅，厅内顶棚为用黄金等材料做成的"蓝天飞凤满天星"图案。窗户是用比利时彩色玻璃拼成"盐滩晒盐"的画面，颇富生活气息。地面、廊柱、营业台都用大理石制成，富丽堂皇，有西洋文艺复兴建筑风格，雄伟庄重。现由中国工商银行天津分行营业部使用。盐业银行的设计得到了国内外的高度评价，成为天津近代建筑中唯一被载入西方著名学者巴尼斯特·弗莱彻所著《建筑史》第 19 版的建筑实例。该建筑现经国家建设部、国家文物局、中国建筑学会评定为近代优秀建筑，国家级文物保护单位。

浙江兴业银行坐落于和平路 319 号，建成于 1921 年，为西洋古典风格，混合结构，主体二层。平面为倒三角形，入口门厅设于转角处，为椭圆形。入口两侧由花岗岩筑成，配以圆窗。二层水泥面层，窗间以壁柱相隔，平顶出檐，做成护栏式女儿墙。楼内大厅采用方形和圆形大理石柱，彩色玻璃屋顶，墙壁采用汉白玉古币浮雕图形。该银行在近代因保护收藏国宝金编钟而闻名。清末，盐业银行在承办清王室巨额放款时，抵押品中有 16 只金编钟，共重 13647 两。金编钟是乾隆五十五年（1790），乾隆皇帝 80 大寿时各省督抚呈献的贡品，全部黄金制造，属稀世珍品。1937 年天津沦陷，日本特务探

洛阳道 21 号沈理源故居

知金编钟之事，逼迫时任天津盐业银行经理的陈亦候交出金编钟。陈给大后方任贵州省主席、盐业银行总经理吴鼎昌拍电请示，吴回电只有一个"毁"字。但陈亦候不甘心国宝在自己手中毁掉，无奈之际找到挚友四行储蓄会经理胡仲文商议。两人决定采取转移金编钟密藏的策略。1940 年 4 月的一个午夜，金编钟被秘密运到英租界四行储蓄会地下室小库房，并于次日运来数吨煤，把小库房掩盖起来。在此期间，日军和特务多次盘查。抗战胜利后，国民党有关部门也多次查问金编钟下落，陈亦候推说不知其详。1949 年 1 月 18 日，天津解放的第三天，藏匿多年的金编钟及其他珍宝全部交给了国家，现陈列在故宫博物院珍宝馆。

　　新华信托银行，行址在现今的解放北路 8 ～ 10 号，建筑立面简洁，为近代西方流行的现代建筑风格，从二层到六层窗间墙之间，均镶有铸铁图案铜饰面板，非常醒目，表现出银行的雄厚财力。中南银行，行址在现今的解放北路 90～94 号，该建筑受当时欧洲探新运动的影响，整个立面显得十分简洁。中华汇业银行，行址在现今的解放北路 117 号，建筑立面为古典复兴形式，大厅内的顶篷是色彩鲜艳的小八角形藻井，顶棚周边用齿饰、剑蛋饰、檐托，衬托出雕刻精细的木藻井，甚为华丽。

沈理源还设计了很多单所小洋楼和公寓楼，这些楼房与外国人设计的洋楼相比毫不逊色。在五大道地区，他设计的单所小洋楼有：张作霖三姨太许氏旧宅、周明泰旧宅等，此外还有里弄式公寓楼常德道民园西里、成都道生生里、洛阳道积善里和大兴村等。

其中许氏旧宅位于睦南道 11 号，建于 1926 年。主楼为三层砖木结构，多坡瓦顶、红墙砖面、构件外露、拱券门廊，为英格兰庭院式。此房在 20 世纪 20 年代由许氏居住，张作霖也曾住过，后此房一度由波兰领事馆使用，现为共青团天津市委员会办公使用。民园西里位于常德道，沿街为联排式，内为里弄式，建于 1939 年。该房为砖混结构三层楼房，布局合理，使用方便。

沈理源多年从事建筑历史文化研究，编辑出版各类图书、刊物达百万字。

新中国成立后，沈理源曾担任全国政协委员、天津市人民政府建设局总工程师等职务。1949 年沈理源病逝于天津，终年 60 岁。

沈理源一生为天津乃至中国的建筑文化的传承和发展作出了杰出的贡献。建筑是凝固的乐章，是立体的画面，经过几十年的历史沧桑，天津市的主要街道上仍然保留着他设计的 20 多部建筑作品。当我们漫游在天津这个"万国建筑博物馆"里，都会牢记这位天津建筑文化的开拓者沈理源。

阎子亨故居

金彭育　张绍祖

阎子亨

阎子亨（1891—1973），天津人。天津南开中学、香港大学土木工程系毕业。在西北工作多年，曾任陆军部建筑科办事，回津后任天津电话局科长。后在天津组建、经营中国工程公司，任总工程师兼经理，与当时占绝对优势的外国设计部门相竞争。1933年任天津工务局局长，兼任北洋大学、河北工业学院讲师及天津工商学院教授，并任天津市建筑师公会主任委员。1937年"七七事变"后，任南开学校校友会主席。因拒绝与日本人合作，被抄家和逮捕。抗战胜利后，出任天津工务局局长，兼任城市规划委员会主任。1947年去职，仍任中国工程公司总工程师。解放后，任天津市、河北省人民代表，河北省政府委员，河北省建设工程厅副厅长，天津市建筑工程局副局长，天津市建工学院院长。阎子亨不仅在中国建筑史上有着重要的地位，在世界建筑学术界也享有盛名。

作为近代著名的建筑设计师，阎子亨在天津设计了百余处楼房。主要有和平路上的寿德大楼，常德道上的茂根大楼，解放北路上的久安大楼，南开中学的范孙楼，新华路上的元隆孙旧宅，海河边的市立师范等。

寿德大楼位于和平路 322 号。建于 1934—1935 年。大楼为现代公寓式建筑，钢混框架结构，底层建筑平面呈 U 字形，建筑立面运用了清水墙与混水墙的色彩对比，显得朴素生动。建筑造型简洁，有明显的现代建筑影响。原入口为敞开式，20 世纪 90 年代改造成新式过街楼。主体 5 层，局部 7 层，共有房屋 256 间。此楼外观简洁，为现代风格。寿德大楼后改为东方饭店。近年来已改为"狗不理大酒店"。

　　茂根大楼位于常德道 117 号。是一所现代风格的高档公寓楼。建于 1936—1937 年，由阎子亨和陈炎仲设计。此楼为混合结构，平屋顶，琉缸砖清水墙。中间 4 层，两面 3 层，有半地下室。1 至 4 楼为公寓。每层两套，共计 8 个单元。卫生和暖气设备完备，装饰高档。门厅为大理石台阶和墙裙。主楼为水磨石地面。室内为高档木地板和英式壁炉。卫生间为马磨石地面，白瓷砖墙裙，卫生设备齐全。此楼现由天津司法局办公使用。

　　南开中学"范孙楼"，位于南开中学院内，是为纪念中国近代著名的教育家、南开学校的创办人严修（范孙）先生的兴学之功。于 1929 年由当时的校长张伯苓先生倡议，海内外校友募捐，于当年建成的。该楼为 3 层，局部 4 层。砖混结构，有地下室，平台屋顶。室内装饰突出重点部位，大厅设塔司干式列柱，后为双柱式柱券。主部位是阶梯式扇形平面大讲堂，宽敞明亮。这幢楼房的设计重在体现其纪念性，立面造型庄重、雄伟，既有中国建筑的特色，也吸收了一些欧洲古典建筑的传统手法。

　　"元隆孙"旧宅位于新华路 120 号。原为轮船业主麦信坚旧宅。为纪念其以轮船业起家，故将楼房外形设计为舰船型。1933 年卖给天津元隆绸布庄孙家，请阎子亨重新规划设计。院门仿法国巴黎凯旋门，为屋宇式门楼。该楼为砖木结构，大筒瓦顶，局部平顶，红机砖清水墙，局部混水墙。该址为东西向长方形的三道花园式庭院，建有 3 幢楼房。院子有个对称的八柱石亭，亭之间有走廊相通，很有特色。

　　"市师"是天津市立师范学校的简称。成立于 1930 年 8 月，校址在河东特二区三马路西头海河沿（河北区海河东路天津市第二十六中学）。该校校舍由阎子亨设计、监工，由中国工程公司承建，于 1930 年暑假落成。校舍为雁尾形三层楼建筑，包括礼堂、图书馆、教室、试验室、作业室、音乐教室、餐厅等，装有暖气，设备完善。

阎先生和他的中国工程司还设计了女师学堂大礼堂、北洋大学的工程学馆、工程实验馆、耀华中学体育馆、丁懋英女医师诊所及其他住宅类建筑。

曹禺故居

张绍祖

天津是群星荟萃之地，文坛巨星曹禺从天津升起。

曹禺的父亲万德尊，字宗石，原籍湖北潜江。他以清国留学生的身份留学日本，毕业于日本陆军士官学校，与阎锡山、黄国梁是同学。1909 年回国后，到了天津，为直隶总督端方所器重，任命为直隶卫队的标统，按现在的军职来说，相当于一个团长。

曹禺

他的公馆就在天津小白楼的一个胡同里。这是一座普通的老式平房院落，出胡同不远就是海河，不时传来小火轮的汽笛声。1910 年 9 月 25 日（阴历八月二十一日），曹禺就诞生在这里。

曹禺，名万家宝，家宝、家宝、万家之宝。这个名字象征着大吉大利大福大贵。他的小名叫添甲，是请了一个阴阳先生给起的。"甲"者，天干之第一位也；"添甲"是取其独占鳌头、前途似锦之意。但名字没有给他带来幸福，他出世才 3 天，生母便因得产褥热突然病故了。他在继母、奶妈的哺育下度过了苦闷又悲伤的童年。民国成立后，袁世凯当上了大总统，黎元洪当副总统，万德尊和黎元洪的湖北帮拉上了关系，当上了黎元洪的秘书。万家的公馆也从小白楼迁到了意租界二马路 28 号（今河北区民主道 23 号）。

　　院内有一座三层楼房，是曹禺家最先拥有的一座楼房，后来租给了一家公司。楼内有大小客厅。据1985年10月5日曹禺探望他在天津的故居时回忆："这边是大客厅，那边是小客厅。那时我很小，姐姐也住在这里，她教我识字块的。还有表哥刘其珂，他在这里住过。"曹禺走进原先的大客厅里说："在那时看，这间客厅大极了，现在看来很小。那时觉得大得不得了，真奇怪啊！"

　　那天，曹禺在亲朋的陪同下朝着一座二层楼房急促走去。这是一座意大利建筑风格的砖木结构的二层小洋楼，建筑面积480多平方米。这是曹禺住得最久的地方，还没进去，曹老就指着楼下的一个窗子说："这就是我搁东西的地方，绝对不会错的。"走进楼道，曹老指着一间房子说："这是我的书房，还有一个小书童伴着我，真是奇怪呀！我就住在这里，翻译莫泊桑的小说，读易卜生，读《红楼梦》，看闲书，都是在这里。上高中时，也在这里温习功课。"

　　房主人把曹老让进原来他家的小客厅里。曹老一进去就说："这个房子没

民主道曹禺故居

有变化。"他用手杖指点着，"这里放着沙发，这儿是书桌，还有一张床。真奇怪，过去的事情竟然记得这么清楚。这个小客厅，有一件事忘不了。有一个李补耕吃，他一来就到这里，穿着长袍马褂，等着父亲下楼来见他。父亲从楼上慢腾腾地走下来，也是摆着架子。他一见父亲就磕头、跪拜。我父亲也不客气。这个人靠我父亲当了县知事，捞了不少钱啊！后来，他再来就和父亲对着抽鸦片烟，他的夫人和我的母亲对着抽鸦片。那时，真是乌烟瘴气，哥哥在楼下抽，父亲母亲在楼上大客厅里抽。那间大客厅，北洋军阀的大政客黄郛来过；还有黎元洪的姨太太也到这里来过。"

在二楼拐弯的地方，曹老在昏暗中指着旁边说，"这是厕所。"陪同的房主人说："是厕所，您还记得这么清楚。"他说："我住这座楼时，八九岁了，一切都清楚极了。"他指着左首的一间屋子，"这是我父母的卧室。"曹老指着屋外通向平台的一个厅堂说："那边是我们吃饭的地方。"在厅堂通向平台的门口，他指着门："到了过年的时候，把它挡起来，供上什么牌位、祭品、香烛。"又回到厅堂里，他指着左首的一个门说："这是放东西的地方，放着好多箱子，放着火腿，一打开，就是一股霉味。"曹禺在 75 岁生日时探望了故居，他的回忆展示了曹禺故居早年的风貌。这座普普通通的小洋楼曾经诞生、养育了一个从天津走向全国、走向世界，并激励着几代人心灵的剧作家。

在这座小洋楼里，家宝接受了家塾教育。他性格内向，天资聪慧，家庭教师大方先生对家宝格外欣赏，曾在万德尊面前信口念出一首诗夸奖家宝："年少才气不可当，双目炯炯使人狂。相逢每欲加诸膝，默祝他年姓字香。"

家宝是一个小戏迷，这大概是受了继母的影响。继母是个戏迷，没有她不爱看的戏。家宝才 3 岁，她就抱他到戏院看戏。稍大些，就跟着继母站在凳子上看。不但看，回家还和小伙伴一起扮演起来，学着戏里的动作和人物的唱腔，甚至有时自己编个故事来演。童年时代的看戏生活，在家宝幼小的心灵中播下了戏剧的种子。

1922 年，12 岁的家宝考入南开中学。他喜好文学，和同班的章万叙（靳以）结为最要好的伙伴。1925 年 3 月，他加入文学会，和同学一起编辑《玄背》副刊。受郁达夫的影响，他写了小说《今宵酒醒何处》，刊登在 1926 年 9 月出版的《玄背》第六期上，到第十期载完，署名曹禺。这是家宝第一次用这个笔名发表作品。为什么叫曹禺呢？繁体的万字，写成"萬"，拆开便是"艹"和"禺"，由"草"的谐音成曹。曹禺的笔名由此而得。

1925 年，曹禺又参加了南开新剧团，从童年时代就播下的戏剧种子，终于找到了肥沃的土壤，开始发芽了。他第一次参加排的戏，是洪深根据英国剧作家王尔德的四幕喜剧《温德米尔夫人的扇子》，改译的《少奶奶的扇子》。1926 年，我国话剧在北方的奠基人之一张彭春回到南开，担任了南开新剧团团长。曹禺第一次接受张彭春的艺术指导，是排演丁西林的《压迫》和田汉的《获虎之夜》，接着他演了第一个女主角戏——易卜生的《国民公敌》中的裴特拉，给观众留下了深刻的印象。为曹禺带来莫大声誉的演出，大概要数易卜生的《娜拉》一剧了。他扮演女主角娜拉，获得巨大的成功，展现了他那天才的演技。曹禺成了新剧团的顶梁柱，深得师生的喜爱，人们都亲昵地称他作"咱们的家宝"，他和南开新剧团的仉虤如、张平群、吴京、李国琛被天津文艺界誉为"南开五虎"。1928 年 6 月，曹禺作为南开中学第 21 届毕业生结束了中学时代的生活。9 月，他被保送进入南开大学政治系。为迎接 1929 年的校庆，张彭春把改编高尔斯华绥的《争强》的任务交给了曹禺，并让他承担了董事长安敦一的主要角色。《争强》公演之后，黄佐临前去观赏，并随即为《大公报》写了一篇观后感。曹禺看到这篇观后感，似乎找到了一个知音，便通过《大公报》找到黄佐临，亲自登门拜访求教。由此，两位戏剧大师结下了深厚的友谊。由于改编《争强》引起曹禺对改译外国剧本的兴趣。1929 年底，他把《冬夜》和《太太》翻译出来，分别刊登在 1929 年 12 月出版的《南开周刊》第 73 期和第 74 期上。

1930 年的暑假，曹禺离开南开大学，转学清华大学西洋文学系，继续演剧《马百计》《骨皮》等，导演高尔斯华绥的《罪》，结识了女友郑秀，并开始他充满罗曼蒂克的恋爱。1932 年，他从 19 岁在天津南开大学时就开始孕育的《雷雨》，在清华园结果了。1934 年发表在巴金、靳以编辑的《文学季刊》上。

1934 年暑假，曹禺从清华毕业后，应老同学杨善荃的邀请，回到天津，应聘在河北女子师范学院担任外国文学教授。一到天津，杨善荃在小白楼起士林为他接风，郑秀也一起来了。曹禺在"女师"期间，除节假日回家外，平时就住在"女师"职工宿舍的楼上一间单身宿舍里，李霁野也住在这里。在任教期间，他更多地接触了《圣经》文学，并经常和黄佐临、李霁野等人一起聚会，讨论文艺问题。是年 8 月初，在日本东京首演《雷雨》的邢振铎、邢振乾、吴玉良等人到津找曹禺座谈，并就翻译《雷雨》为日文一事征求他的意见。1935 年 8 月 17、18 日，天津市立师范学校孤松剧团在本校大礼堂（今河北区海河东路 26 中学礼堂）演出《雷雨》，这是《雷雨》在国内的最早演出。笔者曾亲访过在《雷雨》中扮演鲁贵的石羽、扮演鲁大海的何福坤、扮演周冲的高尚信，他们对笔者说：在排练中，我们曾邀请曹禺先生前往指导，我们曾向曹禺先生阐述了上演的困难处，又谈了上演计划。曹

1935 年 8 月，天津市立师范学校孤松剧团在该校大礼堂演出曹禺名剧《雷雨》的剧照

禺先生谈了自己的意见，主要是"市师"舞台狭小落后，不够上演这戏的条件，在置景上可与原著有变化，可以把剧本前后部分删改，重点演正剧，按原文排练演出。

在津期间，曹禺和他的老师再次合作。1934 年"南开"校庆，再度演出新改编的《新村正》。1935 年，师生合作把莫里哀的《悭吝人》搬上舞台。他们边改编、边排演、边修改。12 月 7 日、8 日在南开中学瑞廷礼堂公演，曹禺扮演的韩伯康的形象获得了巨大的成功。他扮演的一个干瘪老头，手拿着鸡毛掸，在台上狂叫着："我的钱！""我的钱！"把一个吝啬鬼演得活灵活现。

在"女师"任教期间，曹禺把全部精力都放在教学和艺术创作上。他教英文、教英国文学史、教西洋小说史、教莎士比亚，还教点法文。他在改编、演出《新村正》《财狂》的同时，开始创作《日出》。1935 年 3 月 8 日，在上海发生了一起震惊社会的事件，红极一时的著名电影演员阮玲玉，在恶毒的谣言和卑鄙的诽谤中服毒自杀了。阮玲玉的死是触发曹禺写《日出》一个因素。《日出》所根据的原始材料多半发生在天津。陈白露长期包住的旅馆其原形就是惠中饭店。"中旅"来津演出《雷雨》，团长唐槐秋和主角都住在惠中饭店，曹禺间或到这里来和"中旅"的朋友们谈戏聊天，偶尔也住在这里。在这里，他有机会得以观察麇集在这个大饭店的人群。这里他看见像陈白露那样的交际花，在她的周围吸引着一群形形色色的人物，连饭店的老板也另眼看待。

第三幕下等妓院则取自南市三不管一带的地方。像翠喜、小东西都是确有其人。曹禺搜集第三幕素材的经历，本身就是一出生动而惊险的戏剧。他到妓院聚集的地方去调查，开始心中未免有些胆怯，且不说让熟人看见会丢面子，就是他自己也觉得难为情。在那些寝食不安的日子，他混在里面，和妓女们面对面地交谈，终于使他有了一种惊人的发现。在那最黑暗的角落里，一个叫翠喜的妇人，有一颗金子似的心。为了学数来宝，半夜里他在一片荒凉的贫民区去等候两个吸食毒品的乞丐。结果没有来，他冒着刺骨的寒风，瑟缩着到一个"鸡毛店"里去找他们，被一个罪犯样的落魄"英雄"误会了，这个家伙大打出手，险些打瞎了他的一只眼睛。曹禺还是不死心，或托人介绍，或乔装打扮，改头换面跑到"土药店"里，同那些像黑三一样的人物讲交情。他在调查时，终于被一位朋友看见了。于是谣言四起，弄得他无法解释。但他硬是把调查坚持下去，尽管遭受如此折磨伤害，甚至是侮辱，但获得了最宝贵的第一手材料。

1936 年 5 月，在巴金、靳以等人的鼓励、催促下，曹禺开始创作《日出》。白天，他为"女师"学生上课，晚上就在那一个平板床、一把椅子、一个书桌的宿舍里埋头写作。曹禺说："《日出》写得非常之快，我一幕幕地写，刊物一幕幕地登，很像写章回小说的连载，他们催着发稿，我还要教课，只得拼命写，有时几天不得睡觉。"《日出》中的砸夯场面，颇具天津特色，夯歌是曹禺把工人请到"女师"来唱，由陆以循记录并整理的。曹禺的第二部巨作《日出》在 1936 年 6 月《文学月刊》第一期开始连载，至 9 月第四期载毕。天津《大公报》文艺副刊于 1937 年 2 月 28 日抢先发表曹禺的文章《我怎样写〈日出〉》。同年 5 月，还为《日出》一剧向曹禺颁发了奖金。这是破天荒的创举。不久，由李保罗主持的天津鹦鹉剧团抢先排练了《日出》，天津的话剧舞台，焕发出新的光彩。

曹禺在完成《日出》之后，于 1936 年 8 月应国立戏剧学校校长、著名戏剧家余上沅的邀请前往南京薛家巷国立戏剧学校任教。从此，从天津升起的剧坛新星——曹禺，走向了全国，走向世界。1996 年 12 月 13 日，中国新文化运动开拓者之一、从天津升起的戏剧巨星曹禺陨落了。历经沧桑的曹禺故居引起了人们的关注。不少人来到曹禺故居前瞻仰，在楼前留影。曹禺是天津人民的骄傲，修葺保护曹禺在津故居，辟为纪念馆和青少年教育基地，是天津这一历史文化名城人民的心愿，现在正在实现。

焦菊隐故居

张绍祖

青年时代的焦菊隐

2005 年是我国著名话剧导演焦菊隐先生诞辰 100 周年，也是他逝世 30 周年。1905 年 12 月 11 日，焦菊隐生在天津一个没落的封建官僚家庭。焦菊隐的曾祖父焦祐瀛是清朝咸丰年间的军机大臣，也是咸丰皇帝临终前最器重的八位大臣之一。慈禧掌管大权之后，焦菊隐的曾祖父被罢黜，只得隐居天津故里。他在隐居期间，于锦衣卫桥附近修筑园林一座，取名"逋园"。这一带地处河湾港汊，小桥流水，渔舟往来，焦祐瀛在园中筑亭建房，亲植花木，喂养鱼虫。时逢花晨月夕，每每开宴延宾，饮酒赋诗，悠然自得，其闲情逸致，颇为乡贤倾慕。但到焦祐瀛晚年，家境日蹙，几乎到了吃穿难保的地步。焦家与鼓楼东姚家、粮店后街李家（李叔同家）等均有沾亲带故的关系。到焦祐瀛的儿子焦曾宪时，只得在姚家帮账求得生计。到焦菊隐出生后，锦衣卫桥的焦家大院，已随着时光的流逝渐渐被分割成大大小小的民居，昔日逋园的清幽宁静早已无从寻觅。焦菊隐 1913 年春入直隶模范小学，1919 年暑假小学毕业。焦菊隐在小学学习时，曾担任过大学长，大学长是由高年级的班长兼任，是各班班长的头目。焦菊隐在将要小学毕业时，正值"五四"运动前夕。焦菊隐和同学们组织了一个新剧社，轮流到各家去演出，剧本是自编的，以反封建、反压迫为主要内容。每个人都用社长派送的艺名扮演角色。当时演戏用的布景，都是请冥衣铺用纸糊的。道具、服装都是借的。幕是大家凑钱买的一种很厚的"爱国布"。焦在《菊隐艺谭》中曾回忆说："我被派名叫'菊影'，后来因为这太像演文明戏的名字，又改为'菊隐'，这个名字一直被称呼到今天，想改也无法改了。"从那时起，戏剧便成了焦菊隐一生奋力追求的事业。

直隶模范小学刘宝慈校长在毕业班学生要离校的时候，给每个毕业生起一个号，作为临别赠言。那时焦菊隐学名叫焦承志，刘校长给焦菊隐起一个号叫"亮俦"，还对焦说："你名叫承志，可是承什么志呢？你不应当承做官发财的志，或者光宗耀祖的志，你应以救国为己任，承强国强种之志。但你不能同流合污。你应该学习诸葛孔明。诸葛亮躬耕南阳，刘备请他去做官，等到他知道刘备确是想救民于水火，才鞠躬尽瘁，死而后已。我送你'亮俦'这个别号，不是教你学诸葛亮那样去做大官。而是要你能和他一样安心务农。"

焦菊隐小学毕业后考入了直隶省立天津中学，后又入汇文中学，在中学阶段，他多次考试名列前茅。读高中时，他与赵景深、于赓虞等青年人组织了新诗团体——绿波社，编辑《绿波》周刊，写了不少短篇小说、散文诗，并出版了诗集《夜哭》《他乡》，步入了"天津诗人"行列。由北新

焦菊隐

书局出版的《夜哭》共收入其散文诗《夜哭》及杂诗 33 首，是中国新诗初创时期的一本重要的诗集。

　　焦菊隐中学毕业后于 1924 年被保送到北平燕京大学。在大学期间，焦菊隐出版了由他翻译的印度诗人迦梨陀娑的诗剧《沙恭达罗》和意大利剧作家哥尔多尼的喜剧《女店主》。

　　焦菊隐大学毕业后便担任当时北平市立二中（今北京二中）校长，老舍之子舒乙、人艺副院长濮存昕、人艺导演徐昂等都是这校毕业生。

　　1931 年，焦菊隐在国民党元老、焦家世亲长辈李石曾的支持下，创办了北平戏曲专科学校（后来的中华戏剧学校），并担任第一任校长。这所学校最早把中国古典戏曲与西方戏剧教育相结合，以崭新的教育方式培养有文化、有教养的戏曲演员。在他当校长期间，先后收了"德""和""金""玉"4 个班，当代著名京剧演员傅德威、李和曾、王金璐、李玉茹、白玉薇、高玉倩等，都是他的学生。

　　随后，焦菊隐于 1935 年赴法国留学，并于 1938 年获得巴黎大学文学博

焦菊隐导演的《茶馆》剧照

士学位。在欧洲期间，焦菊隐深入研究了西方的舞台艺术，并观摩了欧洲当时著名的戏剧流派的表演。

回国后的焦菊隐先后担任了国立戏剧专科学校话剧科教授兼主任、重庆中央大学和社会教育学院教师和北京师范大学文学院院长兼西语系主任。在北师大期间，他在音乐戏剧系开设了斯坦尼斯拉夫斯基体系和西洋戏剧概念等专业课，成为我国戏剧教育的开山人物之一。在此期间，他参加导演了《夜店》《上海屋檐下》等话剧，轰动一时。

焦菊隐精通英语、法语、俄语等多门外语，他将多部西方文学和戏剧名著翻译成中文。仅在 20 世纪 40 年代，他就翻译出版了高尔基的《未完成的三部曲》、贝拉·巴拉兹的《安魂曲》、聂米诺维奇·丹钦柯的《文艺·戏剧·生活》、左拉的长篇小说《娜娜》、契诃夫的《万尼亚舅舅》和《樱桃园》等作品。1947 年，他创办了北平艺术馆。1948 年赴解放区参加革命工作。

1950 年焦菊隐担任北京人艺导演。导演了老舍话剧《龙须沟》，其浓郁的京味儿举座皆惊，他所倡导的现实主义表演由此进入人们的视野。1952 年，焦菊隐担任北京人民艺术剧院第一副院长和总导演。20 多年来，他先后导演了《茶馆》《蔡文姬》《三块钱国币》《星火燎原》《胆剑篇》《武则天》《关汉卿》等 20 多部风格各异的经典剧目。他为北京人艺正式确立了民族化的表演风格，使北京人艺成为中国话剧的杰出代表。焦菊隐独树一帜地提出要创立话剧的中国学派，要让中国传统的戏曲美学、传统的表演方式与西方戏剧紧密结合，要开创属于中国人自己的表演流派。由焦菊隐导演的《茶馆》不仅是北京人艺的经典，中国话剧学派的经典，也是世界剧坛的经典。

1975 年，艺术大师焦菊隐因病逝世，是中国话剧界的重大损失，为中国话剧界留下了巨大的遗憾。

沈浮故居

沈浮

　　1905 年（清光绪三十一年），中国第一部电影《定军山》拍摄成功了。沈浮伴随着中国电影的诞生呱呱坠地了。这年 3 月 23 日，他出生在天津海河边一个穷苦的码头工人家中。家住南门东崔家大桥护城河畔窝棚。父母饱尝了生活的艰辛，希望出生的儿子能吉祥如意，给他起了个名字叫沈恩吉。恩吉很快到了入学的年龄，父母砸锅卖铁为孩子筹措学费，让孩子上了改良私塾，不久，进了历史名校河北直指庵小学，打下了良好的知识基础。

　　小学毕业了，沈恩吉面临着失学的威胁。热心的同学凑出了吃早点的钱，父亲又设法典当衣服，沈恩吉也利用课余时间走街串巷卖糖、卖瓜，总算勉强进了河北一所觉民中学（以黄花岗 72 烈士之一林觉民命名）。该校校训为"勤俭"二字，校风淳朴，对学生要求严格。对沈恩吉一生的事业产生了良好影响。但是，由于家庭的变故，父亲因病失业，家庭经济已是山穷水尽了。他初中未能毕业，就不得不去一家照相馆学艺，从此走上了坎坷不平的人生道路。

在照相馆里，老扳让沈恩吉干苦力活，他却对摄影着了迷，爱不释手，因违背了老板的旨意，不久就被辞退了。但是这段照相馆的生话对他从事电影事业还是很有意义的。他失业了，怎么办？在北洋军阀统治的年代，当兵这个职业比较容易找。他被招进了军乐队，当上了号兵，一当就是四五年。寒冬腊月，冻得生疼的手还必须握着冰凉的步号练习。几个小时以后，他吹得嘴干唇裂，鲜血直淌。殷红的血，染红了喇叭口、染红了衬衣领、洒红了脚下的土地。但他顽强地忍着疼痛，拼命地吹呀吹呀。日复一日，月复一月，裂口结痂，痂又被吹裂，终于在嘴上留下了深深的茧痕。这茧痕是青年恩吉苦难生活的标志，也是他顽强毅力、坚韧精神的结晶。穷人的孩子早当家，千锤百炼始能成钢。

20 世纪 20 年代中国电影出现了一个蓬勃发展的局面，这时期国产影片公司如雨后春笋，出现了蓬勃发展的"国产电影运动"。1925 年天津创办了北方影片公司并招考电影演员。沈恩吉从小就对电影感兴趣，省吃俭用攒几个钱就同小伙伴们去上权仙（淮海影院）、西权仙（新闻影院）看电影，他特别喜欢卓别林的表演。沈恩吉一听招考电影演员，就用笔名沈哀鹃报了名，他身高 1.85 米，表演又富于激情，被录取了，当了临时演员。"北方"只拍了两部片子，一部叫《血手印》，另一部叫《永不归》。但第二部片勉强拍完就垮了台。

在"北方"垮台以后，沈哀鹃联合天津文人黄山客及黄的亲友董嗣明、李介石、徐雅松等人，由曾任山东省长的田中玉的内侄王慕文出资，在法租界一号路（今和平区长春道）大陆货栈，创办了天津渤海影片公司，由李介石、黄山客管理事务。当时中国电影尚属默片时期，影片公司拍摄大多数靠阳光不用灯光，采用的是露天摄影场，拍的是无声片。渤海影片公司把大陆货栈作为拍内景的露天摄影场，外景采用了旧俄国花园（今南站一带）。"渤海"只拍了一部影片，片名叫《大皮包》。

在《大皮包》的拍摄中，沈哀鹃除担任编剧、导演外，还担任了男主角。剧本是他用一周的时间突击出来的。故事叙述一个富家子弟沈少爷，在花园中偶遇何小姐，一见钟情，沈少爷从"大皮包"里像变戏法一样变出许多东西来。于是，同他意中的恋人何小姐发生了许多误会，闹出了许多笑话，后被何小姐拒绝。他正在愤不欲生、无地自容之际，忽然醒来，原是南柯一梦。

渤海影片公司没有电影摄影机，是与天津百代公司签订合同，由该公司电影部代为拍摄。该公司除提供电影摄像机并派了摄影师张玉亭前来参加拍摄。张玉亭是天津最早的电影摄影师。女主角由何见愁、于淑英女士扮演。徐雅松演了三幕配角戏（主要负责搭布景）。经过两个多月拍完，然后拍字幕，影片经过沈哀鹃剪辑最后完成。后来，沈哀鹃觉得《大皮包》这个片名不太文雅。因为当时天津有句口头禅，是说嫖客的：左手拿个文明棍，右手拿个大皮包，叫你学好不学好，杨梅大疮长上了。人们把"大皮包"作为笑谈，是不三不四的人的代称。于是，他将片名改为《沈少爷》。首次公演是在光明社（今光明影院），原订演期为3天，但由于影片内容单调，艺术水平低，加以美国影片充斥电影市场，仅仅演了两天，就转到南市中小型影院上映了，但也很不景气。

《大皮包》是天津拍摄的第一部滑稽讽刺故事片，是沈浮的电影处女作。该片奠定了沈浮天津电影开拓者的地位。渤海影片公司在拍摄完《大皮包》后，因经济拮据而倒闭。沈哀鹃也只得另谋生路了。

沈哀鹃只得靠抄写度日了，他自己还办了个《小钟报》，经常请老同学王学通（笔名老乡）等为小报写稿。30年代前后，他侧身于天津《国强报》，报社在南市荣吉街。他担任了副刊"鲜货滩"的编辑，他编的副刊版面很活跃，文字庄谐并重，经常刊载影剧评论，很受读者的欢迎。津门影人石羽在天津市立师范上学时就特别喜欢"鲜货滩"。沈哀鹃拥有很多文坛知名稿友为其撰稿，著名喜剧导演谢添（当时名谢天）就是其中一员。随着生活的略

沈浮的母亲沈郭氏（1950年摄于吉祥里老宅）

微改善，沈家弟兄在南门外菜桥子（一纬路）盖了几间房，围了个院子，名叫吉祥胡同，这是以弟兄俩沈恩吉、沈恩祥的名字各取一字起的名，虽然叫吉祥胡同，实际是个吉祥"大院"。

沈哀鹃在当编辑之时，始终没有放松对电影的研究和探索。处女作《大皮包》没有得到观众的垂青，他苦苦地思索：是自己无能，不是搞电影艺术的料，还是缺少经验，不能适应观众的胃口？他回忆自己走过的人生道路，刚学照相，半个脑袋没照上，刚进乐队，拿出了吃奶的力气也吹不响号……他突然想起了充满血迹的红口喇叭，"百炼成钢，对呀，还得要下苦功夫多多练习才行。"当时，他把影院当课堂，随身带一个小本子，每看一部电影都摸黑作笔记。因为看不见，有时许多字压在一起。他于是又带个小手电筒去看电影，一部电影他要看好几遍。看完了电影，他就埋头写影评。在自学中，他为了弄清一组镜头的组合，各种运动镜头效能，以至每个镜头的长度对影片节奏、结构所起的作用等等，往往忘记了吃饭和睡觉。对他影响最大的莫过于卓别林的作品，《城市之光》《马戏团》《淘金记》《寻子遇仙记》等，都是他十分崇拜、百看不厌的影片。正是在这段时间里，他逐渐接受并初步形成了反封建、反外侮、同情被压迫人民的民主主义思想，为以后的创作逐步纳入革命轨道打下了基础。

1930年8月，著名电影事业家罗明佑以设在天津的华北电影有限公司为基础，在上海创建了联华影业公司，拍摄了《古都春梦》《野玫瑰》等影片，沈哀鹃特别喜爱"联华"拍的片子，每出一部新片，他都要反复看多遍，写出一篇很长的有理有据的影评文章寄给"联华"总经理罗明佑。他还致力于电影文学小说的创作。那时正值日寇侵占我国东北，国人无不义愤填膺，沈哀鹃以笔作枪，写出了小说《烽燹鸳鸯血》，连载于《国强报》。小说以东北沦陷为背景，描写了爱国青年男女学子喋血救国可歌可泣的悲壮故事。后来出书时，改名《火线外》，深受读者的喜爱。

1933 年，上海联华影业公司总经理罗明佑读了沈哀鹃的小说《火线外》，联想起经常对"联华"影片提出中肯意见的青年正是他。罗明佑对沈哀鹃倍加赞扬，并函聘他到上海联华影业公司去工作。开始，他担任《联华画报》编辑。此时，他更加如饥似渴地学习电影业务，拼命去实践。曾先后导演了影片《出路》《无愁君子》《天作之合》《三人行》《狼山喋血记》等影片。他编剧本，仍用笔名沈哀鹃，演戏则用艺名沈百宁。当了导演，正式起用了沈浮这个名字。

沈浮当了导演，还把家乡的老友谢添、魏鹤龄、殷秀岑邀到上海。沈浮常说：我的电影生涯是从天津开始的。在 70 来年的电影生涯中，沈浮以丰富的生活实践和对社会的潜心观察，积极热情地从事进步的，乃至革命的艺术创作活动，编导了几十部话剧和电影。其中，他所编导和参与编导的许多影片，如《出路》（后改名《光明之路》）、《狼山喋血记》《天作之合》《万家灯火》《希望在人间》《乌鸦与麻雀》《李时珍》《老兵新传》《曙光》等，在我国电影发展史上都占有重要的地位。

如今沈浮故居已经没有了踪影，只有位于南门外大街一侧的服装街还能指认出她的方位。

谢添故居

谢添，原名谢洪坤，曾用名谢俊，天津人，生于民国三年旧历五月二十五日（1914年6月18日），家住天津法租界马家口法国菜市旁（泰伟路，即菜市街，菜市里2号）。他的父亲谢商霆，广东番禺市桥镇人，年轻时到天津谋生，长期供职于京津铁路机务段，是个普通的铁路员工。父亲念过两年私塾，乐天精明，性情爱动，回到家里，要么拿起锯和刨子，干一阵木匠活；要么刻个竹雕，要么吹

谢添

笛子，要么画画。父亲琴棋书画、竹雕篆刻无所不能。父亲的多才多艺及幽默风趣，给谢添以深刻影响。对谢添影响最深的是父亲对"广东音乐"的酷爱。他有一根笛子、一管箫和一把旧二胡经常轮番吹奏。小谢添经常跟着父亲、哥哥洪佳到广东会馆参加"广东音乐会"活动，六七岁就能熟练地用二胡拉出像《雨打芭蕉》《小桃红》等名曲。父亲喜好画画，小谢添在父亲画画时，不仅是旁观者，也经常拿着笔在画上添添乱，长此以往，也就练出了一点画画的功夫。父亲还经常领小谢添去听京戏，小小年纪就有幸目睹京剧艺术大师梅兰芳、麒麟童的表演，从小产生了对戏剧艺术的无限热爱。

谢添从4岁接触电影，他的母亲沈玲，是一位通情达理的家庭妇女，不

识几个字，但最爱看电影，能讲出巴斯开登、陆克、阿柏克等一大堆美国电影演员的名字。一有新片上映，她就拉着小谢添奔向电影院。

在谢添不满 5 岁时，电影便对他有特殊的吸引力，当他哭闹时，只要一说带他去看"贾波林"，他便立刻安静下来。当时，天津人管卓别林叫"贾波林"，上电影院，说是去看"贾波林"。那时，电影票不便宜，要经常带小谢添去看"贾波林"，有一次竟然连看 4 场。这对一个有 6 口人之家的铁路员工的家庭来说，是一笔不小的额外开支。慈爱温良的母亲为了使小儿子高兴，又不使家庭生活受影响，她一面更加精打细算地过日子，一面自己在外面揽活儿挣钱。她给菜市和腊味店加工肠衣，这是一种很多人都不愿干的又脏又累的活儿，她却坚持一干就是几年，双手长期浸泡在碱水里又红又肿，她一个铜子一个铜子地攒着来补贴家用，正是慈母这片心帮他看遍了卓别林的电影，给他开拓了决定终生的道路。对此，谢添感恩不尽。在 1995 年纪念世界电影一百年、中国电影九十年文艺晚会上，主持人专门安排了一个"四谢"亮相的节日，"四谢"有谢添、谢晋、谢芳、谢飞。主持人要求他们每个人说出一位最感谢的人。谢添说："我感谢我娘。在我 4 岁的时候，她就抱我看电影，我看呀看呀，一直看到现在，并选择了电影作为终生职业。"

小谢添那时看的"贾波林"都是卓别林的无声短片，一般只 10 分钟，长一点的 20 分钟。他目不转睛地盯视着卓别林的滑稽形象和他那一投足、一举手的风趣动作，小谢添被喜剧大师卓别林的魅力迷住了。

稍大点，小谢添自己也"登台表演"了。他在院子里的晒衣服的绳子上挂起床单当幕布，热心的妹妹管拉幕，兼管收票——以香烟盒中花花绿绿的画片当"票"。谢添从"幕"后出来，一亮相，20 来个小观众便"哗"地笑开了。只见他穿着爸爸的大裤子，头戴一顶纸糊的圆礼帽，手执烤弯的树枝，上唇是黑墨涂抹的一撮小胡，外形很有那么一点卓别林的味道。小谢添还模仿卓别林的一招一式，逗得小观众不停地叫好。这更激起他的热情，陶醉在自己的表演之中……有时吃完晚饭，他就在全家人面前学卓别林，有时候还能招来好多街坊邻居围着看，他那种猴儿巴叽的动作引起大伙一阵阵的笑声。

小谢添 6 岁的时候，家里修房子，砌后墙的时候他父亲存心少砌了块砖，在墙上留了一个小洞，又在这个小洞上糊了马粪纸，再在纸上捅了一个窟窿。父亲把其他的门窗都关上，让小谢添和妹妹看在房顶上映出的从那个小窟窿透进来的外面街上来来往往的人影儿……

"太棒了！这个真好玩儿！"

就是这个小洞眼儿，在很长的一段时间里真是给了小谢添无穷的乐趣。这就是他的小电影儿，他常让他的两个妹妹躺在炕上看着天花板，他跑到外面在那个小洞眼儿能"看"到的地方做一些怪相。他先学一个瘸子，然后跑回家去问两个妹妹："看见了没有？"

两个妹妹争着说："是瘸子！是瘸子！"

"你们再看。"

他又跑到外面，学罗锅儿，学老头儿，学卓别林。每次他学的新东西都会逗得两个妹妹在炕上乐得前仰后合，喘不上气儿来，只可惜他"演"的这个"小电影"，他自己却永远没有办法看到。这种滑稽的模仿，严格说来，更近乎孩子的游戏。但是，这使他朦胧地感受到了艺术的魅力。

长大一些，谢添不仅爱看卓别林，范彭克也很吸引他。范彭克最拿手的是《月亮宝盒》，会武术，再加上简单的电影特技，那会儿看简直神了，本事特大，老是和坏人打，百看不厌。谢添由专看喜剧到也看正剧，是十六七岁的事情了，这个年纪他对电影的理解力增强了。开始从中寻找现实生活的影子，有些片子让他非常感动，也就有了长大演电影的强烈愿望。

1990 年谢添来天津，请冯骥才陪他寻访故居，见到菜市街菜市里 2 号他们家住过的那房子，靠街的墙上还留着那个没有砌砖的窟窿，又让他想起了好多小时候的事儿来，他在故居前还留了影。

在谢添的生涯中，影响其最终走上银幕的是天津电影事业的开拓者沈浮。

　　1931 年，沈浮在天津《国强报》副刊当编辑，"鲜货摊"是他负责的一个专栏。这个专栏里经常登一些还没有出名的文人写的小文章，有评论，有逸闻，有长篇，有短篇，范围也没有限制，因为没什么名气，所以写的文章也不拘什么风格样式，写的人是什么都敢写，办报的是什么都给登，正因为这样就显得挺有意思，又新鲜，又有不少幽默的地方。

　　那时候谢添 17 岁，是"鲜货摊"的忠实读者，因为有的文章和他的情趣相投，不仅爱读，一有兴致，他也模仿着写上几篇供自己欣赏。后来有一篇自己认为还挺满意，就以谢静波的笔名。试着向"鲜货摊"投了个稿，没想到还真被采用了。一个不太会念书的人写的文章，竟然能登报纸，真是太让他高兴了，特别是报社竟然通知他去领稿费。对于当时正迷着斗蛐蛐儿的谢添来说，还真是等钱用呢！他换好了一件大褂，毕恭毕敬、蛮有教养地来到编辑部，一进门儿就看见一位身材魁梧、嗓门洪亮的先生接待了他。坐下一聊，他才知道这个大个儿就是 6 年前在天津渤海影片公司自编、自导、自演天津第一部滑稽讽刺故事片《人皮包》的沈浮。

　　谢添和沈浮真是有缘分，谢添去过一次"鲜货摊"以后，就不断地给《国强报·鲜货摊》投稿，不断地到报馆去领稿费，不断见到这位性格沉稳、平易随和的沈浮老大哥。每次见面还都有说不完的话，真是相见恨晚呀……时间长了，他们聊天的地方从报馆挪到了沈浮的家里，有时候聊得太晚，又都在兴头儿上，谢添干脆住在沈浮家了。他们的话题总是层出不穷，而且一谈起电影来，沈浮就显得那么有学问，有见解，有许多的名词儿，他就是在和沈浮聊天的时候听到的。和沈浮聊天，对他来说是很受启发的。在他的眼里，沈浮就是一位艺术修养很深的师长。在他后来从影的经历中，沈浮又一次次地给了他帮助，成为他在事业上最重要的引导者。

　　谢添演戏，最早要从中学时代算起。那时，开始模仿着在校内演一些小剧。1932 年在天津开始业余话剧演出，先后在《雷雨》《女店主》等剧中饰演角色，并结识唐槐秋、陶金等人。1934 年与鲁韧、张客等好友组织"鹦鹦鹉剧社"和"喇叭剧社",正式开始演艺生涯。参加了《颤栗》《江村小景》《女店主》《雷雨》等话剧演出。在《雷雨》中,先后饰演了周朴园、周萍、周冲、鲁大海、鲁贵5个角色。他整天忙忙捣捣,四处奔走,按他父亲的话说是"半疯儿"。靠着几位有钱朋友的资助,租了春和剧院(后为工人剧场)和新新影院(后为新闻影院)演过几出戏,都是话剧。他曾在《颤栗》中饰演犯人,在《江南小景》中演弟弟,在《女店主》中演警察局长,在《雷雨》中演周萍。首演《雷雨》时,他特意请了父亲来看戏,这是他父亲第一次在正经剧院里看他的演出。看过之后,其父感到很意外,没想到儿子作为该戏的组织者,无论在演出、舞台布景和音乐等方面都处理得不错。后来,"喇叭剧社"和"鹦鹉剧社"由于经济来源匮乏,好景不长即告夭折。但这段舞台经历使他对话剧艺术的个中甘苦获得一些亲身体验,适逢其时,由唐槐秋率领的"中国旅行剧团"多次到津献艺,带来一些好剧目、好演员,谢添是每戏必看,认真琢磨上海艺友的表演经验,并同该团的陶金、戴涯、白杨、唐若青、赵慧深等演员建立了联系。

1933年沈浮应聘赴上海联华影业公司工作,担任《联华画报》编辑。谢添凭他的美术才能,又画起漫画,投寄给沈浮,他们在继续联系着。

1935年谢添从英文商务专修学校毕业后,靠自己的画画技能考进了一家广告公司,但收入低微,维持不了生活,他只干了很短的一段时间就离开了。以后,他和一个画画的朋友合伙搞了一个广告公司,但生意不景气,所得收入不足以支撑门面,终于不得不停业。当时,他哥哥正在北京的英国使馆里当会计,一个偶然的机会,使馆里正缺一个打字员,他哥哥回家问谢添想不想去?他心想,在学校的学习成绩虽然不如别人,可是玩起打字机来我可是全班第一,就让哥哥去说了一下,他就顶了那个缺,月薪是9块大洋。上班的头一天,他哥哥抱来了一摞手写的草体英文文件,往桌上一放,吩咐他先把这些给打出来。他一看,坏啦,这上边写的字,他没有几个看得懂的,要是把这一摞稿子打下来,还不得要了他的命。没别的办法,只好硬着头皮去找哥哥，跟哥哥说，这 9 块大洋不挣了，他又回到了天津。

回家没有多久，沈浮和在上海狮吼剧社的陈天国都来了信，劝谢添去上海当演员。陈天国很有意思，他在信里说："……为了你的到来，我在狮吼剧社里已经开始大造舆论了！"1935 年底谢添离津赴沪加入了"狮吼剧社"，并参加业余剧人协会。在该剧社数月中，参加了《名优之死》《群鬼》《贫非罪》《光明的渴慕者》等话剧的演出，并在前 3 部剧中担任主要角色。1936 年，进入明星影业公司，成功饰演《夜会》中花花公子王度生，开始了终生的电影生涯。

杨度故居

张绍祖

一提杨度，人们一般就会想到他是支持袁世凯称帝的"筹安会六君子"之一，很少人知道他是共产党员。他是我国 20 世纪初涌现的著名而复杂的政治家。1975 年周恩来在病重住院期间，告知有关同志，要在辞书的有关词目中写明杨度晚年参加中国共产党，做了党安排的工作，有一定贡献。

杨度

杨度（1875—1931），湖南湘潭人，原名承瓒，字皙子，后更名度，号虎公。20 岁中举人，是著名学者王闿运的得意弟子。1902 年和 1903 年两次赴日留学。他为人热情活跃，交游广泛，其寓所有"湖南会馆"和"留日学生俱乐部"之称。1905 年 7 月，他与孙中山会晤，并将黄兴介绍给孙中山。随后他当选为中国留日学生总会干事长，又与梁启超过从甚密，并为清五大臣考察宪政撰写报告蓝本。接着创办《中国新报》，自任总撰述员，组织过政俗调查会，自任会长，积极鼓吹君主立宪。后来由于张之洞、袁世凯联名奏保，他便以四品京堂候补在宪政编查馆任职，宣传立宪，主张"开设民选议院"。

辛亥革命前，天津是北方立宪运动的中心。1908 年 6 月下旬，杨度应北洋法政学堂（今河北区志成道 33 号址）之邀，在该校礼堂发表了著名的要

杨度曾住清鸣台8号（今浦口道青岛胡同一带）

求清廷开设国会、实行立宪的演说。随之，天津成为杨度政治活动的中心。杨度在津居住在哪里？杨度在津寓所坐落在德租界10号路（今河西区绍兴道）27号。

辛亥革命爆发后，杨度成为袁世凯利用的重要棋子之一。他和汪精卫发起成立"国事共济会"，不久，为袁世凯任命为学部副大臣。当南北议和时，他以要员的身份积极斡旋。袁世凯以赞成共和为名而以攫取政权之实。杨度为其四处奔走。当黄兴等邀约他参加国民党时，杨度又以"取消政党内阁"为条件，拒绝加入。以后，杨度被袁世凯任命为宪法委员会委员、参政院参政、国史馆副馆长等职务。1915年，杨度"承极峰（指袁世凯）之旨，先撰《君宪救国论》，后组筹安会，大肆鼓吹帝制，为袁世凯称帝出谋划策。

1916年6月6日，袁世凯命归黄泉。7月14日，继任总统黎元洪发表惩办帝制祸首令，杨度被列在首位，并"着拿交法庭，严行惩办"。而杨度则先此已隐居于天津德租界清鸣台（今河西区浦口道青岛胡同一带）8号寓所，过他的寓公生活。

1917年5月22日，张勋召开的第四次徐州会议，杨度派方表为代表出席。6月上、中旬间，张勋率"辫子军"北上过津，旋在张勋德租界寓所（今浦口道6号，市商检局）召开会议，杨度出席，并对复辟帝制有所谋划。但当张勋拥溥仪复辟时，他又发表"江电"加以反对。1918年9月底，他又在上海发出公电，陈述解决南北纷争的三项主张，放弃君主立宪，拥护共和政体，并提出具体建议。他还向孙中山和广东军政府表明了支持态度。1919年五四运动后，他和李大钊等进步人士交往。当 1922 年 6 月，陈炯明叛变后，他根据孙中山的意见，往返于京、津、保、沪之间，出入于北洋军阀曹锟等人幕中，以纵横捭阖之术，为实现孙中山的革命主张而努力。其间，他参加了北京"反对帝国主义大同盟"的活动，积极营救被军阀逮捕的《京报》社长邵飘萍和《社会日报》社长林白水。

1927 年，杨度与章士钊共同救援李大钊等 35 名共产党人未能成功，被军阀镇压后，杨度尽卖家中财产援助被反动派枪杀的共产党家属。此时国共分裂，1929 年秋，杨度在白色恐怖下毅然参加共产党，上海地下党领袖周恩来批准入党。他掩护地下革命活动，联系人为潘汉年。次年初，他移居上海，以上海帮会首领杜月笙的"清客"身份为掩护，从事党的地下工作，并参加中国互济会、中国自由大同盟和中国社会科学家联盟的活动。1931 年逝世，终年 57 岁。临终前，他留下了批判自己错误，坚信美好未来的具有无产阶级革命者气概的自挽联：

帝道真如，如今都成过去事；

医民救国，继起自有后来人。

杨公庶一家

杨度有两个儿子，长子杨公庶曾在资源委员会任职，次子杨公兆为柏林大学地质学博士。杨度的大儿媳是天津达仁堂乐达仁的女儿乐曼雍，杨度之孙杨友龙（杨公庶儿子），学的是机械设计，酷爱摄影，退休前曾任北京市经委总工程师，现居住在美国哥伦比亚，已是接近耄耋之年的老人。杨度之孙女（杨友龙的姐姐）杨友红，学的是音乐，退休后以画花鸟自娱。

2000 年姐弟二人在美国成功地举办了一次艺术展，向世人展现了杨度后人多才多艺的一面。

罗隆基故居

张绍祖

罗隆基是我国知名的爱国民主人士和政治活动家。在他的一生中，天津是一个让他终生难忘的城市。20世纪30年代，在国家生死存亡的关键时刻，他来到天津，书写了传奇人生中最精彩的一笔。天津和平区"五大道"津中里小洋楼留有他的故居，"南开"老校友至今追忆着他在秀山堂讲课的风采，海河之滨留下了他的斑斑足迹。直到1965年逝世前几个月他还眷恋天津……

20世纪30年代的罗隆基

罗隆基（1896—1965），号努生，江西省安福县人。自幼爱好古文及古典诗词。1912年夏，罗隆基考入清华留美预备学校。1921年，他自清华毕业后，赴美留学。在威斯康辛大学攻读政治学。出于对英国著名政治学家拉斯基教授的敬慕，罗隆基又前往英国，就读于拉斯基教授门下，后又回美国哥伦比亚大学学习，获得政治学博士学位。

1928年，罗隆基回国后，成为人权派的代表人物。1931年"九一八"事变后的第二天，罗隆基就写了《沈阳事件》一文，批评国民党政府"以国民之血，养三百万大兵"，然而在日寇进攻前，"始而镇静，继而退步，终而缴械投降，气节扫地，国威荡然"，应"引咎自责"，并同时提出应改组政府。罗的政治主张和犀利的文笔引起了天津《益世报》总编刘豁轩的注意。他为了加强《益世报》社论的撰写，更加旗帜鲜明地反映《益世报》在国内外重大政治问题上的立场，便通过母校南开大学秘书长黄钰生牵线聘请罗隆基。黄与罗是清华的老校友，又同在美国留过学，可算是老交情了。黄钰生向罗转达了《益世报》的聘任条件：一是社论主撰有完全的言论自由；二是月薪 500 元，并有专用汽车。

当时的罗隆基受到多方的困扰，国民党当局的迫害，新月编辑部内部的分歧，夫人又经常与他因为一点儿小事吵架，他的心情怎么能好。就是在这种境况下，罗隆基接到了《益世报》的聘书，欣然同意了《益世报》的聘约，毅然辞去了《新月》总编辑的职务，于 1932 年 1 月离开上海到天津就任《益世报》社论主撰。

他赴任的第一篇社论题为"一国三公的僵政局"（1932 年 1 月 12 日），抨击国民党内蒋、汪、胡三派置国难于不顾，仍纷争不休。"一·二八"事变爆发前两天，他在《益世报》发表题为"可以战矣"的社论（1932 年 1 月 26 日），主张武力抗战，反对蒋介石个人独裁和对日不抵抗政策。接着又先后发表社论《剿共胜利不算光荣》《攘外即可安内》等，呼吁停止内战，联共抗日。罗隆基的社论与《大公报》形成对比，很受市民和知识分子的欢迎，一时间《益世报》销路大增。

罗隆基文笔得到了《益世报》创办人雷鸣远的赏识。他对罗说："罗先生，你肯到我们的报馆中来写社论，我高兴极了。我特别喜欢你那篇《可以战矣》的社论，我要我的兄弟们都读你的社论，我们中国人非把日本鬼子打出去不可。"罗对雷鸣远说："我写的社论很可能会给《益世报》带来麻烦。"雷马上回答道："你放心，你放心，请你大胆写文章，你这样代表中国人民说话，就是我们的报馆因为你的文章关了门，我们也不怪你。只要我还是《益世报》的董事长，我是不会让你离开我们的报馆的。"

罗隆基办报同时兼任南开大学政治系教授，主讲《宪法论》等课程，校

津中里罗隆基故居遗址

长张伯苓很赏识罗隆基。他对罗说："罗先生要把西方政治与中国政治的不同点告诉学生。只有懂得了中国的政治实际，学生走上社会才能担当改造社会的重任。"罗说："你不怕我在课堂上放言无羁，当局会找你的麻烦？"张伯苓坦然说："教授只有把自己治学的真正体会告诉学生，学生才能受益。罗先生不必过虑，只要我的学生不赶你下讲台，我给你的聘书就会照发不误的。"

1933年初，罗隆基与《益世报》第一年聘约届满时，国民党天津市党部和河北省党部就双管齐下，对《益世报》施加压力，让该报不再与罗续约，但是被报馆拒绝了。到了5月底，南京政府与日本签订《塘沽协定》后，罗隆基又在天津《益世报》连续发表社论，痛斥蒋介石政治上"对外屈服，对内欺骗"。"福建事变"发生后，罗又支持福建人民政府的主张，坚决反对内战，主张对"福建事变"和平解决。罗隆基的所作所为，更是引起了蒋介石集团对罗隆基的嫉恨。于是，国民党天津市党部首先提出"严重警告"，国民党中央宣传部也发电"警告"，再次要求《益世报》立即辞退罗隆基，同时派人给罗"捎话"，让罗自动请辞。国民党当局的这种激烈态度最终没有打破罗隆基和《益世报》之间的默契和合作，罗隆基很不愿意放弃自己的这块发表言论的阵地，而《益世报》也不想失去罗隆基这个大手笔。

蒋介石终于忍不住了，使出了惯用的"暗杀"伎俩。7月份，4名国民党蓝衣社特务奉命来到天津。按照规矩，他们首先去拜访天津帮会的老大潘子欣。潘子欣（1876—1950），名志僖，为清光绪年间刑部尚书潘祖荫之后，留学日本，天津帮会头目多出自其门，为国民饭店董事长。他们说明来意后，潘答道："我不认识罗隆基，先让我考虑一下，再行答复。"潘子欣把特务送走后，立即派人来到罗隆基在天津英租界贵州路津中里的住处。津中里取天津简称及中国银行的"中"字命名，为砖木结构二、三层楼和平房。来人二话没说将罗带上汽车就走，来到一户人家的屋里，潘子欣劈头就说，罗先生，你大祸临头了。

原来，潘子欣与罗颇有交谊。潘虽是帮会中举足轻重的人物，但是为人豪侠义气，也敬慕罗隆基不避安危力主抗日的文人骨性。他此番行事的目的是拖延时间，稳住刺客，让罗早行躲避。

罗隆基听了潘的一番言语，真是五雷轰顶，一时间不知所措。等到冷静下来后，他觉得潘所说的立刻离开天津的办法也不是上策。"我能往，彼亦能往"，我在明处，特务在暗处，很可能在离开天津的途中遭到毒手。罗向潘子欣说明道理后，潘也没有什么好办法。最后两人暂时决定，罗在家中闭门不出，以静待动，潘在外面想办法。

这样大概过了一个星期，潘子欣忽然来到罗家，说他已经向特务亮出底牌，说罗是我的朋友，已经警告罗今后不再写有损当局的社论，我也将电请蒋公对罗谅解，让他们就此回南京复命。而来人已经答应，此事就这么了结了。

有了潘子欣这番铮铮侠义的话语，罗以为真的雨过天晴，逢凶化吉了，于是开始照常工作。其实，事情并不像罗隆基想的那么简单。蒋介石的特务并没有回南京，而是欺骗了潘子欣继续留在天津，一边窥测罗的行动，一边积极准备伺机暗杀。

这样又过了3天，罗隆基没见什么异常情况，打算照常去"南大"上课。此时他接到一个带学生腔的匿名电话，问罗是否明天来上课。罗回答后，不禁生起疑团，随即询问"南大"的电话总机，回答是否定的。罗隆基随即提高了警惕，本来他应该驾车从贵州路直奔八里台南开大学，但是为了慎重起见，他决定改乘报馆的汽车，并改变了行车路线，绕道海光寺、六里台的小路去南开大学。这条小路狭窄不平，右边紧靠卫津河，左边是一条陡坡，两车几乎不能并行。就在离南开大学不远的地方，迎面驶来一辆敞篷卡车，突然站出 4 个穿制服的壮汉，从腰间拔出手枪。此情此景，罗下意识地一下平躺在座位上，而几颗子弹已经从对面飞来——罗的司机一见这阵势，立刻明白了事态的严重性，丝毫不敢怠慢，一踩油门，和对面的卡车紧蹭着驶了过去，一瞬间驶进南开大学大门。罗隆基砰砰的心稍稍镇定一下，走下汽车，缓缓走进秀山堂教室。眼前是他十多天没有见面的学生，他望着那一双双如饥似渴的眼睛和欢喜的表情，立刻神采奕奕地讲起课来。同学们岂知站在讲台上侃侃而谈的罗教授刚经历了一场死里逃生的险情！

刚上完两节课，罗隆基就走进张伯苓的校长办公室，请张看看楼下的汽车。张伯苓看到汽车玻璃破裂的样子，以为是调皮的学生所为，当罗再让他仔细看看玻璃上的圆圆的弹孔时，张才明白了。随后，罗隆基将刚才险情告诉张，张伯苓说："罗先生，你受惊了。这不光是您个人的事情，也是南开的事情。你是南开的教授，学校有责任保护你的安全，我要以校长的名义向天津市长报告，向南京蒋先生报告。"

经过这次险情，《益世报》的负责人也感到了事态的严重性。1933 年底，罗隆基第二年聘约期满之前，天津市党部又向报馆发出："最后一次警告"，同时蒋介石也通过张伯苓捎话给罗，邀他去南京面谈。审度情势之下，罗隆基同意报馆意见，1934 年初主动辞去了《益世报》的工作。不久《益世报》被迫暂时停刊。

罗隆基在天津又待了一段时间，除继续在南开执教外，还参与了一些社会活动。1934 年 7 月，中国国家社会党第一次全国代表大会在天津召开，罗隆基当选中央总务委员兼宣传部长。同年秋，罗隆基应召到四川峨眉山与蒋介石会晤，不久他又回到天津。1934 年 10 月，正适《益世报》恢复出刊，决心再聘罗隆基担任社论主撰，以重振该报昔日雄风，于是罗又回到《益世报》，重操旧事，文笔更加犀利。1936年3月，罗隆基针对国民党政府污蔑日益高涨的学生运动，发出了"万般有罪，爱国无罪！"的呼声。6月9日罗隆基为《益世报》写了一篇题为

照片背景是津中里老建筑

"国人制裁内战"的社论，提出："在今日，我们是无条件反对内战的。用抗外做题目与中央发生内争者，我们不能同情……另一方面，'统一'两字亦不是中央政府进行内战的好题目。"由此引发了一场与胡适的笔战。罗隆基在《益世报》上先后发表了《我们的逻辑》《我们立场的解释》等文，对胡适的论点予以义正词严的驳斥。

罗隆基在天津《益世报》一直坚持到天津沦陷。这时平津报纸或者停刊，或者为汉奸伪组织接收。在此危难之秋，他和该报新的负责人生宝堂一致认为，天津《益世报》实处抗日前线，只要一息尚存，就应该坚守这个宣传抗日的阵地，继续为中国的抗战鼓吹呼号。他们团结报馆同人在天津意租界继续出一单张小报，报告平津抗战消息，每天清晨即将报纸送到意租界和法租界之间万国桥（今解放桥）上发卖，常常抢购一空。这样坚持了20天，直到报馆经理生宝堂被日军绑架杀害，天津《益世报》才于1937年8月20日停刊。

这一期间，罗隆基还兼任南开大学教授、北平《晨报》社长，参加华北各界救国会，为团结御侮，不遗余力地奔走呼吁。全面抗战爆发后，罗隆基离开天津辗转南下积极投身于抗日战争。

陈省身故居

张绍祖

陈省身

著名国际数学家陈省身在津故居有两处，一处是 20 世纪 20 年代在津就学时住的故居，一处是晚年落叶归根在南开大学的故居。

陈省身于 1911 年 10 月 28 日（农历九月初七）出生于浙江嘉兴城下塘街（现嘉兴市建国路 665 号，当时属嘉兴府秀水县）。父亲陈宝桢（1889—1967），字廉青，1904 年中秀才，辛亥革命之后进法政学堂读书，毕业后进入司法界，长年在外工作。因祖母钟爱，陈省身到 8 岁一直没上学，由未出嫁的小姑姑教国文。父亲有一次回家过年，教了他阿拉伯数字和四则运算。父亲走后，自己做《笔算数学》（狄考文、邹立文合编，上中下三册）里的题目。题目很多，除了最难的，大多会做。9 岁考入浙江秀水中学预科一年级，即高小一年级。

1922 年秋，陈省身 11 岁时父亲到天津法院任职。他随父母到天津。转年春插班进入天津扶轮中学（今天津铁路一中），读一年级第二学期。他是全班年龄最小的同学，数学最好，做题很快，考试总是第一个交卷，每次都是第一名。陈省身是个全面发展的好学生，不光数学成绩好，其他各门功课也不错。他最大特点是喜欢看书，经常到学校图书馆博览群书，一看就是几个小时。他爱看数学书，最爱看数学杂志。陈省身是位走读生，家住三马路颐寿里90号，上学来一趟步行15分钟左右。他每天上下学、中午回家吃饭，走两个来回，要步行一个小时。靠走路健身，这是陈省身学生时代锻炼身体的法宝。陈省身是一个规规矩矩、老老实实念书的学生。但在1925年"五卅"爱国运动中，他积极参加学校"援助泸案"宣传募捐活动，还曾到北仓演讲。陈省身还喜好写作，在1926年4月、6月出版的第八期和第九期《扶轮》校刊上，收录了陈省身在"扶轮"就学期间撰写的7篇文章。其中有《纸鸢》《雪》等诗作，小说《立志》等文学创作，也有《科学与宗教》的社会科学文章和《构造式概念》《动植物的两种作用》《一几何定理的十六种证法》等自然科学方面的论文。这7篇作品，再现了他追求人格美，立志研究几何学的数学理想是从"扶轮"起步的。正如陈省身在为母校题词中所说：我的数学事业是从扶轮开始的。

钱宝琮与陈省身父亲陈宝桢是同乡、同学和朋友，在南开大学数学系任代课教授，常到陈家玩。他建议陈省身以同等学力投考南开大学。1926年9月陈省身考入南开大学理学院本科，较正常学历提前两年。为了准备考试，他苦读了3个星期，并自学了解析几何。考试结果，数学成绩是第二名。姜立夫是南开大学数学系的创办人。受姜立夫的影响，他对几何学大感兴趣，研读了库利奇的《非欧几何、圆与球的几何》、萨尔蒙的《圆锥曲线、三维解析几何》以及卡斯特尔诺夫的《解析与投影几何》等。尤其着迷于斯特奥德的两卷本《线作图》。其间跟段茂澜先生学习德文和法文，达到了能读数学书的程度。1930年6月28日南开大学举行第八次毕业式，陈省身是3名理科最优等毕业生之一。是年9月与吴大任一起考入清华大学研究生院，成为孙光远的硕士研究生。

在清华园陈省身和郑士宁相逢、相识、相恋。郑士宁比他小4岁，文静秀美，当时正在燕京大学生物系读书。两人本不相识，是郑士宁的父亲，清华数学系元老郑桐荪教授十分赏识陈省身的才华。郑的好友、清华数学系

陈省身故居——南开大学宁园

教授杨武之（杨振宁之父）看出其心意，也觉得陈省身和郑士宁两人很般配，便由杨武之夫妇促成这桩婚事。陈省身出国留学回来，1939年与郑士宁在昆明西南联大结婚。

1940 年，郑士宁从昆明到上海父母家分娩，生下儿子伯龙。不料"珍珠港事变"发生，交通中断，她与丈夫一别 6 年。直到抗战胜利后的 1946 年春天，陈省身才几经周折，从欧洲风尘仆仆地回到上海，同阔别多年的妻子和还未见过面、已经 6 岁了的儿子团聚。重逢的时候，郑士宁流下悲喜交集的泪水。陈省身向她许诺：从今以后 家人永不分离。 后米他们到了美国，陈省身以其人品与学术成就博得数学界的极高声誉，而郑士宁努力为丈夫创造一个温馨、舒适的家庭环境，让他得以全身心地投入研究工作。

1972 年，中美关系开始好转。陈省身经常回国开展学术活动，郑士宁总是陪伴身边，照料他的起居饮食，帮助他整理资料文件。1975 年，郑士宁60 寿辰，陈省身赋诗一首：

三十六年共欢愁，无情光阴逼人来。

摩天蹈海岂素志，养儿育女赖汝才。

幸有文章慰晚景，愧遗杵臼倍劳辛。

小山白首人生福，不觉壶中日月长。

1985 年南开大学建成数学研究所，陈省身被聘为所长。与此同时，1986年在南开大学东南隅盖了一幢别致的、淡黄色的二层楼房，供他和夫人回国时居住。陈省身将故居题名"宁园"，其含义有二，一是取其夫人士宁的一个

"宁"字，表达夫妻间相濡以沫的感情，二是他喜好"宁静致远"。他说："我觉得时间总是不够用，我需要宁静，给这个小楼取名为宁园。"小楼有草木相伴，而无车马之喧。那时，他们几乎每年回来两次，每次都要住上一段时间。

1995 年，天津市人民政府授予陈省身"荣誉市民"称号。从那时起，他就有了和夫人郑士宁女士回国定居的打算。2000 年，陈省身归国定居，母校南开大学宁园，便成为他们永久的家。

几年来，他为祖国数学界举办三项大活动：一是在中国召开每年一次的国际微分几何、微分方程会议；二是开办暑期数学研究生教学中心；三是每年派 20 名中国数学研究生赴美国参加"陈省身项目"的研究。他对年轻人才的培养倾注了大量心血，不顾年高，仍然坚持给本科生讲数学的基础课，并给全市年轻数学人才提供听大师讲课的机会。

"天有不测风云"。正当陈省身忘我地工作时，家中发生了不幸。2000 年 1 月 12 日上午，夫人郑士宁在睡梦中心脏病突然发作而悄然离世。陈省身受到很大刺激，一时难以接受这无情的现实。几经思考，他决定要将士宁骨灰安葬在南开数学所，并在其侧为自己留一个墓穴，准备百年后与爱妻合葬在这块他深深热爱，并为之呕心沥血的土地上。夫人去世 6 天后，天津市公安局授予陈省身在华享有的最高荣誉——永久居留资格。陈省身将夫人的大幅照片悬挂在客厅的墙上，让每一位来访的客人，都能感受到陈夫人那慈善温和的目光。

2004 年有两件大事令陈省身异常高兴。大洋彼岸，美国国家数学研究所（MSRL）的主楼命名为"陈省身楼"（Chern Hall），投资 1.2 亿元的南开园数学中心大楼封顶。是年 10 月 28 日，陈省身在南开大学宁园寓所平静地度过了 93 岁寿辰。11 月 2 日，科技界代表聚首南开大学，庆祝一个小行星命名为"陈省身星"。当晚在家乡嘉兴的表侄韩国梁给他打电话表示祝贺，陈省身还说："我的身体很好！"谁知仅仅一个月，12 月 3 日，陈省身竟在天津不幸病逝，享年 93 岁。

罗振玉故居

张绍祖

罗振玉

罗振玉（1866—1940）字叔蕴，一字叔言，号雪堂，浙江上虞人，晚号贞松老人。上虞罗氏是个大家族，罗振玉曾祖父留下万贯家产。在罗振玉祖父去世后，祖母方氏放弃与家族争产，携子女离开上虞，定居淮安。他的父亲由于经营典当业失败，导致负债累累，不敢居家。

罗振玉出生时是祖母主政，她治家严肃，待人至厚，合封建论理及传统美德于一身，对罗振玉的一生有着深远的影响。罗振玉自小聪慧，但体质太弱，老师把课程放慢，让他多自学，以致他从小就养成自学的习惯。他从小就对金石文物有兴趣，15岁自学篆刻，次年游西湖时摩挲诸山题刻，流留忘返。

罗振玉从16岁挑起家庭的重担，但仍孜孜不倦地追求学业，每晚挑灯夜读，以此为乐。1888年长兄早逝而无以为殓，妻子出当陪嫁品办丧事。1889年祖母过世，两年后妻子也因产后蓐劳而卒。一连串的不幸造就了罗振玉坚韧的性格。

罗振玉自1887年起为童子师，勉以维持生计。1896年他来到上海，与蒋伯斧合资创办"农学社"，成立农报馆，出版《农学报》，翻译国内外农业方面的知识。此外，他编辑出版了《农学丛书》，对中国农学研究提出了很有见地的看法。

罗振玉还痴心于教育。1896 年他与朋友办东文学社，以后又多次应聘到湖北、广东、江苏等地办学，并且创办了中国第一个教育界专门刊物——《教育世界》。东文学社最初目的是培养日语翻译人才，当时沈肱、樊少泉及王国维都是该校的学生，他们曾因月考不及格而面临除名的危险，罗振玉因了解他们一贯学习努力而允许他们留下来。王国维曾言，进入东文学社成了他走上学者道路的契机。

1909 年，罗振玉被任命为京师大学堂农科监督，即奉命赴日本考察，归国后，立即建新校，设试验场，该校成了北京农业大学的前身。

清宣统帝嗣位后，内阁大库险遭焚毁，罗振玉不忍清初重要史料遭此厄运，于是上下周旋，才使十几万斤的档案和典籍免遭火难。搬运出来后，部份档案却被历史博物馆以"烂字纸"及该馆"绌于经费"为由，出卖给同懋增纸店作"还魂纸"，罗振玉得知后，许以 3 倍价钱买下所有档案。他为此奔走京津筹款，变卖私藏，还借了私债，从造纸厂换回这批"烂字纸"，而出卖历史档案的历史博物馆，更成为近代文化史上的笑柄。

甲骨从受到收藏家及学者的关注后，古董商为了谋取高利，隐瞒了真实的出土地。罗振玉从开始研究甲骨就致力于调查其真实出土地点，并且考订出这些甲骨出土于商代晚期都城，属于殷室王朝遗物。甲骨出土地点和性质的考订，直接导致后来安阳殷虚的发掘。罗振玉派人去小屯，不仅收集甲骨，还收集了一批不为古董商重视的出土物，他以"古卜用龟，辅以兽骨"的文献记载为出发，认为在搜集甲骨时必须龟、骨"兼收并蓄"。在《洹洛访古游记》中，他记载了殷虚的地形，甲骨出土情况，考订其他出土物及绘简图，成为第一部实地考察安阳殷虚的著作，对整个甲骨研究学科的形成和发展上起了"导夫先路"的作用。

继河南安阳殷虚被确认后，西北边陲敦煌石窟又有数万件隋唐以后经卷写本、石刻等珍贵文物的发现。外国人明火执仗掠夺，清廷却毫无觉察。罗振玉竭力使其免遭流失国外。罗振玉是中国境内研究敦煌文书的先导者，他以浓厚的国学功底开研究之先，1914 年刊布《流布坠简》，和王国维开创和倡导简牍研究，共同开辟"国学"新领域，并取得可喜的成绩。

罗振玉虽然致力中外学术，但主要的目的还是以"西人学术"资"中学之助"，他主要的注意力始终放在发展国学上。辛亥革命后，他以清朝遗民自居，长期侨居日本。

罗振玉 1919 年返国至 1928 年，主要生活在天津，在津先后有两处住所，一处在潼关道，一处在锦州道。

罗振玉来天津之前派长子罗福成夫妇到天津租觅宅邸。消息传出，与他素不相识的金浚宣，仰慕其名，愿借出闲宅——集贤村供罗振玉一家居住。1919 年 5 月罗振玉抵达天津后，便住在集贤村。罗振玉于 1919 年 5 月 17 日致王国维的书信中说："昨遂抵津。金园地辟而宽朗，唯道路不佳．雨时不能出门。"随罗振玉同居天津的长孙罗继祖曾说："金园乃天津墙子外金家花园，

嘉乐里罗振玉故居

在英租界集贤村。"集贤村位于今南京路津汇广场旁的潼关道上。

居住在集贤村的罗振玉积极筹建自己的住所。1920年底罗振玉迁入嘉乐里居住。随他迁入新居的有长孙罗继祖（著名历史学家）。罗继祖在《庭闻忆略》中说在天津时曾住"秋山街嘉乐里"。嘉乐里在山东路与河北路之间，西起锦州道（日租界秋山街），南折至河北路，西侧出一支巷。长109.3米，宽3.2米。1910年前清翰林郭寿茹出资建房，作接待亲友用，取嘉宾同乐之意命名嘉乐里。嘉乐里分主楼和配楼。主楼为四合式，另两所配楼，为三楼三底的建筑，可分门出入。建成之初，一栋出租，一栋借给了溥仪重臣升允居住。罗振玉利用嘉乐里临街之便，开设了"贻安堂经籍铺"，出售自印书籍，以他旅日期间在"永幕园"编印的古籍书册为主。书铺由长子罗福成经营。因罗振玉"云堂"的大名，所印书籍又甚为考究，书铺名气很大。1921年2月，由罗振玉亲自手书的甲骨字集联《集殷虚文字楹帖》墨迹本由贻安堂石印出版。罗振玉曾饶有兴致地记述："自客津沽，人事旁午，读书之日几绥其半。去冬，奔走南北，匍匐赈灾，四阅月间，益无寸咎。昨小憩尘劳，取殷契文字可识者，集为偶语，先后三日夕，遂得百联。存之巾笥，用佐临池。辞之工拙非所计也。辛酉二月，雪翁记。"

罗振玉将书房分别命名为"二万石斋""四时嘉至轩""凝清室""吉石斋""赫连泉馆"等，以纪念他的收藏乐趣。1923年盛夏，有一件事令罗振玉异常兴奋。他几经周折，收藏到了唐代元次山的遗砚，上刻有"聱叟"两字铭。元结，字次山，天宝进士，官至水部员外郎，以著书自娱，他的聱叟石砚，石质不甚好，但书法极精，有唐著名书法家褚遂良的风格。罗振玉得此砚后，随即把自己的一间书房命名为"聱砚斋"，并请王国维作《聱砚斋记》。1924年又将该器编入《雪堂所藏古器物目录》中。在书房罗振玉整理金石文字，校勘善本古籍，流传名家著述，整理大库史料，继续甲骨文考释和搜集，以及敦煌文书的研究。在嘉乐里居住期间，他刊发了200余种500多卷书籍，创造出自己学术研究的又一高峰期，成为中国近代考古学的开拓

嘉乐里罗振玉故居

者、敦煌学的创建人之一、甲骨学的奠基者。他曾说"自问平生文字之福，远过前人，殷墟文字一也，西陲简册二也，石遗书三也，大库史料四也"。这四件事中的完善甲骨学研究，整理保护敦煌文书，抢救大库史料，均是在天津嘉乐里的书房里完成的。他不断地进行甲骨的收集，收藏曾达 3 万片，为当时甲骨藏量最多的收藏家。1920 年 6 月，罗振玉将所藏甲骨整理装箱，精选出 8000 片甲骨，分别装在 474 个盒子中，每盒 16 枚左右（多者 30 余，少者 10 枚）。然后，他又将每 42 盒装一大箱，共 10 箱；每 18 盒装一箱，共 3 箱；总计 13 箱。余下的甲骨则藏于洋铁箱中。

1922 年底，在 16 周岁的溥仪成婚之际，罗振玉前去参拜，并奉诏入值南书房。1924 年，冯玉祥占领北京后，派鹿钟麟将溥仪逐出故宫。次年，罗振玉陪同溥仪来到天津，成为溥仪小清朝廷的重要一员。

1928 年罗振玉离开天津时，将甲骨随之移藏大连，而以 6 万元将嘉乐里故居售出。

郑孝胥故居

张绍祖

郑孝胥（1860—1938），近代诗人，书法家。字苏堪，一字太夷，号海藏。福建省闽县（今福州市）人。今福州"三坊七巷"有条小巷洗银营，巷首7个门内的整片建筑是郑孝胥福州故居。100多年前，巷内清朝嘉庆年间的进士、郑孝胥曾祖郑鹏程在此建宅立业并竖起一座"贞寿之门"石牌坊。郑孝胥生活在书香门第之家，13

郑孝胥

岁时，即能如瓶水流泻般地背诵十三经。 1882年以乡试第一名中举。1885年郑孝胥特从外地赶回家乡关心幼弟孝柽的乡试，并为他的结婚奔忙，作新联贴在西花厅新房前：立志可则，立节可风，千古班书尊谷口；为臣思忠，为子思孝，一家心史宝遗文。1889年他入李鸿章幕。1889年考取内阁中书。1891年担任驻日使馆书记官，1893年升清廷驻日本神户兼大阪总领事。1898年任总理各国事务衙门章京。后任京汉铁路南段总办、两广洋务督办。1905年解职居沪，筑"海藏楼"。1910年任东北锦瑷铁路督办。1911年受任湖南布政使。1911年辛亥革命后，在上海作寓公，常与遗老辈相唱和。1923年，受命于清室小朝廷，任内务府大臣，后随侍天津。1932年，出任伪满州国国务总理，旧时朋辈，如陈衍、昌广生等，都和他绝交。1935年解职，住长春3年至死。

1932 年 9 月 15 日，日本正式承认"满洲国"，日本关东军司令武藤信义与"满洲国"总理郑孝胥同时在议定书上签字

郑孝胥自 1882 年 23 岁起，到 1938 年 79 岁止，坚持写日记达 56 年之久，留下了中国近代政治、经济、军事、外交、文教等很多资料，其中不少是有关天津的逸事。

郑孝胥与天津关系密切。他是北洋水师学堂吴赞成的女婿，1885 年至 1886 年，他由岳父介绍投奔直隶总督李鸿章，入幕随侍洋务。1923 年，他任溥仪清室小朝廷内务府大臣后，随侍天津，一直到 1931 年。此间他曾在国民饭店 20 号房间、广东路 162 号楼居住过，但时间最长的便是山西路耀华里。耀华里是由英商怡和洋行正、副买办梁炎卿、陈祝龄出资，由英商先农公司于 1902 年建成，共六巷，两侧均为砖木结构二层楼房。郑孝胥起初住在耀华里第五弄口 62 号。1929 年 1 月 29 日，他把家眷从上海移居天津。由于家庭人口众多，因此又迁到耀华里 51 号、52 号居住。

郑孝胥以干练著称，1931 年东南发生水灾，溥仪打算以所藏书画助赈救灾，郑孝胥认为不如捐房产影响大。此时清室在津有三处房产：一为摄政王所居之英租界庆王府，二为永平里，三为日租界吉野街井上医院。最后商量将医院捐出。当时《大公报》刊登图片，命题"天下谁能继者"，此举引起民众对溥仪清室小朝廷的注意。

在津期间，还为清室处理了两件十分棘手的事。一是"东陵盗宝"案。1928 年，国民党第六集团军第十二军军长孙殿英以军事演习为名，盗掘清东陵，将乾隆、慈禧等墓盗窃一空。8月3日，溥仪在天津张园得到信息后，立即召见王公大臣，深表悲痛，并商议善后办法。各王公大臣多无主见，郑孝胥推荐派前清冀州知州金良骥往东陵查办，此人与晋军处理此事的丰玉玺有世交便于沟通。随后又推荐国民党京津卫戍司令部参事张彪之子张学骥前往与清室王公宝熙联系。虽然做了很大的努力，但是，善后结果未能达到清室的满意。1929年10月18日，溥仪拟旨，敕令载涛、载泽、载瀛、载润往见商震，请求严办东陵盗宝的祸首。

其次是"淑妃离婚"事。1931年8月，皇妃文淑住进国民饭店，以"不堪虐待，欲诉法庭"为由，委托大律师张绍曾面见溥仪，要求离婚。当时溥仪难以招架，立即召见郑孝胥处理此事。郑孝胥在双方之间几经周旋，后为溥仪献上良策："初议给淑妃宅别居，以收束不声张"。后因淑妃非离婚不可，遂又奏"必欲离异，宜谕以不嫁归母家，则仍可给养赡以终其身，否则听之"。淑妃经

耀华里大致相同的二层砖木结构楼房

人反复劝说同意不嫁，归母家依兄侄而居。在郑孝胥的幹旋下，溥仪送淑妃3万元，并给律师好处将此事办理，以保全溥仪的名声。

郑孝胥在天津这个商业中心城市生活，思想随之变化，毅然放下士大夫清高的姿态，投资入股天津的一些产业。郑孝胥在天津最初投资于周学熙等人开办的启新洋灰公司。1927年5月29日，上海最大的百货公司上海先施公司股东黄文谦来到天津，筹办天津中原公司（今百货大楼），郑孝胥入股

郑孝胥的书法

十余元。1929 年 6 月，英国人罗斯准备在天津办一份报纸为《世界诚报》，地点在天津日租界，郑孝胥入股 3000 元，后还借款给报社 4000 元，使该报于 1930 年 1 月正式出版。

郑孝胥的书法很有造诣，在 20 世纪 20 年代便有"北于（于右任）南郑"之称，"南郑"指郑孝胥。他主张将楷书和隶书相融合，实质就是取碑、帖之长化为己有，融会贯通，自成一家，形成独特的艺术面貌。郑孝胥的诗文水平也很高，他是近代学古诗派之一——同光体的创始人之一。著有《海藏楼诗集》《郑孝胥日记》等。

郑孝胥在津期间除管理清室政务外，天天写字、作文、书匾，还经常逛商场，听戏剧，除看京剧、评戏外，还爱听曲艺。他作为社会名流，常被人聘请出席饭局，常去的饭馆有松竹楼、百花村、致美斋等。他还收藏古董，常去的地方有大罗天、文美斋、静文斋等。他特别喜爱游历公园，当时天津有数十处公共园林，郑孝胥去过的有俄国花园、荣园、天津公园、李公祠、八里台水面、西沽桃花堤等。常去的有两处即俄国花园和荣园。俄国花园地处俄租界，地点在今河东区十一经路沿海河岸边一带，原为清代乾隆行宫柳墅行宫的一部分，故又称为"柳墅公园"。郑孝胥到此不下 20 多次，称"此园为津沽最胜之处"，并作《柳墅公园》诗。荣园又称李善人花园（今人民公园）。他到园数十次，并与园主李士轸关系密切。他亲为该园内名景题词，如"挹清堂""菱亭""凸桥""诗趣轩""舫斋"等，还作《李园十咏》之诗。

王襄故居

张绍祖

　　殷墟文字研究专家王襄（1876—1965），字纶阁，号簠室，天津人，1876年（清光绪二年）12月31日诞生于天津县城内二道街贡院胡同。初居天津城东门里仓门口西侧孙家胡同的一座四合院，后迁今南开区大刘家胡同15号故居。7岁入书塾读书，11岁，从叔祖父王恩彤（字香溪，号筠生，又号石珊）在天津城东南斜街樊氏家塾（天津画家樊荫慈家）读书。该故居东至大费家胡同，西至大刘家胡同，南至二道

王襄

街，北至东门里大街，占地466平方米，建筑面积312平方米，建造于清同治年间，距今已有100余年，但旧貌依稀可辨。那是两进的四合院房子，为前后两个院，青砖墙灰瓦顶，是座普通的民居宅院。进大门后，门楣上高悬"太史第""经魁""文元""贤士""贡士"5块匾额，原来王襄的伯父、叔父和父亲都曾参加过前清科举考试，匾额标明王襄家是科第联翩之家。前院有南、北、西房共4间，后院有南、北、东房共12间，另有3间是串通前后院的堂房。

　　进院后，靠右手俗称倒座的一间厅房，是接待客人用的。房内，壁橱数卷，书帖盈架。案上摆设有石造像、陶屋及鼎彝等。北房二小间为先生三

兄弟读书的地方，是为书斋。额其室曰：怡怡斋。室中悬吴大澂篆书"吉金乐石"额，是王襄学篆书最早的临摹之本。有人说王襄的字是学吴，来源于此。王襄六弟雪民是天津市名治印师，自称乐石居士，其斋名"乐石居"，盖亦取吴大澂所书额。1894 年，王襄从书院主讲李桐庵、戊戌进士王守恂学古文、近体诗，"颇授读书之法"，"每课余围炉夜话，师为讲古今，听之使人神往。"王守恂也记之："甲午三十岁，移馆王氏。"又记："余以年家故旧，与纶阁居处，因亦若忘形迹焉。"1899 年秋，王襄从范寿轩手中购得第一批甲骨后，陆续搜集千余件，自称"大卜世家"，题书斋为"古龟轩"。1907 年得王廉生旧藏中作旅簠，有 13 字，因别号簠室，并以之为书斋名。1909 年自藏俑、兽、室、井、灶等 64 件影印出版《簠室古俑》一书，后续得陶俑及其他陶器，遂题书斋为百俑楼、陶室、乐陶陶居。1911 年王襄搜集六朝及唐大写经，之后屡有所获，自称书斋为"宝古经舍"。后又得唐虎符，名书斋为符斋。他还以所藏古器物命名书斋，如"秦权斋""两布斋""周鼎康瓠之室"等。王襄书斋名虽多，实乃"一斋一厅"。在王襄书斋，曾留有同科状元、苏州知府王仁堪的足迹，并留有书联作为纪念。著名学者、书法大家严范孙、华世奎及马景含、孟定生等先生也常来此作客。尤其孟定生，因与王襄同好古物，并共同发现甲骨文字，是志同道合的好友。

王襄故居（大刘胡同 15 号）

1900 年 6 月，八国联军入侵天津。这时潍县古董商人范维清流落天津，将所携带甲骨约百余片卖于王襄。7 月 13 日，八国联军攻城，战火横飞，炮弹击中书斋，一时尘砾飞扬，幸未炸，此时王襄弟雪民正在书斋，以臂破窗而出，免于难。

王襄故居几经拆修改建，其原貌难辨，当年他从事研究工作的书房，因年久失修，已拆除重建了。但北院的门楼没有多大变化，左边的门房，右边的客厅还可看出原来的模样，后院的房子有的保留着旧房屋的构架，东房的板墙依然保留。此宅为私产。

王襄早年考入京师高等实业学堂习矿科，毕业奖举人，授知县，先后转迁闽、川、浙、鄂及长芦各处 20 余载。64 岁归故里，在天津教育界工作。他酷爱考古研究，为中国鉴识及收藏研究甲骨文的名人，所著《簠室殷契类纂》《簠室殷契文征》都有很高的学术价值，为研究甲骨文的名人罗振玉、商承祚、王国维等所推重。

1954 年王襄 79 岁时出任天津市文史研究馆馆长，1956 年 81 岁时加入中国共产党，曾被推选为天津市政协委员，天津市文物保管委员会委员，聘任为中国科学院历史研究所《甲骨文全集》编辑委员会委员。1957 年 9 月，王襄由天津城东门大街大刘家胡同故居迁往睦南道睦南里，因自称"南里老民"并治印。1958 年 2 月，著名画家刘子久、陆辛农等为王襄画萃古园图册成；王襄自题《萃古园记》及诗 4 首，陈邦怀跋。王襄在《萃古园记》中记："刘巷里宅，先人之故居。巷本刘家胡同旧名，因其不雅，易以刘巷。宅中之庭，地不及半亩，老屋四楹。用所藏周簠得名，曰'簠室'……屋老家贫，不时修治，弊破倾斜，期避风雨压覆而已。风日阴晴，四时佳胜，并轩当风，短檐曝日，逢冬夏尤宜。余与老妻幼孙燕儿饮食作息其间。门庭静寂，有似村居……余则披览吟咏，月得文史馆薪俸，生事无忧。冬尽春回，犁地疏土，种莳杂花，间以麻葵应街道之号召，结子收实，备打油之用。半亩之地，辟为小园，因余集古之古，名为萃古……"

1965 年 1 月 31 日，王襄在津病逝，享年 90 岁。他逝世前曾嘱托家人将他一生著作的手稿和收藏的文物古籍等，全部献给国家，收藏于天津市图书馆、天津市艺术博物馆、天津市历史博物馆及天津市文史研究馆。逝世后，1965 年春，由中国科学院院长郭沫若题书墓碑："殷墟文字研究专家王襄同志之墓"。

王襄妻杨时，1957 年 5 月，杨夫人 70 寿辰时，王襄《题寿杨夫人联》："杨夫人二十岁来嫔王家，生四男（长儒、翁儒、孟儒、巨儒）一女（敬儒），教养无阙，操持家事。丰俭适宜，所谓家庭妇女也。今值七十生日，爰制联语，敬据事实，不作冈陵谀颂。"王襄夫妇教子有方，王翁儒为天津市文史研究馆馆员、天津地方史专家；王巨儒为天津文史专家，整理王襄年谱、著述等，卓有成绩。

李烛尘故居

张绍祖

李烛尘，中国民族化学工业的开拓者之一，从 1918 年到 1955 年，李烛尘于天津度过了其大部分青壮年时光。

李烛尘 1882 年 9 月 16 日生于湖南省永顺县毛坝寨。原名李华榗（音"见"），字竹承。1900 年春，参加永顺府会试，中秀才。1902 年秋，入常德西路师范学堂甲班就读，1906 年毕业。1912 年东渡扶桑留学，进入日本东京高等工业学校电气化学专业学习。1918 年夏，李烛尘从日本留学归国，进入天津久大精盐厂任技

李烛尘

师，1919 年任厂长，并改名"烛尘"。1921 年兼任永利碱厂经营管理部部长。1922 年起，与侯德榜轮流值年担任永利碱厂厂长。1922 年，提议成立中国首个企业科研开发机构黄海化学工业研究社。1937 年抗战爆发后，任"永久黄"团体迁川总负责人。

从那年到 1937 年永利久大内迁四川的近 20 年时间，李烛尘一直住在塘沽。入厂后，他先与陈调甫、杨子南等一起住在公司"法国大院"租用的宿舍，到 20 世纪 20 年代中期，才搬到新建的"塘沽新村"，与普通职员和工人住在一起。

四平东道 57 号李烛尘故居

睦南道 56 号李烛尘故居

1945 年李烛尘在范旭东逝世后，任久大精盐公司总经理和永利制碱公司副总经理；同年发起创办中国民主建国会，任民建中央常务理事。是年 9 月，李烛尘从重庆乘飞机至南京，又转乘火车回到天津。这时他住到了旧日租界浪速街（今四平东道 57 号）的一幢日式平房里（产权为久大精盐公司所有），该房是典型的日式建筑，为日式坡顶，砖木结构。有日式排子门、日式木地板、日式花纹地砖等。大公报主笔兼经理胡政之等，曾到此宅拜会李烛尘。在四平东道住了约两年时间，1947 年久大公司在镇南道（今睦南道 56 号）给李烛尘租了西式平房一所。这里共有 4 所连体平房，约建于 20 世纪 20 年代初。原是教会的产业，美国领事馆曾在这里办公，后转给个人使用。这是天津一处高档平房区，屋内采暖等配套设施十分齐备，但租金很贵，李烛臣在这里住了一年多。

1948 年，李烛尘搬到旧法租界 25 号路（今辽宁路 187 号）。这是一所二层小楼，位于与赤峰道、花园路交口之间。与之紧邻的是久大精盐公司天津总管理处办公楼，该小楼作为大楼配套工程同建于 1923 年，具有企业内部招待所的性质。整个建筑由中华兴业公司设计建造，为法国文艺复兴式建筑风格，大楼有罗马双柱。小楼的二楼上面原来有个石砌的小亭子，李烛尘当时住在二楼的一个套间里。

天津解放前夕，我党地下工作者曾来到这里会见李烛尘，希望他能为和平解放天津做些工作。为此，李烛尘先后找到当时天津市市长杜建时、天津市警察局长李汉元和天津警备司令陈长捷等，希望守军能放下武器。虽在陈长捷处碰了钉子，但他的工作仍收到了一定成效。1949 年 1 月 14 日天津战役攻城时，李汉元稳住了警察队伍，天津未发生大的混乱。李汉元因此得到了起义人员的待遇。

1949 年 9 月，李烛尘参加中国人民政治协商会议，当选为中央人民政府委员。翌年，参与创建民主建国会天津分会和天津市工商业联合会。1952 年 7 月，任民建中央副主委。转年 10 月，任中华全国工商业联合会副主委。1956 年 5 月，任食品工业部部长。1958 年 2 月，任轻工业部部长。1964 年，当选为全国政协副主席。第二年 2 月，任第一轻工业部部长。

天津解放后，李烛尘搬到马场道 202 号（今 102 号）居住。这是一座四层楼，共 8 间房。一层是车库，二楼是客厅和饭厅，三、四楼是起居室。该楼是安乐村公寓住宅的一部分，建于 1933 年，由意大利建筑师保罗·鲍乃弟设计，砖木结构，四层，为意大利连拱双柱古典式，巴洛克风格，有拱形门

辽宁路 187 号李烛尘故居

马场道 102 号李烛尘故居

洞，局部半圆花饰，墙上有兽头点缀。进楼有外跨楼梯，后门带平窨子。三楼有拱形外跨式大阳台。1951 年 12 月 28 日毛泽东主席曾到这里做客，使该楼成为李烛尘在津故居中最有名的一处。毛泽东与李烛尘相识于 1945 年重庆谈判期间，初次见面是在张治中的官邸"桂园"。毛泽东对李烛尘的爱国精神和民主立场十分赞赏，此后多次相见并结下深厚友谊。毛主席于 1951 年 12 月 27 日从北京来津参观华北区城乡物资交流展览会，抽空到李烛尘家作客。那天下午四五点钟。毛主席进家门前 10 分钟，李烛尘风尘仆仆从市工商联办公处（今花园路 10 号）赶回家，对接待事宜作了简单安排。由此可知毛主席要到李烛尘家作客是临时决定，否则李烛尘不会这么仓促。毛主席来时，天津市长黄敬亲自开车。随行人员有杨尚昆、罗瑞卿、滕代远和万晓塘等人。李烛尘站在二楼台阶，把毛主席迎进客厅。毛主席戴了一顶圆帽子，进到客厅落座后，就开始用那浓重的湖南口音与李烛臣谈话，他坐了四五分钟后，就背着双手在地毯上来回走，边走边讲。毛主席说到，李烛尘身兼的职务较多，每周要往北京跑两三次，往返奔波十分辛苦，希望李烛尘搬到北京去住。毛主席在百忙中到李烛尘家作客 20 来分钟就走了。

1955 年，李烛尘迁居北京，住东城区东总布胡同 1 号（后改为 5 号），直至 1968 年逝世。他共有三子三女，子孙后代现大多居住在北京和天津。

侯德榜故居

张绍祖

侯德榜（1890—1974），名启荣，字致本。福建闽侯县人。6岁由祖父侯昌林启蒙，1903年入福州英华书院读书，1910年毕业于上海闽皖铁路学堂，1911年以首选入北京清华留美预备学堂。1913年以10门功课1000分的优异成绩保送美国麻省理工学院化工科。1917年入哥伦比亚大学化学工程系学习。学习期间，侯德榜于1919年与正在美招聘设计人才的陈调甫相识并一见如故，应陈之邀，他参加了永利碱

侯德榜

厂的设计工作。1921年侯德榜提出毕业论文《铁盐鞣革法》，由哥伦比亚大学授予哲学博士学位。是年他得到永利创始人范旭东的赏识，应聘为永利制碱公司工程师。

是年10月，侯德榜返回祖国。1922年春节刚过，他便从福建赶到塘沽，着手永利碱厂的创建。当时世界制碱技术为苏尔维制碱集团所垄断。侯德榜在范旭东的支持下，呕心沥血，历经艰辛与曲折，终使永利制碱成功。1926年永利"红三角"牌纯碱获得美国费城万国博览会金奖，并被誉为"中国工业进步的象征"。

1927年，侯德榜担任永利制碱公司碱厂厂长兼总工程师。为了打破苏尔

维制碱技术的垄断，他把多年苦战得到的制碱经验公布于世，于 1933 年他的专著《纯碱制造》（英文版）在美国出版，为世界制碱工业作出了重大贡献，深为各国专家推崇。

永利制碱获得成功后，在范旭东的倡导下，为发展氨、酸工业，将永利制碱公司改为永利化学工业公司，并在南京六合县卸甲甸建设永利宁厂。1934 年侯德榜担任永利化学工业公司总工程师兼沽、宁两厂厂长。是年，侯德榜再次赴美组织设计，选购设备。回国后，亲临宁厂现场指挥工程安装调试，全身心地投入创建我国氨碱工业。1935 年 8 月中国工程师学会将首次颁发之荣誉金牌授予侯德榜。1937 年 1 月永利宁厂建成，是我国乃至亚洲第一座大型化工联合工厂，为我国化学工业发展奠定了基础。

不久抗日战争爆发，永利沽、宁两厂相继沦陷。侯德榜在国难当头之时，以复兴工业为大任，追随范旭东，组织技术力量，携眷迁川，在华西重新开拓化工基地，他出任永利川厂厂长兼总工程师。1938 年 8 月侯德榜又一次出国，组织川厂设计，采购设备。在抗日战争最艰难的岁月，侯德榜带领"永、久、黄"团体技术骨干，自行研究新的制碱工艺，历经 3 年艰辛、上千次试验，创造了制碱新工艺，1941 年 3 月被范旭东命名为"侯氏碱法"，为世界制碱技术作出重大贡献。1943 年 10 月侯德榜博士荣膺英国皇家学会化工学会名誉会员，此次授衔深得世界学术界的重视，为中国工业界之光荣。是年，侯德榜接受巴西政府和印度塔塔公司的邀请，考察资源，履勘厂址，设计碱厂，后协助修改碱厂布局，改进制碱方法，成绩斐然。印度塔塔公司聘请侯德榜为最高化工顾问，此举开中国制碱技术输出之先河。

1945 年 10 月范旭东先生逝世后，侯德榜被永利董事会推举为继任总经理。即着手公司复员及接收沦陷之永利沽、宁两厂工作。并向美国办理范先生生前十厂计划的贷款，主持湘厂设计，采购设备。1948 年 8 月"范旭东先生纪念奖章奖金评议会"一致公推侯德榜博士为首届人选，他谦辞不受，旋将全部奖金转赠中华化学工业会上海南昌路图书馆。

1949 年 5 月，侯德榜赴印度协助塔塔公司期间，上海解放。他得知共产党对永利事业的关心，深受鼓舞，归心似箭。回国途中屡遭反动派威胁利诱，几经辗转历时近 50 天回到北京，受到毛泽东主席的亲自接见和周

解放南路 323 号侯德榜故居

恩来总理的专程看望。9 月出席中国人民政治协商会议，当选为第一届全国政协常委委员。1950 年任中央财经委员会委员、重工业部化工局顾问、中华全国自然科学专门学会联合会副主席。1951 年任中国化学会理事。

1952 年永利化学工业公司实行公私合营，侯德榜任总经理。1953 年当选为"民建"中央常委。1954 年当选为第一届全国"人大"代表。1955 年受聘为中国科学院技术科学学部委员。1956 年担任中国化工学会筹委会主任。1957 年侯德榜经何长工、赖际发介绍参加了中国共产党。1958 年任化学工业部副部长。是年担任中国化工学会理事长。

新中国的建立，为侯德榜实现振兴化学工业创造了前所未有的条件。1951 年党和政府支持他在大连开展"侯氏碱法"的试验，历经 10 年的努力，于 1961 年建造了我国第一座大型"侯氏碱法"工厂并通过国家鉴定，不仅为中华民族争得荣誉，同时将世界制碱技术推向新高峰。

侯德榜从 20 世纪 50 年代起就注重化肥产品的研究，1965 年荣获国家科委颁发的"碳化法合成氨流程制碳酸氢氨"的发明证书。为我国农业的发

塘沽侯德榜故居

展作出了重大贡献。侯德榜在科学技术上治学严谨，勇于实践，善于总结。同时勤于笔耕，先后在国内外出版过 10 部专著，发表过 70 余篇文章，为世界科技文献宝库增添了财富。

其中最珍贵的是 1958 年他利用"休养"的机会日夜辛勤编撰的巨著——《制碱工学》。全书分上下两册，近 80 万字，是他一生从事制碱科学实践的结晶，该书于 1959 年国庆 10 周年前夕在北京出版，是我国及世界制碱工业的经典著作。

1974 年 8 月 26 日侯德榜博士因患脑溢血，病逝于北京，终年 84 岁。

侯德榜一生不仅用他的知识和技术增进祖国的物质文明，也以他那艰苦朴实、勤奋进取、无私奉献、执着爱国的高尚情操给祖国精神文明增添光彩，堪称我国知识分子之典范。著名科学家周培源教授将侯德榜博士的一生高度概括为"科技泰斗，士子楷模" 8 个大字。

侯德榜故居坐落在塘沽区永利新村 5 条 24 号（原 34 号）一所宅院。宅舍建于 1932 年。前后两院，占地 242 平方米。房屋为砖木结构双坡顶平房，有卧室、书房、客厅、浴室、杂房等，建筑面积 184 平方米，产权属永利碱厂（现天津碱厂）。侯德榜在津故居坐落于解放南路 323 号，为三层砖木结构小洋楼。

范旭东故居

张绍祖

范旭东（1883—1945），原名源让，字明俊，湖南湘阴县人。祖父为直隶大兴县知县，素以清廉正直闻于时，父以教书为业。其幼年丧父，随母谢氏和兄长源濂到长沙定居，生活十分贫困。一度投身保节堂，靠慈善机构供养度日，1894 年范旭东入长沙北乡捞刀河吴镜蓉馆就读，经常到求贤书院阅读进步书刊，接受新思想。

范旭东

其兄范源濂曾与蔡锷同时就学于梁启超主讲的长沙时务学堂，因学习勤奋，深受梁启超器重，兼理该学堂事务，半工半读，以赡养老母和培育幼弟源让读书。戊戌变法失败后，范源濂被迫东渡日本留学。1900 年，范源濂回国准备参加汉口举义，抵长沙后遭追捕，恐株连幼弟范源让，便带领源让东渡日本。源让到日本后，先入清华学校学日语，1905 年毕业于歌山中学。同年考入岗山第六高等学堂。1908 年考入京都帝国大学理学院学应用化学。在日留学期间，范源让目睹日本明治维新后国强民富，而当时中国受列强欺凌，国弱民穷，立志创办中国化学工业，以实业救国。为表达自己的雄心壮志，改名范锐，字旭东。

1911 年 10 月范旭东毕业回国。先在铸币厂负责银元的化验分析，因不

范旭东故居位于
日租界宫岛街（今鞍
山道）太和里

满官场腐败，愤而辞职，后到财政部任职。当时中国资源丰富，但因盐政腐败，食盐不洁，造成洋盐盈市。当时政府对盐政有改革之意，范旭东被派赴欧洲考察盐政，并了解盐碱工业状况。回国后，他以改革盐政为目的，着手改良盐质。他与景韬白等人共筹股金5万元，于1914年7月在塘沽创办久大精盐公司，开创中国化工事业之先河。久大精盐，自产自销，深受百姓欢迎，事业得到迅速发展，获利丰厚。范旭东在工商界初露头角。

第一次世界大战爆发后，欧亚交通阻塞，碱来源中断，售价倍增，国计民生受到很大影响。范旭东决心在精盐成功之基础上，进而用盐制碱。1917年冬，范旭东与陈调甫、王小徐3人在天津日租界宫岛街（和平区鞍山道）太和里自己家中采用苏尔维法制碱试验获得了成功。1918年11月，由范旭东等7人发起，在天津召开创立"永利制碱公司"大会。1920年9月经农商部批准并注册。从1917年冬制碱试验成功起，历经10年坎坷创业历程，终于在1926年生产出优质"红三角牌"纯碱，获得国际金奖殊荣，从而创建了中国的制碱工业。

范旭东重视科学，深信"事业的真正基础是人才"。从创办久大、永利开始就广泛招揽人才，聘用李烛尘、陈调甫、侯德榜等一批有真才实学的技术人员。1922年8月又创办"黄海化学工业研究社"，聘请孙学悟（颖川）为社长。1923年范旭东得标日人青岛盐田，组织永裕盐业公司，并争得青盐输出权。1927年为纪念其兄，在北京创办"静生生物研究所"，聘请专家鉴定中国植物种类，为我国生物科学发展作出贡献。

范旭东十分热衷于学术活动和教育事业，曾担任中国自然科学社理事达30余年，曾受国民政府中央研究院的聘请担任评议员达10余年，曾被推选为中华化学工业会副会长、中国化学会副理事长。他还是天津南开大学和湖南私立隐储女校的校董。他对南开大学化学系和经济研究所捐赠过奖学金，以鼓励优秀学生。

1928年9月范旭东在塘沽创办《海王》旬刊，为"永、久、黄"团体的喉舌。从1933年该刊在范旭东的主持下制订了"四大信条"：一、在原则上绝对相信科学；二、在事业上积极地发展事业；三、在行动上宁愿牺牲个人，顾全大局；四、在精神上以服务社会为最大光荣。以此形成永久团体精神，为我国企业精神的先导。从1928年至1949年，《海王》旬刊累计出版600多期，范旭东先后亲自为该刊撰稿逾百篇。

1934年3月，范旭东改组机构，成立"永、久、黄"联合办事处，并筹措资金，于1936年在南京六合县卸甲甸建设永利硫酸铵厂，实现中国基本化工之两翼——酸、碱工业。在此期间，范旭东与他人合作在南京创办全国化学工业社；在上海创办中华造船厂，在天津组建河北经济协会等，并由永利主办中国工业服务社。

1937年七七事变后，塘沽久大、永利两厂遭日寇劫占，范旭东拒绝与日本侵略者合作，表示"宁举丧，不受奠仪"，决定永久团体内迁至四川自流井、五通桥，重建永、久、黄事业，建设华西化工基地。入川后，1938年范旭东担任国民参政会参政员，为迁川工厂联合会发起人。范旭东亲自率领在川同仁，建设久大自贡盐厂，植物炼油厂，玻璃厂，砖瓦厂，陶瓷厂和煤矿，打深井开采黑卤，以支持大后方军需民用。1941年11月，又赴美考察，

永利碱厂创始人范旭东与侯德榜合影

采购设备和白辆汽车，自主开办运输部。1944 年创办"海洋化工研究社"，以开发海洋资源。1943 年，日寇溃败在即，范旭东非常振奋，亲自拟定了"十厂计划"，期待抗战胜利后扩充塘沽碱厂，修复南京宁厂，完成四川合成氨厂工程，建设五通桥硝酸厂，并建设青岛电解厂以及株洲炼焦厂、玻璃厂、水泥厂等，使中国化工成龙配套，自成体系。为实现此宏愿，范旭东四处奔波，筹措资金，并亲自赴美华盛顿进出口银行签订了 1600 万美元的信用借款合同，期待战后积极筹划，为中国化学工业人干一番。但终因得不到国民党政府的担保未能成功。范旭东看到国民党政权的腐败无能，断言："中国的未来要靠中国共产党才有希望。"

范旭东先生终因辛劳过度，忧愤成疾。1945 年 10 月 4 日，在重庆沙坪坝寓所逝世，享年 62 岁。他临终留下遗言："齐心合德，努力前进。"当时正在重庆与国民党谈判的毛泽东，为他题写了"工业先导，功在中华"的挽联。周恩来代表毛泽东亲往南园吊唁，敬献了与王若飞合写的挽联："奋斗垂卅，独创永利久大，遗恨渤海留残业；和平正开始，方期协力建设，深痛中国失先生"。

周叔弢故居

金彭育

周叔弢先生 1891 年 7 月生于江苏扬州，祖籍安徽东至，原名暹，字叔弢，老年自号弢翁。

他在天津有两处故居：一处为桂林路 16 号，从 1939 年至 1954 年，他在这里居住了 15 年；一处为睦南道 129 号，从 1954 年至 1984 年周叔弢先生逝世，他在这里共居住了 30 年。

周叔弢先生是我国著名的民族实业家、忠诚的爱国主义者和古籍文物收藏家。他是清末两广总督周馥之孙，幼读私塾，后自学英文。

周叔弢

1919 年，在他 28 岁时，随其四叔周学熙经营实业，历任青岛华新纱厂专务董事、唐山华新纱厂和天津华新纱厂经理、启新洋灰公司总经理等职，是北方民族实业界的代表人物。解放战争期间，我党地下工作人员与周叔弢先生有秘密接触。天津解放前夕，周叔弢在民族资产阶级上层人士中宣传党的工商业政策，影响较大。1949 年 9 月，周叔弢先生赴京参加中国人民政治协商会议第一次全体会议，被选为全国政协常委。1950 年，中共天津市委书记黄敬请他出任天津市副市长，周先生欣然应允。他在副市长的岗位上努力工作，为天津的城市建设作出了积极的贡献。从 1954 到 1983 年，他被选为历

位于睦南道 129 号的周叔弢故居

届全国人大常委、天津市工商联主委、全国工商联副主席、天津市人大常委会副主任等职。1983 年后任全国政协副主席。

作为著名的古籍文物收藏家，周先生集毕生精力搜购善本图书和金石文物。在故居内进行了大量的收藏、考证、校勘、题跋、影印工作，为保存发扬祖国文化遗产作出了突出贡献，在学术界声誉卓著。他曾以 1 万元的高价收购险入日本人之手的石涛《巢湖图》《东观余论》，捐赠给北京图书馆。他在桂林路寓所为日后藏书的保护写下遗嘱，嘱咐他的儿孙"四海澄清，宇内无事，应举赠国立图书馆，公之世人，是为善继吾志"。新中国成立后，他亲自实现了这一夙愿。从 1952 年到 1982 年的 30 年中，他先后 4 次将其珍藏的古籍图书 4 万余册、文物 1000 多件捐献给了国家。其中包括他珍藏多年的宋、元、明精椠、名钞，精校的珍本，清代活字本书和敦煌卷子。周叔弢先生这一爱国行动，受到国家的褒奖，人民的赞扬。1984 年 2 月 14 日周叔弢先生逝世，终年 93 岁。逝世前他曾留下遗嘱：将献书奖金所购国库券

1.5 万元及定期存款 1 万元，全部献给国家。

1935 年 6 月，周叔弢先生以"诗礼堂"名义在天津旧英租界 66 号路（现桂林路和重庆道交口处）购地 2.7 亩，1938 年在该地由谭真工程师设计，鸿记建造厂承建一幢砖混结构的西式楼房，占地 1.4 亩，余下地块卖给他人。该楼三层，八楼八底，建筑面积 998 平方米。楼内有住房 27 间，一楼饭厅；二楼为卧室；三楼主要用于藏书和贮物。楼内木地板、木楼梯、双槽窗，有暖气设备和卫生间。院门为两扇铁门，院内花木扶疏，景色宜人。1954 年 6 月，周先生将这所楼房卖与中央音乐学院，曾供苏联专家住用，而后由河北省文化局使用。河北省会迁石家庄后改由廊坊地区办事处使用。1976 年该楼震损严重，由使用单位在原地重建为四层办公楼，现由廊坊地区办事处招待所使用。

1954 年，周叔弢先生迁居到睦南道 129 号居住。这处寓所是一幢二层别墅式楼房，建筑显得平易简朴，楼房和院落紧凑而又舒展。一楼是客厅、饭厅，二楼是卧室和办公室。周先生虽九十高龄，但仍然精力旺盛，热情工作，拥护改革，支持新生事物。在这幢朴实无华的小楼里，周先生度过充实的晚年。

毕鸣歧故居

张绍祖

毕鸣歧

毕鸣歧（1902—1971），字凤岗，山东利津人，是著名爱国实业家。他是一个农民的儿子，毕业于济南德育师范学校、山东济宁中西中学。1925年夏，毕鸣歧毕业后，先在济宁找了一个小学教员的工作，不久经友人介绍临时到济南德商德孚洋行当职员。后来，他去了沈阳，到挪威洋行任德语翻译。1926年秋又到北京德孚洋行任文书。翌年初，他重返沈阳，先在福康公司任翻译。在任职中，他有一天在报纸上看到德商礼和洋行招聘德语翻译。

他立即去毛遂自荐，结果中选，月薪为80元。3年中，他五易其职，勤奋好学，其精湛的德语和娴熟的外贸业务才华尽得发挥。1927年冬，他初露的锋芒被挪威凯利洋行总经理看中聘为华经理，从此开始了他的买办生涯。1928年6月，毕鸣歧到哈尔滨任德商福茂洋行华经理，月薪200元。福茂洋行的生意十分兴隆，毕鸣歧的声誉和地位也随之得到提高。

1931年，日本帝国主义悍然发动了"九·一八"事变，基于民族义愤，出于爱国爱民，毕鸣歧积极参加抗日活动，引起了日本特务的注意，随时都有被捕的危险。幸亏好友的密告，他于是年冬秘密回到了济南。1932年4月经人介绍，毕鸣歧转赴张家口，应聘德商德华洋行任华经理，负责进出口业务，并同察哈尔军政当局进行联络。1932 年间，他曾利用德华洋行的运货汽车，掩护过共产党的高级干部高岗过境赴苏联。1933 年春，日本侵略者攻占热河，向河北、察哈尔进犯。是年 5 月 26 日，冯玉祥将军在张家口成立"察哈尔民族抗日同盟军"，毕鸣歧经同乡好友石敬亭介绍，结识了冯玉祥、吉鸿昌、鹿钟麟等人，并受到冯玉祥将军的器重，被委任为少将军衔咨议，做些经济工作。毕鸣歧以德华洋行华经理的身份积极参加募捐活动，支援抗日同盟军的抗日救国斗争。1934 年，蒋介石敌视抗日同盟军，派他的嫡系部队包围张家口，逼走了冯玉祥，毕鸣歧只好再次回到济南。

毕鸣歧旋即出任上海德商孔士洋行机械部副经理。不久，毕鸣歧应上海孔士洋行之聘北上筹设天津孔士洋行，担任华经理，毕鸣歧初来天津开办孔士洋行时，并无固定资金，开办费仅 1500 元，但由于他长袖善舞，依靠英商汇丰银行给以资金周转的支持，再加上他善于广泛交际和经营有方，使该洋行在业务上打开局面，生意兴隆，获利甚丰。当时，业务成交均采合同方式，大笔交易概由他亲自出马，营业额每年在一二百万以上。毕鸣歧除了每月支领高额薪金外，还分享外商兑付的 2%—5% 的销货回扣，使他获得巨额收益，每年收入数万元。

那时，洋行华账房都利用自己的优越地位，单独经营进口业务，毕鸣歧当然也不例外。他另立一个字号叫"永兴顺"，通过孔士洋行从美国进口生铁、蜡料、黄白凡士林、汽车零件和五金工具等，按国际价格给孔士洋行 2%—5% 的佣金。不到 10 年时间，他赚了大钱，他的不动产，多是这时候购置的，在天津有楼房 5 所，厂房用地和住房基地近 20 亩。他在北京武生侯胡同买进一座豪华平房住宅，房屋共有 99 间，内部设施讲究（1955 年，他将这所住宅送给天津市政府作为招待所使用）。他还存有黄金 100 多条。这一切为他后来自办企业奠定了雄厚的物质基础。

1946 年 1 月 1 日，他在天津独家出资 10 万余元创办了华生生贸易行。行址在十区（今和平区）大同道 44 号。从此，他结束了买办生涯，开始了

常德道 50 号毕鸣歧宅邸

自己经营外贸业务。华生生贸易行主要是与德国和美国做生意，其经营方式和品种，基本上与孔士洋行相同，并沿袭了孔士洋行的国外业务渠道。1945年至1948年这一段，华生生贸易行的业务兴旺发达。随着他的进口业务、加工业务的发展，毕鸣歧在天津工商界的声誉和地位日益提高。毕鸣歧因众望所归，1948年初被同业选为天津市进出口同业公会理事长，是年4月，当选为天津市商会会长。

1948年11月初，辽沈战役取得伟大胜利。11月23日，东北野战军主力开始向关内进发，完成平津张唐作战计划，当时平津解放已是大势所趋，指日可待。当时毕鸣歧在去或留的十字路口上犹豫不决。在这关键时刻，毕鸣歧的同学，中共地下党员王华庭找到了他，向他宣传共产党保护民族工商业的政策，解除了他的顾虑，坚定了留下来等待解放的信念。此时，他正通过一个白俄作代理人，与美国定货做一笔较大的生意，因天津即将解放代理人将货发往台湾，毕鸣歧承受了巨大的经济损失，但他留下来的决心毫不动摇。解放前夕，毕鸣歧掩护中共地下党员王华庭，将王安置在自己家的一间小书房里居住，并为王在华生生贸易行安排了一个合法的职员身份。当时，两人经常促膝谈心，使毕鸣歧了解到党的基本政策，留下来的决心愈加坚定。1949 年 1 月 11 日，毕鸣歧偕同工商界名流李烛尘、朱继圣、杨亦周等人，到杨柳青会晤"四野"参谋长、天津前线司令员刘亚楼，表示天津市各界人士欢迎解放军进城。

　　1949 年 1 月 15 日，天津解放，人民获得新生，毕鸣歧的人生之路也揭开了新的一页。是年 7 月 27 日，华生生贸易行向有关部门进行了商业登记的申请。新中国成立后，毕鸣歧受到党和政府的信任与重用。建国初，他先后任天津市商会整理委员会主任委员、天津市进出口同业公会主任委员、天津市政府财政委员会委员，1950 年 1 月 17 日，在天津市第二届各界代表会议上当选为天津市人民政府委员。后来，他先后当选为天津市副市长、政协天津市委员会副主席、天津市民建副主任委员、天津市工商联主任委员、全国工商联副主任委员、全国人大代表等职。他竭尽全力为发展民族工商业、振兴社会主义经济而不知疲倦地工作和无私进行奉献。

　　1951 年 10 月 5 日至 11 月 20 日，受中共中央华北局委托，天津举办了规模盛大的华北区城乡物资交流展览会，毕鸣歧积极参加筹备工作。毕鸣歧在积极发展民族工商业的同时，还积极参加各项社会活动。1950 年 10 月，美军入侵朝鲜。是年 11 月 30 日，时任天津工商联副主委的毕鸣歧和主委李烛尘等一起领导天津市全体工商业者，举行了抗美援朝示威游行大会。1953 年他代表天津市工商界参加了华北人民赴朝慰问团，贺龙元帅任总团长，他任副总团长，慰问了最可爱的人——中国人民志愿军。毕鸣歧具有高度的爱国主义思想，他积极带头捐献飞机大炮和认购公债。在伟大的抗美援朝运动中，他率先捐献飞机 1 架，大炮 5 门，并带动民主建国会天津分会和工商业联合会的会员及单位捐献飞机达 16 架、大炮 3 门、高射炮 2 门。在他的积极带动下，民建天津分会总计捐献 227692620 元。在 50 年代认购公债时，每次认购的金额他都为全市之最。他本人及其所经营的企业，累积认购公债达 20 多万元，在工商界中起了很好的带头作用。

　　1954 年 10 月，毕鸣歧积极响应党和政府的号召，申请将他独资经营的新民化工厂实行公私合营。该厂当时是国内为数不多的生产硫化蓝染料的专业厂，是天津市私营企业中第一批实行公私合营的单位。1956 年 1 月初，天津市私营工商业社会主义改造进入高潮，工商界组成资本主义工商业社会主义工作队，协助政府推动全市工商行业做好全行业合营工作，毕鸣歧担任副总队长。与此同时，还成立了工商业家属工作队，毕鸣歧夫人戴翙英为副大队长。是年，全行业公私合营时，毕鸣歧担任国营天津畜产分公司经理。毕鸣歧曾代表天津市工商界向毛主席报喜，受到毛泽东、刘少奇、周恩来等党和国家领导人的接见。同时，戴翙英代表天津市工商界家属向毛主席呈递了决心书，也受到了毛主席及党和国家其他领导人的亲切接见。以其夫人戴翙英为首的 10 位工商界家属还精心编排了报喜剧《十大姐》进京演出，曾轰动一时。至今毛主席亲切接见的照片还摆在戴翙英的居室里。

　　毕鸣歧一生热心公益事业，资助教育事业。1948 年 4 月，毕鸣歧与进出口同行公会同行捐资创办了天津市十区第十　保国民学校（今天津实验小学）。毕鸣歧热心幼儿教育事业，他将自己在常德道 50 号的一所楼房捐献出来供国家开办幼儿园。1952 年他的夫人戴翙英腾出自己住所的一间半房办起了家庭妇女联谊会托儿站。这两所托儿所全由戴翙英负责管理，共收托儿 100 余名，是天津最好的托儿所之一，经常接待外宾参观。从那时至今，戴翙英一直从事幼教事业，1956 年曾当选为民建家属会员优秀工作者。她现已耄耋之年仍是天津市兰园保育院名誉院长。

　　1957 年整风反右运动时，在"左"的思想指导下，1958 年毕鸣歧被错划为右派，1961 年摘掉右派帽子。曾为天津市政协文史资料委员会，撰有《天津的洋行与买办》一文，文章回顾了天津洋行的扩展与买办关系的演变，介绍了天津洋行与买办活动的内容，还记述了自己的买办生涯。但在"文化大革命"中，他又遭林彪、江青反革命集团的残酷迫害，于 1971 年 5 月 15 日含冤逝世。1978 年党的三中全会后，为他平反昭雪，恢复名誉。1981 年 9

月 17 日，中共天津市委统战部为他举行了隆重的追悼会和骨灰安放仪式。由天津市副市长李中垣主祭，副市长、市民建主委、市工商联副主委王光英致悼词。他的骨灰被移放到天津市烈士陵园。

大理道 63 号毕鸣歧宅邸

毕鸣歧宅邸在津有多处，现介绍三处：

一是英租界克伦玻道（今和平区常德道 50 号），为英式二层庭院式砖木结构建筑。

二是英租界新加坡道（今大理道 63 号，旧 135 号，市台盟）。这是一所二层砖木结

常德道 78 号毕鸣歧宅邸

构楼房，于 1943 年以永兴顺毕记名义购置，1946 年登记时更名为毕鸣歧。全所占地 0.679 亩（折合为 452.67 平方米）。自 1988 年，由市台盟和台联办公使用。1994 年由政府购买，为公产。

三是英租界克伦玻道（今和平区常德道 78 号）。毕鸣歧生前长期居住在这所西式平房内。该宅邸系他于 1944 年 10 月以永顺堂毕名义购自玉德堂苏的房产，转年赠与其子毕守藩所有。占地 1.375 市亩（916.67 平方米），建有琉缸砖大筒瓦尖顶西式平房 13 间，砖灰平顶房 5 间，设有卧室、会客厅、餐厅、厨房、卫生间、锅炉房、杂房等，总建筑面积 275 平方米。室内装饰讲究，木地板，三槽窗，卫生和采暖设备俱全。院内西北侧有增建的一排临时建筑，由其亲属经营"华生生实业公司"。该房现仍为毕鸣歧之亲属私有住宅。

范竹斋故居

张绍祖

范竹斋（1869—1949），名安荣，天津人，祖籍山东范县。17岁入天津双福成广货庄学徒。1901年任景德和棉纱庄驻沪经理。1906年与金桂山、潘耀庭伙设瑞兴益棉纱庄，任经理。1913年合资在津开设同益兴纱庄，任经理，后改为独资经营。

1919年范竹斋参与集资创办北洋纱厂。北洋纱厂是由天津敦庆隆号纪姓商业资本家联合隆顺、隆聚、同益兴、瑞兴益、庆丰益、万德成共7家棉布商号创办的。其中，同益兴是范竹斋独资经营的纱庄、瑞兴益是范与他人合营的棉纱庄。北洋纱厂订购美国纱锭25000枚，1921年在挂甲寺厂址安装投产。当时，他们有一个发展规划，打算以北洋为起点，继续发展下去。于是，把这个纱厂命名为"北洋商业第一纺织股份有限公司"，名称中的"商业"和"第一"的字样，是由于他们是商业资本家，用以区别于当时中国的官办和官僚资本的企业，同时还准备继续兴办第二、第三……公司，所以才起了这个名字。1928年后范竹斋曾任北洋纱厂经理。但严酷的现实是：由于第一次世界大战结束后，帝国主义的经济侵略卷土重来，在这样一个强大的经济势力的压迫下，再加上北洋军阀对民族工商业的摧残，事与愿违，他们的发展规划不仅落了空，就连他们建起来的第一纺织公司也危在旦夕，难以自保。从经济力量上来讲，他们不能与外资抗衡；从生产技术及经营管理上来讲，他们又相形见绌，以致企业一蹶不振，被迫招集新股以资继续维持。

1930 年，北洋纱厂由以军阀张作霖作靠山的章瑞亭独资经营，改称"北洋新记商业第一纺织公司"，范竹斋等人也就退出了股份。

1928 年范竹斋开办靖源隆纱布庄，不久，又开办嘉瑞面粉厂，另为余丰厚，余生生厚棉纱庄股东，福安信托公司资东。"番纸"代号为竹记，被称为天津"纱布业八大家"之一。

1932 年应法商东方汇理银行之聘，范竹斋主持华账房事务，他是东方汇理银行华账房第五任经理。东方汇理银行是一家殖民地银行，成立于 1875 年（清光绪元年），总行设在法国巴黎，却作为越南的中央银行。总资本为 800 万法郎，后增至 15750 万法郎，朱诺斯为董事长兼总经理。1894 年在香港设立分行，1899 年在上海设立分行。后在天津、汉口、北京、广州等地设立分行。该行在我国发行钞票总额为 96500 法郎，折合我国银元 19300 万元。天津分行于 1907 年开业，经理褒屈朗，行址在法租界中街（今解放北路原天津艺术博物馆）。该行华账房第一任经理魏莲舫，第二任经理林继香，系张勋的管家，实际上是张勋出资，林继香管家，第三任经理訾质甫，第四

赤峰道 76 号范竹斋故居

任经理齐莲洲。范竹斋作为第五任经理于 1949 年逝世，但该行在解放后仍继续营业，一直到 1955 年申请歇业。

范竹斋喜好书画。1978 年，天津市发现了张大千于 1938 年 3 月为天津著名企业家范竹斋画的巨制《十二条临古山水画》，新华社向海外播发了这一消息。

范竹斋的宅邸，俗称"范家大院"，在法租界丰领事路（今和平区赤峰道 76 号，天津市农资公司、天津市农机公司）。这是一座通道式的别有特色的建筑。靠赤峰道的一面为带门洞的三层砖木结构楼房，中二楼较低。进入大院，三面都是带半地下室的二层砖木结构楼房，每座楼房前，都有一个十磴的宽条石台阶，十分壮观。二楼有畚箕型三面相通的楼道，楼道外侧有瓶柱式的外装饰，楼道有玻璃窗和百叶窗。在院子的东北角有一座与整体建筑和谐相通的圆亭式建筑。外有 8 棵柔和秀丽的爱奥尼克式柱。屋内成半圆形，花砖铺地。楼顶平台有个造型奇特的圆形石头亭子。靠东面楼房的平台上还有一间房了形成了局部的三楼。范竹斋在城里的故居位于西门内大街达摩庵胡同东。范竹斋还在天津法租界梨栈大街（今和平路）购置大片地皮，兴建竹远里、大安里、大庆里大片门面铺房和住房，并在城内鼓楼大街建住房百余间。

宋棐卿故居

金彭育

提到"抵羊毛线"，全国闻名。提到"东亚厂"，天津尽人皆知。说"抵羊"，道"东亚"，不能不谈到近代天津实业救国的代表人物宋棐卿。

宋棐卿，本名显忱，字棐卿，山东省益都县人，生于1898年。18岁齐鲁大学肄业，后转入燕京大学，1918年去美国留学。1921年归国开始经办实业。宋棐卿创办实业的历史，几经跌宕，几经沉浮，其走过的道路，可以说是中国民族工业发展的缩影。

宋棐卿

宋棐卿的祖父宋光旭是山东省益都县城西龙山峪宋王庄一个穷苦农民。其父亲宋传典先是在英籍牧师库林的基督教堂当门房，后成为基督徒。他在教会的资助下经过刻苦攻读，成为青州学堂教员。而后经营实业，生产和出口发网发了大财，成了富翁，并当上了山东省国民议会议长。宋棐卿是宋传典的长子，1921年，他从美国考察工商业之后回到山东，以其知识和聪明才干，欲大展抱负，他决心发展民族工业，走实业救国之路。宋传典在山东济南卷入一场政治旋涡，时任山东省政府主席的陈调元，下令封存其全部资产，并通缉宋传典。最后经一年多的上下打点才把通缉令撤销，宋传典却在听到这个好消息时因过度兴奋而导致脑溢血去世。

马场道 116 号宋棐卿故居

位于睦南道 84 号的宋棐卿故居

在宋家遭打击之时，宋棐卿正在天津苦心经营德昌洋行。经考察研究，宋棐卿决心生产当时中国还不能生产的毛线，以此为突破口，从事民族工业。1926 他派其弟宋宇涵赴美专攻毛纺织技术。为安全着想，宋棐卿选定天津租界设厂，其原料、煤电均有充足供应，另有水陆交通运输之利。宋棐卿以招股方式组建股份有限公司。筹集资金 23 万元，其中山东省政府主席韩复榘以其子名义入股 5 万元，其部下 20 师师长孙桐萱以其夫人名义入股 5 万元，其余为自筹款。解决了资金问题后，又从上海聘来了曾留学法国学纺织的张汉文工程师。宋棐卿首先在天津意租界租了 15 亩地的厂房，又购置纺纱机，并于 1932 年 4 月 15 日成立了"东亚毛呢纺织有限公司"，宋棐卿任总经理，赵子贞、宋宇涵任副理。为了称雄东亚，在工业界一展抱负，宋棐卿进行了不懈的努力。宋棐卿感到产品质量对企业生命的重要，他决定重新进口设备并采用澳洲毛条，以纺出高质量的毛线，从而实现他实业救国的理想。

1931 年"九一八"事变以后，日本加紧了对中国的侵略与掠夺，中国人民抗日情绪高涨，各界群众纷纷抵制日货。宋棐卿面对中国市场上洋货充斥的现状，决心创造国内生产的国货名牌，与洋货竞争。经反复研究，决定以响亮的"抵羊"二字为自己产品的商标，隐含"抵洋"之意。确定了商标，狠抓产品质量、数量，又由副理赵子贞到南京游说，说动了时任实业部长的孔祥熙，对国货"抵羊"毛线予以免税。获得免税后，在宣传上大力投入，广造舆论，报刊、电台、电影院、幻灯片、大型广告牌霓虹灯及马路游行等方式都用上了。大力宣传的结果使"抵羊"毛线家喻户晓，全国闻名，销路大增。

初步的胜利使宋棐卿踌躇满志，雄心勃勃，他决心扩大生产，使"东亚"成为名副其实的第一流企业。但扩大生产，资金何来？宋棐卿决定在社会上广泛招股。其股东最多达万余户，遍布全国各地和各个阶层。其中军政界人物有孔祥熙、韩复榘、谷良民、孙桐萱、赵丕廉等；天津工商界有纪华、赵真吾、王文典、王雨生；金融界有陈光甫、资耀华、俞君飞、章以吴；教育界有张伯苓、林济青、刘芳；医务界有丁懋英、王同安、王韶亭；以及傅泾波、徐世章、杜之绅等人。1935 年 4 月，宋棐卿在商战中打败竞争对手后，筹建新厂。为安全起见，他把厂址安排在英租界内，地点在登百敦道（现云南路），共 40 亩地，请天津著名工程师谭真设计厂房。1936 年，新厂全部竣工，设备齐全，机器先进，使"东亚"成为天津民族工业中的佼佼者。

"东亚"的成功，是与宋棐卿独到的经营管理分不开的。他在全盘继承其父的管理经验基础上，又吸收了欧美企业先进的管理经验，创造出了自己的既有封建因素，又有资本主义特点的管理办法。他用人唯贤，重视人才，并注重培养人才，提高素质。

1937年"七七"事变后，天津遭日军铁蹄践踏，"东亚"在夹缝中挣扎了8年，多次陷于困境。虽然最后总算生存下来了，但到1948年，"东亚"已是奄奄一息了。

1949年1月15日，天津解放了。军管会派工作组进驻"东亚"，帮助"东亚"尽快恢复生产。天津解放不久，刘少奇同志来天津视察时，曾到"东亚"公司参观，又找宋棐卿谈了一次话，鼓励他发展生产。

1950年，宋棐卿由于对党的政策不理解，怀有疑虑，去香港未归，后去了南美的阿根廷。1956年因生活拮据，心情郁闷而客死异邦。

宋棐卿在1935年筹建新厂期间，于1937年在马厂道（现马场道）购建寓所一处，为二幢英庭院式楼房，砖木结构，共2018平方米。红砖清水墙，红色半圆筒缓坡瓦顶，四周出檐，设大面积钢窗，入口为方门，上筑雨厦。二楼阳台设铁护栏。此寓所院落宽敞，呈园林式格局，楼四周登几层台阶有带矮墙的平台，冬暖夏凉。此地现为和平区第九幼儿园，门牌是马场道116号。另一处故居在睦南道84号，英庭院式，现为民居。

吴鼎昌故居

张绍祖

吴鼎昌（1884—1950），字达铨，祖籍浙江吴兴县，父一辈才迁到四川，定居在达县，1884年吴鼎昌就出生在那里，所以字达铨。他在兄弟三人中排行老二，当时达县又叫绥定，所以其弟叫德绥。四川华阳是他们兄弟成长的地方。吴鼎昌出生官宦家庭，其父在四川绥定府署作幕僚17年之久，后在成都定居作寓公，置有田宅。吴鼎昌十六七岁考中华阳县秀才，入成都客籍学堂读书。1903年官费留学日本，入东京高等商业学校，1905

吴鼎昌

年加入同盟会。留学期间吴鼎昌曾自作主张要迎娶一位日本女士为妻，当时吴家为此掀起轩然大波。当时全家都反对这门婚事，但吴鼎昌毫不退让，执意要自定终身，而且一定要那位日本女士作正房。最后家里执拗不过，只好遂了他的心愿。

1910年吴鼎昌回国，获商科进士，执教于北京法政学堂。回国后，他又与家中原定的夫人结了婚。这位中国太太虽进门较后，却名义为原配，吴在宁、在黔、在渝服官时，始终由这位中国太太作为"内助"。吴鼎昌后任中日合办本溪湖铁矿局总办，又赴东北辅助三省总督，不久又调任江西大清银行总

1952年，孙犁在多伦多道216号天津日报社宿舍大院（吴鼎昌故居）与郭小川、李冰合影

办。1911年辛亥革命后，吴鼎昌当选为全国工商会议副议长，参加进步党。

1912年以后，历任中国银行正监督、袁世凯造币厂监督、黎元洪中国银行总裁、天津金城银行董事长、盐业银行总经理、内政部次长兼天津造币厂厂长。1922年1月，任盐业、金城、中南、大陆四行储蓄会主任，成为金融集团的首脑。1926年盘购天津《大公报》，自任社长，并兼《国闻周报》社及国闻通讯社社长，又组织《大公报》新记公司。

吴鼎昌于20年代前后为其日本妻子在津日租界福岛街（和平区多伦多道216号）建造花园式私邸劬园。园取名于张衡《归田赋》："虽日夕而忘劬"。庭院为中国传统造型，有雕花照壁，太湖石假山，小桥流水，环形长廊，曲折凉亭等，小巧雅致，富有江南园林韵味。建筑为砖木结构硬山平房，其左侧筑有六角形穹顶堂屋，造型为典型的日本传统风格建筑。园内建筑总面积1238平方米。此宅解放后曾为天津日报社宿舍，今已拆除改建。

1926年7月至1937年，先后任国民政府财政委员会委员、国民经济建设运动总委员会委员、全国钢铁厂监察委员会主任委员、农本局理事长、中国国货联合营业公司董事长、国民政府实业部部长兼国民政府军事委员会第四部部长等职。1937 年 11 月至 1944 年 12 月，任贵州省政府主席、滇黔绥靖公署副主任、贵州全省保安司令。

吴鼎昌主持黔政期间，正值八年全面抗战，而贵州是抗战后方。在这特殊的历史背景下，吴鼎昌提出开发贵州、支援大西南的口号。首先将国民党官僚资本引入贵州，组织贵州企业公司及农工商调整委员会，继而在贵州建立起各种地方官僚资本企业，包括化工、煤矿、商业等各种行业约 20 家，投资金额数亿元。从而使素有"人无三分银"的贵州成为商贾云集、经济流通的后方基地，有力地促进了贵州生产力的发展。吴鼎昌还注重发展教育，创办贵州大学、贵阳医学院及贵阳师范学院使贵州教育得到了空前的发展。他曾为贵州省政府编印的《黔政五年》题写书名。

1945 年 1 月吴鼎昌离黔，先后任国民政府文官长兼国民党中央设计局秘书长、总统府秘书长等职。"八一五"抗战胜利的突然光临，蒋介石思想也无准备，看到以朱德名义发表的几个通电，手足无措。此时吴鼎昌献计，电邀毛泽东来渝共商国家大计，蒋介石一想，立即同意，并嘱亲拟电文，当即发出了。电报发出后，为了制造和平空气，吴鼎昌即将"寒电"原文送至《大公晚报》赶先发表。以后毛泽东、周恩来、王若飞由中共派定，果然应邀到重庆，进行了有名的重庆谈判，在渝停留月余。

1949 年 1 月，李宗仁代理总统上台，吴鼎昌辞去总统府秘书长及一切兼职，到香港去作了寓公。他身在香港，但心系大陆，一直都想重返故里。他同北京中央政府进行过接洽，政府同意了他返回内地的要求，这说明政府对他还是持肯定态度的。当时他的亲弟弟全家都在北京，正兴高采烈地做好了迎接二哥回家的准备。不料就在 1950 年 8 月 22 日启程前夕，吴鼎昌在治疗牙疾时因医疗事故而撒手人寰，重返故里的夙愿竟成了终生遗憾。吴鼎昌终生有个信条："政治资本有三个法宝：一是银行，二是报纸，三是学校，缺一不可。"著有《赣宁战祸之原因》《中国经济政策》《花溪闲笔》等。

胡仲文、陈亦侯故居

金彭育

一

为什么把胡仲文与陈亦侯故居放在一起写，并不是他们住在一起，而是他们都与护藏国宝金编钟有关。

天津原法租界赤峰道 12 号是原盐业银行，现为天津市工商银行。20 世纪 30—40 年代，这里发生过护藏国宝——16 只金编钟的故事。

民国十一年（1922），留居清宫的逊帝溥仪，仍按照清代帝王礼制的旧例，准备盛办"大婚典礼"。

溥仪（1906—1967），清朝末代皇帝。爱新觉罗氏，字浩然，年号宣统。1908 年（清光绪三十四年）11 月至 1912 年 2 月在位，由其父醇亲王载沣摄政。退位后仍住在北京紫禁城内，享受民国临时政府议定的清室退位优惠条件。1921 年，清宫旧臣就开始为 16 岁的溥仪策划"选后"事宜。于是，一张张满蒙亲贵之女的照片纷纷送进宫内，请溥仪与大臣们选择。最后经筛选、淘汰，荣源之女婉容和端恭之女文绣，分别被指定为"皇后"和"淑妃"。接着，由载涛任"大婚典礼"总办，内务府大臣绍英、耆龄为副手，成立"大婚典礼"筹备处。根据当时情况，决定从简办理，享用同治皇帝"大婚典礼"的规格，但即使这样，也需用款 40 万元。

清宫"大婚典礼"很繁杂、铺张。大体共分 4 个程序：纳新礼——向女方家庭送彩礼，所用不菲；"大征礼"——向女方通知典礼日期；册封皇后、皇妃礼；定于 12 月 1 日举行"大婚典礼"。

这以后，12 月 2 日由京剧名演员演出 3 天"堂会戏"。12 月 3 日大摆婚宴 100 多桌，宴请中外宾客。这样一来，这 40 万元也不富裕。然而，这笔款清宫是拿不出来的。于是，满汉臣僚协议向当时北洋政府索取积欠的"清室优待费"。但北洋政府也由于国库空虚，无法拨付。最后实在没有办法，只得从清室的财宝中想主意。他们搜集了咸丰、同治年间一部分金银珠宝和文物古玩，装成 40 个大木箱，用这些财宝向北京盐业银行借款 40 万元。在这些财宝中最昂贵的当属 16 只金编钟。

二

最早的编钟为铜响乐器，产生于西周或更早的年代。编钟体量巨大，声音洪亮，音域宽广，为铜制乐器之冠。如在湖北随县出土的曾侯乙编钟，共 8 组 65 件，总重量达 2500 多公斤，音阶准确，音色优美。每只钟可发出相距三度的两个音，总音域达 5 个八度，其精湛的工艺水平反映了我国古代工

位于成都道的永定里

艺最高技艺，令人惊叹。

清宫抵押的这 16 只金编钟是清乾隆五十五年（1790 年），为给乾隆皇帝八十大寿祝寿，各省督、抚聚敛呈献的黄金 13647.2 两，用高超的工艺铸造成 16 只外观一致但厚薄不同的金编钟。敲击时，能发出不同的乐音。这 16 只金编钟属稀世珍宝，价值连城。这些抵押的财宝，到期清宫未能赎回，由北京盐业银行补给一笔现款，金编钟归了盐业银行，由外商保管库密藏。以后，该行由于在财务上作了手脚，金编钟成了账外物资。但没有不透风的墙，密藏金编钟之事不久即泄露于世间，当时军阀和国民政府都希图染指。北京街头也曾谣传此事，内务府不得不在报上辟谣，盐业银行亦矢口否认。"九·一八"后，盐业银行唯恐北京不保险，于是，1932 年就秘密从北京运到天津法租界，存在盐业银行天津分行带有夹层的地下室库房里。1937 年天津被日军占领，日本特务千方百计地探听 16 只金编钟的下落。由此引出了1940 年胡仲文、陈亦侯两位志士密藏国宝金编钟的故事。

三

先说说胡仲文和陈亦侯。胡仲文（1901—1982），江苏淮安人，久居天津。南开中学、南开大学毕业。长期从事金融事业，先后任天津北四行（金城、盐业、大陆、中南）储蓄会副总经理，联合银行经理、副总经理兼总管理处总秘书，盐业银行董事，是一位业务熟练、处事果断的金融家。解放后，其银行公私合营后，曾任董事职务和中国人民银行参事室参事。陈亦侯（1886—1970），浙江永嘉人。早年毕业于北京译学馆，任教于湖南优级师范学堂。1912 年进入上海浙江兴业银行工作，不久调往北京任劝业银行襄理和财政部公债司主事。后改任通易信托公司北京分公司经理。1927 年经吴鼎昌之邀，入盐业银行总管理处任公债专员随即升任北京分行襄理、副理。1933年调任天津盐业银行经理。并以盐业银行业务关系得任开滦矿物局董事、恒源纱厂董事长。抗战胜利后，被选为盐业银行董事，任总行协理，仍兼天津分行经理。1946 年当选为天津银行同业公会理事长。胡仲文居住在伦敦道（现成都道永定里 14 号），陈亦侯先居住在敦桥道（现西安道 93 号），后搬至福发道（现岳阳道），他们俩住得很近。

作为盐业银行经理，陈亦侯对谣传日军要接管法租界而深感不安，电报请示时任贵州省主席的盐业银行总经理吴鼎昌，在难以保存金编钟时应如何处理，吴鼎臣回电很简单，只有一个"毁"字。但陈认为金编钟系国宝，毁了太可惜，但放在法租界的盐业银行金库不安全，遂来到永定里胡仲文住处商议，经反复斟酌，决定隐藏在不显眼的位于英租界的北四行储蓄会地下室里。

1940 年 4 月底的一天夜里，天气阴沉，星月无光。陈亦侯、胡仲文约定好在晚上 11 点运送金编钟。他们将金编钟小心翼翼地装在 4 个大木箱中，由陈亦侯的汽车分两次运到北四行储蓄会。第一次由中街（现解放路）直接送到。第二次则绕行很远的佟楼再折回来。由陈亦侯的司机杨兰波和北四行储会经理室工友徐祥两人装卸，这两人是十分可靠的。这样，神不知鬼不觉地把这些昂贵的金编钟运进了地下室的库房。胡仲文于第二天令庶务买了几吨煤末堆在地下室门口，这样地下室的门就看不见了。

从 1940 年至 1945 年抗战胜利，日军及领事曾多次盘查，但陈亦侯、胡仲文及杨兰波、徐祥均守口如瓶，没有泄露半句。抗战胜利后，国民党有关部门也派出警察、特务，多次探听金编钟的下落，陈亦侯、胡仲文均推说不知其详。

1949 年 1 月 15 日天津解放后的第三天，胡仲文即致函天津军管会，将金编钟及珍藏的玉器、瓷器全部上交政府。国宝金编钟终于历经几十年的风险，回到人民手中，现陈列于北京故宫博物院珍宝馆内，公开展出。

梁炎卿故居

张绍祖

　　和平区新华路 201 号天津医药公司，在其唐山道一侧安君里围墙下脸部分，洋灰脱落露出了一块块饱经沧桑的城砖。这是天津四大买办首富梁炎卿那座用天津城砖盖起的大楼残留下的部分围墙。

　　梁炎卿是天津怡和洋行买办，该洋行是天津早期四大洋行（怡和、太古、仁记、新泰兴）最大的一家，而梁炎卿是天津早期四大买办（梁炎卿、郑翼之、土铭槐、吴调卿）中最大，所得也最多，当买办时间也最长的一个，被称为天津买办首富。1903 年天津起盖广东会馆，捐款最多是"怡和梁"，捐银 6000 两。

　　梁炎卿（1852—1938），又字彦青，名国照，广东南海人，出身于侨商家庭。18 岁入香港皇仁书院学习英文，20 岁经英商怡和洋行买办唐景星介绍，入上海怡和洋行当练习生，不久升为写字，1874 年调到天津怡和洋行当大写。1880 年升为副买办，1990 年升为正买办，在怡和洋行当了 48 年买办，还从 1892 年兼任高林洋行出口部买办 17 年。他一生累积的财产总数，据洋务官僚津海关道、又是梁的同乡亲戚蔡述堂估计，全盛之时，有两千万元，在天津所有的买办之中，居于第一位。他的财产，以在怡和洋行轮船部买办任内收入为最多，成为他随后在地产股票上赢利的资本。梁炎卿的发财口号是："有钱莫令人知。""发大财须从小处节省，能省的钱不厌其少，锱铢必较是致富之源。"

梁炎卿故居东楼

　　和梁炎卿一起发财的朋友中有居于天津大买办第二位的太古洋行买办郑翼之。他们在房地产经营上，一起抢买租界地皮。河北宝兴里出租的里巷房产，是他们共同经营的。"庚子"年一过，他俩同用天津拆城的大砖，先后相临盖起大宅。梁炎卿在唐山道的花园大楼（原唐山道42号），建于1903年，他这所住宅的砖，是庚子年后，1901年八国联军强令拆毁天津县城的城墙砖。

　　梁炎卿故居正门在唐山道（曾叫广东路、北平道），坐北朝南，正门带门洞，有两扇棕红色的大门，还有个小门，门洞里右侧是门房（传达室），左侧是平房，放杂物。一进门是个大花园，有东西两座楼，1903年先盖的西楼，为南北向二层砖木结构方形楼，有地下室、锅炉房，是用拆下的长方形的天津城砖盖的。二楼朝北，靠正门一侧有阳台。每间房20平方米。楼上东西面有3间房，2间正式房子，梁炎卿小儿子梁文奎住一小间，二儿子梁联奎住两间大的正式房子，每间20多平方米。梁炎卿住楼下，一间长方形的 26 平方米的人屋子，室内有卫生间。楼下有个客厅，招待外宾，摆设讲究，有太师椅，是用黄松、硬木制作的。1937 年，梁联奎在此结婚。东边小房也有 16 平方米，保姆住，此房挨着梁联奎的房。梁联奎结婚后，生个男孩，由保姆照看。1938 年梁炎卿去世，终年 86 岁。其出殡场面很大，送殡的队伍从门口排到佟楼，梁家坟地在吴家窑。梁炎卿死后，四姨太太住楼上，梁文奎住楼下梁炎卿的房子。那时，梁联奎跟张学森等一起去台湾，然后去了美国。西楼在 1968 年拆除。东楼是以后盖的，为东西向二层砖木结构长方形楼，现保存。全楼通暖气。进门左侧为平房三大间，有卫生间，三儿子梁耀奎住。院子左侧有草坪，种有枣树、柿子树，右侧有藤萝架，爬山虎，有大花池，种有松树、枸杞树，东西楼后为二层砖木结构长条小楼。楼上楼下 10 多间房。佣人 10 多个，有保姆、当差的，还有管花窑、车房的。家里有 3 辆汽车，四姨太太一辆，梁联奎一辆，梁文奎一辆。梁炎卿家的饭菜很平常，通常是 3 元钱 5 个菜。梁炎卿不抽香烟抽水烟袋。

梁炎卿有妻妾 4 人，原配大人生有一男一女，一男为梁赍奎是梁炎卿长子，梁赍奎毕业于美国康乃尔大学和马萨诸塞州州立农业学院，1912 年 3～6 月，唐绍仪当国务总理时，梁赍奎作了一任农林部次长。但很快就下了台，官运不顺，他改途经营农场。1915 年，梁赍奎通过袁世凯的医官王仲勤，在王的家乡河南卫辉购买了很多土地，建立起大农场。但因兵匪的骚扰，农场也难以维持，最后，只好败兴而归。从 1910 年起，梁赍奎开始不定时地到怡和洋行替他父亲梁炎卿照料公事，由一个官僚地主变成了一个十足的买办。20 世纪 20 年代后期，天津随上海之后，不时发生绑票案。梁炎卿知道自己有最大的被绑资格，从 1927 年就绝对不走出他警卫森严的家门。他将怡和洋行的工作完全交给了梁赍奎。遇到梁赍奎不能解决的问题，怡和洋行的英籍经理，就屈尊到梁宅来请教于梁炎卿。1929 年梁炎卿的得力助手、怡和洋行出口买办陈祝龄被绑丧生。二年后，梁赍奎也被绑身亡，其职务由梁的次子梁联奎继任。1938 年，梁炎卿病故，梁联奎继父之任为正式买办。梁联奎当怡和洋行买办至 1945 年，因抗战胜利后，中国收回沿海航线权，怡和洋行的收益减少，梁联奎提出辞职，经该行再三挽留无效，离开怡和，自去经营进出口事业。梁联奎走后，怡和洋行便看上了老实而多才的小儿子梁文奎。1945 年梁文奎从天津工商学院毕业，到怡和洋行当买办。此时，怡和洋行的轮船部已不再采用买办制，而改为半买办性质的经理制，取消了贴费，领受高额月薪，也不再垫款了。买办的佣金保留了，但改为 1%。梁文奎后又兼任船头部远洋航运的一部分业务，为部门经理。这个职务一直干到解放后的 1952 年。从梁炎卿初入怡和洋行到梁文奎脱离怡和洋行，父子 4 人相连给英商怡和洋行效力 82 年。

梁炎卿对子女的教育，起初是尽可能地使他们接受高等教育，并以金钱之力助他们在仕途上发展。长子梁赉奎留学美国，归国后，做官不利，当大地主不成，给梁炎卿培养子女的方针一个致命的打击。因而，他对其他子女的教育，改为鼓励子女在当买办的范围内找出路。要求他们精通英语，谙熟西洋人的生活方式、交际礼貌和商业往来习惯。结果梁炎卿的子女大多投身于进出口贸易和外资企业。在生活方面，梁炎卿一贯以朱柏庐治家格言教育子女，不许他们沾染旧社会的恶习，却放任他们流入欧美式的奢华生活。梁氏子弟日常生活一律欧化，都能讲一口流利的英语。他们多喜好打网球、骑马，有的还出国参加竞赛，成为闻名国内外的业余运动员。

郑翼之故居

张绍祖

　　郑翼之是天津太古洋行的买办，俗称"太古郑"，是天津四大买办之一。

　　郑翼之（1861—1921），原名官辅，从小勤学好问，汉文的水平挺高。16 岁时随其长兄郑观应到上海，进入英商太古洋行。该行的买办由广东籍莫姓把持，郑翼之进入该行后经莫姓的推荐，进入账房作练习生。他的汉文底子深，对英文却是一窍不通。英方总经理斯维尔看他工作勤恳，又好学，认为是个人才，在工作之余，加意培养他学习英语。郑翼之本来就聪明好学，他抓住了这个机遇，刻苦自学，在短短的几年时间里，英语口语对答如流，已达到了很高的水平，尤其在英文文字的运用上造诣颇高，为同事们所不及，深得斯维尔的赏识。

　　1881 年，上海太古洋行决定在天津设立分行，斯维尔指派郑翼之随同洋员北上，进行筹备。在上海总行的支持下，郑翼之大显身手，发展津沪、津港等航运。开始行驶于津沪线的仅有"奉天""顺天""通州"三条船，行驶在津港线的仅有"夔州""惠州"两条船，沿途在烟台、威海卫、汕头、广州等地装卸货物。数年之后，便增加到了"武昌""盛京"等 20 多条船。与此同时，香港太古糖坊出产的洋糖也大量运到天津销售。轮运与食糖成为天津太古洋行的两大业务，而所有对华人的联系与业务的开展，全落在郑翼之的身上。1886 年，郑翼之才 26 岁，就当上了太古洋行的买办。

　　郑翼之当买办时，太古洋行已经积累了大量资财，在英租界维多利亚道

（今解放北路）117号建立了天津太古洋行大楼。营业方面随着上海总行的扩展，逐步发展。轮运是天津太古洋行的主要业务。食糖，居于各国洋行中的首位，还兼营油漆，面粉，代理保险。

随着天津太古洋行业务的日益发展，郑翼之很快地发了财。他财富的来源，首先是以太古洋行的轮运佣金为主。太古洋行的轮运业务范围广阔，该行来津虽然比怡和洋行稍晚，但在郑翼之的努力经营下，不数年就跃居怡和洋行之上，在所有的外国轮船公司中营业额为最大，而郑翼之在其中坐享百分之三的正规佣金。此外，太古洋行所经营的食糖、油漆、面粉、保险、驳船等业务，郑翼之的佣金也在百分之二，每年也有巨额收入。所有这些佣金的收入是郑翼之来自明处的进项。

另外，他还从搬运工人身上获得了相当大的一部分收入。太古洋行的洋账房付给郑翼之的搬运费是按件计算，普通运件每件白银1分，折合铜元约1.82枚。郑翼之通过"外柜"（指华账房在指挥管理搬运方面专用的把头）付给大把头的是每件铜元一枚，大把头付给小把头则自然不足一枚铜元了，到搬运工人手中则只有半枚了。郑翼之从每件货物中获取利润为铜元0.82枚，但太古洋行在天津的轮运量是相当大的，几十年的利润所得是相当可观的。

其次，郑翼之有一部分收入是从托运客商那里赚取的。在天津的出口货物中，鲜蛋和鸭梨经常占很大的部分，进口货中也经常有大量南方所产的水果。这就给郑翼之开辟了一个生财之道。因为这些货物最怕摔碰，又怕积压霉烂，都想争取时间提前发运，而郑翼之为首的"华账房"则故意延误时间，并把货物摔破碰坏，以此迫使托运客商不得不自己另外出钱雇人搬运，这样洋账房按件拨给华账房的搬运费就全被郑翼之独占了。

郑翼之的一大部分财富是来自地皮投机。英租界开辟后，英国侵略野心日益膨胀，一再蓄谋扩张。从1861年之后，英国人即从中国业主手中陆续收买到英租界接近大沽路和沿墙子河一带之地，其余之地则鼓动郑翼之、梁炎卿、陈祝龄等几个大买办暗中收购。到1897年，中国正式承认英租界自

郑翼之故居（今郑州道 35 号）

大沽路向西扩展到墙子河内侧的围墙（今南京路北侧），计地 1630 亩。此时，地皮价格立时飞涨起来。郑翼之在新华路营口道转角处住宅所占的 5 亩多地基和营口道、建设路出租房屋之地都是 1897 年以前以廉价买进的。

说起郑翼之在新华路的住宅还有一段故事：八国联军攻陷天津以后，都统衙门为了消除天津对外的防御力量，于 1901 年强令拆除天津的城墙（位置就是现在的东、南、西、北马路）。都统衙门的秘书丁家立（英国人）将拆城墙的工程包给了曹剑秋。谈妥的条件是：除了把拆下来的旧砖归拆者所有外，还付给银元 1 万元及大米 1 万袋。曹剑秋接手这项工程后，再分段包出去，从中坐享其成。正在这时，郑翼之正打算盖新华路的花园住宅。他与怡和洋行买办梁炎卿通过丁家立、曹剑秋取得了拆城的大砖，各建花园大楼一所，比邻而居，前些年临街的围墙犹存遗迹。郑翼之这所住宅的建造费并没有掏自己的腰包，1900 年八国联军入侵之后，各外国洋行纷纷开出损失单向清廷索赔，各洋行的买办也都附上一笔损失数字向自己的国家敲诈。郑翼之、梁炎卿、吴调卿等买办都获取了一笔不小的不义之财。郑翼之正是靠这笔不义之财盖的大楼。

郑翼之靠地皮赚钱还有一例：1897 年以前以每亩 80 元买进湖北路的坑

地 30 余亩，到 1919 年该地垫高并修筑铁筋洋灰马路，地价暴涨，等郑翼之将该地卖给王书年营造厂时，每亩价格为 1000 元，增值 12 倍半。郑翼之早年以贱价在天津英租界内外和上海等地买进的地皮多处，依自然增值就给他创造了巨额的财富。

郑翼之跃登太古洋行买办的宝座后，在太古总行的大力支持下，他全力以赴开展业务，天津太古洋行的轮运业务不几年就跃居天津外轮第一位。食糖、油漆、面粉、保险、驳船、房地产等其他业务也发展迅速，他很快成为了大富翁。当时社会上称他家为"太古郑"。郑翼之当了大买办后，按当时的惯例捐得一个候补道的职衔，开始结交上层官僚地主阶级，他俨然成为租界的大绅士。这时，曾任太古洋行买办后辞职的杨某从上海来津，吴调卿和杨某坐车路过今新华路体育场，吴指着北面的巨宅和相连的一片不动产说："此即继任太古洋行买办郑翼之的新居。"可见此时郑翼之有钱有势，成为了天津广东帮的中心人物之一。

郑翼之从 1886 年 26 岁当上了太古洋行的买办到 1921 年 61 岁病故，35 年间积累了巨额财富。据给郑家收房租的陈凤藻估计，到郑翼之的儿子继任买办时，郑家的财产约有 1000 万元。据郑翼之之孙郑志璋所知，并参考郑翼之部分财产目录，将其财产分类列举如下：

地皮：（1）俄租界牛骨厂地皮；（2）四美堂地 130 亩；（3）西南城角地 45.5 亩；（4）湖北路空地 30 余亩；（5）八里台地 30 亩；（6）李家华垦地 3000 亩；（7）福兴公司垦地。

房地产：（1）新华路住宅 5 亩余；（2）建设路唐山道转角房 100 余间；（3）大沽路北头五福里楼房、门面、平房、仓库共 130 间；（4）合和盛栈房地；（5）旭街沿街门面 13.5 间；（6）估衣街青云阁楼房占地 4.5 亩；（7）大沽路小营市场地 4.6 亩，房 130 间；（8）马场道老武官胡同地 12 亩、洋式大平房 20 余间；（9）湖北路余荫里地 8 亩、大楼 8 座。（10）英租界都柏林道（今和平区郑州道 35 号，天津市烟草专卖局）系郑翼之房产，由其子居住。

为三层砖木结构，带地下室，二楼有阳台，院内有木亭，附二层小后楼。

整体建筑外观壮美，内部装修豪华。

房地产公司股票：（1）河北宝兴公司；（2）让德里房产公司；（3）南市大兴里房产公司；（4）金钟桥元昌公司；（5）盛业公司；（6）广业公司；（7）大胡同房地股份。

公司股票：（1）扬子保险公司；（2）仁济和保险公司；（3）吉黑两省东益垦务公司；（4）张家口华兴垦务公司；（5）上海大德榨油公司；（6）上海大有榨油公司；（7）南洋兄弟烟草公司。

自营商业：（1）上海益顺盛报关行；（2）开平煤栈；（3）山海关锦州煤栈。

天津以外各地不动产：（1）上海成澄学堂余荫里大片房地产；（2）上海夏浦地产；（3）塘沽于家堡地28亩；（4）烟台楼房地基；（5）澳门五支松房地；（6）澳门闰兰房地。

郑翼之的现款分存汇丰、麦加利、正金三银行，其中以汇丰最多；其他则为珠银首饰、古玩细软等动产。

郑翼之对房地产经营有道，计算得极为精细。仅英租界房租一项随着地价的自然增值，每年可达50000～60000元，他随时存入英租界恩庆永银号生息，很少动用。椐经租人陈凤藻说，郑家收租均按阴历计算，因为阴历五年二闰，每值闰年是13个月，而阳历永远是12个月，按照阴历每隔5年就可以多收两个月的房租。由此可见，郑翼之敛财有术，为敛财也真是绞尽了脑汁。

1921年，郑翼之病故后，买办一职由其长子郑宗荫继任。1925年郑宗荫辞职后，又由郑翼之三子郑慈荫接任。到1931年太古洋行英国人看"太古郑"发财太大了，决意要把这项巨大的买办所得转化为英国人自己的收益，于是太古洋行利用伦敦总行查账的机会，宣布取消买办制，改定营业制，"太古郑"的两代买办生涯则到此宣告结束了。

雍剑秋故居

张绍祖

　　雍剑秋（1875—1948），名涛，江苏高邮人，早年入香港英国教会学堂读书，后又考入新加坡大学。1898年回到上海。1900年庚子事变，上海道于联沅与盛宣怀等人组织救济北方难民慈善团，任翻译。1911年任天津造币厂副厂长。又先后任德商礼和及捷成洋行军火买办，成为国内最大的军火中介商，曾接受袁世凯奖励的勋章。

　　袁世凯死后，雍剑秋于1918年从北京移居天津，开始经营房地产并创办学校。他在英租界马厂道（马场道169～171号）修建了西湖饭店和西湖别墅。西湖饭店为5层现代风格的楼房，西湖别墅为英庭院式建筑，于1925年落成，据说比张学良在沈阳的凛格饭店还好，张学良闻讯，特来观看，此后西湖饭店开始接待各方军阀显要。1920年他任德商德义洋行老板。1928年商震初任河北省主席来津，在西湖饭店遇见了雍剑秋，他们都是基督徒，一见如故，谈

雍剑秋（中）为天津圣经神学院捐赠地基

雍剑秋故居（马场道 171 号）

得十分投机，从此结成了好友。商震又到雍剑秋家拜访，对西湖别墅的欧化建筑和室内陈设赞不绝口。雍剑秋善于见机行事，忙把楼下十大间客厅和卧室让出来，给商作来津居住和办公之处。为了通过商震拉拢阎锡山，又令儿媳周秀珍拜商震夫妇为义父母。雍剑秋拉拢商震的目的，是想借商之口，说服阎锡山与他做军火生意。1930 年阎冯反蒋失败后，张学良入关。雍又策划要商震与张学良合作，乘机可以提携其子雍鼎臣一把。后来，商张二人在他家密谈了多次，达成协议。随后，雍鼎臣做了商震的秘书，而商一直保持着与雍剑秋的密切关系，每次来津，仍住在雍家。

1935 年秋，华北局势紧张。一天，雍剑秋正站在西湖别墅私宅的窗前，欣赏着园中一片盛开的菊花。时任商震秘书兼河北省政府驻津办事处副处长的儿子雍鼎臣风风火火来找他，说到自 1935 年夏《何梅协定》签定后，于今年 10 月，日本又煽动河北省东部香河、昌平等县"饥民"暴动，攻陷香河，并策划由少数汉奸组织临时维持会，还大造舆论，宣扬华北自治。雍鼎臣将搜集到的日方情报密电商震。此时，何应钦不知日本变卦原因，特电询商震，商将雍的电报转给了何。何又专程到保定晤商，讨论应付办法，商要雍鼎臣去保定见何。雍鼎臣请父亲拿个主意。雍剑秋微微一笑说道："呵，这没有什么大不了的。我正愁没有法子和蒋介石他们拉上关系呢，你这次去正好，一定要代表我向何应钦致敬，特别是要对蒋介石表示衷心敬仰。"

此事不久，日军又派土肥原一面策动宋哲元，一面又来说服商震，要他联合华北五省共同反蒋，宣布自治，事成后答应商仍任河北省主席，日本军队则不入华北。商震与土肥原在日本料理密谈后，立即来到西湖别墅来找雍剑秋。两人关起门来商议，觉得这事不妥，绝对不能干。当晚，商震乘了雍剑秋新买的一辆美国轿车连夜潜回保定。上车前，商对雍鼎臣说："我已把此事密电蒋介石，并电托张群、何应钦将我调离河北。你积极准备撤退。" 11月，南京政府成立了冀察政务委员会，指派宋哲元为委员长，商震奉调离冀。临走，叫其妻交给雍剑秋 100 万美金存入了美国花旗银行。

商震走后，雍剑秋失去了靠山，感到很失落，但他依然打点精神参加社交活动。多年来，他在天津的宗教和慈善界活动中最为活跃，一直是捐款最多的一位。他曾被选为江苏会馆、广仁堂、天津基督教青年会、中西女学、汇文中学董事长，南开中学董事，对基督教会、教会学校、教会医院捐款甚多。他在天津租界买了 100 多亩地皮，多在英租界。这些地皮，有的随着涨价出售，有的赠送与人（如黎元洪、倪嗣冲等），有的捐与基督教会。在留作自用的地皮上，他在马场道建筑了革新里房屋 10 所，内有九楼九底、三楼三底、两楼两底的房屋不等。后又在广西路修建了福音里楼房 9 所，平房 21 所，并在广西路修建了基督教堂一所。此外在河北路修建了 600 多间平房，又捐修维斯礼堂旁培才小学一所。今马场道 60～62 号也是他的宅邸，

雍剑秋故居（马场道 60～62 号）

建于 1920 年，为三层砖木结构折中主义风格楼房，建筑面积 1728 平方米。水泥墙面，大筒瓦顶。首层为长方形洞门，二层两侧有阳台。一、二层立面对称，三层局部收缩，整幢建筑稳重大方，层次丰富。

雍剑秋不仅拥有大量的不动产，还有现款 100 万元。他举目一望，寻思放长线钓大鱼的办法。突然想到中国基督教会的牧师，一向仰给于英美基督教会，只听外国人的话，而不听他的话，感到很不如意，何不由自己出钱扶持，让他们听自己的话呢？牧师同意了他的建议，于是成立了基督教协助会，由雍剑秋提供一部分基金，同时担任会长。但是，几年后，国内外局势紧张，货币贬值，基金日趋枯竭，基督教协助会做到教会经济自给自足的计划成为泡影，雍剑秋的钱只出不进，没有得到任何好处。1941 年底，太平洋战争爆发后，美国对教会的接济完全断绝，雍剑秋仍然酌量资助个别生活困难的中国牧师。1942 年春，北京协和医院等英美机构被日人查封接管，那些留美的中国籍医生，有的开设私人诊所，有的流落街头，他把自己的西湖饭店惠租给张纪正、方先之、柯应夔、邓家栋等名医，并借用一切家具，设立了天和医院。

1943 年，雍剑秋遭到了难以预料的不幸。有个投降日寇的原军统特务裴捷三打听到雍拥有大量资产，油水不小，便勾结日本宪兵队将他投入监狱，关了一夜，还把他的房产全部查封，并冻结他在银行的存款。后来，他通过伪市长温世珍和亲日派曹汝霖向日人疏通，并送给日人 20 万元联银币，才把他的财产发还。

抗战胜利那天，雍剑秋异常兴奋，老泪纵横。此时他已患癌症，把一切希望寄托于儿子雍鼎臣身上。有一次，商震陪同蒋介石到北平，见到天津市长张廷谔时，要张代他向雍剑秋问候，雍非常兴奋，忙命儿子代他到北平见商震，以便为儿子再一次寻找晋身的机会。1948 年夏，就在天津解放的前半年，雍剑秋去世。此时，其子雍鼎臣已染上了严重的鸦片烟瘾，整日卧床吞云吐雾。雍剑秋的财产到此时只剩下 1 万元和 5 所楼房（包括西湖别墅住宅和天和医院）及 30 多间平房了。

元隆孙故居

张绍祖

　　元隆绸布庄开业于 1896 年（清光绪二十二年），店址初设于针市街义生栈内，后迁估衣街新址，创办人和经理孙娘轩。1921 年孙娘轩逝世后，由其子孙仲凯接任经理职务，并开办庆生棉纱庄，包销裕元纱厂全部棉纱，获利甚丰。曾先后经营元聚、元裕、通成兴、隆生等棉纱庄，晋丰、祥生、庆益等银号，及庆义米面庄。1923 年至 1925 年为孙家最兴盛时期，资财估值可达四五百万元。20 世纪 30 年代初，在劝业场和小白楼又增设"元隆"新店，被称为天津新八大家之一，人称"元隆孙"。

　　"元隆孙"成为巨富后，于 1933 年 1 月，以庆修堂孙仲凯的名义，购得位于原法租界樊主教路（今新华路 120 号），原为轮船业主麦信坚旧宅。麦氏旧宅建于 1901 年，占地 3.957 市亩，砖混结构，四层楼房，建筑面积1916 平方米。中部作高石阶回廊式入口，两侧二、三层跨出两个金属护栏阳台，装修豪华。为纪念其以轮船业起家，故将楼房外形设计为舰船型。元隆孙家购得此宅后，请中国工程公司阎子亨重新规划设计并在两端加层。

　　该址院门仿凯旋门，为屋宇式门楼，门洞为圆拱形，顶有方块图案造型，下铺水磨石花砖地面，内右侧有八角形窗户，左侧为门房，现为传达室，前后两侧立有古典式双圆柱，后侧墙上有花纹装饰。据说，原铁门很厚很重，里面还有二道栅栏门，在现山东路一侧还有后门。

　　原院落为东西向长方形的三道花园式庭院，现已连成一体了。在长方形

"元隆孙"故居（今新华路 120 号）

"元隆孙"故居（今新华路 120 号）

的院落中，建有坐北朝南顺序排列的东楼、中楼和西楼 3 幢楼房，建筑面积 2964 平方米。均为砖木结构，大筒瓦屋顶，局部平顶，红机砖清水墙，局部混水墙，木楼板。除中楼正面为玻璃钢窗、混凝土楼梯外，其余均为菲律宾木门窗、木楼梯。该宅一楼有客厅、起居室、餐厅、书房、卫生间等；二楼、三楼均有卧室和卫生间。室内装修讲究。楼内采暖、卫生、消防设备齐全。

东楼为二层，外观有贴墙 4 根方柱和 4 根柱头美观的古典式圆柱。室内均为人字型菲律宾木地板，双层窗户夹纱窗。二楼平顶成平台。中楼为带半地下室的三层楼，远远望去，像一艘整装待航的舰艇。中楼底层中间部突出，顶子做红瓷砖面层，作为二层门厅前的大平台，其两侧有弧形单跑仿青石刷石阶梯。门厅前有 4 个黑色造型奇特的门灯，给人一种凝重静穆之感。中楼楼下是大客厅，其菲律宾木护墙板从屋顶一直贯到地面，富丽豪华。中楼楼下书房的房顶花纹装饰非常精巧美观，配以白色的顶灯，显得幽雅柔和。中楼两侧有建在二楼顶的对称的平台，中楼前面有对称的阳台，像挂在舰艇上的救生艇。西楼局部为四层，外观雄伟，有 4 根爱奥尼克圆柱，一进门厅左右有对称的装饰镜。屋内窗子狭长，显得房子格外高。院子有两个对称的八柱石亭，这两个石亭有上下走廊互通，并与西楼相通，形成该宅邸一大特色。远远望去，这互通的走廊就好像舰艇甲板上的护栏。院内有车库、厨房、储藏室等平房建筑和小花园。至今院内还保存着两个当年小花园内的雕有花饰的鱼缸。院内西楼对面还有鲜为人知的金库，金库内有像一间房子一般大的保险箱。

1937 年"七七"事变后，"元隆孙"家财产损失不大，为安全计，投资不动产。在天津法租界樊主教路永安饭店（今新华路天津图片社）、沙大夫路（今山东路）吉祥里、恒和西里等处购置了大片住宅门面、房屋。在上海也购置房产多处。

元隆孙故居产权原为孙仲凯、孙季和、孙诚哉、孙敬之、孙慎之、孙锡彬、孙乃格 7 人共有。新中国成立后曾由中国化工公司化工采购供应站租用。1956 年 8 月第一批私房进行社会主义改造，该故居由国家经营，后改由中共和平区委员会使用。

刘髯公故居

张绍祖

刘髯公

在海河北岸河北区建国道与民族路交口东北角（今建国道66号）有一座著名风貌建筑，是著名报人刘髯公的故居。该故居同时也是市内唯一保存完整的近代天津知名报馆——《新天津报》旧址。这是一座意式二层砖木结构连体楼房，带半地下室，建于民国初期，建筑面积2330平方米，该建筑红瓦坡顶，外出檐柱走廊，塔楼相连，造型美观大方，极富实用性。刘髯公家族中有30多人在此生活。后楼为报馆编辑部所在地，地下室为印刷车间。

刘髯公（1893—1937），原名刘学庸，字仲儒，原籍武清县杨村镇，回族。他从小读过几年私塾，因家境困难不到20岁即离家到北京自谋生路。一天，他在路上拾到法国使馆武官丢失的公事皮包，即将物归原主，武官很感谢他，听说他通晓文墨，便把他留在使馆当一名"录事"，1920年派他到天津法租界工部局任调查长（侦探长）。后来他在海大道（今大沽路）开设了明星自行车行。

1923年初刘髯公与段松坡、薛月楼合作，3人凑出1000元作基金，创办《新天津报》。薛月楼（擅绘画、书法，并粗通外文）为主笔，段松波任副

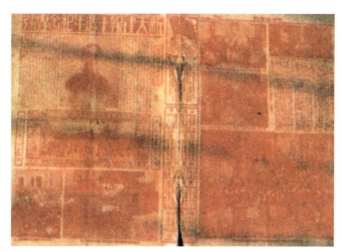

刘髯公创办的《新天津报》纪念专号

经理，刘髯公任社长，是年8月正式发刊。开始为四开小报，日发行量500份。他以"平民化""敢说话"为标榜，首创"评书上报"，以整版篇幅连载《三侠剑》等长篇评书小说，迎合一般读者口味，扩大报纸销路，行销远及东北、西北各地。此后，还陆续发行《新天津晚报》《新天津晓报》《文艺报》(三日刊)、《新天津画报》(周刊)、《新人月刊》等6种报刊，还设立了私人电台、开办新闻函授学校。《新天津报》日晚两刊印数5万份，自出版至结束，始终是一家不赔钱的报纸。

1931年"九一八"后，《新天津报》宣传抗日甚为激烈，经常歌颂抗日英雄马占山、冯占海、上海十九路军蔡廷楷、蒋光鼐以及宋哲元的大刀队等光荣事迹。正因为如此，汉奸特务向日本宪兵队密报了刘髯公的抗日活动情报。日军对刘髯公密加监视，鉴于刘髯公有一定的社会势力，不好轻易下手。

1937年天津沦陷前夕，刘髯公曾考虑到《新天津报》的前途，是随守军退却，还是弃业改行？当时，《新天津报》社址在旧意租界，他想把社址迁到法租界受法国工部局管辖和保护，凭着自己设立的私家电台，收点外国消息，继续出版，一则维持生活，二则还可以赢得读者的欢迎，但决不办给日寇做宣传的汉奸报。他想通过老朋友关系与法国工部局取得联系。

七七事变以后，日本侵略者逼近天津，市郊的百姓房屋被烧，难民纷纷逃入市内，被各区收容在公共场所内。当时，特二区东天仙戏院（今民主剧场）收容难民1000多人，这个戏院在报社附近，刘髯公虽有悲天悯人之心，但已自顾不暇。他想起了银行界的老朋友——大中银行经理常铸久，过去曾和他一同办过善举。常的银行和住宅都在旧法租界，刘髯公想通过他向"下野的寓公"募集赈款，惠济灾民。1937年8月3日下午，他乘汽车经过万国桥（今解放桥），下车受设卡放哨的日本宪兵检查，被人认出，当即被押入警车，带进日本宪兵队。

刘髯公被捕后，非常气愤。他本来性格暴躁，嘴里不住地谩骂着，在宪兵队里过了三次堂，有文有武，有软有硬。日本宪兵问他参加过什么组织？上头是谁领导的？下边还有谁？做过哪些抗日宣传的活动……敌人先是用皮鞭抽打，后来又施用压杠子、过电等刑法，企图使刘髯公屈服，但刘宁死不屈，怒骂日本宪兵，最后被投入水牢里。刘髯公深知被抓进宪兵队就甭想再

刘髯公故居（今建国道66号）

活着出来，在受审讯时，他痛斥敌人不讲天理屠杀中国人民的罪行；在牢里，他常唱着《宁武关》《骂毛延寿》以及随意编唱的戏词。有时小声哼着："我纵然为国家尽忠死……也落个青史名标万古美名传。"

有一次过堂时，他没有受酷刑，日寇假惺惺地以礼相待，向他提出"中日合作"办报刊的愿望。他仍是骂声不绝，并用自编的戏词唱起京剧，还学着剧中人在生死关头的悲愤表演。日寇对他的举动十分吃惊，认为他疯了，又把他放回水牢里，没有再审讯。刘髯公经过几次严刑拷打，胫骨被打折了，内脏也受了重伤，每天吃不下东西，已奄奄一息。他的家属托人四处活动，后经天津各清真大寺的阿訇们联名具结保外就医，终于放了出来。回家以后，他因受伤过重仍不能下床，每天仍是不断地自编戏词痛骂日军，并嘱家人不可出报。

1937 年 11 月底，刘髯公去世那天的早晨，精神尚好，他要求把亲友和报社的几位同人找来，在他的床前，听他讲话。他说话时用眼光注视着每一个人，还想与大家握握手，大家都不愿意叫他做吃力的活动，有人看他已不行了，暗暗地流泪。他吃吃地说："你们注意，危险！他们（指日寇）问过你、你、你……"他一一地指着，喘着气，最后闭上眼睛，含愤而死。

金显宅故居

张绍祖

金显宅

金显宅1904年3月7日出生于朝鲜汉城。1916年毕业于汉城私立攻玉小学。1919年3月在汉城私立培才中学初中三年级读书时,参加了要求朝鲜独立的罢工、罢课、罢市的爱国运动。为避免日军的残酷镇压,其父将他装在背篓中,偷越鸭绿江桥,进入中国国境,投奔在张家口开办"十全医院"的大哥金显国处。在大哥的关怀下,他加紧学习汉语和英语。

1920年他考入沪江大学附中,1923年高中毕业,因其学业成绩优良,被保送沪江大学医预科。在医预科因成绩优异,常获校方颁发的奖学金。在大学三年级时,参加了朝鲜青年在中国谋求朝鲜独立的组织。1926年以优异的成绩考入北京协和医学院。因为他是沪江大学第一批考入协和的学生,该校授予他100元的奖学金。他在协和读书期间,因学习成绩优异,获得每年100元的奖学金。1927年获得上海沪江大学理学院学位。1930年加入中国籍。1931年从协和医学院毕业,取得美国纽约州立大学医学院医学博士学位。在协和医学院毕业后,任协和医院住院医师3年。1934年担任肿瘤科主治医师。

1933年12月25日金显宅与天津纺织业巨头的长女吴佩球结婚。1937

年七七事变前夕，金显宅动身乘船赴美留学。先在纽约市曼哈顿区纪念医院跟病理专家尤文博士学习肿瘤病理一年，转年又去芝加哥肿瘤研究所进修肿瘤临床，尤以肿瘤外科和放射治疗为重点。1939 年 3 ~ 9 月间，访问了英国、法国、比利时、德国、丹麦、瑞典、瑞士和意大利，考察各国的肿瘤医院或癌症中心的诊疗工作。当年 10 月回到北平，任协和医学院外科副教授和协和医院肿瘤科主任。

1942 年，北京协和医学院被日本侵略军占领，医院被迫关闭。他与卞万年、卞学鉴、王志宜、方先之、关颂凯和林景奎诸医师同赴天津，合资开办一所"恩光医院"，他负责外科和瘤科的工作。此时他全家来到天津英租界居住。

金显宅旧宅位于英租界香港道（今睦南道 69 号），是建于 20 世纪 30 年代的折中主义的二层楼房，局部三层。砖木结构，清水砖墙，四坡瓦顶，大屋檐。室内设施完善，菲律宾木地板和楼梯，有欧式壁炉，天花板有灯光灰线，三槽窗，房屋规整，环境幽静。

1945 年日本投降后，他继续在天津行医，经济收入日丰。是年 11 月应

金显宅故居（今睦南道 69 号）

老师柯特乐之邀去芝加哥进修，在芝加哥大学比林氏附属医院进修肿瘤外科，并兼任芝加哥肿瘤研究所的研究员。

1947 年 2 月回国，仍在天津恩光医院开诊。1949 年天津解放后，他除私人开业之外，还担任河北医学院（后迁往河北省石家庄市）的外科教授、天津市总医院（后更名为天津医学院第一附属医院）和天津市第四医院（后更名为天津市第二中心医院）的外科顾问医师。1949 年 11 月中纺医院（后更名为华北纺织管理局第一医院，最后改名为天津市第一中心医院）正式开业，他被聘为外科顾问医师。

1951 年夏，金显宅参加了抗美援朝志愿医疗队。是年冬英国伦敦教会在天津开办的马大夫纪念医院被中国政府接管，改名为天津市人民医院。1952 年金显宅亲手创建了我国第一个肿瘤科。自 1952 年 1 月开始，他正式担任华北纺织管理局第一医院外科主任，同时还在恩光医院行医。

1954 年，金显宅受卫生部委托，在天津市人民医院开办了第一届全国高级肿瘤医师进修班，培训主治医师及其以上人员，为期一年。这种进修班在"文化大革命"期间一度停办，至 1990 年已开办了 23 期。

1956 年，恩光医院停业。金显宅辞去第一中心医院外科主任之职，专任天津市人民医院肿瘤科主任。1963 年他创办中国第一份肿瘤学杂志《天津医药杂志肿瘤学附刊》，并任主编。"文革"中杂志停刊，1978 年复刊，1984 年改名为《肿瘤临床》，1986 年又一次改名为《中国肿瘤临床》。1987 年，他任名誉主编。

1972 年，天津市建立了肿瘤研究室，金显宅任主任。1977 年研究室扩充为天津市肿瘤研究所，他任副所长。1980 年他任天津市人民医院院长和天津市肿瘤研究所所长，1983 年任天津市人民医院名誉院长和天津市肿瘤研究所名誉所长。1981 年主持了在天津市召开的全国肿瘤医师进修班第一届学术交流会。

1984 年 4 月他主持了在天津市召开的中国第一届国际乳腺癌学术会议。

在会议期间他倡议建立"中国抗癌协会"。翌年，中国抗癌协会正式成立，他担任名誉理事长。同年，美国肿瘤外科学会授予其荣誉会员称号。

1986年坐落在河西区体院北的天津市肿瘤医院建成。金显宅为建筑这所新院奔波操劳近10个寒暑。1988年，美国临床肿瘤学会吸取他为正式会员。翌年10月，他参加了在天津召开的全国肿瘤医师进修班第二届学术交流会，在会上他被誉为"中国肿瘤医学之父"。1990年9月4日金显宅因败血症在津逝世。

金显宅教授是我国肿瘤学科的创始人和奠基人，中国医学事业杰出的开拓者之一，是德高医粹的一代宗师，在我国医学发展领域具有重要影响。

卞俶成故居

张绍祖

卞俶成

卞俶成（1889—1952）本名肇新，以字行。
1889年2月2日生。他是"天津八大家"卞氏家族
的后代。卞氏天津始祖名叫卞瑛，清康熙五十四年
（1715年），携家带口随长官马见龙（任天津镇总
兵）调任天津，居鼓楼西塘子胡同。卞瑛长孙卞嘉
祥迁居老城户部街浙江乡祠南，后人称之为"乡祠
卞家"。卞嘉祥三子：宗礼、秉礼、享礼于嘉庆八年
（1803年）开设了卞家老铺——隆顺号，以经营棉
布为业。宗礼四子树榕于道光十三年（1833年）创办隆顺榕药庄。卞树榕就
是卞俶成的曾祖父。 光绪九年（1883年）卞树榕逝世后，药庄由卞家的总
管冯氏父子代为经营。1914年卞家析产分家，居津第七代"昌"字辈14门
各得一份，因卞燕昌（卞树榕之孙）已于宣统元年（1909年）去世，所分得
的隆顺榕药庄由其独生子卞俶成继承，遂在原字号后又加上"成记"，变为
"隆顺榕成记药庄"。

卞俶成于1908年在天津县私立第一中学堂（南开学校前身）毕业。
1913年赴欧洲游历求学，就读于英国伦敦大学理财科。后因第一次世界大战
爆发，转入美国纽约大学商学院，1917年毕业，获商科学士学位。是年归
国任南开学校商科簿记教员。是年，卞俶成经过调查，发现天津区划不断扩

大，人口日增，断定中药业大有前途，专门拨出 5 万元银洋扩建"隆顺榕"。隆顺榕成记药庄新楼建在天津有名的针市街（今北门外针市街 29 号），为五间三层大楼，由著名书法家华世奎题写"隆顺榕成记"镏金匾额。大楼建好后，卞俶成先后在今劝业场一层、和平路、西安道、建国道、东马路、大沽路等地开设了 6 家支店。又在上海、香港、广州、台湾等地设立驻庄，主要经营药材批发及进出口业务。隆顺榕作为卞家产业，交由经理代为经营，卞俶成只是进行宏观管理。他更多的精力投入于金融行业。1918 年赴上海，任汉冶萍总公司改良簿记。1919 年返津任天津农商银行襄理。1935～1941 年任天津中央银行副理、经理，掌管金库钥匙。

　　1937 年 7 月底天津沦陷后，日伪当局想接管中央银行，多次逼迫卞俶成交出金库钥匙。1941 年底太平洋战争爆发后，日本侵略者占领英法租界，将卞俶成非法拘禁。他后经保释，赋闲在家。多年来兼任南开学校、新学书院、汇文中学、中西女中、培才小学等校董事。天津解放后，卞俶成年事已高，退出工作，但作为特邀代表曾出席天津市各界代表会议。1952 年 6 月 1 日在津病逝。1955 年 1 月 1 日，中国药材公司天津市公司成立，同年 9 月 10 日，隆顺榕成为第一批公私合营的药庄。1957 年 1 月 1 日，隆顺榕国药提炼部与乐仁堂国药提炼部合并组建天津中药制药厂。2003 年 5 月 1 日，天

卞俶成与夫人严智蠲（右一）、美国家教（左二）、女儿学锦（左三）、学钧

卞俶成故居（今睦南道 87 号余门）

津中药制药厂恢复老字号，更名天津隆顺榕制药厂。卞俶成的儿子卞学钺以及孙子卞淳、卞凇等，都曾经或正在隆顺榕制药厂工作。卞俶成有 9 男 4 女，共 13 个孩子。

他们中绝大多数都学有所长，有的还成为知名专家。长子卞学鉴是著名皮肤科专家，三子卞学锐是著名结构工程师，四子卞学镇是著名流体力学专家，五子卞学铃是著名医学和生物化学专家，六子卞学镇是知名教授，七子卞学锜是知名演员，长女卞学锦是一名医学教授。

"乡祠卞家"一系，自卞嘉祥迁居老城浙江乡祠南以来，一直阖族聚居，被称为"卞家大院"，卞俶成也在此大院出生。1914 年卞氏分家，1919 年卞俶成回天津工作，卞俶成与其叔卞退昌才在今河北路 215 号糖酒公司大楼一带购房居住。1938 年卞俶成为了躲避日本人的纠缠，购买了英租界香港道（抗战后的门牌为镇南道 169 号，解放初改为睦南道 97 号，今睦南道 81 号至 87 号）吴氏土地一块，由著名建筑师阎子亨主持设计，兴建了 4 所西式平房，命名"友爱村"，当时大门口挂有玉石雕的"友爱村"匾牌。其中 81 号临街，其他门现在要通过一段长三四十米的胡同才能进入。胡同口原来有一个临街的大门，现在的胡同原来实际是个大院子。走进胡同，右首平房是今睦南道 87 号余门，即是当时卞俶成的居所，左首是今睦南道 81 号及 81 号余门，由卞俶成长子卞学鉴一家居住。正对着胡同的是今睦南道 83 号和 85 号连体平房，83 号由卞俶成的母亲居住，85 号则住着卞俶成几个已成年的孩子。卞俶成居所作为私产，由卞家的人居住到 1983 年，最后卖给市房屋信托投资公司。

朱继圣故居

张绍祖

朱继圣，浙江省鄞县人，1894 年出生于一个清贫的秀才家中，父亲在月湖边以教私塾为业。朱幼年在私塾随父读书，后考入浙江省立第四中学（今宁波中学），1912 年中学毕业后考取了北京的清华大学，1915 年毕业获准公费留美 5 年。按规定，每月有美金 80 元的收入。但因朱患沙眼病，根据美国法律，不准入境，当年未能成行。1916 年治好沙眼赴美，入威斯康辛大学，攻读经济学和货币与银行学，以两年时间读完大学三、四年级的课程，获学士学位。再读一年获硕士学

朱继圣（摄于 20 世纪 30 年代）

位。因有 5 年的留美公费待遇，后两年入美国纽约花旗银行实习。在美国，因学习成绩好，曾获得 Phi Beta Kappa 学会的金钥匙奖及经济科荣誉学会奖章。同时，朱还以英语流畅、口才出众而被选为大学演讲队员，出席美国中西部十大学的演说竞赛，获得优胜奖章。朱还多次参加各大学的校际学术辩论会。

1921 年 11 月朱继圣回国，在中孚银行上海分行任外汇专员。1922 年初到北京仁立公司任副经理，1926 年，升任经理。1931 年仁立公司在天津英租界购地建造仁立毛纺厂，转年正式生产机制毛纱。朱继圣为了摸清原料

（羊毛）的情况，在一个羊毛掮客的陪同下，亲自去张家口、大同、包头等地买毛。住在客栈，一宵过后，满身虱子，但并不以为苦。对大宗羊毛的拣样、过案、估出净毛率都亲自下手，并监秤，装运。他对地毯出口业务特别认真，在图案、花色、质量等等方面，从不马虎。对每批地毯他必亲自过目，经他认可后，才可报关出口。仁立公司最早的主要业务是手工艺品和地毯出口，后来逐渐地把重点放在地毯上。据朱继圣自己说："仁立，之所以直接出口地毯，是受了南开大学校长张伯苓的影响。"张伯苓曾对朱说："要抢金饭碗，不要抢银饭碗……"这句话对朱继圣以及仁立公司的影响是很深远的。

朱继圣非常重视产品的技术资料与市场信息。1928 年 8 月，他带着相当数量的古玩、玉器、手工艺品和大量的地毯图案，从上海出国考察。先到日本了解日本钩针地毯，返回上海，再经香港去新加坡、锡兰（现斯里兰卡），过地中海到法国、英国、荷兰。在伦敦把带去的玉器、古玩卖给一家百货公司，并与经营地毯的彭特卫公司建立了业务关系。顺利的开端使他十分高兴，用他的话说："怀着美丽的憧憬离开英国前去美国。"但是，到美国入境时，由于美国移民局的官员向他提出一些侮辱性的问话，朱认为是耻辱，提出了抗议。通过这次遭遇，使他认识到必须使自己的国家富强起来，才能不受外国人的欺负。在美国，他巩固了旧关系，使之长期稳定，也发展了新的业务联系。1929 年秋，朱继圣回国，除归还了行前向中孚银行借的美金 5000元及支付这次环球旅行的全部费用之外，还有丰厚的利润。当然更重要的收获是了解了国际市场的信息，发展了业务关系。

仁立公司从地毯出口贸易进而发展毛纺工业，逐步摸索出粗纺毛纱，粗毛织品，精纺、染整，呢绒等一系列发展路子，开拓了一条"工贸结合，内外相辅"的经营路线，在比较短的时间里，发展成为有一定规模的千人大厂。仁立公司的发展壮大，与中孚银行分不开，仁立公司董事长孙锡三曾任北京中孚银行副经理，中孚银行遂成为仁立公司经济上的有力后盾。

朱继圣善于理财。他建立了一套新式的会计制度，除了当时政府规定的股份有限公司要把盈余的百分之十提作公积金之外，他还设置了"特别公积金""红利平衡准备金""改善设备基金"等科目，以充实企业的实力，并维持股息红利于年息12％的稳定水平上。当公司需要增加资本时，从公积金项下拨出一部抵充，同时给老股东优先购买新股的权利，使集聚资金容易收效。1931年，仁立公司增加资本至30万元，1935年又一次增加资本至50万元，1936年增资至150万元，1940年增资至500万元，1942年增资至800万元。1947年，物价飞涨，货币贬值，资本增为140亿元。

朱继圣用人唯才，量材录用。他在仁立组成了以其为首的行政技术领导核心，使朱在统率一个大企业时能应付裕如，得心应手。他有一个说法，叫作不用"三爷"，指的是少爷、舅爷、姑爷。即使如朱自己的侄子朱起澜、朱起华，远道从故乡来投奔，朱也是不让进仁立，而为他们另找职业，另干一行。在待遇上，他认为如果一个人能胜任的工作，就仅用一人，宁可给以相当高的报酬。每到阴历年末，对工作好的人给以"花红"（现金奖励），特别出色的还另多赠送一份，由朱亲自当面交给本人，并要求对方保

朱继圣故居（成都道104号）

密。公司资助文化低的青年职工业余上学，学习文化、外语，支持职工体育活动，每当与外单位比赛时，朱继圣尽可能观战助兴。

朱继圣一生喜好参加社会活动。他是由留学生组成的"成志会"地区社长，天津基督教青年会联青社的社长，也是欧美同学会的一个积极分子。天津工业协会及三五俱乐部两个组织都是以天津几家大工业和唐山工矿企业的负责人为主的组织，朱继圣作为天津有影响的人物也积极参与活动。由于朱继圣的企业为社会所推崇，以及他本人的社会地位，在天津尚存在英租界的年代，他曾担任英租界工部局的华人董事。他还曾任北京协和医学院的董事长。1941年在朱继圣的大力赞助下，在天津建立了结核病防治院，他担任董事长。

天津解放后，朱继圣恢复了仁立的地毯出口，第一批出口的女工地毯即达 20 万美元。1949 年末朱继圣提出仁立公司存放在美国银行中的外币资金 41 万多美元调回天津，用这笔资金建立了仁立蛋厂。在抗美援朝中朱继圣提出捐献价值 50 万元"仁立号"战斗飞机 1 架，同时提出捐献 6 个月超产部分产品 15% 的利润。1952 他参加中国人民赴朝慰问团赴朝鲜慰问。朱继圣曾担任第一、二、三届全国人大代表，第三、四届全国政协委员，中国民主建国会中央常务委员，中华全国工商业联合会常务委员，第一至四届天津市人大代表，第二至六届天津市人民委员会委员，第一至四届天津市政协常委、副主席，民主建国会天津市委员会主委，天津市工商联副主委等职务。后患直肠癌，虽经专家施行手术，终未能康复。在"文化大革命"开始后，因受林彪、"四人帮"极左路线的迫害，于 1972 年 9 月 5 日病逝，终年 78 岁。

朱继圣故居位于成都道 104 号，属于成都道永定里公寓。该公寓产权原属私营天津四行储蓄会（1948 年 8 月改组为联合银行），由天津著名建筑师阎子亨设计，共 35 所普通住宅。朱继圣故居为一栋砖木结构的 3 层楼房，清水墙，平屋顶。内装修虽不豪华，但设施完善，居住舒适。朱继圣有 5 个子女。其中长子朱起鹤是中科院院士、著名化学家。

丁懋英故居

张绍祖

丁懋英（1891—1969），女，上海人，其父丁福保（甘仁）为上海著名的中医，医术高超，有济世活人之美称。丁甘仁青年时家境贫寒，不得不住在孟河的木排上，与仲氏结婚后 3 天便步行到离孟河 18 里的仲家村岳父母家中居住。在岳父母的资助下学习的中医，并曾从师于清末宫庭御医马培之门下。懋英 1892 年元旦（旧历 1891 年腊月）出生于江苏镇江姚家桥仲家村外婆家。8 岁前一直生活在外婆家，这时外婆家已

丁懋英

走向没落，靠典当田产度日，直到 8 岁时其父在上海行医落脚成名后，才和母亲及两个哥一起去了上海，进入了私塾读书，后转入教会学校中西女塾读书。她 10 岁时母亲便死于疾病，父亲续娶了母亲的堂妹，但两年后又不幸得病死去。

懋英 13 岁时，其父为她与一富门子弟订婚，懋英了解到这家富豪全家都吸鸦片，一怒之下与二哥仲英一起逃往香港寻找孙中山先生参加革命。两个多月也未找到孙中山先生，被一好心人送到孤儿院。丁甘仁得知此事后大发雷霆，拒女儿于门外，被外公接到仲家村。不久在二哥的帮助下进入南京金陵女塾读书，直到 1913 年考上留美公费生。1914 年来到美国，考入了美

天津女医院楼

国麻州圣橡山女子大学。1918 年毕业，获理学士。接着她又考入密歇根大学医学院免费学医。丁懋英童幼年生活酸楚，母亲和继母相继死于传染病，她想："如果中国有好医生，母亲和继母就不会过早地死去。"因而她立志学医。

1922 年丁懋英毕业于密歇根大学医学院，又经考试合格，成为当时在美国持有密歇根医师执照的第一个中国人。是年她偕同两个表妹仲淑娟、仲采凤回国，在途中，她与东亚毛纺厂宋棐卿夫妇、华北制革公司王健夫妇同船，他们都劝她到天津行医，并表示会尽力帮助她。丁懋英来到天津，在天津女医局（今水阁医院）行医。

天津女医局前身北洋女医院，由袁世凯于 1902 年（清光绪二十八年）在天津创办。1907 年聘我国最早的女留学生金雅梅（1864—1934）为首任院长，院址在东门外水阁大街（天津水阁医院，今南开区妇幼保健院）。该院借用天津育婴堂的一部分房屋，经费由海关按月拨给 700 元，不足款由医院诊费收入和官商捐助作补充。1908 年 7 月，袁世凯赠银 2 万两，由金雅梅创办北洋女医院附设长芦女医学堂，她出任堂长（校长）。这是天津第一所女子护士学校。该校招收初级中学毕业生，每隔一年招生一次，四年毕业，专门培养看护人才。1916 年袁世凯死后，天津海关停付该院经费，由天津近代教育家严范孙等人接办，芦纲公所每月拨给经费。医院改名天津女医局，学校改名天津女医局附设高级护士职业学校。同年，金雅梅辞去局长、校长职务，聘请康爱德医师为局长兼校长，继由曹丽云大夫为局长兼校长。1922 年 6 月曹丽云病逝，由董事会会长严范孙推举丁懋英任局长兼校长。她上任后，大力整顿和发展院务，利用多方特别捐款建立和改善医务基础设施。为了彰显曹丽云对医院的贡献，她在医院后庭建了一座丽云纪念楼，以示崇敬与怀念。

1935 年天津女医局重订章程，并请天津市政府备案，更名为天津女医院，由董事会暂时公推傅惕（号汝勤）先生为名誉院长，丁懋英任院长。为了适应业务发展的需要，1935 年在英租界伦敦道（今成都道 106 号）扩建了天津女医院分院。她还在八里台附近购置园田耕耘兼作牧畜，以求医院自给，并于 1942 年 6 月建成当时天津检验设备最完备的天津女医院病理检验所。她为了贫苦病人能够得到医疗，还设立了小白楼女青年会分诊所、西南角小医院分诊所，在天津八里台吴家窑本院职工宿舍内设立乡村卫生所，在河北公园附近设立天津人民肺病疗养院等，热心为老百姓看病，免费为生活非常困难的穷苦百姓看病。

她怀着极强的事业心，除了做好本职工作外，她还经常到一些单位指导妇婴工作。她还

丁懋英故居（成都道 106 号）

致力于监狱犯人的治疗工作，每周两次派医师前往就诊并捐建了一所犯人浴池。丁懋英个人生活勤俭朴素，却对慈善事业情有独钟，用节省的钱长期资助天津孤儿院、育婴堂等社会福利事业。多年来她培养的护士、助产士分布本市及河北、河南、山西、山东、台湾等地。

1945 年初，日本宪兵队欲强征医院以供军需，丁懋英经多方奔走，始得保全。1945 年日本投降后，联合国救济总署的救济物资源源运抵天津。经美驻津领事推荐，丁懋英监管此项工作。她坚持按需分配，历时一年多才结束。

天津解放以后，市卫生局于 1950 年 1 月 1 日接收了天津女医院，并改名为天津市市立人民妇产科医院，院长丁懋英。同年 6 月丁辞职，8 月由林崧任院长，医院改称为天津市市立妇幼保健院。是年丁懋英把救济总署所余物资及医院的全部资产交给了当时的市长黄敬后，申请去香港探望病中的哥哥，一年后又赴美发展。1952 年，丁懋英以 60 岁高龄考取了美国医师执照，济世救人，勤勉工作，1969 年 6 月病逝，葬于旧金山郊外，享年 77 岁。丁懋英故居坐落在和平区成都道 106 号，建筑面积为 732 平方米，前部为平房作诊所，后部为二层楼房作私宅，由著名建筑设计师阎子亨设计。建筑物均为仿中式硬山作法，出檐，彩绘，垂脊饰立兽。为一座中国传统宫殿式建筑，在林立的小洋楼中，显得格外别致。

詹天佑故居

张绍祖

詹天佑，字眷诚，原籍安徽婺源（今属江西），1861年4月26日（清咸丰十一年三月十七日）出生在广东南海一个没落的茶商家庭。当时，洋务派官僚曾国藩批准了容闳提出的"幼童出洋赴美留学计划"，招收第一批"聪颖幼童三十名"，训练后送往美国。詹天佑的父亲詹兴洪，在同乡多方劝导下，勉强同意将幼子小天佑送出国去。詹天佑到香港一考即中，被正式录取。1873年3月底，留美幼童副监督容闳，带着包括詹天佑在内的一批官学生，从香港搭船前往美国。

詹天佑

詹天佑在美国学习8年，先后在威士哈芬小学和弩哈芬中学读书，在教师诺索卜夫人和容闳的支持下，又考取了耶鲁大学的工程学系，专攻土木建筑。1881年詹天佑大学毕业，他的毕业论文《码头起重机的研究》得到很高评价，他在毕业的数学考试中获得第一名，学校特颁给他一张奖状。这一年，全体留美学生都被召回国。

詹天佑回国后，并未受到重用。先是被派到福州船政学堂学习海船驾驶，毕业后在"扬武"号兵轮担任驾驶官，以后又调往广州博学馆（后改名广州水师学堂）当英文教习。直到7年之后（1888年）才由他的留美同学邝孙谋推荐，在天津三岔河口新成立的"津沽铁路公司"（中国天津铁路公司）

当了筑路工程师,负责施工筑路。是年 9 月,铁路修到天津,在旺道庄(今李公楼立交桥下东侧 120 米处)建成了我国自办铁路第一个商埠车站。

詹天佑修筑的第一段铁路,是指挥塘沽到天津间的铺轨工程。当时,由中国铁路公司负责修建唐山到天津的铁路(唐胥段是中国铁路公司的前身——开平铁路公司完成的)。詹天佑到职后在工地上指挥铺轨,奋力 80 天全部完工,速度快,质量好,路轨平稳坚固,桥梁车站也都合格。1888 年10 月,唐山到天津的铁路全线通车。

1890 年,清政府决定修筑关内外铁路,将现有铁路延伸到山海关以外,1892 年在津榆铁路(今津山线)的筑路中,铁路需跨越天然屏障滦河。设计的滦河大桥 670 米,位于滦县站至石门站之间。金达总工程师先后将建桥工程交给日、德承包商修建,因河床沙层很深,修筑不得法,桥墩建成后即被洪水冲毁。詹天佑在参加建桥过程中,发现了问题,向金达提出了另选桥址,使用新的建桥方案。当时金达正一筹莫展,只好采纳詹天佑的建议。詹天佑和助手们深入细致地考察了滦河的水文资料和河床地质状况,决定改变桥址,并采用“压气沉箱法”,用中国的水鬼潜入河底,以传统方法配合机器进行打桩,顺利解决了桥墩奠基的难点。滦河铁路大桥于 1892 年 5 月开工,1894 年 2 月竣工(今为河北省一级文物保护单位)。使用“压气沉箱法”建造桥墩在东亚为首创。1894 年,英国土木工程学会选詹天佑为会员,说明他的知识技术水平和业绩已经得到国际上专门学会的承认。

从 1895 年起,詹天佑先后参加了天津到卢沟桥、山海关到锦州、高碑店到易县以及汉粤川等多条铁路的建

詹天佑故居(今建设路源茂里)

设。但是他一生中最大的贡献，是修筑京张铁路。

清政府决定修建北京到张家口的铁路，准备由中国"官办"自己修筑。1905 年 5 月，清政府任命詹天佑为京张铁路会办（后改总办）兼总工程师，并且声明：不雇佣一个外国工程师，全由中国人自己修筑和经理。詹天佑亲自带领技术人员和工程队做勘线工作。用了 3 个月时间，最终才选定了经南口、居庸关、八达岭这条施工路线。为了加速修建京张铁路，詹天佑确定了分段施工、分段通车的办法。1905 年 9 月，丰台至南口第一段工程正式动工。在克服了资金缺乏、运输困难、贵族坟院挡道等一系列困难后，路轨铺到南口。从南口到岔道城的第二段工程，最为艰巨。开工后，詹天佑立即将总工程师办事处迁移到南口，专心主持工程，并下定决心，一天不打通居庸关和八达岭的隧道，就一天不回北京。第二段工程还有一个难题，就是这里地势险，坡度大，怎样才能使列车爬上关沟的最高峰——八达岭呢？詹天佑便从青龙桥起，利用折返线的办法，依着山腰作"人"字形的轨道，车到这里，改用两个大马力机车，一个前边拉，一个后边推，先推列车前进，到交叉点再往上拉，加以每节车厢之间改为自动挂钩（詹天佑钩），十几节车厢结合成一个牢靠的小整体，缓缓地爬上八达岭的顶巅。这是詹天佑在修路工程上创造性的设计。1909 年 8 月，京张路全线通车。10 月 2 日，在南口车站举行了隆重的通车典礼，一万多位中外来宾参加盛会。

京张铁路的修建成功，使詹天佑扬名天下，他不断获得各种头衔、职务和荣誉。但长期的劳累，繁重紧张的工作，损害了詹天佑的健康，终于积劳成疾。1919 年北洋政府派詹天佑参加协约国会议，在海参崴和哈尔滨的会议上，詹天佑为维护国家主权的完整，坚持中东铁路应归中国管理。会议期间，他病势日趋严重，于 4 月 20 日返回武汉，当晚住进仁济医院，24 日这位杰出的铁路工程师与世长辞，享年仅 59 岁。

詹天佑在津故居位于英租界达文波路（今建设路）德源里（今源茂里），为砖木结构二层楼房。1917 年由詹天佑家营建。

茅以升故居

张绍祖

青年时代的茅以升

著名桥梁专家、教育家、社会活动家茅以升（1896—1989），字唐臣，江苏镇江人，出生于一个"寒士"家庭。祖父是位教育家，又是位文学家。以升自幼从母读书，祖父也有时教他读文章、写大字。7岁那年，考取南京思益学堂就读。1906年，考进了江南中等商业学堂。1911年暑假考上唐山路矿学堂，1916年毕业保送美国康奈尔大学土木工程系。1917年夏获硕士学位后，前往匹兹堡一个桥梁公司去实习。到匹兹堡后，听说该地有加利基理工大学，其土木工程系有夜校，茅以升去申请读博士学位，必修课程，于夜间上课，居然获准。在1919的全年中，白天夜晚作论文，论文的题目是"框架结构的次应力"，年底通过博士答辩会，博士论文达到了当时的世界水平，该文的科学创见被称为"茅氏定律"，他因此获得了母校康奈尔大学的"斐蒂士"研究奖章，并获美国加利基理工大学工学博士学位，是该校的第一个工学博士。

1920年，茅以升自美回国后，在唐山工业专门学校担任教授兼工科主任，后在南京东南大学担任教授兼工科主任，在南京河海大学担任教授、校长。

1927年夏茅以升担任天津北洋大学专任教授，转年12月就任更名为国立北洋工学院院长，住在该院的"团城"（今河北工业大学内）。他目睹院内

茅以升故居（今河北工业大学团城）

停课多时，百废待举，即动员各方力量，逐步恢复旧观。"北洋"历史久，教育新，所聘教授皆国内外知名人士。茅以升请来科学界老前辈胡敦复主讲物理学，卢恩绪讲授土木工程学。该院教授课程均甚繁重，每星期授课20小时以上。课本采用英文原版，内容完备而有系统，同时亦给学生外语训练。"北洋"校风纯正，学生大部分能刻苦学习，但亦不忘政治。茅以升发扬各种优良传统，并欢迎学生提意见，改进学校工作。"北洋"为国内最老的新式学校，也有一些旧的传统需要打破。最妨碍教育进步的为"贷书制"，即将教科书借给学生，于毕业时交还。其时由于学校经费日紧，无力每年购换新书，教科书日益陈旧。茅以升在南京时，遇到一位方鸣皋先生，他能将原版书不经照相来翻印，成本甚低，茅以升就请他来"北洋"，主持翻印教科书事，印出讲义，无偿发给学生，也解决了贫困学生购书的困难。于是全校所用的教科书，每年可以全部更新，师生都很满意。

1930年茅以升辞去院长职务，继续担任教授，教结构工程课。1933年3月间，他接杭州友人来信，约往杭州谈建钱塘江桥事。8月间辞"北洋"教职，在杭州就任桥工处长职。

20世纪30年代，茅以升主持设计和建造了著名的钱塘江大桥，这是第一座由中国人自己设计并主持建造的近代化铁路公路两用桥，在抗日战争中，对撤退物资、疏散人口，起了主要作用，培养造就了一批桥梁工程技术人员，破除了钱塘江不可能造桥的迷信。

抗战期间，1941年茅以升在贵州平越县（今福泉县）任交通大学唐山工学院教授、院长。抗日战争胜利后，1946年1月，国民政府正式下达关于恢复北洋大学的函令，并充实了国立北洋大学筹备委员会，以王宠惠为主任委员，茅以升为秘书长。2月，筹备委员会于重庆召开第二次全体会议，一致推举茅以升为恢复后之北洋大学的校长。不久，由教育部任命茅以升为北洋大学校长，但因钱塘江桥在抗战伊始为我方自动炸断，这时茅以升正在杭州负责修复，一时不能到职，由于教育部委任教务长金问洙先生为代理校长。

1946年春，茅以升回到劫后的杭州，随即接到交通部命令要他充实桥

1934年11月11日，茅以升主持钱塘江大桥开工奠基仪式

工处，准备修桥。茅以升对全桥作了详细勘测，才知破坏过的桥墩钢梁，情形异常严重。9 月起，开始进行修桥。翌年 3 月 1 日，公路通车，恢复大桥双层路面的作用。其时已届国民党统治的瓦解时期，经济日益崩溃，人心浮动，修桥经费时断时续，工作进展迟缓。直到 1949 年 5 月 3 日杭州解放还未完工。所有未完工程于同年 9 月由上海铁路局接收续办。于 1953 年 9 月钱塘江大桥才全部修复。

1947 年 9 月，茅以升从南京飞到北平转天津，往"北洋"探望诸旧友，对他们在抗战中转徙流离之苦，表示慰劳。同时，为了安定校内情绪，想在了解校内情况后，向教育部建议善后办法。茅以升向校内各负责同人，特别是金问洙、李书田、陈荩民诸位先生，陈述他不能就任校长的原因，得到他们的谅解，同时拜访天津校友会成员，答谢他们一年来屡次劝告其就职的盛意。茅以升回南京后，即向教育部报告此行经过，再次陈请辞校长职，最后得部同意，改派张含英先生继任北洋大学校长。

新中国成立后，茅以升历任中国交通大学校长、铁道部科学研究院院长、中国科学技术协会副主席、名誉主席、中国科学院学部委员、中国土木工程学会理事长、国际桥梁及结构工程协会高级会员。1982 年被美国国家科学院授予外籍院士称号。1952 年参加九三学社，1958 年起担任九三学社中央副主席，1987 年后任九三学社名誉主席，是一至六届全国人大常委会委员、二至六届全国政协委员，第六届全国政协副主席。1987 年 10 月加入中国共产党。1989 年 11 月 12 日 15 时，茅以升在北京逝世，终年 94 岁。

茅以升与天津有深厚的感情。1980 年，84 岁的茅以升亲临母校天津大学（前身北洋大学）参加 85 周年校庆，发表了热情洋溢的长篇讲话。1983 年，87 岁的茅以升两次为母校天津大学题词、题诗。题词为母校校训"实事求是"，现已成为"天大"敬业亭上的匾额；题诗为自作自书的《北洋今胜昔二十韵》，是对北洋大学历史的一个概括，也是他自己在北洋大学一段执教校长历史的写照。

刘春霖故居

张绍祖

刘春霖

刘春霖（1872—1942）字润琴，河北肃宁付佐乡北石宝村人。春霖生于山东济南，出身寒苦，祖父务农，父亲为保定府皂隶，母亲靠给人当奶妈糊口，他自幼被寄养在伯父家。6 岁时回到老家，哥嫂抚养。8 岁入私塾读书，因天资聪颖学习刻苦，深受老师喜爱。后来，刘春霖全家迁居保定，他被送入莲池书院学习。他学业长进很快，不久即得到书院院长、著名散文家吴汝纶赏识。

1903 年（清光绪二十九年），刘春霖和其兄刘春堂一同赴京参加礼部组织的会试。刘春堂中了进士，而刘春霖却名落孙山。落榜后的刘春霖留在京城，靠抄写维持生计。由于他的馆阁体书法出类拔萃，为慈禧赏识，刘春霖曾多次应召为慈禧抄写经文。1904 年，岁次甲辰，适逢慈禧太后 70 岁大寿。按照惯例，特加甲辰恩科。刘春霖再次参加会试，取得第 17 名的好成绩。紧接着，他又在殿试中考中进士，并被点为末科状元。

刘春霖中状元后，被授予翰林院修撰之职。1907 年他被派到日本法政大学学习法政，次年回国。回国后不久，其原配夫人因病去世，他为妻子举办了简单的丧礼。不延请僧道诵经，不使用纸人纸马，原定初六日发丧，因赶上大雨，遂改为初七日。这些改变丧葬习俗的举措，在当时都是振聋发聩的。为此《大公报》还以《丧仪文明》为题进行报道并给予了肯定。状元丧妻，人们听说后纷纷为其提亲做媒。他的老师杨士骧也为他提了一门亲事，女方为隆龄，曾随父裕庚（为

刘春霖参加会试时的名单

曾任大清驻日、驻法大使多年的皇族贵胄）在法国生活过一段时间，精通英语、法语，颇受慈禧喜爱，并被慈禧留在身边充任女官。当杨士骧向裕庚提及此事，裕庚当即表示同意。隆龄本人听说此事后更是高兴地说："刘殿撰我是了解的。他的小楷书法特别好，曾给老佛爷抄过佛经。我见过他写的许多楷书，他之所以能中状元还有我的一份功劳呢！"当时裕庚、杨士骧皆以为这门亲事向刘春霖一提即成。可是出乎人们的意料，当杨士骧以师长的身份向刘春霖提及这门亲事时，刘春霖却婉言相拒。他说："恩师对学生婚姻之事的一片苦心，学生不胜感激。但裕老贵胄高门，生所不及，婚后往还势难相比。如高攀成龙，恐日后贻害格格（指隆龄）终身。请师代为婉辞。"事后，有人说他愚蠢，有人说他不识时务。但刘春霖听到这些议论后不以为然，他说："我虽科魁，但出身贫家。人却为贵胄，婚姻如门不相对，日后只能贻害双方。"后来，刘春霖娶沧州一张姓女子为继室，婚后夫妻二人互敬互爱，十分和睦。

刘春霖回国后曾任资政院议员、福建提学使、直隶女学堂（后改直隶第二女子师范）监督。1909 年，他又改任直隶高等学堂监督，并在莲池文学馆讲学。他从日本留学归来时，正值清政府标榜维新、拟行君主立宪之时。天津先于各省筹办地方自治。天津各界公推刘春霖领衔，组成代表团进京向清

2003 年，刘春霖故居"状元楼"拆除前旧貌

廷递送速开国会请愿书，推动了立宪请愿活动的开展。1912 年中华民国成立，
袁世凯任大总统，为了借状元的"鲁殿灵光"来壮门面，袁便邀请刘春霖出
任总统府内史。在当了几任总统府内史之后，刘春霖想做些实务的事，他终
于远离了政界，到万牲园（现在的北京动物园）开辟了中央农业试验场，主
办了气象和农业两个讲习所，以期培养人才、实业兴国。

　　他在工作之余还曾宦游各地，但居住时间最长的还是平津，并在两地
置有房产。他在天津最有名的寓所，就是"状元楼"。20 世纪 20 年代，为
安置年迈的母亲，刘春霖萌生在津安居之念。他选中今河北区天纬路西窑洼
地方，建起一所带庭院的中式楼房。这所宅子虽然不是富丽堂皇，但在当地
来说也是鹤立鸡群，十分惹眼。门前悬"状元第"匾额，被人们称为"状元
楼"。"状元楼"为砖木结构，与子牙河相邻，坐南朝北。院内分前楼和后楼
两个部分，楼的上下及两侧均有走廊相通。前楼临天纬路，二层五间通屋，
拱券式大门；后楼临河，楼顶有晒台，可观景纳凉。院内走廊、栏杆、门窗、
檐柱、花墙等处，多饰以彩绘和砖雕。院中还有大槐树 4 株。

　　"状元楼"建成后，刘春霖作为寿礼将母亲接来养老，而本人居住在这
里的时间并不多。他与天津神功药房经理张伯麟居士神交，居津期间多住于

张伯麟在法租界德邻里寓所，并经常参加"打八圈"的小牌消遣。刘春霖居津时，还与儒林友好章一山（梫）、金息侯（梁）、王仁安（守恂）、赵幼梅（元礼）等多有诗酒之会，互相吟诗唱和，为天津诗坛增添了佳话。刘春霖工楷书，字极秀丽。他在天津曾以卖字的润笔为生，多次为商铺题写匾额等。老城北门里是金银珠宝店铺集中之地，竞争十分激烈。"世华金店"特延请刘春霖书写招牌。此外，他还为估衣街"联升斋鞋帽店"、东门里冰窖胡同李善人家药店等题写匾额。刘春霖书法以小楷最为著名，出版有《大唐三藏圣教序》《兰亭序》等小楷字帖多部，至今仍广为流传。

1937年"七七"事变后，平津沦陷，时刘春霖正居住在北平家中。大汉奸王揖唐（与刘春霖是同科进士、赴日本留学时的同学），想借刘春霖的"状元"之名作招牌，邀其出任北平市市长，王百般动员说服，被刘严词拒绝。日伪恼羞成怒，第二天竟然抄了刘家，把全家人赶出宅门。后他出重资托人说情，才被允许回到北平家中。

1939年天津大水灾后，刘春霖离开天津，赴北平居住。他患有心脏病，经受日伪迫害后，病情日益加重，于1942年1月18日病逝北平寓所。

"状元楼"拆除前的木楼梯和繁茂的树

宁星普故居

张绍祖

在万全道（今陕西路55号）有一座颇具特色的西式洋楼，这是天津著名买办宁星普的一处故居。该楼为三层砖木结构，建于民国，建筑面积640平方米。入口为半封闭式门厅，两侧用石柱上撑阳台。建筑中部为二层，上做平台，周边作瓶柱护栏，两侧顶层建有塔楼，造型别致。

早年天津卫，皆知天津有"南北二宁"，其中"北宁"者，乃老宅位于二纬路宁家大院的宁星普。宁星普是英商新泰兴洋行买办、天津"商务公所"总董，是19世纪末期20世纪初期天津赫赫有名的人物。

宁星普（1842—1928），名世福，以字行，直隶（今河北）青县人。少年家贫，与同村贾某结伙推小车（独轮车），到天津卫谋生，见在当地谋生艰难，便与贾某相约去宁夏闯荡，往返一次大约需一年时间，经营针线、篦子、脂粉、桂花油等杂货。由最初的5担、10担，逐渐发展到500担，返回时便带回大量红花、麝香、冰片等名贵药材，卖掉后发了大财。

宁星普发迹后，先在法租界法国花园（现在的中心公园）附近"仁义里"置办了房产，并开始经营草帽辫出口生意。他受聘于英商新泰兴洋行买办，任经理，专营草帽辫、皮毛等出口生意。后来在天津广置家业，在南门外置有大片房产，在二纬路盖了宁家大院，在赤龙河上建有宁家大桥，成为在天津与"八大家"齐名的富户。

1903年春，天津商界要求成立商业组织，经袁世凯同意后，4月间成立了"商务公所",假北门东当行公所旧址办公。由直隶总督衙门委派宁星普与卞煜光（隆顺洋布庄经理）、王贤宾（王竹林，芦纲公所）、么联元（么品珊，德恒钱庄经理）4人为总董，总揽大权，规划一切。同时又公举华世铭、刘承阴（刘樾臣）2人为襄理，随时随事相互挽济。举杨恩荣、纪锦斋、芮玉坤、王用勋、曹永源、胡维宪、李向辰

宁星普故居

为会董，负责各部事务。使1900年后疮痍满目、一落千丈的本市商业得以逐渐恢复。

1905年冬，清朝农工商部令改商务公所为"商务总会"。此间因卞煜光病辞，于是公举王贤宾为总理，宁星普为协理，么联元为坐办。后又推举会董杨恩荣等7人分理评议、会计、庶务、调查等事项，并驻会办公。当时参加商务总会的有钱行公所、当行公所等36个行业。

1906年宁星普联络地方人士，支持公共事业，为推动维护国货运动，与商会总理王贤宾联名呈请袁世凯批准，开办商会"劝工厂"。目的是倡议国人多开工厂，发展民族工业，并在天后宫举办天津第一次商品观摩与展销

会——民族工业产品展览会，长达一个多月，以此激发国人并为产品广拓销路。此举是在当时"劝业救国""劝业兴家"思潮下的产物。宁星普等人还创办"天津商报"，宣传商业知识、介绍各地商情，颇受广大工商业者欢迎。成立天津中等商业学堂，培养商业人才，为建立高等商业学堂做准备。设立"救急善会"，向工商业户和社会仁人募资捐款，以备救济全国各地灾区灾民。成立戒烟会，极力解救烟民脱离苦海。开办"公估局"，维护了市面银根的稳定。

1918 年天津商会改组，宁星普仍当选为特别会董。宁家是津门大户，宁星普又是洋行界头面人物。天津八大家之一"李善人"家过生日，当时军政要员、社会名流、清朝遗老遗少都到场祝寿。这些津门豪绅有的坐轿，有的乘马车，唯独宁星普坐的是四轮殿（长方平顶汽车），当时除了洋人外，在天津坐汽车的实属凤毛麟角。

1928 年，宁星普逝世，终年 86 岁。那时天津有钱有势者不少，而以出殡震动津门者却只有两人，一人是江苏督军李纯，一人则是洋行买办宁星普。

宁星普从去世到起灵共 49 天，每天吊唁者应接不暇。在后院搭起了高高的天棚，内放 20 面大圆桌，凡来吊唁者一概管饭，每桌 8 位，顿顿是八大碗，送礼来的"下人"或随从还要另赏大洋两块。

整个送殡队伍达 5000 人之众，当排头走到北门外，执事给家里打电话通报情况时，才知灵柩还未出大门呢！队伍之长、气势之大可想而知了。

陈少梅故居

张绍祖

　　陈少梅（1909—1954），著名书画家，名云彰，字少梅，号升湖，湖南衡山人。出生于1909年4月5日。其父陈嘉言（梅生）曾任清末书院编修，民国国史馆秘书，晚年主持衡阳书院（船山学社），在这样的家庭环境熏陶下，陈少梅自幼酷爱丹青。1924年，随父来到北京，住进宣武门外烂漫胡同湖南会馆。

陈少梅

　　父子俩登香山，游北海，结交文人名士，谈诗论画。陈少梅从临摹私人藏画开始，借到名作，如获至宝，彻夜临摹，功夫精进。15岁加入了金北楼先生主持的"中国画学研究会"并拜其为师。金北楼善山水、兼作花鸟，取法宋元，笔墨严谨，临古功深。陈少梅天资聪敏又勤奋好学，再加上这位功深眼高的老师，为当时年龄最小又成名最早的画家。金北楼对这位弟子十分赏识，他曾说："我一生教授弟子甚多，他是最小的，却是我最得意的。现在他画得很好，将来前程无限，故我为他取号升湖，承吾业者，必升湖也。"金北楼逝世后，其子金开藩于1926年成立"湖社画会"，陈少梅为画会骨干。1930年比利时举行建国百年纪念国际博览会，湖社选作品参加，陈少梅一件作品荣膺银奖，时年40岁。是年湖社在天津举办画展，陈少梅的作品备受瞩

陈少梅故居（今成都道 103 号）

陈少梅、冯忠莲夫妇（20 世纪 40 年代）

目。1931 年湖社在天津成立分会，由陈少梅和刘子久主持，陈少梅讲授人物、山水、花卉，并以修补古画为业。此后，即寓居津门 20 余年，屡在津、京、沪举办个人画展，蜚声于画坛。曾任天津私立文华美术学校校长。1941 年冯忠莲从陈少梅学习国画，当时陈少梅与原妻离婚后还带有 4 个孩子，即陈长年兄妹 4 人，1946 年冯忠莲与陈少梅结为伉俪，此举出人意料，令人敬佩。其对艺术的追求和对人生的态度可见一斑。婚后，两人切磋砥砺，

从此丹青苑里，梅莲并蒂，竞相傲放。他们家住天津成都道世界里（今成都道 103 号）。该里 1926 年填土垫地，1930 年由军阀石友三购地建房成巷，为砖木结构二层西式小洋楼，带地下室。

陈少梅一生精研国画传统，是现代中国画家中运用北派笔墨，最具功

力、倍见精到的一员。他在艺术上能博采众美，转益多师，且能融汇创新。擅长山水、人物画。其山水画以刚劲的斧劈皴法见长，继承了北派山水的优良传统，全面并创造性地吸收了南宋马远、夏圭水墨山水画的丰富技法，又深入地研究了明代唐寅、戴进、吴小仙等"浙派"风格，而自成20世纪北派山水的新面貌。其用纸，喜用"六吉棉连"宣纸，这为创造他独特面貌的绘画作品，提供了特殊的物质基础。他所绘制的花卉、仕女、人物画，秀逸清俊，又滂沛生动，有明代仇英、唐寅与"浙派"吴小仙、戴进遗意。早期代表作品《西园雅集图》形成一种严谨而不板滞，秀逸而不媚弱，清劲而不霸悍的格调，是山水人物画中少见的精品。后期代表作品《江南春》《观瀑

陈少梅、冯忠莲夫妇的《白梅图》

图》《小姑山》《浴牛图》《丛林远岭》《景阳岗上》《二十四孝图》等都是杰作。人物画如《东方朔》《金陵十二钗》《芦汀渔女》《群仙祝寿图》等都具有深厚的艺术功力，达到了炉火纯青的地步。

陈少梅的书法造诣很高，并不在他的画法之下。他的书法长于行楷，先效元代的倪云林，端正严谨，横平竖直，起、落笔都很有特点。晚期融入宋代米芾的一些特征，后又仿倪瓒，间架清脱，隽秀瘦硬，运笔收放适度，劲拔中有秀逸气，别具风格。

新中国成立后，陈少梅出于对新生活的爱恋，致力于国画创新，其作品多次在国内外画展展出，并被中国美术馆等收藏。曾任天津市政协委员、中国美术家协会天津分会副主席、天津美术学院院长。北京与天津人民美术出版社曾先后出版了《陈少梅画辑》《陈少梅画选》与《陈少梅画集》。

陈少梅以自己独具风格的作品，建立了一座不朽的艺术丰碑。老一辈画家用"当代唐伯虎"来赞扬他，将他与张大千、齐白石、傅心余并列，称为民国四大画家。

1953年，陈少梅应著名画家叶浅予之邀到北京工作，1954年9月9日因脑溢血病逝，享年仅45岁。当时冯忠莲35岁，在荣宝斋临摹古画，每月80元的工资，需要照顾陈家两位老人和4个不能自立的孩子。她凭着顽强的惊人毅力，支撑着这个家庭，还完成了复制宋代张择端名画《清明上河图》等的任务，成为新中国古画临摹复制工作开拓者之一，荣宝斋和故宫博物院的古画描摹专家。

刘子久故居

张绍祖

著名国画家、美术教育家刘子久专长山水画，兼擅花鸟。原名刘光城，号饮湖，天津人，生于1891年（清光绪十七年）5月。故居在天津市河北区天纬路大悲禅院附近的中兴胡同（现名致星胡同）刘家大院（今中兴胡同18号），有祖遗房13间。

早年的刘家大院依河而建，对面便是天津老城的发源地三岔河口。老院内有房屋百余间，树木繁盛，鸟语花香，清雅别致。刘家三

刘子久

代居住津门，到其父时已是当地大户。其父是著名中医，是书香门第之家，收藏有众多医学文史古籍。刘子久自幼勤奋好学，喜好绘画，10多岁随其兄学画，成为他学习绘画的启蒙阶段。

1919年在北平中央陆军测量学校寻常班毕业，转年在该校高等班毕业。1921年分配到北平参谋本部制图局工作，1923年回母校中央陆军测量学校任专科教员。后调农矿部地质调查所担任测量员。他经常绘制地质标本图，加深了他对中国传统绘画艺术的喜好。由于工作的需要，他走遍了长城内外山山水水，在完成本职测量工作的同时，开始了对祖国山水的观察和写生。从一树一花、一溪一石、一虫一鸟的描摹和揣度，到对崇山峻岭、大江大河

刘子久故居

的总体关照及把握，都下过苦功，打下了牢靠的生活基础。他还利用业余时间加入了金北楼创办的中国画学研究会，在国画系学习 5 年，受教于著名国画家金北楼、周养庵等前辈，临摹了许多名画，在山水、花鸟画的传统技法方面有了长足的进步。他的作品曾由金北楼、陈师曾携至日本展览，受到东瀛画界欢迎。

1926 年，前辈知名国画家金北楼从日本归国后不幸逝世。1927 年在北平成立了业余美术团体——湖社画会，刘子久担任导师，还担任画会的干事和评议。他不仅协助金城之子金潜庵主持画会的日常工作，还负责绘画教学和作品评议，培养了大批的国画人才，为中国画的延续和发展起了传薪续火的作用。

1934 年，刘子久返回津门故里，从事山水画的创作和美术教育。他担任天津美术馆秘书，在该馆创立国画班和国画星期班，兼任导师。迄 1949 年天津解放，约有 15 年之久。国画星期班是每周日上午义务授课，深受贫苦子弟的欢迎。

在教学中，刘子久循循善诱，每次课前都要绘出多幅大小不一的示范画稿以供学生临摹。他因材施教，根据每个学生的特点进行有针对性的具体指导，使学生特长得到发挥，较快地取得优良成绩。当前饮誉画坛的著名画家王颂余、孙克纲等都是他当年得意弟子。他非常关心学生，哪个学生得了病，他亲自登门探望。熟悉刘子久夫妇的人们尊称他们二位为"久爷""久奶奶"。

20世纪30年代，天津出现了一些美术团体，如陈少梅的湖社天津分会、陆文郁的城西画会、苏吉亨的绿蕖画会等。刘子久常与著名书画家陈少梅、陆文郁、苏吉亨、严六符等研讨切磋绘画，他性格内向，寡言少语，但谈及绘画艺术，则言必及义，每每精辟独到，深中肯綮。他潜心美术创作和美术教育，无视荣华，甘于寂寞，从不参与美术界的名利之争。他的宽博笃厚的品德给学生以潜移默化的影响。弟子王颂余常说："老师不仅教我以艺，更养我以德。"

天津解放后，刘子久曾担任天津市艺术馆副馆长，同时被选为天津市美术家协会常务委员。1952年天津艺术馆合并于天津历史博物馆，他担任艺术部主任。1954年5月10日，他被天津市人民政府聘为天津市文史研究馆馆员。同年5月，成立天津市国画研究会，他被推为该会的主任委员。他连续5届被选为天津市人民代表大会代表。1956年，他加入中国民主促进会，为会员。同年加入中国美术家协会，为委员。是年，天津市成立中国美术家协会天津分会，被选为副主席。1958年被河北省政协邀为省政协委员。1960年7月，中国美术家协会第二次会员代表大会，他被选为第二届理事会理事。1965年由天津美术出版社印行了《刘子久作品选集》，选入山水画作品14件，花鸟画作品6件。天津美术学院王颂余、孙其峰教授为选集写前言。原作被天津艺术博物馆收藏。他的代表作还有《刘子久花鸟画集》。

新中国成立后，刘子久的国画创作进入了一个新时期。他的思想感情发生了巨大的变化，开始改变了过去一味崇尚古人逃避现实的观念，对中国画

刘子久故居院内有一棵枣树

的创新问题进行了自觉的探索和大胆的尝试。他满怀激情讴歌新时代,创作了一系列具有社会主义时代精神的新国画作品。代表作有《支援前线》《给军属拜年》《为祖国寻找资源》《长城放牧》《冒雨铺轨》《苍松旭日》《石榴》《秋高气爽》《春景》《江帆》等。

创作于1953年的国画代表作《给军属拜年》,"画中山水景物采用传统构图方式和笔法,近山低迷远山参天,工笔勾勒出山下的房屋、树木,浓密工整。辽阔的天空与淡淡的雾气衬托出诗一般的境界,笔墨严谨细腻,简括刚劲,远看似一幅美丽的雪景山水画。而后在房前桥上、小溪两岸,画家精心描绘了近50位人物的各种活动,人们扶老携幼、兴高采烈地奔向军属之家。贺年的队伍里有的带着礼物,有的擎着鞭炮,还有一群打着彩旗的孩子们,神态各异,形象生动逼真。整个画面洋溢着喜庆和欢快的气氛,人物虽小却突出了'给军属拜年'的主题,人物与景物的完美融合,加深了人们对幸福生活保卫者的崇敬与热爱之情。"刘子久的这些新国画作品,既能现出他博采前人画法中饰局严谨,用笔刚劲稳健,墨色厚重,富于变化的特色,又创造了新时代的意境，也反映出他继承传统技法，并超越传统的大胆尝试。即使是前人画过千百遍的松石、花卉等传统题材，在他的笔下却被赋予了新的活力，新的生命。《给军属拜年》等作品送到北京参加了首届全国国画展览，受到了评论界的肯定和赞扬。他用自己的创作成就回答了"山水画能否反映现实"的论争，对当时中国画界产生了积极的影响，被誉为"用中国画反映时代的先驱"。

刘子久的作品功力深厚，严谨秀美，融众家之长，而自成一统。他与著名画家刘奎龄合称"津门二刘"。著名书画家王振德先生评价说：刘子久先生"用笔刚健稳重，源出郭熙、李唐、马远、夏圭、戴进诸家。山石林木结体紧密，姿态传神，似得力于盛懋、王蒙、王石谷等人。在墨法上，兼用泼墨、积墨、破墨等技法，融南北二宗于一炉，长短互济，相得益彰。其花卉画面貌不一，有的属于重彩勾染一派，有的属于水墨或设色的小写意一派，既有古人传统，又有自己独特的风格。但从他绘画风格的主要倾向看，当侧重于布局谨严，用笔挺劲的'北宗'一路"。刘子久晚年的艺术风格日趋苍劲、洗练，到1966年"文革"前夕，他的作品已达到了简洁、概括、准确、深邃的境界。1975年3月，刘子久先生逝世，其子刘祖泰遵照遗嘱无私捐赠家藏刘先生画作约300件。

朋弟故居

张绍祖

　　朋弟（1907—1983），著名漫画家，原名冯棣，又名冯止堂，祖籍北京通县。清末，其父冯士元与妻迁居四川，在成都开设银号，由于冯士元善于经营，银号的规模不断扩大，冯家成为了当地知名的大户人家。冯棣生于四川成都，有9个兄弟姐妹，他排行老八。1911年10月10日辛亥革命爆发后，四川总督赵尔丰被处死的第二天，冯士元的银号被抄，多年基业毁于一旦，其父郁郁寡欢而亡，从此冯家家业中落。但由于冯家有着重教的传统，冯棣从小在私塾里念书，后来进入官办小学堂，顺利读完中学。他天性喜好艺术，尤好绘画，中学毕业后考入国立成都师范专科学校艺术系。大学毕业后，转赴上海继续求学，1931年毕业于上海艺术专科学校西画专业，是年冯棣同弟弟冯桢前往平津，担任美术教师、编辑等。这期间他开始给报刊投画稿，漫画生涯就此开始。那时冯棣长得很帅，有许多女孩追他，但他对高凌云情有独钟。高是富家子女，毕业于天津河北女子师范学校，任教于女师附小。冯棣追求高凌云很执着，经常在女师附小门外等她。当他举行婚礼的时候，他以前的一位女友突然闯了进来，大吵大闹，并质问冯棣，你还知不知道我是谁？朋弟回答："对不起，我搞忘了。"把那个女人给气跑了。1935年冯棣受聘于"北平通俗读物编刊社"，他带着家属到了北平工作。 1937年"七七事变"后，该编刊社迁往大后方。冯棣没有去，和妻儿一起来天津。发表了许多唤起民众投入全民抗战及揭露日本侵略者狼子野心的漫画，为了躲避灾祸使用了冯棣的谐音朋弟作笔名，表现了一个爱国主义漫画家高风亮节。他在天津租赁英租界格林威道（今和平区宜昌道）慧德里 7 号房居住。这是一片幽静的二层砖木结构公寓楼，进门是个带有草坪的小院，小院用低矮的铁栏杆围着。楼下进门是一个宽敞的大厅，大玻璃窗，采光特别好。里面是小小的卧室，旁边是厨房、卫生间。二楼有个亭子间，格局大致相同。

1941 年太平洋战争爆发后，日本侵略者占领天津英租界，朋弟携妻子儿女同冯桢回四川避难。由于朋弟曾发表过抗日漫画，担心被人迫害，便伪装成逃难戏子，每当路过盘查很紧的关卡，就向关卡守兵现场表演拉胡琴。回到成都后，他们住在妹妹冯淑芬家，直到 1945 年抗日战争胜利。这期间，朋弟在成都南门外的敬业中学教书，多才多艺的冯棣不光教美术、音乐甚至还给学生上劳作课。他和学生的关系特别好，学生们都特别喜欢听冯老师讲故事。冯棣共有 5 个子女，老大冯无恙、老二冯无息、老三冯无怠、老四冯无悲、老五冯无疆。

20 世纪三四十年代中国漫画界，如果说在南方、在上海，影响最大的人物是张乐平的"三毛"和叶浅予的"王先生和小陈"，那么在北方、京津一带首屈一指的人物则是朋弟先生的"老夫子"和"老白薯"。他的第一个漫画人物是"万能博士"（在上海），第二个漫画人物是马大人（在北平）。1935年至 1937 年朋弟创作了第一个连续漫画人物"马大人"。1937 年至 1943 年创作的漫画人物有"老夫子""老白薯""阿摩林（上海方言，傻瓜的意思）。他主要代表作品有《老夫子》《阿摩林》《老白薯》《发财还家》《上海现形记》等。他的作品大量发表在京津一带的报刊上，如《新天津画报》《庸报》《益世报》《银线画报》《三六九画报》《一四七画报》等。他笔下的老夫子创造了一个极具时代特征的遗老遗少性质的平民形象，新旧事物与观念在其身上强烈地冲突着。而且这个人物既天真又迂腐，既憨厚又狡猾，既有正义感又喜爱弄些小聪明，通过这一复杂人物多棱镜般地折射了社会的斑斓与荒诞，对于现实生活充满了批判精神。特别是由于这种小人物常常处于尴尬与无奈，而格外引起读者的关切与同情，因此老夫子在那个时代是人们喜闻乐见的漫画人物，而且由于朋弟身处社会底层，漫画具有很强的市井色彩，自然就与都市的大众生活融合一起。

朋弟除了画漫画外，还曾为京津通俗小说作过不少封面。如他为《灵飞集》作的封面就很有新意。

1957 年初，朋弟画了一幅《"老白薯"出土》，这是他最后的漫画作品，刊登在《北京日报》上。漫画家李滨声为此写了一篇短文《介绍老白薯》，为他鼓劲。说"我祝贺年已知命的漫画家重新提笔作画，并希望今后'老白薯'经常出现在漫画的花坛上"。但紧跟着的"反右"运动席卷而来，他俩未能幸免，均被打成"右派"。朋弟从此销声匿迹。朋弟于 1983 年病逝。在他去世之前，一位友人黄冠廉拿着香港的报刊给他看有位名叫王泽的人模仿他的《老夫子》，那时他已半痴呆，故表情反应淡然，更何况他被整得也不敢有什么表示了。他一生画了 1200 多幅漫画，曾享誉大江南北，而如今出版的《中国漫画史》居然没有朋弟的名字，岂非咄咄怪事！

1996 年著名作家冯骥才从埃及回国途经新加坡时，发现书摊上到处可以看到一种名为《老夫子》的漫画图册，经友人介绍才得知"老夫子"已经享誉四海，但作者已经不是朋弟而是王泽！好打抱不平的冯骥才，为了抢救、挖掘一个被湮没的艺术家，像抢救天津老街一样，在西苑出版社出版了《老夫子出土》一书，让著名漫画家朋弟浮出水面，恢复了本来的面目。

谈丹崖故居

张绍祖

谈荔孙（1879—1933），字丹崖，祖籍江苏省无锡县人，族人自称锡山谈氏，生于江苏省淮安县。童年在谈氏家塾读书。他12岁转入谈氏东文学堂学习数理等基础学科和汉文、日文。1901年转入江南高等学堂读书，成绩优异。毕业后又考取了官费留日生，入日本东京高等商业学校（今日本东京商科大学），学习银行经济，毕业后到日本银行实习。

谈丹崖

谈丹崖回国后受江苏南通状元张謇之聘，任南京高、中等商业学堂教务长兼银行学教习，后应前清留学生廷试，以优等成绩考取商科举人，授度支部（晚清将户部改称度支部，主管财政）主事职衔。他不愿做官，适大清银行成立，请调改任大清银行稽核。辛亥革命后大清银行结业，另改组为中国银行，谈丹崖任会计局长。他改革旧式账簿为新式簿记，是将银行新式簿记引入中国的第一人，并建立了会计制度。他建议制定国库制度，为统一全国财政打基础，旋即转任国库局长。1915年中国银行为扩展长江流域业务，派他前往筹建南京分行。该分行成立后即由他担任行长，他有条不紊、有章有法地平息了1916年出现的挤兑风潮，在江苏全省化解了风险，工作很有成效。

1918 年春，冯国璋调谈丹崖担任北京中国银行行长。他到京后观察政治局面，感到中国银行名为金融机构，实为官场，难以施展他的抱负，下决心创办商业银行，以实现他的志愿。1919 年他在民国大总统冯国璋和冯的亲信王桂林的支持下筹集股金 38 万元，注册资本为 100 万元，创办大陆银行，总行设在天津法租界六号路（今和平区哈尔滨道），谈丹崖兼任董事长，其学生曹国嘉（心谷）出任总经理。1920 年皖系国会议员指责北京中国银行行长谈丹崖兼任商业银行董事长职务，不合法制。他闻讯立即向中国银行董事会辞职，随后就任大陆银行总经理兼董事长，将全部精力投入大陆银行的经营。1919～1930 年 4 次增股，充实资金，资本达 1000 万元。他在全国建网，扩展业务，截至 1926 年底，大陆银行在各地建有分行 11 处，全行职员 217 人，资产总值高达 3858 万元。与 1919 年相比资产已膨胀 100 倍之多。他重视调研，谨慎放贷，以最大的努力回避金融风险。支援教育，进校服务，1923 年起，大陆银行在北京清华学校、燕京大学、北京大学本部、北大农学院、工学院、医学院、辅仁大学等设立办事处，这些办事处除了解决外地学生汇款、储蓄外，还代行学校财务部门的部分职能，在一定额度内向教师提供免担保的透支。银行在高等学府设办事处是谈丹崖的创举，实现了他服务社会的宗旨。谈丹崖主持大陆银行，注重开拓新业务。大陆银行设计了多种名目的储蓄品种。有一种名为"特种定期存款"，一次性存入 171.51元，定期 15 年，到期后可得本息 1000 元。在当时动荡不安的环境中，此项储蓄对于养老、丧葬、子女教育、婚嫁等皆适用，颇能吸引储户。这项储蓄开办当年，仅天津一地就有储户 1100 多户，其中包扩外省汇款来津储蓄的，到 1932 年储户增至 6300 多户。除了储蓄外，还有信托、保管等业务。他投资有可靠抵押、政治风险较小公债，诸如"五年公债"和"七年公债"，仅此两项公债，大陆银行就从中获利 300 万元以上。他放贷仓储，结合运作，于1925 年在天津万国桥（今解放桥）畔建立大型仓库两处，为四层钢筋水泥建筑，河东区建立一处租赁仓库，大量收存商品。经过两年的努力经营，加上

八十年前万国桥畔的原大陆银行仓库

谈丹崖故居（洛阳道先农大院）

有银行充裕的资金为后盾，每年抵押贷款达1亿元以上。天津大陆银行仓库部经营的仓库达到8处之多，其总容量，棉花可存10万包（每包200市斤），面粉100万袋以上，棉纱棉布5000余件及其他土产和大小五金等。当年海河是通航的，解放桥每日定时开启，数千吨位的海轮可直接停靠在仓库旁的码头，卸载直接入库。广大腹地的出口物资通过海河上游的许多条河用"对船"（老相片近景拍摄的就是这种对船，是由两条内河平尾船对接而成）运抵仓库门前，卸载入库，等候报关出口。

1921 年谈丹崖参加由大陆、金城、盐业、中南 4 家银行联合组成我国第一个银行团——"北四行"银行团。1929 年谈丹崖成立天津大陆商业公司、大陆贸易公司,从事进出口业务。

1930 年冬季,谈丹崖因工作繁忙,突然感到头昏目眩,脑痛欲裂,并伴有呼吸困难的感觉,经医生诊断,患有严重的高血压病。他略事休息,病状稍有好转,又全力以赴地投入工作。1931 年他主持的大陆与金城、中南、交通、国华 5 家银行共同创办了太平保险公司。1933 年初谈丹崖突患脑溢血,经多方治疗无效于 1933 年 2 月 25 日辞世,年仅 54 岁。冯友兰题写的挽联曰:"一瞑未竟平生志,百代长留济世心。"

谈丹崖去世后,大陆银行董事会及家属清理他的资产,发现除了以董事会的奖励金入股 3.5 万元和北京西四武定侯胡同(今武定胡同)5 号的一处住房外,竟无其他资产。1932 年胡适曾到谈丹崖此宅拜访,讲述了他与傅斯年、翁文灏、丁文江、蒋廷黻诸先生想办一个名为《独立评论》的杂志,需要经费。谈丹崖当即签 3000 元支票给他,这笔钱是透支还是打秋风就不得而知了。现存的《谈丹崖先生纪念册》中有胡适之题赞"鞠躬尽瘁"四字。谈丹崖在北京早年的住所位于西单灵境胡同内静儿胡同 10 号,与谈的廷试阅卷老师陈宝琛为邻。他在天津租赁的故居位于洛阳道先农大院,为带地下室的二层砖木结构小洋楼,此大院房产由英商先农房地产公司经营。

1966 年"文革"初期谈丹崖坐落在淮安的墓地遭到破坏。1978 年改革开放后,谈丹崖亲属收拾其骸骨,移葬于无锡梅山公墓。

谈丹崖原配夫人王氏,为淮安名门望族之后,早逝,遗有一子、一女。续弦丁氏无出。谈丹崖之子谈公远,毕业于美国纽约大学金融系,历任中央银行副经理,上海大陆银行经理,上海欧美同学会会长等。谈丹崖之女谈瑛,女婿曹懋德,哈佛大学工商管理系毕业,从事外贸工作,早年移居美国。

刘奎龄故居

张绍祖

现土城河西区新闻中心，是著名画家刘奎龄故居遗址。刘奎龄故居原位于土城平建里2、3号，建于清代，庭院曰"怡园"，故画中常署"怡园蝶隐"。画斋名曰：种墨草庐、惜寒堂。拆迁前故居仅存前院大厅，为砖木结构，前檐饰砖雕花鸟走兽，建筑面积60平方米。

刘奎龄（1885—1967），著名画家，字耀辰，又别署耀臣、耀宸，号蝶隐，刘家祖籍浙江绍兴，清乾隆年间由静海移居土城，系天

刘奎龄

津"八大家"之一的"土城刘家"。1885年6月13日刘奎龄生于天津。4岁就开始仿描剪纸动物和花卉。7岁入乡塾读书，10岁开始描绘昆虫和家禽。为了使笔墨传神达意，他经常到动物园或郊外写生，将生活中的鸟兽鱼虫速写或拍摄下来，回家悉心整理、提炼，然后付诸笔端。16岁时进入天津基督教青年会普通学堂学习，开始接受新式教育，1902年转入民立第一小学堂就读，1904年升入天津敬业中学堂（今南开中学前身）首届班就读，接受西画有关透视、比例、色彩、光影等写生知识。他的英语成绩最好，这对他后来查阅国外生物资料创造了良好的条件。1905年他离校后辍学在家，自学绘画。1907年，《醒俗画报》创刊，刘奎龄受聘为画报绘图；1911年在天津东

马路民立二十五小学代班任教。1912年被天津《新心画报》聘为画师，作装帧、插图及绘制时事新闻画页，并逐渐走上以卖画为生的道路。他从未得到拜师求艺的机会，主要靠刻苦自学、实践和交游来积累艺术功底，扩展艺术视野。他博览、临摹古今名画，对五代、宋、元以来的诸家，特别是明代吕纪、清代沈铨等人的画法都有较深的研究，并能将西方的写实派、通俗画的画法在绘画创作中融为一体，逐渐形成了自己的独特风格。所画翎毛花卉，形象逼真，神态生动，极富立体感、运动感和质感，被称为近代画坛上独树一帜的崭新艺术流派。

刘奎龄35岁以后完全以卖画为生，他的国画技艺全面，花卉、禽鸟、畜兽、山水画均取得了较高的成就，而画畜兽、禽鸟的造诣最能独步画坛。其笔下的花鸟畜兽大多来自生活，源于他对大自然动物的细微观察。既不照搬自然，也不复制古人，在章法与造型等方面均表现出卓越的创造性和出众的艺术才华，他真正做到了将古今优秀的笔墨传统、现实生活中的自然物象、西洋画的真实感和整体感与其丰富活泼的艺术想象，极为圆满地融为一

1947年，刘奎龄一家在土城老宅

体，形成了别具一格的艺术面貌。在具体技法上，他创造了湿地丝毛的笔法，善于将用笔、用色与用水灵活地结合在一起，以多鸟畜兽的形体结构、肤色光泽，收到了极佳的艺术效果。他的花鸟画以孔雀著称，曾得到名画家徐悲鸿的高度赞赏，并定做收藏品。1920年作《一门五福》是迄今见于出版物中最早的刘奎龄作品。之后陆续创作了《双雉图》《上林春色图》《孔雀》《空山虎啸》《福寿图》《狮吼》等一系列优秀作品。他的的作品用笔俏劲，翠羽辉烁，突破了古人程式，也不是郎世宁式的

刘奎龄作品

洋味"国画"，而是道地的、为中华百姓喜闻乐见的、体现着刘奎龄艺术个性的、富于时代特色的崭新创造。民国年间的刘奎龄是天津画家中兼学西法的佼佼者，新中国成立以后，刘奎龄的人生和艺术都发生了深刻的变化。他是最早受到新中国政府关怀和重视的画家之一。20世纪50年代初加入中华全国美术工作者协会，1953年被聘为天津文史研究馆馆员，1955年当选为天津市政协委员。1956年被选为中国美术家协会天津分会副主席。1950年《上林春色图》曾作为中国艺术博览会的参展作品赴苏联及东欧诸国巡展。徐悲鸿在送选作品中见到了这幅画，十分惊叹，称赞不已，后悔神交太晚。

1958 年 8 月 10 日，毛泽东主席视察天津时，在干部俱乐部接见了刘奎龄父子，称赞道："博古通今，刘门出人才。"1962 年 8 月 24 日至 9 月 24 日，"刘奎龄国画展"在北京市美协展览馆举行。这是刘奎龄绘画艺术的一次全方位亮相，包括他各个时期、不同题材的作品 600 余幅，其中也有他早年绘制的烟标画、月份牌、小人书等。观众似潮，特别踊跃。其后，天津美术出版社等相继出版了《刘奎龄画集》（共三卷）、《刘奎龄作品选》《刘奎龄花鸟画手稿选》《刘奎龄扇面集》等。刘奎龄一生创作颇丰，据不完全统计，其作品涉及题材有兽类、花鸟、昆虫、翎毛、人物、山水等 150 余种。

刘奎龄的绘画艺术大致分为三个阶段：第一阶段是 20 世纪 20 年代末至 30 年代初，研究五代、宋、元诸家，画风受明、清影响；第二阶段为 20 世纪 30 年代后期，在学习郎世宁画法基础上，将西洋画之色彩、透视比例融合于中国传统工笔国画之中，形成自己特有的艺术风格。第三阶段是 20 世纪 40 年代后，画技又进一步，自成一家，与刘子久并称"津门二刘"。

1967 年 6 月 12 日，享年 83 岁的刘奎龄在天津土城病逝。

刘奎龄家是绘画世家。他的儿子刘继卣（1918—1983）不仅能够承继家学，而且创作的人物、动物及花鸟画，工笔与写意相结合，在泼墨大写意的基础上往往加以丰富的色彩和准确的造型，使作品凝重、奔放、潇洒、传神，形成了特有的风格。其孙刘新星在绘画艺术上也很有成就。

周明泰故居

金彭育

在天津民园体育场东侧有一所欧陆风格的小洋楼，院内花木扶疏，院落宽敞，门牌是河北南路 277 号，院墙上镶着"周氏旧宅"的牌子。这"周氏"便是中国近代工业创始人之一周学熙的长子周明泰。

周明泰，字志辅，号几礼居主人，1896 年（光绪二十二年）生于泰州。幼年读私塾，稍长学德语、英语。1918 年任北洋政府总统府秘书。1922 年调农商部任参事。因熟谙德语，部令出国考察德国战后经济状况，6 个月后回国，著有《德国战后经济与实业》。1924 年，他调内务部任参事，1928 年因北洋政府解体去职，后从事实业。先后任唐山华新纱厂董事长、上海信和纱厂董事长、上海茂华商业银行常务董事等职。1949 年，由上海移居香港，又移居美国华盛顿，闭门著述。周明泰还是著名的戏曲史专家，到美国后，他深研中国戏曲史，著述颇丰，达 10 余种。

他酷爱戏曲，因而钻研戏曲理论和史料，广泛收集戏曲图书，20 世纪30 年代曾用重金收购到大量清代南府和升平署的抄本。他因听戏、谈戏，常与杨小楼、余叔岩、梅兰芳、尚小云、刘宝全等相往来，因而熟悉梨园掌故和舞台变迁。他曾为杨小楼演出的《宁武关》拍摄舞台电影，为刘宝全的京韵大鼓录制多张唱片。解放初期，他把珍藏多年的大量戏曲图籍及文献资料、名伶书画全部捐献给上海市人民政府。1957 年，他又把在天津收集的大量京剧唱片全部捐献给国家，由中国京剧院收藏。1994 年，周明泰在美国华

周明泰故居（今河北南路 277 号）

盛顿寓所逝世，享年 98 岁。

　　周明泰旧宅是一幢三层顶部建有方亭的英国外廊式建筑，建于 1933 年，是由沈理源工程师按周明泰本人的意图设计。这幢楼的深褐色缸砖全部来自英国，据说每块砖是当时一袋面粉的价格，十分昂贵。窗套上的仙女雕饰象征着幸福吉祥。首层为连列券式敞廊，二层为双柱式外廊。这种双柱式，华丽秀美，比例明快，颇具罗马遗风，并饰以精致的花饰和波纹，别具一格。

门窗皆为菲律宾木，窗台为汉白玉，钢窗上镶嵌着空心玻璃，十分精巧别致，保温隔热效能极佳。经过一楼回廊，进入阳面大客厅，客厅有40多平方米，顶部有拱形装饰，两侧有廊柱，水波纹旋涡纹饰，极富韵律感，有古希腊雕塑风格。在楼顶方亭放眼四望，步移景换，妙趣天成。

周明泰居室在二楼阳面，东面和南面都有窗户，他把自己的居室定名为"几礼居"，自己名为"几礼居主人"。自房子竣工到1949年，他一直住在这里。

周明泰的家族是中国近代史上的望族。周氏家族原籍安徽至德（现为东至）。周学熙之父周馥为清朝洋务运动重要人物，历任直隶部政使、山东巡抚、两广总督。如果把周馥作为周氏第一代算起，至今百余年，已繁衍7代，500余口人，其中许多人成为名人。现周氏家人，居住在国内和世界各地都有。周馥有6子3女：学海、学铭、学涵、学熙、学渊、学辉、瑞细、瑞珍、瑞珠。其中周学海为中医名家，周学铭为清代进士，周学熙为中国近代工业创始人之一，周学渊为旅游名家，周学辉为实业家。第三代中有数学家、集邮大王周达，医学博士周逵，实业家周志俊，佛史研究专家周叔迦，旅游女画家、作家周仲铮，民族实业家、收藏家、曾任天津市副市长的周叔弢。第四五代为"良"字和"启"字辈。第四代中有国家森林植物学学术带头人周以良、全国"三八"红旗手周岱良、美国霍普金斯大学数学家周炜良、美国斯坦福大学神经生理学家周杲良、翻译家周煦良、历史学家周一良、红学家周绍良以及天津史专家周慰曾、作家周骥良等。半个多世纪中，周骥良笔耕不辍，现已出版了长篇小说多部，有《我们在地下作战》《吉鸿昌》《杨虎城》《女间谍覆没记》《阮玲玉》《香港之夜》《李鸿章和慈禧》等。

刘彭寿故居

金彭育

　　刘彭寿旧宅原在意租界，后迁到英租界牛津道牛津别墅（现新华南路庆云里2号）。文革后，刘家将房子售出。

　　刘彭寿，字壬三，直隶宁河（现属天津市）人。清末秀才。民国初年其随在津经营同顺永斗店的父亲来津定居。1912年当选顺直省议会议员，1913年任国会参议员。旋调任道尹、政事堂记录，后入内务部。1915年入国民议会，任立法院议员。1918年至1919年任吉林省财政厅厅长。1920至1924年任直隶烟酒公卖局局长，全国烟酒事务署署长、天津海关监督。1924至1927年任裕蓟盐务公司董事及津武口岸义生盐务公司副董事长，又投资于德兴盐务公司任常务理事，同时承担沧州等6县、邢台等8县盐务运销，为长芦盐商中河东派主要人物。1919年后集资30余万元创办了天津福星面粉公司，任董事长。

　　福星面粉公司位于红桥区北运河沿岸，门牌是沿河二大街96号。历史上该厂的规模仅次于天津寿丰面粉公司。福星面粉公司原8000多平方米厂房现在是利金粮油股份有限公司的一处库房，它记载着昔日如烟的岁月。厂门迎面是一所二层厂房，拱形门洞，无窗，昏暗的灯光，班驳陆离的青砖墙，有些虫蛀的美国松立柱。据介绍，这里原安装有大型美国磨粉机，整天轰鸣，运转不停。向右拐是一处高大的平房仓库，灰砖墙，包铁门窗，山墙为南方常见的马头墙。

刘彭寿旧宅（今新华南路庆云里2号）

　　福星公司的创办人除刘彭寿外，还有其弟刘彭九（鹤龄）及张良谋。刘彭九曾任奉天（现沈阳）官银号经理，张良谋是芦台镇粮商，两人是挚友。20世纪初，由刘彭九出资在天津成立了"同顺永"斗店，张良谋任经理。民国初年，由于第一次世界大战影响，"洋面"运不到中国销售，二人商议筹建面粉公司。把斗店转为面粉厂，亦是顺理成章之事。1919年他们共集资30万元，在津西大伙巷成立了福星面粉公司。筹集资金主要靠刘彭寿出面。他找了些同僚，他们是：吉林省督军孟恩远手下的参谋陈云樵，军需处长刘汉亭，中东铁路督办刘砚生，长春道尹孟秉初，曾任北洋政府交通总长的吴秋舫，财政部印刷局局长、民社党党魁胡海门，国会筹备事务局局长籍亮侪，曾任北京京师军警督察处长的张星桥。这些人共集资30万元。后来在增资时孟恩远和他的外孙高荫铸，以及张燮元的本家、军衣商人张锡九又投了资。

　　30万元资金到位后，仅够购买机器和兴建厂房之用，无力购置厂地，于是租了大伙巷沿河二大街土地作为厂址，这里水陆运输都很方便。福星面粉公司小麦原料来源有三个渠道：一是本地斗店，如万春斗店、长顺斗店、同顺永斗店、怡和斗店和华丰裕斗店等。二是业务员直接到河北、河南、吉林产麦区采购。三是从国外进口，主要来自澳洲、加拿大、美国。生产车间安装了从国外进口的磨粉机 15 台，用锅炉引擎作为原动力。生产"蝠"牌面粉。1922 年及 1929 年，福星厂曾发生两次火灾。每次都停工一年多，生产经营颇受影响。停工期间，100 多职工发半薪，100 多临时工被解雇。第二次火灾取得火险赔付后，通过恒丰公司向美国购买 18 部磨粉机，重增购锅炉，使锅炉达到 3 台。生产能力有了提高，日产量达 6000 袋。

1930 年，福星面粉公司生产了 122 万袋面粉，但与寿丰公司面粉产量一共只占全市面粉销售的 16%，南粉和进口面粉占 84%。"蝠"牌面粉的销售，主要不经过粮商，而以本地面粉零售商及炸果子、蒸食等饮食行业为主。1931 年，福星面粉公司总资本已达到 80 万元。从 1921 年到 1936 年的 16 年间，仅有 3 年亏损，其余多年均获利。但福星公司从来不注重积累资金扩大再生产。1937 年麦收时节，福星公司在河北、河南收购了百万元的小麦，但正待起运之时，被国民党军队强行扣留，公司陷入绝境。于是由董事长刘彭寿出面，用厂房机器抵押，长期贷款，维持生产。所以从 1937 年至 1941 年，每年结账都是亏赔。天津沦陷期间，由于日本人强行管理，福星公司经营更趋困难。由于与日商矛盾，福星公司协理张良谋、副理于华亭被捕，被监禁几个月之后，才得以释放。抗战胜利后，国民党反动政府发动内战，国内产麦区多为解放区，小麦收购困难，再加上美国面粉倾销，福星公司生产经营更加困难，勉强维持到解放前夕。

解放以后，福星公司原任经理崔竹亭长期不到职。1950 年召开董事会，拟定籍孝存担任经理，但公司的生产经营已是每况愈下。1953 年公私合营，在天津各面粉厂中，福星公司是第一个实行公私合营的面粉厂。

孙冰如故居

金彭育

　　孙冰如故居位于成都道 94 号，属成都道永定里公寓的临街联排式楼房。

　　孙冰如，字明鉴，天津人。1916 年南开中学肄业，考入北京大学预科，1919 年入北京大学经济系。毕业后到上海交通银行当练习生。1925 年回天津，任金城银行助理。1926 年应倪幼丹之聘，任大丰面粉公司总稽核。

　　说起大丰面粉公司，其前身是寿星面粉公司，为天津第一家机制面粉厂，创办人是朱清斋。朱清斋是江苏丹徒人，曾任长芦盐运使。由于资金不足，他找到无锡富商杨味云，但未能如愿。最后与日商三井洋行谈判合作，改名为寿星制粉株式会社。由于处处受到日本人的扶制，朱清斋非常气愤，但敢怒不敢言，不久便因精神病而逝世。后其兄朱漪斋、朱翰斋先后进厂经营。由于有日商的背景，1919 年的"五四"运动使寿星面粉大量积压，业务几乎停顿。此时，曾任长芦盐运使的李宾四，出资还清了三井资金，重组寿星面粉公司，厂址仍在意租界。寿星面粉公司由李宾四任经理，佟德夫和朱漪斋任主任。从 1919 年到 1923 年，寿星面粉公司发展迅速，经营良好。1921 年，全厂有磨粉机 20 部，清粉机 8 台，圆筛 18 台，另有洗麦机及较完善的检验仪器。日产量达 4000 袋，"桃"牌面粉成为天津名牌产品。

　　1923 年，意租界当局以改善环境卫生为借口，强行拆除锅炉，改用电气动力，寿星面粉公司遇到困难，生产停滞不前。1925 年寿星面粉公司停业。佟德夫与三津磨房公会的孙俊卿、杨西园商议，投入资金，更新设备，改组

孙冰如故居（今成都道 94 号）

为三津寿丰面粉公司。由安徽督军倪嗣冲之子倪幼丹任董事长，孙俊卿任总经理，佟德夫任经理，杨西园任副理。1929 年孙冰如出任三津永年面粉公司襄理。

1933 年，天津的三津寿丰、永年、民丰三个面粉公司合并为天津寿丰面粉股份有限公司，下设三厂，即原三津寿丰为一厂（总厂），生产"桃"牌面粉；原三津永年为二厂，生产"鹤鹿"牌面粉；原民丰为三厂，生产"斗"牌面粉。三厂共有新型进口磨粉机 66 台，日产量可达 18000 袋，成为华北最大的面粉企业。就在此时孙冰如出任寿丰面粉公司襄理。由于他和同事一起采取了新的经营机制，主要负责人既是投资者，又是管理者，大家能够同心协力，因此产量逐年上升，到 1936 年达到最高峰，年产量高达 408 万多袋。由于质量高，信誉好，"桃"牌面粉雄踞华北市场。

1937 年麦收之时，寿丰公司在津浦、京汉沿线各地收购了五六十万包小麦。但由于抗战爆发，这些小麦，有的被日军抢劫，有的被国民党军队强行扣留征用。也有的小麦被代理商趁火打劫，予以吞没。因此寿丰公司的生产经营又陷入了困境。但由于孙冰如与银行关系尚好，又紧急贷了一批款，并通过兴隆银行急购一批澳洲小麦，才得以恢复生产，转危为安。在天津沦陷期间，日本人想尽方法，蓄意吞并寿丰公司。经孙冰如和寿丰公司员工的巧妙周旋，寿丰公司才得以侥幸保存下来。

从 1939 年至 1946 年，孙冰如逐渐由副理提升为经理。作为一个锐意改革的企业家，他将一个旧式工商企业转变成一个现代化的新企业。其经验是组织机构精练，办事效率高，严格规章制度，奖惩分明，知人善任，最大限度地发挥每个职工的积极性。由于公开招考员工，杜绝了任人唯亲，员工的素质较高。

抗战结束后，由于战乱不断，交通阻塞，购买小麦的渠道不通畅，其货源无法保证，寿丰公司生产时断时续。其时寿丰三厂内驻有国民党军队，强行占用库房并存入大量军用物资。该部队阎主任监守自盗，尔后放火灭迹，致使寿丰三厂全部烧毁，寿丰公司元气大伤。

1948 年秋，国民党政权已是江河日下垂死挣扎，孙冰如与公司员工拒绝南迁，迎来天津解放，历经坎坷的寿丰面粉公司重获新生。天津解放的第三天，寿丰一厂、二厂就恢复了生产。天津老百姓家中有粮，心中不慌，起到了稳定人心的作用。孙冰如在解放后，接受中国共产党领导，坚定地走社会主义道路。1952 年，寿丰一厂因粉尘爆炸引起大火，使这个新生企业面临空前危机。在天津市政府的支持和协助下，孙冰如带领员工创办了兰州寿丰面粉厂。1954 年初，先是孙冰如代表寿丰资方，与兰州粮食厅正式签订了公私合营合同，定名叫新兰面粉厂。后又将在天津的寿丰二厂，与天津粮食局达成公私合营，改名为寿丰制粉厂。至此，挣扎了 30 多年的寿丰面粉公司，终于进入了社会主义新型大企业的行列。

孙冰如在天津工商界很有声望，曾任天津三津磨房业公会会长、天津市商会常务理事、天津市场股份有限公司理事等职务。建国后，曾任粮谷工业公司副理兼寿丰面粉公司的经理、大丰面粉厂经理，天津市人民代表、天津市人民政府委员、天津市工商联副主委等。

梅氏故居

张绍祖

　　梅氏祖籍为江苏武进（今常州）。远祖梅殷，是明太祖朱元璋二女儿宁国公主的驸马。天津右卫首任指挥使梅满儿是天津梅家始祖，1406 年（明永乐四年）梅家遂定居天津，世居西北城角梅家胡同，成为津门望族。

　　明代梅家传至梅应武，世袭官职，以功升河间道旗鼓守备。至明亡，梅氏共传 12 世。入清以来，梅氏家族，世有门望，累世清芳，但无贵显，故天津旧有"寒梅"之称。梅氏家族好义乐施，世代传为佳话。

　　著名导演梅阡 1936 年毕业于"市师"。梅阡高祖梅履端，字雅村，号三渠钓叟，晚号石拙老人。终身布衣，擅长书画，尤善竹兰。生前畅游大江南北，颇负盛名。梅阡在天津艺术博物馆曾见过他的 4 幅花卉条幅。《津门诗钞》收录其诗八首，引其一首《窗间梅花》：

　　　　瓷瓶闲插小梅花，移映书窗月影斜。

　　　　骨骼虽寒风味古，自宜相赏在贫家。

　　梅阡曾祖梅成栋（1766—1844），字树君，号吟斋，斋名"欲起竹间楼"。清天津人，著名诗人、教育家、地方文献学家。他是著名书画家朱岷外孙，少时从其舅朱光觐受学，读书聪颖，博通群籍，尤工于诗。弱冠补诸生（秀才），为清仁宗嘉庆五年（1800 年）举人，他与庆云崔旭同出张问陶门下，因张"有一日得二诗人之庆"，故时称"燕南二俊"。后屡试进士不第。曾于城西查氏水西庄发起梅花诗社，集合诸名士于其中饮酒赋诗。他平时留心乡邦文献，每"从蛛丝鼠迹间访求遗稿，遇有零章碎句，随时掌录"，熟悉天津掌故，所为诗文多写天津人物。其授徒所得报酬，自给外，剩余全都助人。曾与同乡侯肇安、王天锡等倡立辅仁书院，主讲席10年，不仅不收报酬，还经常捐钱，奖励士子。清宣宗道光十六年（1836年）受聘于大名知府陶梁，助其辑《畿辅诗传》，并主持其地天雄书院。不久选授永平府训导，道光二十四年（1844年）卒于任，年79岁。代表作有：辑《津门诗钞》30卷，是一部地方性的诗歌总集，人各系以小传，续志多取材于此。还有《欲起竹间楼存稿》4卷、《欲起竹间楼诗集》10卷、《树君诗钞》1卷、《吟斋笔存》3卷、《精选五律耐吟集》1卷、《精选七律耐吟集》1卷、《四书讲义》2卷、《管见编》4卷等。又其诗与庆云人崔旭诗合刻者为《燕南二俊诗钞》。

梅成栋夫人金沅，号文陶女史，也是诗人，遗作有诗集《问梅小草》。

梅阡的祖父梅宝辰，字鹤仙，是清末科的副榜，主讲天津会文书院，也是著名诗人、画家。梅阡的伯祖父梅宝璐，字小树，曾为清代重修的天津鼓楼题抱株联，传为佳话。

联曰：

高敞快登临，看七十二沽往来帆影；

繁华谁梦醒，听百零八杵早晚钟声。

梅阡的父亲是北京协和医院第一期毕业生。

梅阡，学名梅曾溥，1916年出生在天津河东粮店街吉家胡同一个小杂院里，在数代文风很盛的家庭熏陶下，他从小对文艺就特别喜好。他1930年暑假"市师"建校时报考了师范，在800多名考生中名列榜首。梅阡入学后，在《市师校刊》任编辑，他早期的作品《打铁匠》

梅阡

《亮银枪》《城墙与骆驼》等就刊登在《市师校刊》上。他还曾编辑过《校庆纪念刊》，1931 年"九·一八"事变后，出版过《国难专刊》，也出版过以小学生为读者的《少年十日》。1932 年 12 月，由市师校友会组织了孤松剧团。1935 年 8 月，梅阡参与在"市师"礼堂首演的曹禺《雷雨》，这是该剧在国内的首次演出。

在"市师"的戏剧活动中，梅阡曾尝试参与导演工作。他导演过《最末一枝》《北国之夜》等。在演出日本秋田雨雀的独幕剧《北国之夜》时，梅阡请音乐老师在后台配以小提琴的独奏，以烘托那苍凉悲戚的气氛。话剧配乐真可谓当时梅阡的一大发明。

1936 年梅阡从"市师"毕业后，在北阁西小学做了一年教师。1937 年暑假又报考北京大学，在等待考试时赶上了"七·七事变"，他随流亡学生南下上海，考入了东吴大学法律系。同时还在"艺华影片公司"任编导，半工半读。他不仅编导了《复活》《魂断蓝桥》等 10 个剧本，还以满分的成绩取得东吴大学的毕业证书。由于他不愿意在敌伪政府注册登记，就放弃了法律专业，继续从事影剧编导，成为了著名导演。正如"东方时空"所说"中国少了一个大律师，多了一个大导演"。

梅熹

梅阡的兄长梅熹（1910—1983）是著名电影演员，参加拍摄的影片有 100 多部，饰演主角 50 多个，主演的代表影片有《长恨歌》《春到人间》《如此繁华》《艺海风光》《木兰从军》等，当年与金焰同时评选为最佳男演员。

在 20 世纪二三十年代，梅氏家族中还出了著名的梅氏五兄弟，这就是梅贻琦、梅贻瑞、梅贻琳、梅贻璠和梅贻宝。

梅氏五兄弟的故居在南运河畔的古老窄小的梅家胡同，一说在天津鼓楼西板桥胡同。其曾祖梅汝钰，祖父梅茂先，都有过举人、贡生之类的功名。其父梅臣，字伯忱，邑庠生，一生佐人经营盐务，任盐商津店的账房先生，兼管与官府打交道的"外事"。梅氏五兄弟中，以贻琦、贻琳和贻宝最有成就。

梅贻琦

梅贻琦，字月涵，为梅氏五兄弟的长兄，1889 年生于天津，1904 年进入南开中学，4 年后以第一名毕业，保送保定直隶高等学堂，翌年以"庚款"留美。1910年入马萨诸塞州华塞斯特综合工业学院学电机工程，1914 年获工科学士学位。1915 年回国，一度任职于天津基督教青年会，旋至北京清华学校任教，1926 年升任教务长。1928 年任教育部高等教育司司长，率领中国教育团去美国考察公费留学生。1931 年任清华大学校长。1937 年日本侵华战争爆发后，清华与北大、南开三校暂时合并成为长沙临时大学，任校务委员。不久，临大迁昆明成立西南联合大学，他负责主持校务。8 年间，克服重重困难，为国家培养了大批人才。1945 年 8 月，抗战胜利后，飞往北平，致力于清华复校工作。1948 年 12 月，他离开北平南行，被孙科内阁委任为教育部长，他坚辞不就。1949 年随国民党政府离开大陆，后赴美筹划清华基金保管及应用事宜。他晚年居住在美国和台湾，1962 年 5 月 19 日因癌症病逝于台北。夫人韩咏华女士于 1977 年，由美国回到北京定居，受到邓颖超同志热情接待，宴请时特意请天津狗不理的名厨做了一桌天津菜。韩咏华女士出身于天津八大家之一的天成号韩家，与卫立煌的夫人韩权华是姊妹。父韩渤鹏，为候补道，民国初年在北京政府国务院任咨议，与严修有世交。韩咏华曾入严氏女塾读书，后任严氏女学的初小教师、天津女青年会干事，1919 年 6 月与梅贻琦先生结婚，严范孙、卞肇新为介绍人，1994 年 8 月 20 日在北京逝世，享年 102 岁。

梅贻琳，为梅贻琦的三弟，1896 年生于天津，曾肄业于美国芝加哥大学得文学士，后入芝加哥鲁熙大学得医学硕士，又考入鲍迪马霍伯斯公共卫生研究所，得医学博士学位，赴英国为伦敦热带病学院研究员。回国后历任全国防疫处时疫科教授、卫生部高级专员、南京市卫生局局长、军政部军医司司长等职。1938 年任重庆市卫生局局长。1946 年任中央医院院长。解放前去美国，1952 年病逝。

梅贻宝，为梅贻琦五弟，1900 年生于天津，南开中学、清华学校毕业，留美攻读哲学，获欧柏林大学及芝加哥大学学士、博士学位，又在德国科隆大学游学一年。博士论文为《墨子哲学的研究》，曾将《墨子》一书译成英文在伦敦出版。归国后任燕京大学教授，并兼任教务长、文学院长等职，一度代理校长职务。抗战期间，还担任过甘肃科学教育研究所所长、中国工业合作协会秘书长等职。后赴美任教于爱渥华州立大学，并成立一中日语文中心，自兼主任。1973 年在欧柏林州立大学退休，复出任香港中文大学新亚学院校长 3 年，1976 年后在美国定居。

梅氏五兄弟之间十分和睦友爱，感情极为深厚。梅贻琦在兄弟中的威信最高，他在清华任教，月薪三分之一给父母，三分之一供 3 个弟弟读大学，三分之一留给咏华过日子。他对弟妹从不发脾气，但弟妹都对他心悦诚服。正像贻宝在 1965 年所写的《五月十九念"五哥"》一文中说的："五哥（叔伯兄弟大排行，梅贻琦排行第五）的言行，影响余一生至巨。"

李氏故居

张绍祖

天津曾有过民谣："黑油漆，亮大门，冰窖胡同'李善人'！"天津"李善人"原籍江苏昆山，大约在清初康熙年间来到天津卫落户，住在北门里户部街。后有一支生活较好，迁到东门内二道街东头冰窖胡同。李家在天津初露头角就显赫一时的是李春城。

李春城（1826—1872），字筑香，在李家本族中行排第八，被称为"李善人"的第一代。在咸丰元年（1851年），举"孝廉方正"，先以州同知用，复叙为通判知州，后又捐纳员外郎，于同治元年（1862年）授刑部四川司员外郎，不久告归回津。"李善人"的称号是从李春城这一代开始的。他的妻吴氏，被称为"李八老太太"，平时好吃斋念佛，为了向别人显示她的"心慈"，好做"善事"，经常买些活鸟、活鱼"放生"，遇到家中喜寿大事，待客的酒席一律不上鸭子，说是不愿"杀生"。李家对各地庙宇，大舍布施。每到冬季，施舍棉衣、小米粥。各地逃到天津城里的难民到李家讨饭，均给予接济。于是社会流传李家"乐善好施"，是"善人"，李家也欣然领受。后来，李家又在东南城角草厂庵开设了"李善人粥厂"，专门收容乞丐。李春城死后，其子孙继续办"善举"。清廷官方或天津士绅要办一些赈济，常选中有声望的李家来出面主持。于是，"李善人"的声名就广泛流传开了。清末民初，有一个专在各大盐商富户走门串户的女艺人，人称"于瞎子"，弹一手好琵琶，曾把"李善人"家及"善举"编入"天津八大家"的唱段里

荣园（今人民公园）藏经阁

面，因此"李善人"不胫而走，成为当时天津公认的"八大家"之一。

李春城有四子：士铭、士镣、士钰、士锜。在社会交往中，他们都以字行，分别称为子香、嗣香、幼香、稚香，为"李善人"的第二代。李士铭为光绪丙子（1876）举人，援例为户部候补郎中，云南司行走。清宣统改元后，筹设立宪，创设宪政协议会，为议长，又为顺直咨议局议员。李士镣与其兄士铭为同科举人，丁丑科（1877）连捷进士，为翰林院庶吉士，授职编修，转翰林院侍读学士，历充文渊阁校理、武英殿提调、国史馆纂修。李士锜，秀才，候选道。

到了"李善人"第三代，按"宝"字排，有宝诚（颂臣）、宝诗（赞成）、宝洗（荩臣）、宝谦（益臣）……在这一代弟兄十人中，李宝诚（1875—1958）是家族中最活跃、最有代表性的一个人物。他除参与政治活动、管理家务、办理盐务、经办多次赈务以外，还在工商业方面大量投资。1900年义和团被镇压后，他曾与杨以德、王竹林、李子赫等，设立"绅董办公处"，经常周旋于中外人士之间。后官法部主政，又曾任天津议事会议员、直隶省议会议员、天津总商会会董兼评议员、财政部高等顾问、国务院顾问等要职。

其次为李宝诗（1882—1955），李士锜之子。1921年任长芦纲总，兼任纲商所办天津殖业银行经理。他除经营本家族所办和与本房弟兄合营的企业外，独资开设恒昌大米店、新光呢绒庄及颜料庄、照相馆，还与他人合资经办上海中国实业银行。因芦纲公所在1914年（民国三年）实行均税制以前的

"芦纲公运""津浦加价""四省公所"几桩积案，曾于1924年和1926年先后受到当时的直隶督办李景林、褚玉璞两次追查勒索。1928年10月，国民政府又提出重新清查长芦盐案，他与郭少航、王君直、杨丹忱、李少舫等五员纲总同时被蒋介石下令逮捕，押解南京候审，在押一年多，始获释返津。

再次李宝谦（1887—1976），李士钰之子。经营本房事务。先任普利公司经理，经营新河衣场，后又出任斋堂煤矿公司经理。抗战胜利后，任该公司董事长，还投资于滦州矿物公司、启新洋灰公司及耀华玻璃公司等企业，任董事。建国后，曾当选为市政协委员。

李家宅院坐落在天津东门里，虎座门楼，高台阶，大门外高悬"太史第"，门洞里又一方大匾，上书"孝廉方正"。全宅共有8个大四合院，每院全为北正房5大间，南倒座5大间，东西厢房各3间，画梁雕栋，装修富丽。另外门房、账房、轿房、马号，并建有后花园一所。李善人家大门口，平时总有两名绅商保卫局的士兵荷枪守卫，门禁甚严，行人侧目。1924年李家受奉系军阀的敲诈，全家迁往英法租界。

李叔福故居（今睦南道 28～30 号）

　　"李善人"家是个大房产主。据不完全统计，李家在天津河北区中山路、天纬路、地纬路有房470多间。在南开区（旧城厢）北马路、东马路一带及和平区（旧英租界）睦南道、建设路、曲阜道、养和里等处有400多间。河北区（旧称河东）华安大街一带、地藏庵及南开区草厂庵、丁公祠小马路有房100余间。河西区五村土地上也曾有房200多间。总计"李善人"在天津的房产在1200间以上，而且多分布在市区的一些交通要冲。

　　另外，李春城于1863年在今河西区徽州道建私人花园别墅——"荣园"（今人民公园），俗称"李善人花园"，是天津现存最早最大的私人花园，占地70亩，仿西湖园林，湖中造"水心亭"和"曲虹桥"，环湖溪筑堤岸和拱桥。假山上建"中和塔"，东侧有厅、楼、廊、夏。东南盖藏经阁，三层楼阁高12米，砖木结构，占地面积80平方米，雕梁画栋，朱漆门窗，典雅、秀丽。

　　自迁往租界后，又因盐务利得枯竭，各项善举也无利可图，原先致富的手段已无可施展，只好维持现状。1926年，李家"宝"字辈弟兄10人分家析产，各立门户，分居而炊，大家族从此瓦解。原先开办的商店，大都属于为买办、官僚、富绅服务的消费性企业，已无发展前途，便相继停业。1937年天津沦陷后，盐务停办，殖业银行也被日方勒令关闭。斋堂煤矿不仅折本，还欠下了许多外债，只好卖地售房。到抗战胜利后，国民党统治时期，通货膨胀，物资缺乏，李家已进入十分困窘的地步。

　　李宝洗（荩臣）之子李叔福（家祁），是大总统曹锟的侄女婿、直隶省长曹锐的女婿。他家住英租界香港道（今和平区睦南道28～30号，市教委），现是市级文物保护单位。这是一座欧式砖木结构建筑，中部为二层，楼下门上有拱形窗，二楼有宽阔的平台和4棵高大雄伟的罗马柱式，两面楼房为三层，内部装饰豪华。沦陷时期，李叔福拥有不少开滦股票，当时开滦股票为"快货"，行情大涨，他便大量抛售，因本身从来不事经营，便将全部款项交给亲友经理，开设了许多投机商行，结果账目虚赢实亏，最后全部赔光。

　　"滴水见大海"。天津"李善人"家族的兴衰史折射出了一部天津近代史。

孙氏故居

提起大理道和平宾馆的旧主人那真是其说不一。笔者经过一番调查，认为和平宾馆的旧主人应该是安徽寿州孙家。

安徽寿州孙家是清末民初新兴资产阶级中的一个家族财团。孙家近祖在清末官场上发迹的第一人是孙家鼐，其祖父孙克伟经营当铺致富，但因没有功名，而只富不贵。后为乡里有势力者借端兴讼讹诈，孙家没有后台，屡次败诉，被迫停业，家道日衰。从孙家鼐的父亲孙崇祖这一辈开始，从严教育子女，追求功名以保全家门。孙父去世后，遗有 5 子，家鼐最幼，孙母继承丈夫遗志，在守寡抚孤时经常教育儿辈说："朝内无人莫作官，家门无官莫经商"。后来，这两句话竟成为了孙家传家的格言。孙母全力以赴培养儿子进学应举，终于如愿以偿，"五子四登科，一门三及第"。其中，以孙家鼐的官当得最大。他曾历任工、礼、吏、户各部尚书，1900 年庚子事变后出任学务大臣，后又擢升为大学士（相当于宰相）。孙家鼐的地位为他的子孙飞黄腾达开辟了道路。他的胞侄孙传樾是李鸿章的侄婿。他有 6 子，其中长子多鑫（字荔轩）和次子多森（字荫庭）是后来孙氏财团的创业人。六子多钰（字章甫）是孙氏财团的继承人。

1898 年 2 月多鑫、多森兄弟两人在上海创办了国内第一家机制面粉厂——阜丰面粉公司，多森任总经理，多鑫任协理。1904 年孙多鑫应袁世凯、周学熙之请离沪赴津，被袁世凯委为奏折秘书。他不久任直隶官银号总

孙氏故居（大理道 66 号）

办、天津造币厂督办，显赫一时。北洋早期出现的大规模实业，是以袁世凯为后台，孙多鑫为谋划，由周学熙出面，是 3 人进行合作的结果。1907 年春孙多鑫中年病故，仅 42 岁。袁世凯又将其二弟孙多森调到天津，任北京自来水公司协理及启新洋灰公司和滦州矿务局协理。他成为寿州孙家第二个创业人。1910 年，他升任直隶劝业道，编著《直隶实业汇编》一书。转年 10 月辛亥革命爆发，12 月，孙多鑫任清廷内阁和议代表，随总代表唐绍仪去上海议和。1912 年 1 月，南京临时政府成立后，袁世凯策动唐绍仪辞职，他弃官避入天津租界居住。1913 年 4 月，孙多森被任命为中国银行总裁，他修订中国银行条例 30 条，取得参议院通过，由财政部公布施行。6 月 30 日，袁世凯以"皖人治皖"的名义，派孙多森为安徽都督兼民政长。是年 8 月，袁世凯派孙多森为赴日实业调查专使。1914 年 5 月，孙多森与王克敏、陆宗舆、曹汝霖、杨士琦、李士伟及日人中岛久万吉、仓知铁吉、尾琦敬义等，在北京发起组织中日实业股份有限公司。1914 年 10 月，他创办了通惠实业公司，经办银行、仓库、保险及其他农工实业。1916 年他筹办了中孚银行，作为其企业的金融机关。中孚银行为我国第一家特许经营外汇的商业银行,总行设在天津法租界(今和平区赤峰道),孙多森自任总经理,成为著名的大资本家。1919 年 7 月 6 日,孙多森患糖尿病逝世,年 53 岁。

从此寿州孙家的事业,主要落在其幼弟孙多钰的肩上。孙多钰(1882—1951),毕业于美国康奈尔大学,曾任吉长及湘宁铁路工程局总办等职。1919 年接任通惠实业公司总裁和中孚银行总经理。1923 年 1 月,北洋政府交通总长吴毓麟推荐他任交通部次长,他将通惠实业公司总裁一职让给孙多森之长子孙震方。

孙震方,字养儒,幼年赴美,未入大学。回国后任津浦铁路局出纳科科员。孙震方任通惠实业公司总经理不久,即又让位与孙多钰。孙震方是一个一无所长典型的纨绔子弟,追求花天酒地的生活,曾在津沪建造豪华洋房大楼。孙氏在天津的宅邸坐落于英租界新加坡道(今和平区大理道 66 号,和平宾馆)。该建筑建于 20 世纪 20 年代中期,占地 3431 平方米,建筑面积 1917 平方米,砖木结构,带地下室。该建筑坐北朝南,分主楼和配楼。主楼在前,为白楼(孙震方居住),三层,平面呈凹字形,正立面为对称式,门厅居中。正立面二层外挑长廊,方铁栏杆,彩色水磨石断块地面。立面为琉缸砖清水墙面,花岗岩台座台阶。木檐口、木屋架,瓦楞铁坡屋顶,设老虎窗。两翼三角形坡顶受英国半木料的露明结构的影响,白色的粉墙与赭色的木结构形成强烈的对比,洋溢着家庭生活温馨的气氛。白色拉毛外墙、钢窗、红筒瓦,具有西班牙建筑风格。室内装修讲究,窄条硬木地板,各细部均为优质木材精工制作。外露硬木梁,白底天花顶,白色壁炉呈圆弧形,很有特色。庭院里,绿草如茵,繁花似锦,佳树浓郁,春日融融,勾勒了一幅美妙怡人的欧式田园风光,具有英国乡村别墅式、庭院式建筑特色。主楼的后面是配楼,为灰楼(孙多钰曾居住),分设于东西两翼,二层平顶,形成和谐统一整体。

孙多钰于 1923 年 11 月辞去了交通部次长职务,1929 年接任阜丰面粉公

孙氏故居（大理道 66 号）

司董事长，同时兼任启新洋灰公司常务董事、直隶滦州矿物公司副董事长。
1937 年起任开滦矿务局天津局华经理（买办）。他是国内民族工业资本集团
中"通阜丰财团"（通惠实业公司、中孚银行和阜丰面粉公司）的代表人物，
是一位声名显赫的大资本家。抗战胜利后，1946 年 2 月，国民党接收大员
以上海沦陷时，中孚银行总经理孙豫方（字仲立）曾任伪粉麦委员会主任为
借口，勒令中孚银行停业。孙氏叔侄多方奔走，竟搬动了美国驻华大使司徒
雷登和蒋介石的亲信吴忠信，是年 11 月 16 日，由蒋下手谕批准中孚银行复
业。吴忠信任董事长，孙多钰退居副董事长。孙家事业已成为强弩之末，勉
强维持而已。解放后，孙多钰于 1951 年 4 月 26 日在天津病逝。

孙氏宅邸在新中国成立后曾为市政府第二招待所，后改名为和平宾馆。
毛主席、周总理来津曾多次在此下榻。现孙氏旧宅已被列为第三批市级文物
保护单位。

石家大院

张绍祖

　　南运河畔杨柳青是津西重镇，地域风光胜似江南。石家大院为一座深宅大院，坐落在杨柳青镇估衣街至河沿街，位于南运河北岸，是津门八大家之一石元仕的故居。石家的创业人石万程，绰号"石万顷"，拥有土地 10.2 万多亩。原籍山东，清朝初年沿运河当漕运工，继以贩运粮食为业，后落户杨柳青。购置大量房地产，并在天津经营当铺、银号、灰厂、姜厂（运售南方杂货）、酱园和棉布等厂店。清道光年间，石家析产分为四大门堂，各立堂名：长门为福善堂，次门为恩绶堂，三门为天锡堂，四门为尊美堂。后来，前三门又分衍许多小门，财产也化整为零。四门尊美堂人口少，自元字辈石元士以下没有再分小门，财势越来越雄厚。清廷曾因其建立地方保甲局，维护治安有功，赏赐"津西保障"匾额，并"钦加三品衔诰授中议大夫赏戴知翎"。

　　石元仕（1848—1919）是石万程的曾孙，其故居"石家大院"始建于1875 年（光绪元年），其后陆续扩建成一组典型四合院住宅建筑群，宅院南北长 96 米，东西宽 62 米，占地约 9 亩（6000 平方米），共有房屋 200 多间，建筑面积 2960 平方米。

　　石家大院由著名木工匠师阎筱亭（著名建筑师阎子亨之父）设计与建造，他当时只有 28 岁，既能设计绘图，又能亲自建造。石家大院规模宏伟，院中间以四角垂花门楼串通的甬道为中轴线，把整座建筑分隔成东西两部，分别排列五进共 10 个院。西侧由北往南，第一进院是北客厅；第二进院是串

箭道内的门楼外景

廊院，与南面鸳鸯大厅相接；第三进院有戏台一座，砖木石雕十分精美，还
有南客厅；第四进院南面大厅，专供接待贵宾，北面大厅是陈设古玩、字画
的地方；过月亮门进第五院，有外账房，迎南门是一座雕砖大影壁。东侧由
北往南，第一进院是内账房和北客厅；第二、三、四进院是住宅和女客厅；
第五进院是南书房，是自设的私塾。通过东侧院东边甬路，有厨房、车棚、
马厩以及佣人住房等。南部四合院已毁，另建学校。有趣的是在住宅院与厅
堂院间有一个箭道，箭道里有两个门楼，南面一个是中式木雕垂花门，北面
一个是西洋门。该门上面是 3 个弧线形的山墙，下面是弧线形的青砖拱券，
用两根花钵形的柱头和柱础的柱子支撑着。据说西洋门是民国初期建的，虽
然这个巴洛克式的西洋门设计得很不精彩，但充分说明西洋建筑形式在当时

已成时尚。

整个建筑用料考究，做工精细，木材均用楠、樟、柏各种优质材料，石料是大青细石，主体磨砖对缝，雕梁画栋，油漆朱彩，花棂隔扇，尤其各层建筑的墀头、砖缝和门楼，均饰以精美砖雕，图案有"松鼠葡萄""葫芦万代""福善吉庆""鹤鹿同春"等。内、外檐的木雕槅扇、花罩楣子和垂花门，采用浮雕、透雕和圆雕技法精雕细刻，无一不精。院内3座垂花门的垂花柱头，雕倒垂的荷莲，一座含苞欲放，一座花蕊绽开，一座莲子满蓬，呈生长序列状，可谓匠心独具，妙不可言。其砖、木、石雕，艺术精美，造型别致，被人称为"三绝"。这些工艺装饰除大部分是中国传统风格外，

石家大院戏楼内景

还含有西方风韵的造型，体现了时代的特色。

石家大院是有天津特色的四合院民居，曾被称为华北第一宅院。石家因是大地主，土改时这所宅院被没收。由于房屋建筑工艺精湛，风格独特，豪华富丽，西青区人民政府于1987年6月列为区级重点文物保护单位，并重新进行整修，辟为"天津杨柳青博物馆"，由区文化局管理，1992年对外开放，定为市级文物保护单位。

乐氏故居

张绍祖

达仁堂创始人乐达仁

　　著名爱国企业家乐达仁系北京同仁堂乐氏家族第 12 代子孙。明朝永乐年间，浙江省宁波府慈水镇的乐良才移居北京，以走方郎中为业，成为北京乐氏始祖。北京乐氏第四代乐显扬（号尊育）于 1669 年（清康熙八年）创立北京同仁堂，成为北京同仁堂的奠基人。在此后的一百五六十年间，同仁堂几度兴衰，至乐达仁祖父乐平泉（字清安，号印川）年轻时，乐家在北京同仁堂仅存铺东之名，每日的收入只有铺号款 5 吊钱，其他一切全都典给外姓人了。乐平泉卧薪尝胆 12 年，才于 1843 年（道光二十三年）赎回同仁堂。30 年后，在乐平泉的精心经营下，北京同仁堂盛极一时，享誉海内外。

　　乐达仁出生于 1877 年 1 月 13 日，此时其祖父尚在世，同仁堂正处于鼎盛时期。祖父生有 4 子，这就是乐氏第 11 代的乐孟繁、乐仲繁、乐叔繁、乐季繁。4 子各有子孙，各为一房。乐达仁是四房乐季繁的长子，在乐氏第 12 代子孙中，乐达仁排行第七。乐达仁有 3 个弟弟，大弟达义，二弟达明，三弟达德。1880 年（光绪六年），乐平泉病逝，1907 年（光绪三十三年）老祖母许氏逝世。从这时开始，北京同仁堂由四大房共管，规定各房子孙可以打着乐家老铺的旗号，另取同仁堂以外的铺号，经营中药业。于是，大房开设了5个乐仁堂，4个宏仁堂。二房开设了3个永仁堂，1个怀仁堂，3个沛仁堂。三房开设了两个继仁堂，三个宏济堂，一个乐舜记。1914年四房只设一个堂号达仁堂，在全国有18个分号，而且不像其他房那样，把某药号当作本房某人个人财产，而是把达仁堂当作第四房兄弟4人的共同财产。乐达仁在制药中逐步使用电动设备替代笨重的手工操作，使中国古老的制药业，走上了工业化道路。从1917年起，在全国10多个大城市开设了分店，销售药物1000余种，成为中国最早的工商一体国药集团。乐达仁真诚报国，关心天津教育事业，1921年聘请著名教育家马千里创办达仁女校，并担任校长，聘请邓颖超、李毅韬、周之廉、王贞儒、冯梅先、张广煕及马千里的夫人张

乐达仁北京故居（前海西街18号）

冠时为教员。该校突出爱国主义教育，在社会上享有崇高的声誉，华北各地曾有 30 余所院校前来参观学习。

1934 年，天津达仁堂正处于鼎盛时期，十几个店铺生意红火，达仁参号、养鹿场、养蜂场、参茸庄、达仁铁工厂、渤海化工股份有限公司等也很兴旺，整个事业都充满了生机，其利润之丰盈，商誉之卓著，不仅在当年几十个乐家老铺中首屈一指，就连北京同仁堂也相形见绌。然而乐达仁志不在此，他让职工学英文，送子弟出国留学考察，并在香港设分号，对中药进行改进，这皆出于一个雄心勃勃的计划——要把中药推向海外。恰逢这个时候，海外最大的制药公司德国拜耳登门求见，商谈合作，乐达仁感到非常高兴。

但此时疾病正悄悄地正向乐达仁袭来，他觉得心口隐隐作痛，周身不舒服，然而他没想到，心口疼痛越来越频繁，眩晕加剧，晚上睡觉连喘气也困难起来。家人陆续请来的几位中医大夫，都说乐达仁是由于心营过耗，气血亏损所致，精心进行了治疗，但两三个月下来，病情并无起色。后来家人又请来一位名医，他摸了摸脉，没说话便出来了。在客厅，他对乐七太太说："乐七爷患的是心房漏血，现在面色无华，下肢浮肿，耽搁太久了，我已回天乏术，您另请高明吧。"说完便告辞了。中医看不好，就找西医吧。乐七太太赶紧叫人去请小白楼兄弟西医诊所的梁宝鉴、梁宝平大夫，两位梁大夫

乐肇基

接连来家好几次，又是打针，又是吃药，仍不济事。1934 年 7 月 10 日，乐达仁先生在特一区台湾路 13 号寓所（二层德式砖木结构）病逝。其灵柩运回原籍北京，葬在北京海淀董四墓村。乐达仁在北京的寓所位于前海西街 18 号（现为北京郭沫若纪念馆），建于民国初年。

乐达仁逝世后，其二弟乐达明之子乐肇基（1902—1966）出任达仁堂经理。他曾在

乐肇基故居（今成都道 131 号）

天津新学书院读完小学和中学，1921 年入上海沪江大学，是年秋回到天津，进入南开大学化学系。1924 年毕业后充任达仁堂副经理。1925 年 10 月，乐达仁安排乐肇基到欧洲考察制药工业，半年后回国。乐肇基性格内向，沉默寡言，经常像个哑巴整日不发一言，让人难以接近，而实际上他心地善良，严以律己，宽以待人，办事果断，极有主见。

乐肇基从 1934 年任经理到 1955 年公私合营，治理达仁堂 21 年。这 21 年，达仁堂经历了日本侵略、国民党统治和新中国成立、私营工商业社会主义改造等一系列重大历史事变，即使在最困难的时期，达仁堂在乐肇基的领导下，仍能牢牢占据国药魁首的位置。乐肇基的故居在英租界伦敦道（今成都道 131 号天津医学图书馆）。乐肇基有一子一女，现居住在美国，夫人谭庆枝"文革"后也移居美国，去世时年 95 岁。

乔氏故居

张绍祖

乔氏故居位于法租界丰领事路，也叫督军街（今赤峰道 70 号）。主人乔铁汉是清末民初全国著名的山西祁县商业金融资本家乔氏家族的第六代，乔致庸的曾孙。

山西乔家大院的主人公乔致庸（1818—1907），字仲登、号晓池，是乔全美之子，乔贵发之孙，乔家第三代。乔致庸生有 6 子，11 个孙子。在他执掌家务时，可称得上人丁兴旺，四世同堂。乔氏家族于清光绪十年（1884）创办的旨在办理埠际间汇款业务的大德通票号，总号设在山西祁县，后迁北京，全国设立分支机构 40 余处，主营汇兑业务，兼营存放款业务。天津分号由于地处北方重要通商口岸，汇兑业务较多，全国 40 余处资金调拨，均由天津分号办理。清光绪年间是大德通最兴盛发达时期，当时吸收社会存款高达白银 1000 万余两。存款来源主要是清朝贵族及文武官吏。1900 年庚子事变，庆亲王奕劻在逃离北京前将白银 30 万两存于大德通票号，辛亥革命推翻

乔氏故居（赤峰道 70 号）

清王朝，庆亲王隐居天津旧英租界，一直把大量款项存于大德通票号。1917年，庆亲王奕劻死后，他的后代载振和"大德通"继续保持良好关系。

1915年天津的山西帮票号仅存大德通、大德恒、蔚丰厚等10家。1921年天津尚存的票号，因受贩卖金丹（毒品）日本浪人平野秀三之骗，各票号所受损失达80余万元之巨，相继歇业。仅存的大德通、大德恒两家。大德通收缩各地分号，留天津一处改为大德通银号继续营业。30年代又改为钱庄，一直惨淡经营到1949年。

"大德通"东家乔映霞（1875—1956），字锦堂，为乔致庸长孙，民国初年由他当家。他对孙中山先生推崇备至，并参加了同盟会，在祁县积极提倡兴办教育，改革陋习。1913年，他出任祁县第三区区长，禁种鸦片，不遗余力。1914年春在榆林、永安村地区，因铲除烟苗，农民举锹执锄，聚众反抗，他向空鸣枪威吓，慌乱中打死一人，造成人命案。涉讼后，祁县知事冯延铸受贿3000元，和解了结。事为袁世凯嫡系山西省巡按使金永探知，拟借此发一笔横财，饬令冯延铸解乔映霞到太原就审。冯恐自己劣迹败露，牵连获祸，又向乔映霞索要重金，秘密纵容乔逃逸。乔映霞避居天津法租界。1916年袁世凯死后，金永调离山西，乔映霞始返祁县，专心经营商业，对其所设商号大加整顿。乔映霞于20世纪20年代初移住天津法租界丰领事路（今和平区赤峰道70号）小洋楼，在天津续弦，与大家闺秀刘秀菊结婚生子，后因个性不合离婚，因受刺激太深而精神失常，遂在天津、北京、家乡3处往返休养。乔映霞有2子：乔铁汉和乔铁民。

乔映霞

乔铁汉1905年生于山西，十几岁便随父亲乔映霞来到天津，就读于南开中学。1924年入南开大学经济系。1929年毕业。1930年，乔氏家族分家，乔映霞因病不再主持家务，由乔铁汉主持。抗战爆发后，乔家的业务停顿，延续到解放后

乔铁汉

乔铁民与徐幼生的结婚照

宣告破产。乔铁汉在清理家产后，离开天津去上海，1950 年又去北京给乔家清盘，后又回到上海。乔铁汉有两位妻子，她们是同父异母的姐妹，年龄相差 11 岁。他与第二位配偶 1940 年在乔氏故居结婚后生育了 4 个子女。乔铁汉 1990 年在上海病逝。他的两位妻子也分别于 1985 年和 2000 年去世。他的子女中，老大、老四仍在上海，唯一的女孩在浙江生活，老三乔锐分配工作回到了天津。

乔铁民 1939 年于天津工商学院附中毕业后去了北京辅仁大学攻读经济学专业，1942 年与徐幼生结婚，出任大德通银号的董事长。1948 年带家人离开天津，辗转上海后又回到天津，1950 年移居北京，之后一直在北京从教，1993 年因病去世。乔铁民有 5 个子女，除了最小的燕雄出生在北京，老大燕和、老二燕平、老三燕美、老四燕增都出生在天津乔氏故居，并在那里度过了童年时光。

乔氏故居建于 20 世纪 20 年代，为砖木结构二层楼房，建筑面积 1214 平方米。外檐水泥饰面，正立面以 8 组双柱承托，呈开放式前廊。中央设入口，二层筑阳台，边缘设水泥宝瓶式空护栏，配以券式门窗。缓坡式屋顶上开天窗，檐部中央筑半圆形山花装饰，两侧各开 5 个天窗。立面布局规整对称，装修考究，具有西欧古典主义建筑风格。乔氏故居一楼是一条敞开的通

乔铁民五姐弟

道走廊，经营票号；二楼为住房，由乔映霞与乔铁汉一家、乔铁民一家居住。据说复字号最后就是由乔铁汉代表"乔家"出面，由乔铁民及其堂弟乔子珍来包头办理结束的。乔氏故居除赤峰道小洋楼外，在承德道连壁里 2 号也有乔家房产。

陈氏故居

金彭育

陈氏父子投身我国水泥工业80余年，并热心社会公益事业。其旧宅原为天津和平区陕西路148号，1934年，陈范有亲自设计、监理建成两幢连体英式2层楼房，位于英租界伦敦道58号、62号，即现在成都道20～22号。该楼坐北朝南，砖木结构、大屋顶，有老虎窗，严谨规整，典雅大方。室内设施完善，装修高级。此外，陈范有还自己设计和督造了英租界剑桥道（现重庆道）

陈一甫

山益里43幢三层楼房和唐山启新洋灰厂8号窑的建造。

陈序宾、陈一甫、陈范有、陈达有是祖、父、孙三代致力于我国民族水泥工业的著名实业家。陈氏为安徽石埭县人。陈序宾（1834～1885）系

陈范有

"洋灰陈"第一代。年轻时曾为曾国藩所赏识，任江西建昌盐厘，政绩卓著。李鸿章组建淮军，陈序宾由湘入淮，任行营支应，主理粮饷后勤20余年，清廉尽职。陈序宾晚年定居天津，为其后代从事实业创造了条件。陈一甫（1869—1948），名惟壬。以父荫官直隶，曾任北洋海防、海关监督，电报学校总督察等职。1905年赴日考察机器工业。归

国后担任启新洋灰公司坐办，开平矿务局坐办、滦州矿务局坐办，均为副职。1932 年升任启新洋灰公司总经理。其子陈范有（1898—1952），名汝良。1921 年毕业于北洋大学土木工程系。历任唐山启新洋灰公司董事、协理，湖北华新水泥公司董事、天津滦州矿务公司董事、南京江南水泥公司常务董事兼总经理。解放后，担任全国水泥同业联合会主任等职。其幼子陈达有（1911～1987），名汝邕。1939 年入天津久安信托公司，后任经理。1953 年任启新洋灰公司副经理、副厂长，唐山市民建、工商联委员，河北省工商联副主任委员，全国工商联执行委员，全国政协委员，唐山市人大常委会副主任等职。

陈氏故居（今陕西路 148 号）

陈范有的家在天津，但其业务却远在唐山和南京。1935 年，陈范有任江南水泥公司常务董事兼总经理，主持负责建设南京栖霞山江南水泥厂。1937 年，抗日战争全面爆发，炮火在沪宁一带蔓延。当时江南水泥厂设备已安装完毕，正在试机。江南水泥公司董事会态度十分明确，坚决不与日本人合作，并制定了"以夷制夷"的方略。1937 年 10 月 23 日，陈范有写信，明确告诉厂领导："吾厂拟开机之事，请暂时勿对外宣传"，这就为以后实行"以夷制夷"的方略设置了前提。后公司委派江南厂主要设备制造商德国方代表卡尔·昆德为代理厂长，丹麦国方代表辛波进驻该厂，以债权人身份，保护尚未投产的该国财产，与日本人周旋。此时，日寇在南京制造了惨绝人寰的大屠杀。江南水泥厂成了难民避难的场所。卡尔·昆德、辛波和留厂的中国职工组成护厂队，挂起了德国和丹麦国旗，先后收容了 3 万余难

陈氏故居（今成都道20号、22号）

民，成为中国人办的南京市最大的难民营。1938年3月19日，陈范有亲笔写信指示江南厂领导："吾厂难民日增，似宜设法救济"等语，成千上万难民被拯救，成为江南水泥厂在我国抗日战争历史上谱写的令人称颂的一页。

抗日期间，江南水泥公司主要董事颜惠庆、袁心武、陈范有等在日本人恐吓、威逼、利诱下，屡拒开工。最终日军实行强暴手段，通过汪伪政权掳去主要机器设备。具有讽刺意义的是抗战胜利后，江南水泥厂被国民政府选定为遣送日本战俘的集中营。抗战胜利后，陈范有兼任江南水泥公司总经理，又担负起重建江南水泥厂的重任，并于1950年投产。该厂被苏联专家誉为"东方水泥之冠"。陈范有被推选为中国水泥工业同行业联合会主任委员。

高云览故居

金彭育

伟夫路17号（现湛江路17号），是一座别致的小洋楼。17号、19号、21号，是3幢各有特色的欧式楼房。这3个门号的后面是一个长水坑，主要用于窖冰。其中19号便是崔伯的崔家花园，21号是曾经写出长篇小说《小城春秋》，作家高云览的家。

高云览（1910—1956），当代作家，笔名健民。福建厦门人。出生在一个华侨家庭。父亲曾做过小酒店的账房。由于家境贫苦，小时候他经常饿着肚子去上学。1926年，高云览来到上海，在福建同乡会馆办的泉漳中学读书，加入新民主主义青年团。一年后因其父去世，辍学回乡。从此为生计奔波，当过小报记者、国文教员等，经常失业。1930年厦门中共省委机关大批革命者被捕，党的地下组织成立破监委员会，组织了大劫狱，该事件曾经轰动闽南。事件发生不久，一位朋友拿来有关材料，希望高云览用文学作品形式加以反映。他非常激动，据此写了一部中篇小说《前夜》，署名健民，由上海湖风书局秘密出版。1933年，高云览在上海加入中国左翼作家联盟。1937年，他来到马来亚麻坡中学任教务主任。参加过马来亚共产党领导的"抗敌后援会"和陈嘉庚领导的"南洋华侨回国慰问团"活动，发表过不少介绍中国国内人民抗战的文章。日军占领马来亚后，他以经商为掩护到达印度尼西亚的苏门答腊，曾在马来亚《现代周刊》上发表小说《春秋劫》。1946年后为陈嘉庚、胡愈之等人创办的《南洋日报》股东，参加中国民主同盟。1949年被新加坡英国殖民当局以"红色商人"之名逮捕并被驱逐出境。1950年，高云览经香港辗转回到祖国，在天津定居。

到津后，高云览便住在伟夫路21号这幢小洋楼里，当时他40岁。经过多年的奔波劳碌，他的健康状况已大不如前。经过两年的休整，他在身体尚未复原的情况下，重新操笔，搜集资料，悉心构思，决心完成20多年来未了的心愿。他抱着病体，以惊人的毅力，排除万难，在生命最后的日子里完成了以1930年厦门大劫狱为背景的40万字的长篇小说《小城春秋》，展现了风起云涌的历史画卷。令人遗憾的是，高云览没有等到小说的出版，便于1956年6月因肠癌去世，年仅46岁。40万字的长篇小说《小城春秋》于1957年初由人民文学出版社出版发行，即刻风行全国，它以深沉的情感和激越的气势，描写地处祖国东南的厦门在民主革命时期所经历的历史性动荡，作品以独特的传奇色彩和生动的人物形象而引人入胜。在当代中国文坛，这是较早以长篇体裁表现民主革命时期党所领导的地下革命斗争和知识青年成长的作品。故事发生在1927年至1936年的闽南小城厦门。"九一八"事变后，中国共产党号召全国人民奋起抗战。《鹭江日报》编辑吴坚在报上发表社论抨击投降政策，在斗争中加入了中国共产党。石匠的儿子何剑平奋笔撰稿，抨击时弊。1933年春，吴坚调任《漳声日报》主编，何剑平和地下党员、排字工人李悦搞起地下印刷所，办民众夜校。女学生丁秀苇也加入了他们的行列。闽东游击区来的陈四敏以教员身份为掩护，组织领导"厦联社"开展抗日宣传活动。因叛徒出卖，四敏、吴坚、剑平先后被捕入狱。主审的是吴坚当年的"把兄弟"赵雄。他一方面企图利用"兄弟情"软化吴坚，另一方面又利用书记员林书茵与吴坚的旧情去打动他，结果均遭惨败，林书茵反而成了狱内外党组织的联络人。为了营战友，党组织了越狱斗争。在战斗中四敏为掩护剑平毅然跳海。越狱后，吴坚、剑平、秀苇转移到山区游击队，林书茵也逃出了魔窟。

高云览虽没有亲自参加1930年的厦门大劫狱，但惊心动魄的历史事实和英雄们的斗争事迹深深地感动了他。小说描述了投身革命的不同类型的知识分子形象，对反面人物的刻画也很有力度。在艺术上，作者善于选择精彩的故事情节，运用简洁传神的对话和心理描写，使人物栩栩如生。在结构上，高云览把动与静、正与反、公开与地下、个人与集体穿插叙述，并运用一些电影蒙太奇的处理手法，借景衬情，令人意远。50 年来，小说曾被译成多种文字出版，并拍摄成电视剧，深受群众欢迎。

天津

MING REN GU JU BO LAN
TIAN JIN JUAN

（下）

中国文史出版社

四、外国知名人士故居

胡佛故居

金彭育

赫伯特·克拉克·胡佛

赫伯特·克拉克·胡佛是美国第三十一届总统（1929—1933），他从 1899 年初次来到中国的天津，1902 年离开，共二年多的时间。但一直到 1906 年，他又回到天津数次。初次来津，他是一文不名的工程师，1906 年离津时，他不仅在世界许多地方有自己的分公司，还成为一位阔绰的富翁。在这 7 年中，他往返于中国、南非、美国、英国、澳洲、俄国、日本和缅甸之间，主要是经营采矿业。

胡佛在天津先居利顺德大饭店 309 号房间，该饭店是天津成立最早的涉外饭店。始建于 1863 年。后居马场道 6 号（重庆道小学）西楼，该楼为英别墅式建筑，砖木结构，2 层楼房，局部 3 层并带有地下室，有宽敞的后院，建筑面积 3345 平方米。其建筑特点是红砖青砖分层砌筑，拱形门洞，拱形大窗。上台阶有个大休息台通一楼，两侧有瓶状透视矮墙。1942 年前，该楼由 6 户市民居住。1942 年英国文法学校（现二十中学）改名为日本侨民学校，该楼成为宿舍。1945 年抗战胜利后，改名为第十区中心小学。解放后名为新华区中心小学、二十中学附属小学。1968 年更名为重庆道小学。20 世纪 80 年代，该楼拆除，建起白色新式教学楼。现该楼也已拆除，只留下遗址。

胡佛于 1874 年生于美国依阿华州的西布兰奇，他有瑞士日耳曼人和英格兰人的血统。父亲是个铁匠，母亲是个裁缝，他 6 岁丧父，8 岁丧母，随伯父迁往俄勒冈州纽伯镇。1891 年，在他 17 岁时考入斯坦福大学，主修地质学。1895 年大学毕业，取得地质学学士学位。毕业后，先是在加利福尼亚州内华达市郊拉矿石车，每周工作 70 个小时。后辗转来到旧金山市一家公司当文员。1896 年，胡佛受雇于英商墨林公司，到澳洲的库尔加迪金矿任采矿工程师。由于他经营出色，两年后离任时年薪已达 1 万元，并已成为这家金矿的股东。

1899 年，中国政府聘请胡佛为开滦矿务局工程师。来华前，他回到美国，与大学时的情人，班里唯一的女生卢·亨利在加利福尼亚州的蒙特里结婚，胡佛夫妇的蜜月是在开往中国的轮船上度过的，堪称浪漫之旅。从 1899 年 2 月 10 日起，卢·亨利成了胡佛夫人。多年来，旅行成了这对夫妇的生活方式。他们来华后，先是到北京，晋见光绪皇帝，然后来到天津。胡佛夫妇被天津浓郁的异国风情吸引住了：那古老的建筑、忙碌的港湾、繁荣的街市、五彩的服饰，使这对西方情侣感到新奇和激动。

胡佛夫妇在天津，先把家安在当时外国人开的中国最大的饭店——利顺德大饭店。利顺德大饭店的 309 号房间，是胡佛居住兼办公的地方。现在，除增加了空调、彩电外，依然是原样。这套住房 30 多平方米，进门一个小方厅，迎面是卫生间，右侧为壁柜，左侧进房间，有朝东和朝南的窗子，室内明亮。屋西侧有书桌，对着阳面窗有一个苏格兰式大床，几把中世纪木椅和一个老式长方桌。屋门对面有多用柜，玻璃门中陈列着英文版的《胡佛回忆录》和其他胡佛手稿。墙上有一幅水墨画，是胡佛、德璀琳和张翼在该室内签字的情景。长方桌上有一盏古典台灯和一幅艺术镜框，上镶着胡佛夫妇的 40 年代生活照片，房顶悬着意大利水晶防尘吊灯。据介绍这里的摆设仍是胡佛居住时的样子。来华后，胡佛夫妇和工程师们骑骡子、坐马车、乘运河上的小船，到过许多中国省份，勘查矿物资源。胡佛在天津，既是开滦矿务局的工程师，还是英商墨林公司的在华代表。胡佛用两个月时间，来到直

胡佛故居（马场道 6 号）

隶和热河两省，调查矿务资源。1900 年 6 月 1 日，胡佛向墨林公司提供一份逾万言的《关于中国开平煤矿之调查报告》，该报告详尽地列举了开平煤矿的储量、设备、运输、收益等情况。入乡随俗，胡佛起了两个中国名字：胡华、苛华。胡佛夫妇都会说一些天津话，以至于以后胡佛入主白宫后，他们夫妇在白宫仍以天津话为交谈的语言，以防别人偷听。胡佛的两个儿子小赫伯特和艾伦都是在天津出生的。胡佛在天津的 7 年中，主要居住在马场道的寓所里。胡佛身高 1.8 米，圆脸，身体结实，年轻时爱留胡须，服装朴素。他工作努力，自信心强，但不善应酬，不喜演说。他每天早 9 点准时离开住所去上班。最初乘"洋车"，后来坐平顶小汽车。他平时喜欢读小说，特别是读惊险小说，饮酒有限，喝香槟酒，最爱喝英国爱丁堡产的马提尼酒。在20 世纪初，天津除海河外，还有许多河汊苇坑，胡佛爱钓鱼，闲暇河边垂钓对他来说是赏心悦目的消遣。胡佛在天津的主要活动是用一纸空文攫取了直隶丰南县开平煤矿。他在 1900 年庚子事件中参加"天津义勇队"，护卫外国侨民和后勤供应。胡佛和其他 6 个外国人共同组建了英商先农工程股份有限公司，这是天津成立最早、规模最大的外商房地产公司。1904 年，胡佛开始参与贩卖华工到南非开采金矿，牟取巨额佣金。

1900年，八国联军在天津大沽口登陆，沙俄军队占据了开平煤矿。清政府委派的开平煤矿督办张翼不敢回京复命，却跑到利顺德大饭店避乱，他异想天开地想利用英国人的势力赶走沙俄军队。张翼，字燕谋，直隶通县人。早年曾在神机营中当差，捐纳为江苏候补道。张翼请德国人德璀琳出任开平矿务局总经理和法律代理人，德璀琳遂决定把开平煤矿卖给墨林公司。是年7月30日，胡佛作为公司代理人拟写了一份"移交契约"，因有争执，他又设计谋加上"副约"二字，仅凭一纸空文便占据了开平煤矿连同所属的细棉土工厂。1902年，张翼卖"开平"之事被其亲家周学熙揭露出来后，直隶总督袁世凯责成张翼与德璀琳胡佛辩论、交涉和打官司。从1902年至1905年，双方多次交锋，但莫衷一是。1905年，伦敦劳伦斯法院判中方胜诉，但墨林公司和胡佛拒不执行，而后以"原判决被另一个英国法官推翻"为由，从而使开平煤矿成为墨林公司与胡佛的共同财产。

1900年（清光绪二十六年，庚子年），震惊朝野的义和团运动爆发。运动始于山东，迅速发展到全国，华北地区发展最快，规模也最大。天津义和团主要有曹福田率领的"乾"字团、张德成率领的"坎"字团，以及黄莲圣母率领的"红灯照"。他们参加了火烧教堂、攻打老龙头火车站和保卫天津城南门及北洼的战斗。清军和义和团在天津城上架起大炮，炮轰外国租界。战斗从6月初打到7月中旬，异常惨烈。八国联军18000多人在总指挥、俄军远东司令阿西克赛耶夫带领下，经过多次激战，于7月14日攻破天津城南门，7月18日，清军水师营在腹背受敌情况下撤离战斗，天津城沦陷。

胡佛在这期间，参加了外侨组织的"天津义勇队"。"天津义勇队"成立于1896年春，是在中国天津的外国侨民成立的准军事组织，队长是罗斯，副队长是库普，兵力35人。庚子期间，队伍有所扩大，库普升为队长，副队长为3人：毕德威尔、柏克、窝次；兵力达100多人。有一部分人装备有马提尼步枪，部分人员没有武器，作后勤。胡佛为非战人员，主要任务是保卫外国侨民中的妇女、儿童及水和食品的供应。在一个半月的激战中，胡佛夫妇主要在戈登堂活动。胡佛夫人也从其供职的马大夫医院来到戈登堂，参加伤病员的护理。而胡佛则骑自行车穿行于街垒和炮火之间，主要做后勤供给。戈登堂为天津英租界工部局的所在地，有大厅和地下室。当义和团和清军从天津城上发炮时，外国侨民即到戈登堂地下室躲避。清军水师营的黑炮台也给予外国军队沉重打击。在炮战中，清军克虏伯德制大炮重创戈登堂、利顺德大饭店，以及英法租界中的外国银行、洋行和仓库，使其损失惨重。义和团英勇抗击八国联军的战斗，在中华民族斗争史上写下了光辉的一页。

胡佛当时在天津一项重要活动是，与另外6个外国人组建了英商先农工程股份有限公司。北京有个先农坛，这是众所周知的，但天津的先农坛鲜为人知。清末天津紫竹林村曾有一个先农坛，后毁掉。胡佛等7人在天津创建经营房地产的公司却取了个中国人熟悉的"先农"二字。1900年，八国联军入侵天津，建立"都统衙门"，先农公司就是在这种历史条件下产生的。创始人丁嘉立，美国人，1887年生于马萨诸塞州，曾获博士学位，当过李鸿章的英文家庭教师，是个"中国通"。由于当时他任"都统衙门"总文案，有了便利条件。丁嘉立和胡佛同为美国人，以他们两为主，组建了先农公司。

先农公司7名股东是：

丁嘉立：美籍，"都统衙门"总文案。

胡佛：美籍，开平矿务局工程师。

田夏礼：英籍，"都统衙门"秘书长。

狄更生：英籍，"英商总会"董事长。

林德：英籍丹麦人，海河工程局顾问、工程师。

克森士：英籍，怡和洋行总经理。

赘克：英籍，先农公司首任经理。

先农公司初创时总资本额为白银105000两，每股1000两，共计105股。其中胡佛为5股，5000两。其房产主要分布在天津旧法租界、英租界、德租界。主要建筑有：花园大楼、达文里、三盛里、光华里、恒华里、南华里、荣华里、先农里、先农大院等。闻名中外的天津"五大道"上的许多小洋楼就曾是先农公司房产。公司业务范围是：房屋出租、修缮养护、建筑设计、经租代理、房屋买卖、土地交易、保险代理。胡佛作为主要股东，在开业伊始参加多次会议、研究业务，而后每年参加股东大会，但他把主要精力仍然用在他所熟悉矿藏开采上。先农公司在 1901 年创建时，总资金为 105000 两白银，共购进了 92976 亩土地。20 世纪 30 至 40 年代，先农公司的房产占全市 28 家外商房产公司的 60%，其实力可见一斑。先农公司最后拥有土地 336 亩，房屋 15000 多间，且大多为天津市中心位置。1954 年 8 月 29 日，该公司与天津市房产公司联系，达成将全部资产、负债一并移交由天津市房产公司管理的协议，并办理了移交手续。

胡佛由于采矿，来往于南非和中国之间，他和在南非的英国军官纳森过从甚密，是他把纳森引荐到中国，最后当上了开平矿务局经理。南非特瓦斯瓦兰德金矿为扩大生产，急需大量矿工。胡佛看准倒卖华工能赚大钱，就与金矿财团签定了"契约"，干起了贩卖华工"经纪人"的勾当。每招募 1 名

1976 年地震后拆除前的胡佛故居（时为重庆道小学）

华工，胡佛可得到 10 元佣金。华工赴南非，是从秦皇岛启程的。在秦皇岛东山建有一个华工移民站，其手续为登记、检查身体和签订"雇佣契约书"。从 1904 年 8 月 18 日第一批华工赴南非开始，到 1906 年底，从秦皇岛输出华工共 15 批，43258 人。

胡佛从 1899 年首次来津，到 1906 年底离开时，他已拥有了数百万美元的资产，并建立了自己的采矿公司，在全球范围内挖掘地下资源。由于雄厚的资本和丰富的工作经验，胡佛回到美国后即进入政界，先是参与政府粮食部门的领导工作，1921 年至 1928 年任美国商业部长。1929 年至 1933 年担任美国第三十一届总统。但在当总统期间，成绩平平，作为不大。美国舆论这样评论他："胡佛本人的一生是从穷小子变成富翁；而在他执政期间，国家却从富翁变成穷小子。"总统卸任后，胡佛曾来天津旧地重游。1964 年 10 月 20 日，胡佛在寓所中病逝，终年 90 岁。

德璀琳故居

金彭育

天津旧海关税务司德璀琳系德国人，名为古斯塔夫·冯·德璀琳，生于 1842 年。1864 年，在他 22 岁时来到天津，任津海关四等文书。1913 年，他死于天津寓所，终年 71 岁。他在天津有近半个世纪（49 年）时间。在这期间，他任天津海关税务司 22 年，任英国天津租界工部局董事长 13 年。在天津的外国人中，其地位之显赫，活动能力之大，仅次于中国海关总税务司赫德，因此，在津外国人均称他为"古斯塔夫大王"。

德璀琳

在天津，他有一处寓所，一处公馆。其寓所在马场道西端与遵义道交口处，门牌为马场道 271 号。这里共有 5 所西式楼房，他住其中的一所。该房建于清光绪三年（1877 年），称为德璀琳别墅或德璀琳花园。主体建筑为英庭院式三层楼房，砖木结构，多坡瓦顶，方形门窗，外墙为水泥断块，门窗券有放射形水泥断块图案。建筑面积 600 多平方米，现已不存。公馆位于维多利亚道（现解放路）与领事道交口处，为砖木结构 3 层楼房。该址院落较大，有大花园和一个马厩，现已不存。

在津期间，德璀琳在扩张英租界、垄断海河工程、掠夺开平煤矿活动中，

德璀琳故居（今马场道 271 号内）

都参与策划。他还参与筹办邮政，倡议修建"戈登堂"，发起赛马会，创办天津第一家英文报纸《天津时报》等。德璀琳为直隶总督兼北洋大臣李鸿章所重用，多次代表清政府办理外交事务。1869 年，德璀琳任天津海关三等税务员，后出任镇江海关、浙海关和粤海关税务司。1876 年，调任烟台海关税务司。1877 年德璀琳回津海关，此时已是税务司的头衔了。

在天津海河西岸，有一处天津的海关楼，至今犹在。天津近海带河，为京畿门户，在开埠之前，即有户、工、海三关之设。第二次鸦片战争后，天津被迫开埠。清同治二年（1863 年），天津海关成立，初设于天津老城厢。翌年，迁至英法租界交界的紫竹林。天津海关的设置和制度一如上海海关，由总税务司委派天津税务司及帮办、总巡。当时总税务司是赫德，天津税务司是德璀琳。天津的海关，除受海关总署及总税务司上级领导的管辖外，在名义上还受天津海关道的监督。从 1861 年成立到 1869 年，天津海关受三口通商大臣崇厚监督，1869 年到 1921 年，受天津海关道监督。1921 年后，海关道改称为"关监督"。天津海关权限很大，不但接管了天津常关（钞关），还先后管辖过北京、塘沽、秦皇岛 3 个分关。

根据《北京条约》，1861 年第二次鸦片战争后，英、法、美、俄等国在中国设驻华使馆。但往来邮件，需转交中国驿站代寄。1865 年，总税务司署由上海移设北京海关，总理衙门面对大量书信，便把这项工作交给英籍爱尔兰人赫德办理。1866年，邮递业务由海关委办。1876年，总税务司赫德在时任直隶总督兼北洋大臣李鸿章的支持下，在北京、天津、烟台、营口、上海5处试办中国邮政。1878年春，赫德回欧洲，遂指派德璀琳以天津为中心，在上述等5处试办邮务。1878年7月，天津海关发行中国第一套"大龙邮票"。1880年元月，德璀琳公布建立第一套邮政机构，定名"海关邮政局"。因此可以说天津开创了中国现代邮政的先河。

1899年，在德璀琳主持下，英租界当局在天津建成第一座租界工部局大楼，并取名戈登堂。戈登名为查尔斯·乔治·戈登，1833年生于英国。1860年，他参与指挥英军火烧圆明园。在天津戈登参与了英租界划定。1862年戈登调任"常胜军"的统领。参加了清政府镇压太平天国的军事活动。1864年，由于戈登在镇压太平军中"立功"，清廷赏赐他黄马褂和顶戴花翎，并授予提督衔。1864年底，戈登离开中国返回英国，被英国政府提升为将军。1885年，戈登在非洲苏丹镇压农民起义时，在喀土穆被起义军杀死。戈登堂在解放后为天津市人民政府的办公楼。1976年震损严重，后建起了9层新的办公大楼。

德璀琳的女儿在天津的花园

德璀琳在天津文化教育方面，亦有所作为。1887 年，德璀琳经李鸿章同意，在河西梁家园建了一所吞纳书院，中文称博文书院，聘请美国传教士丁嘉立为院长。但由于种种原因，直到 8 年后，才改为天津中西学堂，成为我国最早的北洋大学（现天津大学）。在德璀琳倡议下，先在海关，后在工部局，成立了天津第一座公众图书馆——工部局书房。1886 年 11 月，由德璀琳与怡和洋行大班茹臣任筹建天津印刷公司，并创办了天津首家英文报纸"中国时报"称天津新闻报纸之首。德璀琳酷爱赛马，他养了不少马，还倡议成立天津赛马会。最初，赛马会位于海光寺，后移至租界河坝，最后由李鸿章赠给德璀琳佟楼附近 13 公顷土地"养牲园"，他在这里建立了"德璀琳别墅"共 5 所，其中两所由他和汉纳根居住。

德璀琳在中国，大部分时间在天津度过。在清末，总税务司赫德与天津税务司德璀琳的职位十分重要。一能接近朝廷，二可与各国使节交往，三是待遇优厚。德璀琳去世后，《京津泰晤士报》在评论他时说：在将近 40 年的时间，他在华北占有如此优越而又如此有威力的地位，以致我们不可能到天津时不想到他。

德璀琳一生接受过许多荣誉，最后一个是清廷在慈禧太后 60 大寿时赏给他的头品顶戴，并几次授予其勋章。此外，他还得到法国、奥匈帝国、比利时、丹麦、普鲁士、巴西等国政府以及罗马教皇授予的勋章。德璀琳有 5 个女儿。大女婿为德国人汉纳根；二女婿是美国美丰银行经理、美国人拉克；三女婿为奥国驻天津领事包尔；四女婿是开滦矿务局总经理、英国人纳森；五女婿是英国驻华公使武官。德璀琳死后，根据其遗愿，埋葬在他住宅花园的一角。

汉纳根故居

金彭育

汉纳根系德国贵族后裔，生于 1855 年，曾协助李鸿章训练北洋海陆军，参加过中日甲午战争，为军中"洋员"。他原为普鲁士陆军炮兵上尉，1879 年在军队退伍，被中国驻柏林公使馆聘请来华。他是天津税务司德璀琳的长女婿。汉纳根在津寓所有两处。一处位于马场道西端与遵义道交口处的德璀琳花园附近，门牌为马场道 271号，该房建于 1880 年，为英庭院式，三层砖木结构，建筑面积 456 平方米。后迁至德租界威尔逊

汉纳根

路与管理局街交口（现解放南路与浦口道交口）。现两处房均已不存。1918年，第一次世界大战德国战败，一天，汉纳根正在德租界家中，他在窗户里看到英、法、美各国商团数百人，用大绳把德国英雄卢兰德铜像拉倒，并把铜像前一尊炫耀武力的德国大炮拉走。

汉纳根初次来华，在天津任军事教官兼李鸿章副官，并负责设计和修建旅顺口、大连湾、威海卫、大沽口炮台。这些炮台的设计有很大的缺点，即"专用备击洋面敌船而设"，"只能顾及海中，不能兼顾后路"。1894 年，日本军队入侵朝鲜，中日甲午战争爆发。7 月 23 日，由汉纳根等人带领中国官兵 950 人，由大沽口乘租用英国商船"高升号"开往朝鲜牙山。由于日本特

务探听了开船日期，7月25日，当船行至朝鲜西海域丰岛海面时，日舰"浪速丸"开炮偷袭，将"高升号"击沉，汉纳根跳入水中，泅水3天脱险。不久，应李鸿章之聘以花翎总兵衔入北洋水师舰队充教习兼副提督。

1894年9月17日，黄海海战爆发。汉纳根与北洋舰队提督丁汝昌在旗舰"定远号"上指挥作战，战斗十分激烈，共持续5个小时。其结果是北洋水师损失军舰5艘，死伤军人800多人，日本舰队亦伤亡惨重。海战结束后，10月9日清廷特颁谕旨，以"洋员汉纳根在海军当差，教练有方，此次大东沟之战，奋勇效力，深堪嘉奖。加恩赏给二等第一宝星，以示鼓励"。后又赏加双眼花翎提督衔。甲午战争后，汉纳根曾向清廷建议：中国海军，近8年中未曾添一新船，所有近来外洋新式船炮，一概乌有，而倭之船炮，皆系簇新，是以未能制胜。他提议清政府应向德国、英国、智利等国购买快船，聘外国将领为水师提督，并聘外国水手，加练陆军10万人。并向德国克虏伯购置新式枪炮，但因清政府资金筹措不足，而未能实现。汉纳根所提建议，因不被采纳，遂离开海军，仍任陆军教习。

在1900年庚子事变中，汉纳根积极参加八国联军侵华和镇压义和团的罪恶活动，为修复天津和北京之间的电报线路，他提出用旧啤酒瓶代替绝缘磁瓶使电报线路得以畅通。

汉纳根曾与其岳父德璀琳探讨在中国发财之路，他看到德璀琳在开平煤矿赚了大钱，于是决定涉足采矿业。被引见给李鸿章、慈禧太后，取得了采矿的合法手续。接着，他根据开平煤矿经理纳森提供的资料，到直隶井陉县进行考察。他聘请了英国采矿工程师柯泽尔和中国向导，用了3年时间，走遍了位于晋冀交界的太行山脉，最后选定在井陉县这个有优质矿苗的地区开采煤矿。井陉煤质优良，储存量达3亿吨，而且是专供炼钢用的"无烟煤"。为打通关节，汉纳根起用大总统徐世昌之弟徐世纲担任售煤处买办。由于他与黎元洪有师生的关系，通过北洋政府，在井陉修了一条轻便铁路。从此，井陉煤可以运出山区。后来他聘请了在煤炭经营方面经验丰富的高星桥为其担任井陉煤矿矿的买办，而发了大财。

第一次世界大战爆发，汉纳根在天津为德国购买许多军用物资，运回德国。汉纳根有了钱，协助其岳父德璀琳，开办天津印字馆，建成远东最大的赛马场，并成为"起士林点心铺"的东家。起士林曾是

汉纳根和德璀琳德女儿在天津的婚礼上

德皇威廉二世的厨师，最早在香港开店，后来到天津，他最能干的是做西式点心。汉纳根住在德租界，其邻居是曾任大总统的黎元洪，他俩是好友，并经常穿着华丽的服装骑马并行，十分得意。1914年第一次世界大战爆发，汉纳根看到德军取胜时，兴奋异常，并在德国俱乐部（现市政协俱乐部）晚会上为战争捐款。而这次捐款，由于数量巨大，却使他的财产所剩无几。1917年中德断交，汉纳根被遣送回德国。

汉纳根回德国后，已无发展空间，1921年他与德华银行总经理佛士及秘书会计一行人再度乘船来华。到天津后，他仍住在原德租界老宅。汉纳根通过高星桥打听井陉煤矿情况，听说该煤矿已经收回国有，他发财的幻想破灭，一筹莫展，经济相当拮据。由于其岳父德璀琳于1913年已故去，岳母后亦故去，遗嘱中写明遗产由大女儿继承，于是汉纳根便以遗产度日。怎奈他挥霍无度，生活每况愈下。每年夏天，汉纳根都去北戴河别墅避暑，并升起原德皇时代国旗，独自在院中陶醉其中。1925年3月，在德美医院住院的汉纳根因患食道癌病危，高星桥前去探望并给以资助。他去世后，其尸体由亨宝轮船公司运回德国下葬，遗孀带两个女儿回国定居。其长子达第1928年来华，在天津德商礼和洋行进口部任职，但他到中国的大西北探宝，一年后不知所终。

桑志华故居

金彭育

桑志华

天津工商学院（现天津外国语学院）是法国天主教会于 1921 年创办的，建了 10 年，始成规模，建成一片法式教学建筑群。在教学主楼后，有一座工字楼，平面是"I"字形，这是北疆博物院旧址。该楼建成于 1922 年，是天津市文物保护单位。该院北楼三层，南楼二层，两楼之间由跨空封闭式天桥相连。内部陈列室采用中心牛腿柱式框架结构，设计独特，有罗马建筑风格。

这座博物院的创始人是法国天主教耶稣教会神父、法国科学院生物学博士梁桑，中国名字叫桑志华。北疆博物院由比商仪品房地产公司和法国永和房地产公司建造。

1914 年春，桑志华受法国外交部、教育部派遣，从法国启程，经欧洲西伯利亚铁路从东北来到天津，开始了中国北方长达 25 年的考察、挖掘和研究工作。其主要工作目标是建立北疆博物院，原定名为"黄河白河博物院"。说明其研究范围是黄河和白河流域的中国北方广大地区，"北疆"便是中国北部疆土之意。与他共同研究的还有法国神父、地质学博士、教授德日进，以及中国学者杨钟健、裴文中等人。桑志华和德日进到津后，即住进法租界圣鲁易路（现营口道 16 号）的天主教崇德堂，俗称紫竹林教堂。该堂建于

北疆博物馆

桑志华故居（马场道天津外院内）

1872 年，是天津最早建成的教堂。教堂院落较大，北通克雷孟梭广场（现承德道）。南院为神父楼，北院为修女院。后居住在北疆博物院西北侧的一栋楼房内。该楼系三层砖木结构，法庭院式楼房，混水砂浆墙面，室内设施完善，建成于 1922 年，现基本保持完好。

野外的考察工作从 1914 年开始，到 1933 年结束，考察地点有河北、河南、山西、陕西、宁夏、甘肃、内蒙古与东北各省、西藏东部等和中国北方广大地区。有些海洋标本则取之于胶东半岛的附近海域。作为一个科学工作者，桑志华留下了 20 多万件自然标本，这包括动物、植物、矿物、岩石、古生物化石，以及石器、陶器等民俗收藏品。馆内动物标本最多，约 11 万件，兽类及鸟类标本数千件。还有两栖类、爬行类、鱼类、软体动物和无脊椎动物。矿物和岩石标本千余件。藏品中最珍贵的是甘肃庆阳、山西榆社、河北泥河湾、内蒙古撒拉乌苏河等地方采集的哺乳动物化石标本，还有水洞沟、高家营子采集到的稀有石器。有时，桑志华一人身背采集包，内装罗盘杂物，手持地质锤，携带猎枪及各种网具，跋山涉水，风餐露宿，不辞劳苦地进行采集。采集后，他把标本进行分类制作，并聘请法国和俄罗斯专家来馆对藏品进行整理研究，并积极开展学术研讨和出版工作。在国际学术界取得了引人瞩目的成果。20 年的考察，他写了《十年行程录》和《二十年行程录》两本书，还收集了图书 17000 多册，以及大量的文物和民俗收藏品。法国政府为了表彰桑志华的研究工作，特为他颁发了"铁十字骑士勋章"。北疆博物院于 1928 年对外开放，开幕时邀请中国官员及各国领事参加，十分隆重。该院为天津历史上的第一座博物院。1937 年，日军侵占了天津。1938 年北疆博物院的研究工作只得暂停，桑志华不得不回到法国。桑志华于 1952 年在法国巴黎逝世，享年 76 岁。

1952 年，天津市文化局接管了北疆博物院，现为天津市自然博物馆，新馆位于马场道西端。是一座现代象征主义风格的"海贝含珠"式建筑。

李爱锐故居

金彭育

　　埃里克·利迪尔，苏格兰人，李爱锐是其中国名字。1902 年 1 月 16 日，他出生于天津法租界海大道（现大沽路）的马大夫医院（现市口腔医院），是一位献身于天津教育事业的英国著名运动员和教育家。其父詹姆斯·利迪尔是英国伦敦会的传教士，1898 年来华，先在上海，后到蒙古，最后来到天津。李爱锐的童年是在天津度过的。李爱锐 7 岁时回到苏格兰上小学，后进入伦敦寄宿学校上中学，最后毕业于爱丁堡大学自然科学系本科。李爱锐不仅学习成绩优异，还是运动好手。1924 年，在法国巴黎举办的第八届奥林匹克运会上，他以 47 秒的优异成绩打破男子 400 米跑的世界纪录，并获得冠军。1925 年，风华正茂的体育明星李爱锐怀着对其出生地天津眷恋的心情，回到天津，任新学书院（现 17 中学址）教员。有趣的是，其任教校与他的出生地——马大夫医院，只隔一条海大道。新学书院于 1902 年由英国基督教伦敦会创办。校园很宽敞，设施齐全，主教学楼是一幢仿英国牛津大学青灰色欧洲中世纪古堡式建筑。在李爱锐 32 岁那年，和一个名叫佛罗伦斯·麦肯奇的加拿大小姐结婚。婚后他们住在英租界剑桥道 70 号（现重庆道 38 号，天津市黑色金属公司）。该房建于 20 世纪 20 年代，为英式现代风格的建筑。砖木结构，墙体为硫缸砖，部分砂石鹅卵石，墙面新颖别致。阳台墙为砖砌，上部方透视孔就有精巧的铁艺。室内设施齐全，装修高级。一楼为客厅、餐厅、备餐室；二楼为居室、书房、卫生间。现住房保持良好。

李爱锐故居（今重庆道 38 号）

李爱锐自幼喜欢运动，在爱丁堡大学读书时，便显示了杰出的体育运动才华。他不但是优秀的橄榄球运动员，更是一位田径赛好手。1923 年，在苏格兰的一次运动会上，李爱锐以优异成绩，夺得 440 码男子中距离跑冠军，从此被誉为"苏格兰飞毛腿"，而进入英国国家田径队。1924 年夏天，在全世界 44 个国家和地区参加的第八届巴黎奥林匹克运动会上，李爱锐在安排边跑道场地不利的情况下，荣获 400 米男子中距离跑冠军，并打破该项的世界纪录，并使纪录保持了许多年。

1925 年夏天，李爱锐回到他的出生地天津，在新学书院任理科教员兼教英语和体育课程。据他的学生，现年 80 多岁的于老先生回忆：听他的课是一种享受。他讲课生动活泼，循循善诱，深入浅出，能启发学生的思维，效果很好。由于他喜爱运动，经常能看到他和学生们一块活跃在运动场上，是学生的良师益友。他非常热爱中国、热爱天津，能说一些地道的天津话。

虽然是老师，但李爱锐的运动生涯并未停止。1928 年，在大连举办的国际运动会上，他轻松获得男子 200 米和 400 米跑冠军。1929 年，为开好在英租界举办的"万国田径赛"李爱锐亲自参加了民园体育场跑道的设计和施工监理，并在 800 米男子赛跑比赛中，荣获金牌，这是他的最后一个冠军。1991 年 6 月，李爱锐 3 个女儿把这块宝贵的金牌赠送给他任教过的天津第 17 中学。20 世纪 70 年代，英国著名制片人和导演戴维·普特南，把李爱锐运动生涯及突出成绩的故事编排成电影《烈火战车》（又译《火的战车》）。公演后获得很大成功，在 1987 年国际电影节上荣获奥斯卡原创剧本奖。

李爱锐的女儿帕特丽夏，于 1935 年生于天津，二女儿希兹于 1937 年生于天津。1937 年"七七"事变后，天津被日军占领，李爱锐对日军暴行义愤填膺，对中国人民抗日战争十分同情，并以基督教的身份抢救被日军伤害的中国人。1940 年 10 月，李爱锐夫妇在加拿大探亲，一年后回到天津，他仍执教于新学书院。1941 年 9 月，他的三女儿慕莲在加拿大出生，但是李爱锐一直未能见到她。

太平洋战争爆发后，日军把天津租界英法等国侨民 1400 多人集中运往山东省潍县（现潍坊市）教会乐道院集中营。在集中营，李爱锐仍任教师，由于没有教材，他只得自己动手编写。他讲得很生动，外国侨民的孩子们都喜欢他，亲切地称他为"我们的埃里克叔叔"。李爱锐心怀坦荡，善解人意，充满了爱心。现在我们看到他的一些照片能依稀窥见他当年的风采。他中等个儿，身材匀称，体魄健壮，有些谢顶，一双眼睛好像总是在微笑。有一幅照片，是他在民国体育场获得冠军撞线的镜头，形象十分生动，英姿勃发。

1945 年 2 月 21 日，在抗日战争胜利前夕，李爱锐因患脑癌，在山东潍县乐道院集中营去世，年仅 43 岁。全体集中营的侨民为他组织了隆重的葬礼。现在在山东省潍坊市第二中学操场一隅，长眠着献身于天津教育事业的英国著名运动员和教育家——埃里克·利迪尔。这个操场也是用他的名字命名的。坟前的墓碑是以李爱锐的故乡英国苏格兰马尔岛上的花岗岩雕成的。石碑的正文是：

埃里克·利迪尔运动场。"他们应可振翅高飞，如展翼的雄鹰。他们应可竞跑向前，永远不言疲累。"

背面的碑文是：

埃里克·利迪尔

埃里克·利迪尔于 1902 年在天津出生，父母均是苏格兰人，他在 1924年奥林匹克运动会赢得 400 米赛跑金牌，其体育事业亦达到巅峰。

他后来重返天津担任教师，埃里克·利迪尔曾被囚禁在今淮坊第二中学所在的一个集中营，并于 1945 年日军战败前不久在集中营内逝世。

埃里克·利迪尔体现了友爱互助的美德，毕生鼓励年青人为人类的福祉尽其所能。

纳森故居

金彭育

爱得华·乔治，英籍犹太人，生于 1889 年，纳森是其中国名字。20 世纪初，他在天津的开平煤矿公司任职。纳森是天津海关税务司、德国人德璀琳的四女婿。其间他曾奉命调回英国一段时间，就职于英国陆军部，任英皇家工兵少校。后再度来华，仍在开平矿务局任职。1912 年，袁世凯就任大总统，批准滦州、开平两个煤矿合并，成立中英合办的开滦矿务局，局本部设在天津。开滦矿务局主要的决策机构为董事部，纳森任董事部主席兼经理。1938 年，纳森奉命回英国。他在华工作共 30 多年。纳森在天津有 3 处宅邸。一处是位于浙江路 1 号的英庭院式三层楼房，共有房屋 44 间，建筑面积 2067 平方米。砖木结构，红陶瓦顶，气势雄伟。该房曾作为英国驻天津领事馆，现为天津市委办公使用。第二处是位于泰安道 7 号的中式四合院，是一处明清风格的灰砖瓦房。第三处位于睦南道 70 号，该楼建于 1928 年，由英国建筑师设计。英格兰别墅式建筑风格，砖木结构，坐北朝南，主体三层，两侧二层，面积 1433 平方米。硫缸砖清水墙，双槽钢窗，大筒瓦四坡顶，门厅设筒瓦雨厦，大露台。一楼大厅宽敞明亮，大理石地面，有客厅、餐厅、备餐室。二楼有书房、卧房和卫生间。院落宽敞，为欧式花园。原后院有马厩，现已不存，已改建成一排平房。

坐落在天津泰安道 5 号的中共天津市委办公大楼原系开滦矿务局大楼，建于 1919 年至 1921 年，大楼正面有 14 棵高 10 米贯通一二楼的爱奥尼克

纳森故居（今睦南道 70 号）

柱，衬托着整幢建筑，显得十分雄伟壮观。大楼西侧有一所风格别具的三层楼房，门牌为浙江路 1 号宅邸。

　　光绪四年（1878 年），直隶总督兼北洋大臣李鸿章，任命买办唐廷枢（景星）为督办，开办开平矿务局，其办公地点初设于天津英租界海大道（现大沽路）。开平煤矿位于现河北省唐山市滦县的开平镇西南，其地多山，煤铁矿藏甚富。开办时拟定章程，招商集股，并奏请清政府批准：在开平周围 10 里以内，不准民间再行开采，同时得到减轻原煤出口税的优待。开平矿务局名义上是官督商办，实则为官办。首先担任督办的是唐廷枢。唐廷枢（1832—1892），字景星，广东香山（现中山市）人。香港马礼逊学堂肄业。1861 年充任英商怡和洋行买办，1863 年任该行总买办。1873 年，由李鸿章委派为轮船招商局总办。1867 年，受李鸿章委派赴直隶（现河北），勘察开平煤矿。1877 年，任开平矿务局首任督办，并聘请英国采矿工程师巴莱。开滦矿务局最初的资本为 80 万两，后经广泛募集股份，增至 100 万元。该煤

纳森故居（今浙江路 1 号）

矿光绪七年（1881 年）开始出煤。由于使用了外国先进机器和新技术，生产
发展迅速，煤质优良，时雇用矿工 3000 余人。1882 年，产煤 3.8 万吨。从
1884 年起，由于扩充设备，改善运输条件，年产量增至 20 万吨以上。1885
年，全矿工人为 17000 多人，年产为 60 万吨。1888 年，产煤 73 万吨。1890
年则增至 75 万吨，成为中国重要的原煤基地。该矿务局在东沽、天津、上
海、烟台、香港、广东建有码头，并购轮船。1897 年拥有载运量在 450 吨至
2000 吨的轮船 6 艘，其总吨数达 7000 吨。其所产原煤，除供给北洋水师、
天津机器局、轮船招商局、上海江南制造局等用煤外，还投放市场，供市民
使用，运作良好，效益显著。

清光绪二十六年（1900 年），八国联军入侵中国，沙俄军队占据了开平
煤矿。张翼先是逃回了天津寓所，后到天津利顺德大饭店避难。德璀琳借此
机会，同英国墨林公司经理墨林及胡佛（后任美国第三十一届总统）密谋，

凭一纸空文攫取了价值千万两白银的开平煤矿。1902 年,张翼私卖开平煤矿之事被其亲家周学熙揭露出来,直隶总督袁世凯连续 3 次上书,参奏张翼出卖主权,一时朝野大哗。清廷责令张翼去伦敦法院控告英商。其时,纳森正供职于开平煤矿。1906 年,周学熙在奉命向英国人收回开平煤矿交涉中先收回了唐山细棉土(水泥)厂。以后,周学熙又开始了对英国人"以滦合开"的较量。周学熙给袁世凯出主意,在开平煤矿的周围地区勘探,准备成立滦州矿务局。而纳森却要扩大开平煤矿的规模,也在新矿区进行勘探。双方都在暗中较劲。周学熙说服了袁世凯,出面干预,开平煤矿只得把新矿区的勘探停止了。清光绪三十三年(1907 年)夏,"滦洲煤矿有限公司"在天津开业,周学熙任总经理,孙多森任协理。滦洲煤矿由于安装了德国新型的采矿机械,生产发展很快,媒质优良,在市场上大受欢迎。滦洲煤矿的成立,使纳森扩大开平煤矿规模的幻想没有实现。

1912 年,袁世凯就任大总统,批准滦洲、开平两个煤矿合并,成立中英合办的开滦矿务局,局本部设在天津。开滦矿务局主要决策机构为董事部,纳森为董事部主席兼总经理。董事部分别设在英国伦敦和天津。天津董事部有董事 7 人,英方 4 人。中方 3 人为:周学熙、时任中国银行总裁的李士伟和启新洋灰公司总经理李希明,督办为袁世凯长子袁克定。

纳森妄想染指中国各地矿产资源。英国矿务学家丁格兰应中国政府聘请考察中国矿产资源,他跑过中国的许多省份,记载了大量的矿产资料。其考察资料被纳森拿去,纳森还先后打过辽宁省抚顺、本溪,山西省大同,江西省萍乡等矿产的主意,但都没有得逞。1935 年,纳森奉调回英国。

盖苓故居

金彭育

盖苓

盖苓是 20 世纪 20 年代至 50 年代天津有名的建筑设计师，奥地利人。他在天津有 2 处寓所，即重庆道上的剑桥大楼和河西区蚌埠道 7 号德式楼房。盖苓在天津开办有盖苓美术建筑事务所，承揽建筑设计和装潢。他和妻子及 3 子 2 女居津多年。1952 年 8 月 1 日，盖苓病故于天津蚌埠道寓所。后家属去了美国。

盖苓在五大道设计了香港大楼、剑桥大楼、民园大楼等高级公寓楼。他设计最多的是单所小洋楼。这些小楼风格各异，独具风韵，既优美又实用。如昆明路 117 号的吴颂平旧宅、睦南道 74 号的李勉之和李慎之旧宅、花园路 9 号章瑞庭旧宅等等。可以说，盖苓作为外籍建筑设计家，为将欧洲建筑艺术引入近代天津，贡献良多。

花园路 9 号建于 1922 年，由富润建筑工程公司承建。为法兰西仿曼塞尔式花园建筑风格，前部为主楼和前院，后部临营口道是平房和花园。全楼占地面积 2650 平方米，建筑面积 2305 平方米，计有楼房 36 间、平房 11 间。楼房用红机砖砌墙，牛舌瓦顶，砖木结构，三层，另有地下室和顶子

盖苓设计的章瑞庭故居

间，一楼入口处为半圆形凉台，进入主楼迎面是纵横连列券式花厅，十分新颖别致，构思精巧独特。花厅正面用彩色玻璃镶嵌成风景图案大窗，厅顶以钢丝玻璃罩顶，使花厅在白天十分明亮，且光线柔和。一楼中厅后是大客厅，客厅通向凉台，走下凉台就到了后院。二层楼、三层楼，逐层缩小，房间减少，阳台增大。房间均为细木地板、双槽窗。地下室为锅炉房、厨房、杂房。后院有平房和汽车库，通往前后院的甬道上置葡萄架遮阳。这里是实业界和知名人士章瑞庭的旧宅。章瑞庭，天津人，生于清光绪四年（1878年）。家境贫寒，从15岁起，为小站一家船主当伙计。由于常为袁世凯的小站练兵营地运送军需品，因此结识一些军官，这些军官以后有些成为军阀。因有这些关系，他开办了规模较小的"恒记德"军衣庄，承做东北军军装。由此发了财，又开办了"恒源"帆布厂，继而参与组建了"恒源"纺织股份有限公司，成为天津实业界知名人士。1930年北洋纱厂经营不利，章瑞庭接办北洋纱厂。他曾资助南开学校教育资金10万元。学校建校舍时，其礼堂命名为"瑞庭礼堂"。

盖苓故居（蚌埠道 7 号）

盖苓设计的香港大楼

1936 年，天津华资纱厂因受日本纱厂倾轧，相继亏损，难以维持。章瑞庭却"宁愿少卖钱，也要卖给中国人"，以 68 万元贱价将其企业转让给华资经营的诚孚公司，表现了中国民族企业家的气节。

说完了花园路 9 号小洋楼，再回过头来说盖苓。据到天津来访并参观小洋楼的盖苓的亲属介绍，盖苓不但在天津设计了很多房屋，还在秦皇岛、北戴河等地设计了不少洋楼。其中在北戴河海滨设计了一部分海滨别墅，风格各有特色，至今保存完好。每到炎夏时节，盖苓常携家人到北戴河避暑，并居住在自己设计的别墅里。此外，盖苓还设计了大连火车站和沈阳的东北大学部分教学楼。

作为欧式建筑设计家的盖苓，十分喜爱中国传统的建筑艺术，并对此进行过深入细致的研究。他曾经跋山涉水，亲自考察过北京、直隶（现河北）、山西、热河等地的古建筑，对中国传统古建筑的斗拱、梁、柱、屋顶、雀替、棋格门窗、垂花门、瓦当、栏杆雕饰、藻井、石鼓、挂落、上马石、影壁墙及油漆彩绘情有独钟，并亲自参与了一些中式传统古建筑的保护修复工作。据到津访问的外国友人介绍，他曾参与了蓟县独乐寺的修复加固工程。

马歇尔、史迪威、魏德迈、麦克鲁、包瑞德故居

金彭育

　　五大道中最长的当属马场道，它是和平、河西两区的分界线。马场道主要为东西走向，但在西侧的佟楼桥折向南，而在东侧的广东路口则折向北。在马场道与广东路交界处，是天津第二医科大学，紧挨着在马场道上的是该大学的附属医院。医科大学原为美国兵营，天津人称其为"美国营盘"。

马歇尔等人故居（美国营盘今广东路1号）

1860 年，第二次鸦片战争后，英、美、法三国在海河西岸紫竹林一带建立租界。美国兵营最早位于博罗斯道和海大道路口的一幢楼里，现此房犹在。地址是烟台道 1 号。第二处便是"美国营盘"，地址为河西区广东路 1 号，建于清宣统二年（1910 年），此处原属德国租界地。第一次世界大战后，改为美国兵营。该址占地 2.5 公顷，院内有大操场和 13 座仿英式楼房，建筑各异，砖木结构，建筑面积共 3500 多平方米。主楼三层，带地下室，大开间，大进深。立面突出半圆形、塔楼、方窗、拱形门洞。水泥浅色外墙，开老虎窗。盉式屋顶，挑檐，整座建筑雄伟干练，结构严谨，有阳刚之美。这幢楼曾为美国军官宿舍，美国将领马歇尔、史迪威、魏德迈、麦克鲁、包瑞德曾先后居住过这里。

在这处美国兵营对面，过了广东路，是一处建于 1920 年的美国军官宿舍，名为荣华里。这里共有 40 所 2 层砖木结构的英式小楼，形成组团格局。这里在 20 世纪 20 年代起，是美国军官们家属的宿舍，建筑面积 7500 平方米。这些楼房砖木结构，2 层五脊大筒瓦顶，清水砖墙，乳白色的门窗。室内为菲律宾木地板、木楼梯。一楼为客厅、餐厅、卫生间，二楼为卧室、起居室。院落宽敞，中部有花坛。整所建筑整齐雅致，别具风格，设施齐全。

马歇尔

首先提到的是"二战"后出任美国国务卿的五星上将马歇尔。他名为乔治·卡特利特·马歇尔（1880—1959），民主党人。他出生于美国宾夕法尼亚洲的联合镇，1901 年，毕业于弗吉尼亚军官学院。第一次世界大战后期，曾任美国远征军总司令潘兴的副官。1924 年，他来到天津，任驻津美军第十五步兵团执行长（代理团长）。随行的有他的夫人莉莉和岳母，她们暂时居住在美国大院里（现荣华里）。马歇尔是个善于运用谋略之人，能识人、用人。由他提拔的美国将军就有 160 多人。第二次世界大战期间，他多次陪同罗斯福总统出席各种重要会议，并出任美国陆军参谋长。他于 1945～1947 年任驻华特使，并以"调处"为名参与国共谈判。1947 年，马歇尔出任美国国务卿。6 月，他发表演说，提出援助欧洲经济复兴的"马歇尔计划"。1953 年，他因此获得诺贝尔和平奖。1950 年至 1951 年，侵朝战争期间他任美国国防部长。1946 年，马歇尔来到天津市，住宿于利顺德大饭店，办公地点在英乡谊俱乐部（现天津市干部俱乐部）南楼。马歇尔经常从原美国营盘经过，他不仅时常注视凭吊一番，还有几次下车转了一圈，在英乡谊俱乐部，马歇尔亲切地接待了他在天津的好友——广泰木器厂老板侯广禄，并用"五星上将专用笺"为其在北京辅仁大学社会系上学的儿子侯振鹏，推荐到美国上学写了便函。

说起马歇尔与侯广禄的交情，还得从 1924 年说起。侯广禄 1881 年出生在津西郊（现西青区）小倪庄，出身贫苦。15 岁来到河西三义庄学木匠活。19 岁出师，心灵手巧的他开了广泰木器铺。地址位于九江路 140 号。由于他手艺好，善经营，干出了名堂，成为这一带有声望的木器铺。由于美国兵营修缮和配置家具，许多活都由广泰木器铺来承接，久而久之，他们就熟悉起来，马歇尔后来还到侯家做过客。因为是同庚，于是马歇尔与侯广禄成了朋友。1927 年，马歇尔奉调离任回国，临行前他委托侯广禄为其制作 3 件木器，带回美国留作纪念。第一件是中式炕上被阁子，第二件是剃头挑子，第三件是卖乌豆的圆形挎筒。这 3 件中国传统木器，马歇尔认为很有特色，情有独钟。于是，侯广禄精心制作，并配齐了铜活、皮挎带、并上了漆，马歇尔看到做成的这 3 件木器，十分喜欢，并把它带回国去。后来马歇尔把那副剃头挑子和卖乌豆的圆形挎筒送到美国的一个民俗博物馆，作为珍藏品展出。而那个被阁子则摆放在他家中的客厅里。

史迪威是个"中国通"，与中国关系密切。史迪威（1883—1946），美国将领，西点军校毕业。早在 1911 年，在史迪威 29 岁时，他曾来到过中国，

史迪威

史迪威是其汉名。由于他热爱中国历史和文化，他把两个女儿南希和艾莉森，也起了中国名字，分别叫史文思和史文森。第一次世界大战期间，马歇尔任欧洲美国远征军第一集团军助理参谋长，史迪威便是他手下的第四军首席情报官。1920年，史迪威又来到中国，曾先在设于山西省的红十字会筑路工程队任职，后任美国陆军驻华语言教官。这一次，他在华工作3年多。1927年，史迪威又来到天津，任美军驻天津部队参谋长、司令官。在这期间，他虽然办公地点在美国营盘，但居住在马场道242号的一所房子里（现162号）。他的第四个孩子是个男孩，叫本杰明，是在天津出生的，后来史迪威于1935年被晋升为上校，到北平出任美国驻华使馆武官。在第二次世界大战期间，史迪威于1941年任美国第三军总司令。1942年，史迪威任中国战区最高统帅部的参谋长兼驻华美军总司令、中国陆军训练与作战司令部首脑和调拨物资的重要官员。1944年7月，在"二战"高潮中，美国政府十分重视中国战区，把史迪威升为四星上将。当时美国只有4位四星上将，他们是：马歇尔、艾森豪威尔、麦克阿瑟、阿诺德。史迪威因对中国共产党领导的民族解放斗争事业持同情态度，后与蒋介石发生矛盾。1944年10月，史迪威被美国政府调回国内，任美国陆军地面部队司令、第十军军长。1946年，史

包瑞德

迪威因胃癌在美国去世。

接替史迪威在中国的职务是美国将领魏德迈。魏德迈1896出生于美国内布拉斯加州的奥哈马城，1918年毕业于西点军校。后曾在天津的驻华美军中服役。1944年，他再度来华，受美国政府派遣，主持所谓"军事代表团"，并写了一份《魏德迈报告》。魏德迈接替史迪威后，担任其参谋长的麦克鲁，也是当年在驻津美军美国第十五步兵团服役的军官。他们是上下级关系，也是老朋友。抗战胜利后，麦克鲁曾代表美军参加中国战区的日本受降仪式。最后一位是在美国营盘当过情报官的包瑞德，他曾于1944年率美军观察组去延安。后来写了一本书，名为《狄克西使团：美军观察组在延安》。"二战"后，他回到原来他上过学的科罗拉多大学，当上了首任斯拉夫及东方语言系主任，从军官又成为学者和教授。

泰莱悌故居

张绍祖

泰莱悌（1879—1949），一译达拉第，出生于印度孟买的一个农民家庭，自幼靠舅父资助读书，高中毕业后失业在家，1900年与失业的同伴结伴来到天津"淘金"。初寄宿于英租界的印度庙（郑州道29号址），不久找到了一份专为英国兵营（今天津一中址）供应鲜鸡蛋的活儿。泰莱悌能讲一口流利的英语，又肯吃苦，得到英国官兵的赏识，被批准在兵营内开办小卖部，买卖不错。他把兵营供应的免税物品（如烟、酒、红茶、罐头等）私自买下，

泰莱饭店旧址（今天津第一饭店）

转售给租界里的小商店，从中谋取厚利。他赚钱后便在德租界威廉路（今解放南路）"起士林"糕点铺旁租了一间房子居住，娶了一个白俄女人凯亚，生了一个女儿爱达。他又在临近的空地上盖了8间土房，购置了几部旧式马车，雇了几个伙计开设了永昌泰马车行，做起了出租马车的生意。1908年前后，泰莱悌在英租界维多利亚路（今解放北路）朱家胡同附近（现曲阜道转角处），租赁了一个铺面开设永昌泰洋行，专售中外烟酒、罐头食品等。随着洋行生意的日渐火爆，财富与日俱增，他陆续在上海、香港、北京开设了分行，并开始涉足房地产和放高利贷。他放债有一个特点，就是必须以房产作抵押品，在债户无力如期偿还时，就以抵押的房地产折债。民国以后，由于军阀连年混战，政局动荡不安，一些官僚富商先在租界置产建房，因而造成租界的地价日益上涨，他以房地产抵押的放债，不但不怕负债人赖债，而且由于地皮涨价而大获其利。

有一次为了购买北京东交民巷一块空地发生了争执，因为那时泰莱悌还是个无国籍的印度人，卖主拒绝成交，泰莱悌一怒之下，返津后就到驻津英国领事馆申请加入英国籍。英国领事查知当时泰莱悌在麦加利银行已存有数十万英镑的存款，构成英租界绅董的资格，便批准了他的英国国籍。泰莱悌来到天津后不到20年的时间，便暴发致富，跻入租界上流人物之列，成为一个有钱有势的英国富绅。

1927年，泰莱悌出资40万元，另一个名叫莱德劳的英国人出资10万元，共同筹建了一幢五层楼的大旅馆，起名泰来饭店（今天津第一饭店）。接着泰莱悌又在相邻地皮上盖了一幢六层大楼（今解放路188～192号），并与泰来饭店接通。这座高大的建筑物，与利顺德饭店遥相鼎立。

在兴建泰来饭店的同时，泰莱悌又把今解放路到海河（曲阜道迤南）之间的一大片房地产买到手，动工修建及翻盖楼房。1929年建成蛺蝶电影院（大光明电影院），成为天津第一个设备最好、座位最多的电影院。从大光明电影院至今解放北路地段，又继续盖成永昌泰洋行（解放路239号）、仓库

泰莱悌故居（今曲阜道 3 ~ 5 号）

及公寓住宅（今曲阜道 3 ~ 5 号）等。住宅内设备富丽堂皇，有健身房、台球房、餐厅、洗澡间等，寝室、会客室更为讲究，落成后泰莱悌一家即迁入其中居住。

此外，泰莱悌在北戴河还购置了避暑别墅，在北京水关（旧前门车站与东交民巷之间）购买楼房 15 幢，专供外国人租用，租金奇昂，获利甚厚。

建于 1927 年的春和大戏院（工人剧场）位于法租界马家口福煦将军路（今滨江道）福厚里，是当时天津租界内唯一的大戏院，著名演员梅兰芳、余叔岩、孙菊仙、程砚秋等来津时都在该院演出，曾盛极一时。1936 年中国大戏院建成后，该院受到很大冲击，营业一落千丈，业主不能支持，产权是仁记洋行买办李家所有，李家欠泰莱悌债款不能归还，遂将该房产折给泰莱悌清债。泰莱悌接兑后，改映电影，更名为大明电影院。大光明电影院上演一轮影片，大明电影院上演二轮影片。

泰莱悌的财产越来越膨胀，由其表弟、得力助手达尔博负责管理永昌泰洋行、大光明电影院和大明电影院。泰莱悌的堂弟杰姆·泰莱悌负责管理泰来饭店。泰莱悌集中精力专放高利贷。民国首任海军总长刘冠雄在今广东路

1号建造一片楼房，附近并建有马厩、辎重车库及发电厂等，租给美国兵营使用，租金以美钞计算。第一次世界大战爆发后，美钞跌价，刘冠雄之收入随之也降低。因刘冠雄嗜赌，一时手中空虚，便以这片房产契纸作抵押，向泰莱悌借债20万元，定期3年，到期不还时，得以房地产折价偿还本息。3年期满后，刘无力偿还，曾提出交足息金延长时限，泰莱悌却一口咬定以房地产折债，悍然接管了全部房地产。刘之六子刘肖颖诉诸法院，结果泰莱悌胜讼，以20万元取得价值50万元的楼房产权。1918年第一次世界大战结束，美钞价格又逐渐上涨，泰莱悌的租金收入随之也大为增值，又发了一笔横财。

在广东路北段西侧附近有一片空地，曾为美国军营的马厩，泰莱悌划出一部分租给一个经营包工的李某，动工建房；李某工款不足，便以这一片未完工的房产作为抵押品，借了泰莱悌一笔债。1937年7月日军占领天津，迫使工程停工，李某无法归还欠款。在泰莱悌的一再逼迫下，李某只好把兴建中的房屋全部抵债，自己落得两手空空，愤而自杀身死。泰莱悌接管后，取名泰来里，出租牟利。

泰莱悌究竟有多少财产？外人无从知其确数。仅就其不动产一项估计，就值300万元，连同其银行存款、各地企业及在英国、印度所置之产业，估计可能达美金1000万元左右。泰莱悌如此富绰，但生性吝啬，就是对其妻子女儿，在生活上要求得都很苛刻，据说多用了几次抽水马桶的水都要受到斥责。

泰莱悌经常不断地把款汇往印度孟买及伦敦、香港等地，购置产业，如在伦敦就置有楼房。在其家乡孟买，他开办了一个规模很大的烟厂，由其舅父经营，产品行销印度全国及海外，远近驰名。泰莱悌每次回国时都带回一些，分赠友好。他开办的这个烟厂，安置了许多本族和乡亲做工，落了个好名声，于是村民把村名改称为泰莱悌村。

1941年太平洋战争爆发后，泰莱悌被日军送到山东潍县集中营，1945

永昌泰洋行旧址（今解放北路 221 号）

蛱蝶电影院（今大光明影院）

年日军投降后返津。他重操旧业，继续进行各种谋取暴利的活动，特别是搞起囤积物资的投机生意，大发横财。将大光明电影院以价款美金 25 万元，以 10 年为期付清转让给劝业场老板高渤海。

1949 年春，泰莱悌的糖尿病日趋恶化，经犹太医院治疗无效，于 1949 年 8 月 19 日病逝，活了 70 岁。遗嘱委托其表弟达尔博全权处理身后事宜，泰莱悌装殓入棺后，在犹太教堂举行了告别仪式，然后葬于教堂后之空地。在棺材入穴时，大光明影院的工友伊萨森（印度人）嘲弄地说："泰莱悌你两手带走了多少英镑？多少美金？"

泰莱悌死后，其遗孀凯亚·索拉布·泰莱悌、女儿爱达和女婿仍住在曲阜道住宅，由于在伦敦有泰莱悌的财产，不久便动身去了伦敦。泰莱悌的财产均由达尔博及杰姆·泰莱悌经管。天津解放后，永昌泰洋行已不能正常经营，只得靠变卖产业和出租房屋维持；1950 年，泰来饭店宣告歇业；大光明影院更是负债累累。最后只得清产抵债，不动产由天津房产公司接管。

李亚溥故居

张绍祖

李亚溥原系法国籍犹太人。在第一次欧战时，他应征入伍，后从军中潜逃，花钱买到一纸瑞士护照，辗转流荡，来到中国。1925 年从海参崴流浪到天津，当时，瑞士在天津没有设立领事馆，领事事务由瑞商利丰洋行代办，对李亚溥的来历也未深究，便成为瑞士籍的侨民。

李亚溥来津时，年方 20 多岁，精明干练，善于钻营，不久就在法商利喊洋行谋到一个专门兜售珠宝翠钻的跑外职业。他在业务交往中，认识了一个名叫孙秀岩的资本家，此人是太平洋德记钟表行（在日租界）和德秀斋钟表店（在东南城角）的东家兼经理。1927 年在孙经理的支持下，李亚溥在解放北路 148 号的一间小门面的楼上开设了利华洋行，小本经营，专作钟表与珠钻生意。生意作得一帆风顺。这时，李亚溥又结识了资本家鲁东侯，鲁在天津开设聚丰号等 5 个当铺，还开设鲁丰珠宝店和锦记货栈。李、鲁两家合作，相得益彰，利华洋行从经营珠钻钟表生意又扩大到作押当生意，以珠钻抵押借款，谋取高额利润。如此经过了二三年，李亚溥就获利数万元，摇身一变，跻于富商之列。

李亚溥绞尽了脑汁设法攫取更多的财富。他想尽各种办法，又是托情，又是送礼，在汇丰银行大楼内租到了房子作为公事房。然后，他对外就故意混淆利华洋行与汇丰银行的关系，含混其词地自称是汇丰银行的一个单独部分，在广告中故意把利华洋行的营业地点写作"汇丰银行楼上"，又在汇丰银行保险库租用一个库号，经常出入汇丰银行存取珠钻货物。这样一来，在社会上自然而然地造成一种印象：利华洋行是有汇丰银行作后盾的。因此，利华洋行的业务日趋繁荣活跃。

利华洋行迁入汇丰大楼以后，李亚溥就开始在金融事业上打主意，设法加强他的经济实力。开始时，他在利华洋行里设立一个小额储蓄部，主要吸收小业主、小职员、小手工业者的存款。不久他把小额储蓄改为人寿保险储蓄，并下户收费，使储户感到既合算，又方便。李亚溥规定的人寿保险办法是：投保人每月交保险费 1 元，保险期为 10 年，如投保人在 10 年内遇到非自杀性的死亡，即由利华洋行赔偿 120 元，如投保人在 10 年期满时并未死亡，届期可无息退还本人 120 元。但有一条，投保人必须在 10 年内连续交费，如有中断，已交之保险费即行没收。为了郑重其事，1930 年李亚溥对外挂了个"利华储蓄小人寿保险公司"的牌子，并在中国政府登记注册。在小人寿保险初开办的第一年，收进的保险费就达到 7 万元之多。

李亚溥见到小人寿保险有利可图，又在北京开设了分公司，委托北京饭店经理邵宝元为分公司经理。此外，还向唐山等地扩展业务。后来由于物价上涨，货币贬值，投保户受到很大损失，而李亚溥却利用存款投机牟利，大发其财。

接着李亚溥又开设了一个利华放款银行，专门吸收军阀、政客、遗老、绅商等人的存款。为了迎合公馆女眷们生活挥霍的需要，他开办了以珠钻、首饰、古玩等为抵押的借款，获利更为可观。1937 年"七七"事变后，金融市场投机风甚盛，黄金外钞价格骤涨，该行便乘机大量收存黄金外钞。该行收存款额虽然很大，但因为它不作一般银行业务，所以内部机构很简单。除了会计主任一职由白俄拉别万金担任外，其余不过十几个中国职员。

1938 年，李亚溥在英租界中街（今解放北路 116 号）建成了一座十一层的高楼——利华大楼，成为天津的最高建筑。他以 20 万元的代价，买下了英商仁记洋行坐落在英租界中街的 4 亩地皮（连同地上建筑），然后，他又

李亚溥故居（解放北路 116 号利华大楼）

以地契及将来的大楼房作抵押，向天主教耶稣会在天津的财务机构崇德堂借款 60 万元，动工拆除旧建筑，就地重建新楼。大楼系由法国建筑工程师穆勒（Muller）设计，由法商永和营造公司建造，占地 2133 平方米，总建筑面积 6193 平方米。钢混框架结构，主楼十层，副楼三层至二层，钢混方桩基础，现浇地梁。主楼平面呈凸字形，与副楼之间成方形庭院。为一集办公、高级公寓、金库等多种功能的办公楼。主楼用深棕麻面砖贴面，镶大玻璃钢门窗。楼内中央设两部电梯，并设两跑式宽敞楼梯。室内护墙、门窗均以优质菲律宾木材精工制成，主要房间铺设"人"字纹地板。整体设计为非对称式，方圆结合，高低错落，轮廓清晰，是一座摩登式高层建筑。建成后，立即开始使用，其第一层临街部分为营业门面，主要由利华洋行占用，其后面系汽车房，李亚溥占用第九层，作为他与白俄夫人的住宅；其第八层，免费借予律师赵泉，作为他的事务所及住宅，赵是李亚溥的法律顾问。其余各层，均出租牟利，每单元月租美金 50 至 120 元。利华大楼外观壮丽，设备豪华，又是外侨洋商麇集之处，一时全市瞩目，李亚溥也因为这座大楼而名声大噪。此时李亚溥又娶了个美国女人为第二个老婆。

与此同时，李亚溥还建立了利华房地产公司。1940 年在北戴河购买地皮一片，由李亚溥的白俄老婆出名，盖了适合于疗养用的西式平房 5 所，高价出租。利华洋行还附设一个钟表部，专营进口瑞士表，仗着李亚溥瑞士国籍的招牌，获利也很丰厚。

1941 年，李亚溥又接办了位于河北省迁安县太平寨的太平金矿，作为利华洋行的一个附属企业。1943 年，他与华比银行买办魏采章等人，以美金 80 万元的代价，接办了坐落在意租界的回力球场。1945 年秋日本投降后，在国民党接收大员尚未到津之际，李亚溥通过一个名叫饶用泽的关系，与日本海军仓库部门秘密串通，偷买盗卖日海军在北京、天津两地仓库的物资。同时李亚溥在海河下游新城开办了农场一处，准备在那里种植水稻，养殖奶牛及经营其他农牧副业。

利华洋行由一个小小的经营钟表珠钻的商号孳生出利华放款银行、利华房地产公司、太平金矿、新城农场等一群企业，盖起了利华大楼，接办了回力球场，投资于直隶印字馆、华北制冰厂等企业。李亚溥也一跃而为腰缠万贯的洋商巨头。1947 年后，他估计到国民党政权不稳，就开始向海外转移他的财产。

1949 年 1 月 15 日天津解放了。李亚溥原来打算离开天津的，但是没有走。这是因为他侵吞盗卖的日军物资还没卖完，又有不动产在津，他舍不得。解放初期，李亚溥百般设法把仓库里的日军物资脱手，但多次受到中国职工阻拦。众目睽睽，李亚溥偷买盗卖日本海军仓库一案终于被揭发出来。经人民法院传讯审理，罪证确凿，勒令李亚溥清产抵偿所盗卖之物资，并判处徒刑二年半，1954 年 3 月刑满驱逐出境。

约翰·赫赛故居

张绍祖

天津市和平区新华路 158 号（老门牌为 230 号）是一座砖木结构的二层小洋楼，90 年前，在这里一个孩子"呱呱"坠地了，他就是后来的美国著名作家约翰·赫赛。

约翰·赫赛的父亲叫罗斯科·赫赛，中文名叫韩慕儒，是美国传教士，老早就到天津来了。据说 1895 年天津基督教青年会的创建与他有关；同年篮球从美国传入天津也与他有关，当时译名篮网球，叫来叫去，中国人简化为"筐球"，后来称为"篮球"了。1914 至 1925 年间罗斯科·赫赛在天津基督教青年会任总干事，

约翰·赫赛

他和南开中学校长张伯苓先生交往甚密。约翰·赫赛的母亲格雷丝也是一名传教士，她嫁给罗斯科·赫赛后，就也落户天津。罗斯科·赫赛和格雷丝都在南开中学兼课，教英语。当时周恩来正在南开中学就读，格雷丝是他所在班的英语教师。1913 年至 1914 年间格雷丝怀着约翰·赫赛的时候仍坚持上课，直到临产。所以约翰长大以后曾说他母亲教出了一位世界知名的人物，那就是周恩来。他曾经幽默地开玩笑说，他在母亲肚子里的时候就已经认识她的学生周恩来了。

1914 年 6 月 17 日，约翰·赫赛在天津出生。小时候，他常与中国小朋友一起玩，当时，他的中国话说得比美国话好。他在天津美国学校读小学，和他最要好的同学是后来成为著名记者的爱泼斯坦，他们成了真正的"哥们儿"，又一起在天津英国文法学校（今二十中学址）就读。1923 年，约翰 9 岁的时候，爱泼斯坦被汽车撞了，左腿骨折，在家养伤时，约翰一有空就到爱泼斯坦床边来陪伴。

从 1914 年到 1925 年，约翰·赫赛始终居住在当时的英租界十七号路 68 号，即今和平区新华路体育场对面的一幢小楼里。1925 年，当他 11 岁时，他同父母一起返回美国纽约市。

1936 年，约翰·赫赛毕业于耶鲁大学并获得硕士学位后，曾当过司机、管家、秘书、编辑、记者和战士，从 1942 年便开始了他的作家生涯。作为记者，他在解放前于 1939 年、1946 年以《时代》周刊记者的身份二度访华。在第二次驻华时，他严厉谴责美国政府支持蒋介石的政策，在《纽约人》杂志上撰文，以第一手材料揭露蒋介石在日军理应缴械投降的几个月后还继续利用日军对抗中国人民解放军。

他一生写了 20 多本书。在第二次世界大战期间，他作为战地记者所写的报告文学作品中，有描述太平洋逐岛争夺战的《巴丹战士》（1942 年）和《进入河谷》（1943 年）。还有那部令人难忘的杰作《广岛原子浩劫记》（1946 年），这部书所写的是第一颗原子弹所带来的直接后果，成为鼓动全世界反对核战争的情绪的最早动力之一。他的战争小说还包括获奖作品《阿丹诺之钟》（1945 年），一部热情歌颂在意大利战场上反法西斯胜利的作品，以及《大墙》（1950 年），一部充满悲愤激情的作品，描写在华沙犹太人集中区纳粹的屠杀暴行以及抵抗战士们的不屈精神，还有一部《热衷于战争的人》（1959 年），作者谴责任何一个因为战争能使他获得满足和刺激而热衷于打仗的人。他后来公开反对美国的越南战争并参加反越战的游行示威，这是完全合乎他的思想逻辑的。

约翰的最后一部小说《安东尼亚塔》所描写的是伟大的小提琴制作家斯特拉迪伐利如何迷恋于他所做的最好的那把小提琴的故事，也反映了作者对音乐的挚爱。

约翰近 40 年来的作品中，中国的题材始终是他写之不尽的源泉。他的两部名著都是以中国为背景的。《一块卵石》(1956

约翰·赫赛故居（今新华路 158 号）

年)，以散文诗的形式，反映解放前中国人民的苦难和坚强不屈的意志，描写了中国解放前在长江两岸人民的苦难生活，是他对在中国的童年生活的一段折光反射；长篇小说《召唤》(1985 年)，是以一位美国传教士在中国传教为背景的，这里既有他父亲的缩影也有他童年的足迹。

1981 年，应国务院对外文委的邀请，当代美国最活跃的作家之一约翰·赫赛先生来我国进行友好访问，67 岁的赫赛，鹤发童颜，瘦瘦的高个儿，挺拔的腰杆，其精气神就像个活跃的青壮年。赫赛从 1981 年 10 月 11 日来津后，在历时两周的访问中，先后会见了王光英副市长和梁斌、袁静、鲁藜、周骥良等知名作家，以及宗教界人士。参观了一些工厂、博物馆和教堂。访问了他童年时代的故居和学校。看望了他父母的生前友好。他还独自漫步大街小巷，对天津人民的生活进行了深入细致的考察。

赫赛拿着一张 1925 年的天津英租界地图，借助童年时的记忆，在他生活过的旧英租界漫游，虽然发现有些地方依然如故，但大部分地方都起了变化。

10 月中旬的一天，著名作家周骥良应邀到他房间去长谈。他把微型录音机放在茶几上，要把周骥良的原话和翻译的译语都留下来。他要周骥良介绍唐山大地震给天津带来的灾情，又要周介绍天津作家的情况，当听说作家写作不仅拿稿费而且月月有薪金时，仿佛是一大发现，惊奇得在笔记本上做了记录。周也顺势提出一问，他又是怎么靠稿费维持生活的。赫赛说他在作家身份之外还兼具记者与教授的两种身份。这样既保证了生活的收入，又丰富了创作的源泉，同时还开拓了学识的领域。他的许多小说都是从记者的报告文学中升华出来的，还有一些作品是在教学中酝酿成熟的。

约翰·赫赛在津意外地得知天津青年会已经正式恢复活动，要求和该会总干事杨肖彭会晤。会晤中，他提出了希望走访的老先生的名字，如张伯苓校长、王化清（治平）会督和陈芝琴先生等人，可惜均已作古；他后来便访问了这几位的后裔。他对天津基督教三自爱国运动，知道得不多，听了杨肖彭的介绍，感到惊奇。在离津以前的一个星期日上午，他特意去天津基督教会参观了那里的礼拜活动。在赫赛离津之前，杨肖彭约同该会董事长乔维熊回访了他。当时他表示，要把这一次在天津的访问，写成专册出版。杨肖彭对他说："我希望作该书的读者之一！"三人都笑了！

赫赛在津期间，《天津日报》记者采访了他，他用英语同记者交谈，但他不时地插进一些他认为很有把握的华语单词和短句，以尽量表达他对中国的友好感情。当记者拟将《可爱的天津——我的第二故乡》作为采访文章的标题而征求他的意见时，他兴奋地说："好极了！我要求你把'第二故乡'改为'第一故乡'，因为我出生天津，我像天津人那样热爱天津！"

1981年深秋，他回到了美国，在第二年5月10日、17日、24日、31日出版的英文周刊《纽约人》（NewYorker）杂志上，约翰·赫赛先后四期连载长篇系列报道《故乡之行》，在国际上引起了广泛反响。他一开头就写道："……这座小楼就是我的家，我在这儿度过了11年，往事如烟，尽在念中……中国是我的故乡。"他满怀深情地回忆儿时在天津的生活，并且详细地描述了他探访故居的经过以及现在的各家住户。

爱泼斯坦故居

张绍祖

爱泼斯坦曾在天津就读、工作和生活了近 20 年。

爱泼斯坦于 1915 年 4 月 20 日出生在波兰华沙。这时人类历史上第一次世界大战正在激烈进行着，位于东欧腹地的波兰正处于旋涡之中。爱泼斯坦的父亲拉沙尔和母亲松亚是犹太人，曾因反对沙皇统治，拉沙尔被监禁、松亚被流放。第一次世界大战爆发时，担任会计的拉沙尔被公司派往日本开展业务。

1931 年的爱泼斯坦

当德军日益逼近华沙城时，松亚带着在襁褓之中的小伊斯雷尔离开华沙前往世界的东方。通过横跨西伯利亚的铁路线，踏上了日本列岛，一家三口得以团圆。两年以后，他们来到了中国东北的哈尔滨住了 3 年。当他们转移到沿海城市天津定居时，小伊斯雷尔已是将近 5 岁的大男孩了。

1920 年爱泼斯坦一家初到天津，住在意租界的马可·波罗路，不久搬到了特一区（旧德租界）的武昌路（今镇江道）7 号的一栋公寓里。父亲拉沙尔开了一家小洋行，靠做进出口生意来维持生活。小伊斯雷尔 6 岁时，进入了设在马场道的一所美国人办的小学读书。中学是在天津英国文法学校度过的。这是一所专供外国人子女上学的学校，为天津英侨捐款创办，地

20 世纪 20 年代初，爱泼斯坦与妻子伊迪丝

基由英工部局赠与，建于清光绪三十一年（1905年），地点在怡丰道（今湖北路第二十中学）。该校 20 世纪 20 年代由英国工部局接管主办，一律按英国国内办学方针，学校虽然建在中国，却从不让学生学中文。因此，伊斯雷尔·爱泼斯坦从小失去了学习中文的机会，这对于一生在中国从事写作的人来说，不能不说是一个很大的遗憾。

拉沙尔和松亚非常注重对儿子的教育，他们经常告诫爱泼斯坦："我们犹太人是受歧视的，我们绝不能再歧视任何人。"爱泼斯坦 10 岁时，看见几个外国孩子合伙殴打一个中国男孩，他毫不犹豫地冲上去，帮助那个受欺负的中国男孩。

每天放学回家，爱泼斯坦除了做学校作业，总喜欢钻到父亲的书房去东翻西看，书房墙上挂的满脸大胡子的马克思肖像，书架上堆满了各种各样的书籍和报刊。他 12 岁时，父亲就让他读了《共产党宣言》。随着年龄的增长，他开始对周围所发生的一切，产生了一个又一个问号。天津是中国的地方，为什么 80 来万中国人却只能住在只占全市面积八分之一的所谓"中国城"里，而且到处是贫民窟。为什么总数不过 8000 的外国人及 1 万多有钱的华人却霸占了那八分之七的辽阔地盘，建立起自己的别墅、机关、银行、公园、俱乐部等，并且各国租界有自己的军队和司法系统……这究竟是怎么一回事？

在天津的生活，爱泼斯坦加深了对于中华民族的了解，特别是对鸦片战争以来中国近代史的认识。1931年，他15岁从天津英国文法学校毕业，没有再升学就进入京津泰晤士报当了一名记者。

京津泰晤士报于1894年（清光绪二十年）由英商天津印字馆创刊，英国人林汉姆主编。报馆坐落于现在的解放北路利顺

爱泼斯坦故居（镇江道）

德饭店迤北，是一座砖木结构的小楼，地下室作印刷厂，上边是编辑部。这家报纸是当年天津3家英文报纸之一，日出20版，在京津两地发行。报馆人手很少，爱泼斯坦从打字、校对、采访、编辑到写社论、拼版，样样自己干，小小年纪就锻炼成了一个全能报人。

1934年前后，报社将一本书交给爱泼斯坦，要他写一篇评论发表出来，书名叫《远东战线》，作者是埃德加·斯诺。爱泼斯坦被这本书的内容和写作风格深深打动了。他打听到斯诺在北京的住所，就在周末乘火车去拜访。那

爱泼斯坦工作过的天津印字馆

时斯诺在燕京大学教新闻学，住在海淀一所四合院里。爱泼斯坦只有 18 岁，斯诺夫妇比他大 10 岁，但他们很快就成为挚友。这种周末的拜访成了爱泼斯坦天津生活中最美好的回忆，他的许多时光是在京津之间的火车上度过的。1936 年，斯诺在宋庆龄帮助下秘密采访红军，10 月以后的几个月里，斯诺西北之行是他们之间最热烈的话题。斯诺给爱泼斯坦看了许多他拍的照片，爱泼斯坦还先睹了《西行漫记》的手稿，这些照片和手稿后来轰动了世界。与斯诺的交往，决定了爱泼斯坦后来的整个生活道路。

1935 年 12 月，"一二·九"运动爆发了，广大学生和民众奋起反抗日本侵略我国华北领土。那些与爱泼斯坦年龄相仿的中国青年在大街上游行示威，面对警察的刺刀和枪支，不畏强暴，高呼口号，英勇斗争，呼吁武装抗日，拯救祖国的行动使爱泼斯坦的热血沸腾了。他整天奔波于天津的大街小巷，采访天津民众的抗日活动。

1937 年"七七"事变时，爱泼斯坦在北平目睹了日本侵略者发动全面侵华战争的暴行，报道了"七七"卢沟桥事变的真相。爱泼斯坦是日军在天津犯下的滔天罪行的见证人。7 月 30 日天津沦陷后，日军即开始在全城展开大规模的"扫荡"，到处搜捕保安队员和青年学生，滥杀无辜。爱泼斯坦在东站附近亲眼看到日军将抓到的中国军人和老百姓，用枪托把他们打倒在地，然后又把他们踢起来，开枪打死，随后扔进海河或就地掩埋。在这种极其残酷的环境下，爱泼斯坦坚定地站在中国人民一边。在天津沦陷前后的日子里，他和同事们夜以继日地工作，把在天津的见闻，以客观公正、朴实生动的文字，通过美国合众社在上海的总部，迅速地向全世界作了报道。当时爱泼斯坦的报道随时写，随时通过电台发出去，有时一天发出多篇。

当时，爱泼斯坦与斯诺一起投身于中国人民的抗日斗争，帮助爱国者和革命者离开敌占区到根据地去。斯诺有时到天津来找爱泼斯坦，让他协助寻找安全的住处并将他们转移出去。1937 年 5 月，邓颖超从根据地经西安到北平西山治疗肺结核。7 月，卢沟桥事变爆发，邓颖超以李之凡太太的身份进北平城，住在地下党员张晓梅家里。不久，斯诺亲自护送邓颖超等同志来到已经沦陷了的天津，找到爱泼斯坦，为了安全起见，斯诺作介绍时，只说她们是爱国者，希望爱泼斯坦能协助返回西安。当年邓颖超是一个阔太太的打扮，爱泼斯坦安排她和张晓梅住进了英租界英籍印度人泰莱悌开办的泰来饭店（今天津第一饭店）。当时，环境恶化，形势紧张，爱泼斯坦已引起了日本特务的注意。他决定与邓颖超等一同离开天津。这时，南下的船票已很难买到，为了不拖延时间，爱泼斯坦通过他的父亲拉沙尔找到英国太古轮船公司的熟人，经过一番周折，弄到了船票。他们原计划一同去上海，但那时上海形势也很危急，邓颖超等人临时决定在烟台下船，换乘火车到徐州，再到西安。爱泼斯坦等人则在青岛下船，去了南京。1981 年，年近八旬的邓颖超与爱泼斯坦笑谈那次天津之行，时隔 44 年，邓大姐对初见爱泼斯坦，记忆犹新。1985 年 4 月，爱泼斯坦 70 寿辰时，党和国家领导人邓小平、邓颖超亲往人民大会堂为爱老祝寿。在祝寿酒会上，邓颖超又一次回忆起这段往事，感染了所有与会者。

日军的铁蹄踏进了天津后，在天津居住了近 20 年的爱泼斯坦的父母不愿意生活在日本侵略者的铁蹄下，决定去美国。爱泼斯坦则决定一个人留了下来，作为美国合众社记者，毅然继续奔向炮火连天的抗日前线……

崔伯故居

金彭育

在马场道西湖饭店后，原有一条窄小的道路，看起来更像一条小巷，这条路原名为伟夫路，现名为湛江路。19 号门人称"崔家花园"，这里居住着一位热爱中国，倾心中国文化，献身天津教育事业的华籍美国人崔伯及其一家，至今其后代依然住在这里。

这所美式花园别墅是在天津行医的美国医生蔡乐尔于 1926 年建成的，由美国建筑师设计。楼高二层，带地下室，砖木结构，多坡瓦顶，水泥浑水

崔伯故居（今湛江路 19 号）

墙。占地面积 748 平方米，建筑面积 295 平方米。室内装修豪华，有隔音墙壁，菲律宾木地板，双槽木窗。地下室是锅炉房、杂房；一楼进门厅有客厅和餐厅、卫生间；二楼为卧室、储藏室和卫生间。楼房西侧有一间汽车房，但从没放过汽车，只停放过"洋车"和自行车。整幢小楼紧凑典雅，小巧玲珑，设施完善，居住舒适。1927 年，崔伯购置了这幢小楼。该小楼经多次装修，至今保持完好。

崔伯字仰西，1881 年 12 月 5 日生于美国弗吉尼亚州富尔斯邱吉镇，1905 年毕业于哥伦比亚大学，获文学学士学位。1906 年他受清政府之聘来到天津。他先后在北洋大学堂（现天津大学）和官立中学堂（现天津三中）任英文教员。崔伯热爱中国文化，尊重中华民族的风俗习惯。他不住租界，而住华界，在当时为外籍第一人。平时他穿中国的长袍马褂，带帽翅儿，甚至拖着一条假辫子。去学堂从不坐汽车，而是乘马车或"洋车"。

1913 年，崔伯兼任南开中学英文教员，他是周恩来的英语教师。他的讲课幽默生动，特别讲到安徒生童话和格林童话时，惟妙惟肖地模仿故事的情

崔伯与何淑娴婚礼

节和人物形态，引人入胜，使学生在不知不觉中得到知识。崔伯十分热爱中国。他完全融入了天津市的市民生活，并且与许多中国人交上了朋友。著名教育家张伯苓就是他挚友之一。他喜欢中国女性的温柔可爱，爱上了他的学生何清儒之妹何淑娴。何淑娴曾在北洋女子师范学校读书，与邓颖超有同窗之谊。1915 年 4 月 5 日，崔伯与何淑娴在天津老城厢的广东会馆举办了中西合璧的隆重婚礼，由教会牧师当主婚人，张伯苓任证婚人。新娘穿华服，披雪白的婚纱，新郎穿长袍马褂、戴帽翅。婚后，崔伯正式加入中国籍，新家位于河北区黄纬路仁田西里。这是一处青砖瓦房的中式四合院。自 1927 年起，崔伯及其一家便搬进伟夫路的这所美式小洋楼。作为一个园丁和园艺爱好者。崔伯把自己宽敞向阳的院落，建成一座五彩缤纷的小花园——人称"崔家花园"。透视围墙由砖垛和白色木条栅栏建成，有美国西部风格。墙上悬挂着黑铁花盆和黄铜风铃。崔伯在 40 多年的时间里，每天孜孜不倦地为中国青年教授英语，培养了许多英语人才。1937 年"七七"事变后的抗战时期，崔伯不愿意为日本人做事，而在家中隐居。1947 年 7 月 18 日，因病逝世，享年 67 岁，天津教育界为其召开了隆重的追悼会，由张伯苓致悼词。当时《大公报》还刊登他的生平事迹。

崔伯一家在这座美式小洋楼里，已延续了五代，堪称教育世家。崔伯的四女梅芳、五女莉芳、次子克摄都在这出生长大。现在崔伯的次孙崔亚平一家还住在这里。崔伯的儿子崔约翰 1997 年在津去世。崔亚平现任天津理工学院教师，其夫人田福泉女士曾在天津外文书店工作，现为中国基督教两会全国会员，天津市人大代表，河西区政协委员。

崔伯葬于天津万国公墓。解放后迁至天津北仑公墓。1988 年 12 月 25 日，夫人何淑娴病故。1990 年 12 月 11 日，崔伯、何淑娴夫妇的骨灰合葬于天津南马集"寝园"公墓。

崔古柏夫故居

张绍祖

崔古柏夫（1898—? ）又名德雷古柏夫，生于俄国，犹太人，1916 年流亡到哈尔滨，1929 年来到天津，以跑合为生。1935 年，与美籍商人路易加帝共同在旧英租界马开内道（青岛道）2 号开设德盛洋行，经营呢绒、布匹、绸缎、皮革等。"七七"事变前，与朝鲜、日本浪人合作，大量走私并包销私货。1937 年 7 月天津沦陷后，他又与日军勾结，连续向日军驻津第 1820 部队、日军华北皮毛统制协会低价出卖皮革等军用物资。

崔古柏夫

1941 年初，他向银行贷款，从美国进口大批西服面料，随后又以货抵押再贷款订购，套购多次，存货甚丰。不久太平洋战争爆发，物价飞涨，货币贬值，他卖出少许货物将债务还清，又陆续高价卖出囤积之货，获得十几倍的暴利。先后于十区中正路（今解放北路）232 号、234 号、247 号、82 号开设兴盛洋行、隆盛洋行和百利洋行，在一区林森路（新华南路）199 号开办德盛分行，在十区大沽路（今和平区大沽北路）136 号开设德盛门市部，在北京东交民巷东口设立德盛洋行分行。开设大阔饭店、大利餐舞厅，在天津、北京、北戴河等地广置房产 20 余处，成为在津外国人最大的暴发户。

大阔饭店旧址（今浙江路 15 号）

据报载，其资产达数亿元，被称之为"哈同第二"。

其中大阔饭店（今天津第三招待所）位于浙江路 15 号，20 世纪 30 年代崔古柏夫出资兴建。砖混结构，主体 4 层，含地下室，建筑面积 3792 平方米。平面为条状，弧形转角。入口设 4 根多边角柱，第五层建盔形塔楼，首层转角设钢混模板雨厦，转角二层设金属花饰护栏阳台。楼内大餐厅立有 10 棵塔司干柱，地面铺设人字形地板，并设大理石面壁炉。店内功能齐备。

抗战胜利后，崔古柏夫冒着隐匿敌产的罪名，利用手里雄厚的资金向日商收购了数千万元的皮货、猪鬃、皮革等，乘机出口国外，牟取暴利。1946年初，处理局接连收到告发他隐匿敌产的举报信。是年 3 月 18 日，天津地方法院、津海关、处理局共同查封了崔古柏夫的洋行、仓库。9 月 9 日，河北高等法院一分院将其拘捕收押。11 月 22 日上午 10 时半，河北高等法院第一分院（天津分院）开庭审理此案。苏联驻津领事顾德夫等十数名在津外国代表到庭旁听，外交部平津特派公署也关注此案的发展，《益世报》作了详细报道。

1947 年 2 月 8 日，法院判决处崔古柏夫有期徒刑 5 年，褫夺公权 4 年，全部财产除酌留家属必需生活费外没收。崔古柏夫不服判决，上诉至最高法院。并运用关系让家人在外多方活动，以求获释。

1948 年 12 月，德盛洋行在市社会局的工商登记证

受崔古柏夫妻子之托，苏驻津领事顾德夫在判决后的第二天就找到外交部驻平津特派员公署。态度强硬地称：崔古柏夫一案判决不公，主张对崔古柏夫判罪，目的在于侵占其财产，为此，在津的各国商人拟推举代表，前往南京向蒋介石、宋子文申诉，目前已有英商 5 人、美商 8 人参加制订请愿办法。

蒋介石的军事顾问、将军柯汉与崔古柏夫是老朋友，他是加拿大籍犹太人，早年曾任孙中山副官，与孙科、吴铁城等中央要员私交甚密。他在南京为崔古柏夫案的改判多方活动，获中央某大员支持，函介某部长向法院施压。此外，他手中还持有国民党要人写给平津司法界的密函。不久，由上海来北平，拜访了北平司法要人后来津，寓居利顺德饭店。他说："此次来津目的只有一个，就是营救崔古柏夫！我与他抗战前即已相识，深知其为人忠耿，慷慨侠义，战前曾为犹太人的福利事业慷慨捐助，为犹太人所钦佩爱戴，我是带着上海犹太侨民的重托而来。"他一再强调，崔古柏夫实为冤案，在没有

崔古柏夫故居（重庆道 12 号）

获得明确答复后，他声称将在二日内谒见北平行辕主任李宗仁，向他讨个说法。随后，他又拿着某要人的信函到法院监狱看望了崔古柏夫。

国民党外交部了解到此案的复杂背景，深感棘手，令特派员季泽晋每日向外交部密报一次"外侨请愿"的动向，并向天津法院要了崔古柏夫案的判决书及苏联《俄文日报》对此案的相关报道。

1947 年 8 月 25 日，南京最高法院作出"崔古柏夫无罪"的终审判决，崔古柏夫当庭释放，国民党政府也开始办理其财产发还工作。柯汉闻讯后，再次来天津，住在英租界剑桥道（今重庆道）12 号崔古柏夫家中。在柯汉的催促下，崔古柏夫财产发还工作非常顺利。

但就在崔古柏夫论功行赏之时，柯汉与崔古柏夫发生了矛盾，柯汉从崔古柏夫家中迁出住进"利顺德饭店"。崔古柏夫认为他此次获释关键是苏联驻津领事多方运动的结果，拟将出售的大阔饭店、大利餐舞厅所得款 9 万美金，连同一部分价值 10 万美金皮货，一并赠予苏联驻津领事馆作为经费。而柯汉则以为此案奔走南北，所费不赀，崔古柏夫在狱中曾答应偿还其全部费用，但出狱后崔古柏夫并未兑现其允诺的数额，柯汉遂认为崔古柏夫食言背信，决定与其断绝关系。并声称，崔古柏夫虽非汉奸，但在抗战胜利后，收买敌伪物资则属实情，过去中国方面无人能提出具体证据，所以崔古柏夫才得以宣判无罪，但他手中掌握着诸多人证物证，拟立即向南京法院告发。他还说，崔古柏夫的二儿子已往澳大利亚求学，其本人也已得到入澳签证，一旦其财产清理完毕，他必将潜逃澳大利亚。

为此，1948 年 4 月 7 日，外交部令天津警察局长李汉元暂缓发崔古柏夫出境签证。但崔古柏夫于 8 月 12 日由天津经上海赴澳洲，12 月 3 日转至以色列。德盛洋行交由何尼斯道夫和谷利维负责。据知情人讲，崔古柏夫以变卖一家洋行为代价才堵住了柯汉的嘴，而其离境外出之路也是用金钱铺就的。经过此劫难，崔古柏夫的亿万家财损失殆尽。

雷鸣远故居

张绍祖

雷鸣远（1875—1944），字振声，比利时人，近代著名的天主教来华传教士。1895年加入巴黎遣使会，开始攻读神学。1900年来中国，不久在北京成为神父，开始传教活动。他与当时的许多政客名流有联系，可谓是"中国通"。1902年他帮助天主教徒英敛之创办了《大公报》。1906年，雷鸣远调任天津总本堂，住在河楼天主堂，即今望海楼教堂，任坐堂神父。他到任做的第一件事是将堂内外的法国旗卸下，换上中国龙旗。任职

雷鸣远

期间他创办了诚正男校、贞淑女校，招收附近儿童就学。还办了一个宣讲所。1912年他担任天津教区副主教，创立了共和法政研究所，3月他开始创办《广益录》，以灌输新智、昌明道德为目的，且自兼编辑主任，后改为《益世主日报》，这个刊物便是天津《益世报》的前身。1913年，雷鸣远回欧洲募款，为在贞淑女校里设立师范班。1915年他与刘浚卿、杜竹萱等教徒联合募款，于是年10月10日，正式创办了天津《益世报》，传播西方科学文化知识。雷任董事长，刘任总经理。益世报社址最初设在南市荣业大街，后迁至东门外小洋货街，1924年移至意租界内。

作为天津教区的天主教传教士，雷鸣远的上司是法国主教杜保禄。1916

原意大利租界《益世报》馆

年 5 月间，法国工部局越境在老西开一带修桥铺路，企图霸占老西开，雷多次告诫天津警察局长杨以德在老西开设岗，派武装加以保护。6 月 24 日，遣使会中国省的罗视察员无理将雷鸣远调往正定。天津教友聚集教堂前示威，抗议法国领事的霸道和杜保禄主教的不公。9 月，杜主教在众人的压力下，将雷鸣远调回天津教区，但将他安置在天津教区最南端的庆元县，任庆元县副本堂。老西开事件发生后，雷主持下的《益世报》对各界人民的抗议活动进行了积极报道和声援。法国主教为此十分气愤，1918 年将雷鸣远赶回比利时。

1927 年，雷鸣远再次来到中国，请求加入中国国籍。1928 年他加入了中国籍后，表示要为中国献身。他说："我为爱中国而生，我为爱中国而死。"此时，他决定到农村去，他说，中国农民的生活很苦，要复兴中国定要先建设新农村。要做好农村建设工作，必须具备有"福音主义"的人。他来到中国主教管理的河北省安国县教区开展了传教工作。组织了一个"耀汉兄弟会"。该会提倡的主要精神是"全、真、常"三个字。"全"是"全牺牲"；"真"是"真爱人"；"常"是"常喜乐"。到抗战前夕，"耀汉兄弟会"的会员总数达 200 余人。

1931 年《益世报》报馆扩充资本，招集了股份，改组成一个股份有限公司性质的企业。但股东只限于中国天主教徒，股票转让须经公司同意。雷鸣远任董事长，实际上仍掌握着报馆的最高权力。同年"九一八"事变发生后，日本入侵东三省，举国震惊。雷鸣远"每夜枕砖以待，鸡鸣即起"。报国之心迫切。他主张中国应积极抗战，并赞成天津《益世报》武力抗日的主张。雷鸣远第一次在报馆见到罗隆基的时候就说："罗先生，你肯到我们报馆中来写社论，我高兴极了。我特别喜欢你那篇《可以战矣》的社论，我要我的兄弟们都读你的社论。我们中国人非把日本鬼子打出去不可。"罗对雷说，他的社论可能会给《益世报》带来麻烦。雷鸣远马上说："你放心，你放心。请你大胆写文章。你这样代表中国人民

雷鸣远故居（三岔河口之北望海楼教堂）

说话，就是我们报馆因为你的文章关门了，我们亦不怪你。只要我还是天津《益世报》的董事长，我是不会让你离开我们报馆的。"

1933年长城抗战的时候，雷鸣远已年近60，他将"耀汉兄弟会"的一批兄弟组成救护队，自己亲任队长，带队到华北、西北各战区去进行救护工作，当他出发到遵化时，有人为他拍电影，请他讲几句话。他说到："你们不要看我的鼻子、我的脸是外国的，我的心是中国的。我们要抗战到底！"是年他为英勇抗日的二十九军创办了"残废军人教养院"，在举行开幕典礼时，雷鸣远致辞说："我对大家是深表同情的，不但我应当服侍你们，凡是中国人都应当服侍你们，因为你们卫国有功。"

抗战期间，雷鸣远极力主张《益世报》在后方设法恢复出版。为了解决复刊的经济问题，他设法同南京主教于斌合作。1938年12月8日天津《益世报》在云南昆明重新复刊，雷鸣远仍然是董事长。《益世报》复刊后，雷曾亲自到昆明视察报馆，并鼓励工作人员，一定要坚持抗战到底的宣传政策。《益世报》复刊不到两年，终因经济困难而停刊。

抗战期间，雷鸣远还成立了华北战地督导团，深入晋察冀山区进行抗日活动。1940年他因染上黄疸症离开太行山，1944年6月24日病逝于重庆歌乐山，时年69岁。

易·库拉也夫故居

张绍祖

解放南路 272 ～ 290 号多为美侨易古洋行代管产。易古洋行为美籍俄国人易·库拉也夫开设。

易·库拉也夫，又名固莱宜夫，系俄国十月革命前早期侨居天津的白俄人，有 4 个儿子及女儿。1894 年（光绪二十年）中日甲午战争以后来到天津，先在河北大经路（今河北区中山路）开设工厂，经营机器制造业，颇有积蓄。1900 年后，转向房地产投资，先在俄租界（今东海商厦一带）买

易·库拉也夫故居（解放南路 290 号）

地盖房，用来出租。接着在德租界威廉街（今解放南路）开设易古父子洋行（KOUIIEF F SONS INCLMTCO.），经营机器制造业和房地产，现解放南路从宁波道到奉化道的西侧直到台北路为其不动产，除自住解放南路 290 号外，大部分房产出租。1916 年在德租界威廉街建起了一座豪华电影院——大华电影院（今北京影院），自任经理，具体由其姑爷经营。影院占地面积 1334 平方米，建筑面积 2553 平方米，楼房呈长方形，三层砖木结构楼房，南部顶端矗立着一座高达 7 米的钢梁锥形瓦楞塔顶，从远处望去，格外引人注目，为一座典型的俄罗斯式风格建筑。影院设备讲究，装饰豪华，有宽阔的前厅，前厅靠街有半圆窗户，窗口饰有浮雕，楼内有回廊，前厅华灯高照。木楼梯的立柱有雕花饰纹，并铺有地毯。楼下有镶花的精制方形木柱。该影院楼下陈列并出售机器。二楼是电影院，观众厅顶棚为曲线形造型。场内宽阔，有 800 多藤条坐席，十分舒适。银幕坐东面西，地面有坡度，前低后高，地面用花砖铺设。

该影院主要放映美国"米高梅""福克斯""雷电华""派拉蒙"等影片公司的影片。美国环球影片公司出品的经典影片《西线无战事》，以深刻的思想内涵和精湛的艺术成就创该影院最高上座率。二楼侧面还设有圣安娜舞厅，有乐队伴奏，有白俄舞女伴舞，每当入夜，灯红酒绿，笙歌曼舞。早年张学良和赵四小姐曾到此舞厅跳过舞。影院三楼是放映机房和经理办公室，三楼屋顶上是一个 300 多平方米的大平台，夏季开设过露天舞场。有从楼下一直贯到三楼露天舞场的豪华电梯。该院是天津最早装有电梯的影院，现还保留有装电梯的痕迹。

该影院每日放映 3 场，票价昂贵，前排 5 角、中排 7 角、后排特座 1 元，相当于当时半袋上等面的价钱。影院环境幽雅，服务周到，设有衣帽间，可存放衣物。有休息厅，并免费赠送影片说明书。该影院的主要观众是租界的外国人和住在租界的寓公、商人等。末代皇帝溥仪夫妇、民国大总统黎元洪、徐世昌、辫帅张勋等都到过该影院观影。

大华影院（今北京影院）

在 20 世纪 20 年代，放映的是无声影片。原版外国影片除打中文字幕外，在银幕前设有乐台，由十几个俄国人组成的乐队，根据影片的内容演奏乐曲，烘托气氛。

1930 年 1 月 25 日，"大华"有声电影开演，所用电影放映机为"西尼风"（Cinphone），是当时最新最佳的有声电影放映机。该院所演的第一部有声片是歌舞片《群英大会》，继而在春节上映五彩音乐有声片《万古流芳》。

1931 年大华影院出租给中国人经营，更名光陆影院。光陆和平安（今音乐厅）、蛱蝶（今大光明）媲美，同是天津的一等影院。同年 5 月 31 日，该影院在天津首映我国第一部国产有声片《歌女红牡丹》，该片由著名影星胡蝶主演。映出盛况空前，观众的私人汽车从影院旁的徐州道一直排到海河边。

1939 年初的一场大火，使光陆影院观众厅化为灰烬。据说大火是因为有人闻讯日伪当局要没收影院，归日商华北影片公司经营，就提前下手，纵火烧了这座影院。光陆影院被烧毁后，经过改建更名光华电影院，于 1940 年 2 月 3 日开幕。改建后的影院为一座三层钢筋水泥结构建筑，仍是典型的俄罗斯建筑，但融有现代化风格。银幕改为坐北朝南，将 20 排后的坐席改为阶梯式，座椅改为布面弹簧椅，别具一格。

1941 年末，日本军国主义发动太平洋战争，对美宣战，日伪当局对美籍俄国人库拉也夫经营的光华影院实行军事管制，库拉也夫一家返美，由日人村井清、山田、今田三先后任经理，专门放映德、意、日的影片。

1945 年 8 月，日本投降后，光华影院日方经理撤走，影院一度停业。不久，库拉也夫三子、四子再次来津经营影院，更换放映设备，于 1946 年 1 月 6 日重新开业。此时，由易古洋行经理白俄人什那布基斯兼任经理。1948 年由影院原副经理、白俄人 V·蒋宝接任经理。

1949 年 1 月 15 日天津解放。不久，库拉也夫的小儿子小易·库拉也夫与苏联影片输出公司驻中国总经理邬克文和公司驻津代表西米诺夫达成协议，于 1950 年，该影院租给苏联影片输出公司经营，专映苏联影片，更名为"莫斯科影院"。

另外，1917 年十月革命后，大批白俄人涌入天津，当时从北京来到天津的白俄人约有 110 余人，他们来津后，便投奔富商巨贾库拉也夫、巴图也夫等，库拉也夫等给他们中的一些人在小白楼一带安排了住处，并介绍他们到俄、美、英、法、德等国的洋行任职。但是，不可能都给以安置，于是便由库拉也夫等和各国租界和天津市政当局联系，对流亡天津，失掉国籍又找不到工作的白俄人给以救济和生活补助。这些白俄人中，有的任洋行职员，有的开起店铺，那些穷老俄便流落在旧德租界谦德庄一带。库拉也夫信奉东正教，魏克托尔担任天津东正教堂——圣母帡幪堂司祭时，他支持魏克托尔发展教会"服务事业"，为白俄人在天津设立俄国学校、俄国医院、俄国图书馆和俄国养老院，并把俄侨坟地迁到大直沽后台。1939 年，天津东正教的总堂——圣母帡幪堂被侵华日军拆毁，改作仓库。1941 年，库拉也夫支持天津东正教在小刘庄（今琼州道）按原来的样式重建了一座圣母帡幪堂。

修建中的圣母帡幪堂（琼州道）

保罗·鲍乃弟故居

金彭育

　　意大利建筑设计家保罗·鲍乃弟从 20 世纪 20 年代到 40 年代居津多年，原住意租界大马路（现建国道），后居英租界科伦坡道（现常德道和云南路口）。其职务为意租界工部局工程处工程师。其妻原也在津居住，后回了意大利。保罗·鲍乃弟后与白俄女子卓娅共同生活。卓娅赴希腊后，一说保罗·

保罗·鲍乃弟设计的疙瘩楼

鲍乃弟随她去了希腊，一说保罗·鲍乃弟回了意大利。

保罗·鲍乃弟为意租界、英租界、法租界设计了不少房屋。这些房屋，充溢着南欧和意大利风格。保罗·鲍乃弟设计的主要建筑有意租界回力球场（现第一工人文化宫），其斜对面的利多利大楼（合作设计人为瑞士建筑设计师凯撒）。五大道上的新式里弄住宅疙瘩楼和安乐邨也是出自保罗·鲍乃弟之手。这些建筑已成为拍影视片的外景地，电视连续剧《今生今世》《依本多情》《上海探戈》的外景多取于这两处。

保罗·鲍乃弟在意租界和其他租界设计了多处意式楼房，其中最主要的是天津市意商运动场——回力球场（天津第一工人文化宫）和霞飞路 2 号张氏故居。

回力球场位于意租界西圆圈，离马可·波罗广场不远，属意租界的中心位置。回力球场（现民族路 45 ~ 47 号），建于 1932 ~ 1934 年，建筑为意大利塔式，摩登风格。4 层砖混结构，混水砂浆墙面。主入口处门厅建有 36 米高的灯塔式塔楼，塔顶设有灯柱，正侧立面檐部于窗台下，饰有姿态各异的回力球运动员的浮雕装饰带，突出建筑物的特色。建筑内部设有回力球赛场、大看台、彩票房、宴会厅、舞厅、健身房、休息室等。其中回力球赛场大厅高 15.6 米，长 53.9 米，其南侧大墙是不开窗的回力墙壁。大楼建成后十分雄伟壮观，充分体现了意大利建筑的特色和南欧的建筑风格。1945 年，天津意大利租界被中国政府收回，回力球场被勒令停业。新中国成立后，天津市邀请市建筑设计院总工程师关颂坚和原意商立多利房地产公司瑞士籍工程师凯思乐按需要重新设计，将原回力球场设施拆除，改建成文化宫大剧场。

霞飞路（现花园路）位于法租界，为圆形马路，围绕着法国花园（现中心公园）。这里是法租界的中心，四周以法式建筑为主，2 号为张公扬故居。张公扬又名张谦，广东新会人，曾任中国驻檀香山领事、驻葡萄牙公使和天津英租界工部局华人董事长等职。1922 年，由保罗·鲍乃弟设计的这幢小楼是集仿式楼房，造型新颖别致。主体是 2 层带地下室，砖木结构，共有楼房

保罗·鲍乃弟设计的回力球场

28间、平房4间。楼门口设有两侧对称的高台阶和门厅，楼门为铁制。木楼梯装有铁栏杆，三槽窗，天花顶为图案形灯光灰线。1楼是客厅、餐厅和花厅。会客厅门口上檐墙上有一组人物造型的图案。前厅两侧有实窗口造型，其内有圆形花纹和西洋人头像等装饰。楼有卧室、起居室、浴室，并设有挑檐半椭圆形阳台和圆形、菱形、梯形和屋顶平台各1个。地下室为厨房、杂房、锅炉房。3楼屋顶平台上建有六角连列卷式尖坡顶凉亭1个。楼内暖气卫生设备齐全。院落宽敞，有汽车房，并设有花木绿地和花坛。整所楼围墙为铁艺透视墙，景色优美。

慕勒故居

金彭育

天津工商学院位于马场道 117 ～ 119 号，现为天津外国语学院。该学院创立于 1920 年，是献县法国耶稣会在津建立的专科大学。1922 年建成北疆博物院和教员宿舍，并建成预科楼。1923 年秋正式开学。1924 年始建教学大楼，由永和工程司设计施工，1926 年 11 月竣工。1927 年又建成图书馆、藏书室和宿舍楼。至此，作为法式建筑风格的学校建筑群大多完成。现该址共有 7 幢，建成于 20 世纪 20 年代，是优秀的公共建筑。1 号楼，即主教学大楼。建筑采用法国文艺复兴后期的式样，3 层混合结构，带地下室，建筑面积 4917 平方米，平面呈 "H" 形，用封闭式外廊连接所有教室。建筑布局有明显的对称的中轴线，屋顶上有钟楼，钟楼内是水塔。主楼外貌是法国曼塞尔式屋顶，钟罩外的装饰具有巴洛克风格。五面采用红色的坡形瓦顶，檐口有丰富的线脚，充分表现了西方古典主义设计手法所追求的情趣。立面富于变化，首层大块蘑菇石墙面，正中设凸字形大平台，下作四组塔司干双柱组成的门廊。曼塞尔式屋顶，前后各设大圆钟一座，用巴洛克式券罩保护，拱券形门洞。一层为弧券窗，2、3 层为矩形窗。室内装修讲究，门厅、大厅、内廊均采用彩色马赛克美术图案地面，教室、办公室为人字地板。

慕勒

慕勒设计的天津工商学院教学大楼

慕勒设计的天津劝业场

天津近代以种类繁多的小洋楼而闻名于世，其中法式风情建筑比例较大。法国建筑设计师慕勒居津多年，设计了不少楼房。20世纪20年代，慕勒初来天津时，在法公议局工程处任职。法公议局是天津法租界的办事机构，设秘书长1人，总管全面事务，一般由法国驻津副理事担任。公议局内设工程、捐务、会计3个处。工程处由法国人任处长，总管租界内全部土木工程建筑，并且有审批图纸和工程监理的权力。慕勒后与法国人赫琴组建了一家公司——永和工程司。另外，慕勒还成立了一家保罗·慕勒公司，承接建筑设计和工程施工。他和其助手们在天津主要设计了劝业场、利华大楼、渤海大楼、交通饭店、中法工商银行、法国领事馆、法国兵营、中国大戏院、起士林大饭店、兴隆洋行、光明大楼以及面粉厂、纺织厂等工业建筑。

劝业场位于和平路与滨江道交口处，是天津大型综合百货商场。20世纪20年代，买办高星桥邀庆亲王载振等投资兴建劝业场。1926年开始筹划，1928年末建成并开业。大楼高33米，主体5层，局部7层，7层之上有塔楼。劝业场为钢混结构，有法国古典商业建筑风格，立面造型受现代建筑思潮影响，采用简洁明快的形式，突出了庄严雄伟的气势。场内为中空回廊式。中间有过桥相连接，两面设双向楼梯和5部电梯。平屋顶，有3层天窗，便于采光通风。劝业场的匾额由天津著名书法家华世奎书写。劝业场开业时，有 200 多家商家进驻，经营品种繁多。此外，还有 8 个 "天" 字号的娱乐场所，即天华景戏院、天乐戏院、天会轩剧场、天宫电影院、天纬台球社、天纬地球社、天露茶社、天外天露天娱乐场。现为国家级文物保护单位。

利华大楼位于解放北路 117 号，1936～1938 年建成，原业主为瑞士籍犹太人李亚溥，该楼之名为人名音译。主楼 10 层，高 43 米，是一幢商住两用的高档公寓楼，为现代摩登风格，是天津当时最高的建筑。基础为钢混方桩，主体为钢混现浇铸结构。主楼平面为东西向，东配楼呈长方形，西配楼呈锯齿形。主楼首层设门厅和营业厅，2 至 8 层是成套的高档公寓，有电梯相通。每层均有封闭暖廊，外有通长大露台。各楼层平面布局和使用功能划分明确，合理适用。既相互联系，又互不干扰。室内装饰考究，门窗均以高档硬木精工制作，落地式大玻璃窗。首层大厅的地面、柱子，以暖色调大理石装饰。室内有吊扇、吊灯、壁灯和装饰性壁炉。暖气和卫生设备齐全，住用方便。

渤海大楼位于和平路与丹东路交口处，建于 1934～1936 年。钢混框架结构。主体 8 层，局部 10 层，房顶有方形云亭。大楼坐北朝南，为五边形，首层为商业店铺，2 层以上为营业和办公用房，高为 47.47 米。1 层按基座处理，大玻璃门窗，墙壁为浅色大理石和枣红色大理石装饰。2 层以上墙壁为棕褐色麻面面砖装饰，竖条玻璃钢窗。8 层以上，逐层收缩，线条简洁，构图流畅。大楼为现代风格，是天津当时一处标志性建筑。

交通饭店亦称交通旅馆，位于和平路 239 号，建于 1928 年。由德商买办高星桥、清庆亲王载振等人投资兴建。该楼为砖混结构，主体 5 层，局部 6 层。平面为直角、矩形相结合的几何造型，混水墙面。1、2 楼之间作横向外凸线脚，2 至 5 层为纵向壁柱，开大、小券窗。顶部作通式檐，右侧面筑八角密切檐式塔楼，为一处标志性的建筑。

中法工商银行位于解放北路 74 号，法资银行，建于 1933 年。混合结构，为 4 层文艺复兴风格的楼房，占地面积 1567 平方米，建筑面积 6240 平方米。整套建筑分为主楼和配楼，弧形走向排列 10 棵柯林斯巨柱，构成宏伟柱廊，

慕勒设计的交通饭店

外墙为水刷石。大厅内采用黑白相间马赛克地面和仿石砌墙壁。营业大厅有 213 平方米。地面为淡黄色的水磨石。柜台内侧设置西洋古典圆柱 6 根，方柱 2 根，顶部装有彩色玻璃采光窗。现为市总工会所属单位。

法领事馆位于承德道 4 号，建于 1923 年。1861 年 5 月，法国公使哥士耆来津勘址划定租界，设领馆。1900 年强行扩大租界。1923 年领事馆由三岔河口迁此处。旧址为混合结构，2 层楼房，建筑面积 1498 平方米，外立面采用变体西洋古典附壁柱式，石阶入口，两侧设花池、铁栏，檐口装修精美，是典型的外廊式建筑。现为天津测绘院。

法国兵营，也称紫竹林兵营，位于赤峰道 1、3 号，建于 1915 年。占地面积 7400 平方米。建筑面积 6030 平方米。建筑分两部分：一部分为兵营，平面布局似大四合院，院内设有操场。2 层为砖木结构，外立面首层前面以方形砖柱作支承，槽钢、扁铁作支架，上筑木质平台，形成上、下 2 层外廊，一端设铁架木制楼梯通达 2 楼。4 层建筑为砖混结构，正立面各层均出大跨度水泥浇筑檐廊，铁楼梯可达顶端，为典型兵营式建筑。现为市民居住。

中国大戏院坐落在哈尔滨道 124 号，建于 1936 年。该楼为混合结构，现代风格，局部 5 层，高 30 米。剧场采用跨度为 25 米的钢屋架，结构合理，且有防火设施。剧场内设有三道天桥，墙壁、顶棚的设计巧妙，使得剧场各角落都能有较好的音响效果。剧场内平面布置合理，门厅和大厅之间有台阶过渡。2、3 楼大厅，能充分利用空间，宽敞明亮，便于观众休息和人流疏散。观众座席视线良好。由于当时是天津乃至全国规模最大、设备最新的戏院，所以取名"中国大戏院"。

起士林大饭店原为"维格多利西餐厅"，位于浙江路 33 号，建于 1940 年。该楼建筑面积 4756 平方米，平面呈扇形，外观为弧形，大理石镶面，大玻璃窗。楼内设餐厅、酒吧，具有欧洲风格。解放后改为起士林大饭店。

五、北洋政府、国民政府军政要员故居

袁世凯故居

张绍祖 张建虹

袁世凯

袁世凯（1859—1916），字慰亭，一作慰廷，号容庵主人，河南项城人。天津为其一生政治生涯的发祥地。辛亥革命后，任中华民国大总统。他有1妻9妾，多处寓所。

第一处寓所：中日甲午战争后，1895年，袁世凯到天津小站编练新兵，在今津南区小站镇马厂碱河旁修建了两套中式"四合院"寓所。每套北房5间，南房5间，东西厢房各3间，占地5亩（3333.35平方米），建筑面积567平方米。房屋建筑四梁八柱，青砖瓦房，方砖地面，大漆门窗，院墙高大，外有菜园，雇专人管理。自1916年袁死后，至1948年末30多年，产权几经变更，解放后由政府接管，曾由小站供销社使用。

第二处寓所：1901年（清光绪二十七年），袁世凯任直隶总督兼北洋大臣，任职期间在英租界达文波路（今和平区建设路62号小白楼派出所）兴建的。该宅邸有楼房18间，楼过堂3条，地窖子一层，平房15间，占地1.981市亩（1320.67平方米），建筑面积585平方米。房屋建筑是中西结合，楼房是中式檐廊，西式尖顶，平房是外走廊。进入大门建有影壁风格风屏，院内种植多种花草树木。

建设路 62 号袁世凯旧宅

　　第三处寓所：在河北地纬路。袁世凯任直隶总督时，首先以"树德堂袁"买下了西起三马路（原三经路），南临地纬路，东至地兴里，北至元纬路的土地约 24 市亩。然后 9 亩（6000 平方米）用于修建花园公馆，余下用于修建里巷住宅、商业房屋。工程分两期进行。共建楼、平房 498 间，建筑面积约 9000 平方米。花园公馆位于地纬路地兴里拐角处，1905 年（清光绪三十一年）修建。这是一处宏伟壮丽的深宅大院，主体建筑有三套院，共有砖墙瓦顶楼、平房 114 间。其中两套院（各有三道院）为住房；西边一套院是花园；另附属建筑有内跨院和外跨院。外跨院主要是车库等使用房间。宅院四周有封闭式高大院墙、虎坐门洞，楼平房相间。头道院中间是四方形二层楼房，有大客厅，两边是砖瓦平房，两侧厢房亦是砖瓦平房；最后并排两道院是长方形三层楼房，两侧厢房亦是砖瓦平房。房屋建筑讲究，磨砖对缝、雕梁画柱，都带走廊，前后贯通，循房屋凹凸曲折前进。廊上有八仙过海、西厢记、白蛇传等民间传说彩画。花园建有假山、金鱼池、亭子，植有

袁氏小怪楼（河北区海河东路 39 号）

各种花草。还有花窖，专供室内盆景。1912 年至 1914 年，袁世凯利用原买的那一半多土地，为他的妻妾（二、三、四姨太太）及部分子女兴建了 3 个里巷、几所宅院和部分出租商业房屋建筑，即德星里（今元春里）、廉让里（今谦让里）、居易里和元纬路、三马路、地纬路与此相连的一些宅院建筑。这些房屋建筑，除门脸房外，多是三合院或四合院，共有砖瓦楼房或砖瓦平房 384 间。1916 年袁世凯死后，此处房地产由其后代继承。除"花园公馆"主体建筑一度居住外，其余全部出租，由三友公司经营。1939 年将出租房地产分别裁卖与十几户。1947 年"花园公馆"也全部卖掉。20 世纪初至今，原房建筑曾经多次拆、改、建，早已面貌全非，袁旧宅残迹无存。房屋使用情况也多次改变，除"花园公馆"现由天津工艺美术设计院使用外，其余分别改为工厂、学校、机关单位，还有一部分改为商店和住户。随着城市的改造和发展，目前变化很大。

第四处寓所：袁世凯与其长子袁克定在德租界 16 号路（今台北路 6 号三号楼）修建了一所西式楼房。关于袁克定私宅，张澜生先生说："在旧特别一区威尔逊路，武昌路（今镇江路）对过，为一德式楼房，临街花园竖有汉白玉观音像。"袁世凯后裔袁家宾说："在德租界威尔逊路（现河西区解放南路电话局对过）。"

第五处寓所：1908年（清光绪三十四年），袁世凯在奥租界金汤二马路（今河北区海河东路39号）大兴土木，建造了富丽堂皇的寓所。管家袁乃宽（袁绍明）先以廉价在海河东岸买地5.714亩，后委托英、德工程师设计。这所楼房系三层砖木混合结构，建筑面积为2089平方米，计54间。其建筑风格具有尼德兰式建筑特点。它的造型同尼德兰行会大厦颇为相似。它面向海河及民主道一侧均为山墙，尖尖的山花，装饰着哥特式的雕饰，山花上形成3个台阶式的水平层，加强了水平分划。屋顶是木构的，显得明朗轻快，陡峭的红色屋顶在海河中映下倒影，与高耸的亭楼形成俏丽的对比，成为海河岸边一处优美的景观。这所楼房还有3个特点：一有"隐身处"，即在二楼右侧转角处有一小门，门内有钢筋混凝土楼梯，装有铁栏杆，上可至楼顶间，下可至地下室，关上小门，找不到上楼和下地下室的道路。二有"脱身处"，是在三楼凉亭旁，设有铁楼梯，直通后花园余门，由此可以脱身外逃。三有"好风水"，经过风水先生指点，在二三楼之间专门设计了一间八角形角亭，设计吸取了意大利建筑的特点，几面窗户都朝向海河，无论涨潮落潮，河水好像往八角形屋里流。按风水先生的说法，水就是财，象征无数金银财宝源源不断地流向袁家大楼。这座楼房富丽堂皇，造型别致，有后花园，园内建有游廊、假山、钓鱼亭、花窖等。该楼1976年地震时有所损坏，二楼平台画架已拆除，红陶挂瓦改为瓦垄铁顶。楼房由市民住用；原后花园已建楼房，由华安街中学和调料公司使用。关于这所宅邸的产权，说法不一。有的说系袁世凯同族袁乃宽个人所置，有的说系袁世凯长子袁克定于1917年所置。

第六处寓所：在原英租界海大道（今河西区大沽路）与额尔金路（今河西区南京路）夹角地带。是袁世凯在河南彰德隐居期间委托津人王兆祥以袁云台（袁克定）名义购自英商先农公司之房地，占地面积17.287市亩（11524.72

袁氏老宅（今南京路 56 号）

平方米）。袁世凯任大总统后又投巨资进行整修、扩建和添建。计有砖瓦楼房
6 座 198 间，砖瓦平房 58 间，总建筑面积 6318.34 平方米。前后两道院，走
两个大门。正门在海大道（今大沽路），人称"袁氏老宅""袁家大楼"。房屋
建筑非常考究，楼房多为西式建筑，风格各异，富丽堂皇；平房多为宫殿式建
筑，建筑多姿，装修美观。还有会客厅、戏台楼、祖先堂，进门是影壁墙；院
内有假山、亭子、花窖、种植各种花草树木。多已改建为民用住宅，临马路部
分建成商店营业用房。现保留的唯一的楼房，在今南京路 52 号高层住宅旁天
津劳动教养工作局（今南京路 56 号）内，为一所二层楼房建筑。大营门"袁

氏老宅"为袁世凯妻妾及子女的部分住房。

袁世凯妻余氏，河南乡间人，生长子袁克定。袁的大姨太沈氏，为苏州籍名妓，是袁世凯 22 岁时到上海谋事时结识。袁的二姨太太吴氏、三姨太太金氏、四姨太太闵氏，均为朝鲜籍人，是袁世凯 1882 ～ 1894 年在朝鲜"前敌营务处""总理营务处"任职期间迎娶的，在津住在河北地纬路寓所。五姨太太杨氏，天津杨柳青人，是袁世凯在山东巡抚任上娶进的。六姨太太叶氏、七姨太太张氏是袁世凯在直隶总督兼北洋大臣任上娶进的。八姨太太郭氏，是袁世凯做军机大臣兼外务省尚书时娶进的。九姨太太刘氏是 1909 年袁世凯被摄政王载沣开缺回籍，在彰德隐居时娶进的。

1916 年，袁世凯病重期间，曾将儿女们召集到病榻前，嘱咐他们好好读书。将来不要再进入政界，希望他们在科学技术、教育等方面有所作为。著名物理学家袁家骝、吴健雄夫妇就是袁世凯的孙子和孙媳妇。著名建筑设计师袁家菽，在天津主持设计了南市食品街、旅馆街等，她是袁世凯的孙女。

1916 年 6 月 6 日，袁世凯病死，袁家妻妾及未成年子女，在彰德守丧 3 年。以后，袁氏的几个姨太太，随各自儿女陆续迁往天津大营门、地纬路等住宅，在那里分门别户而居。

目前，尚存的袁世凯故居还有河北区海河东路 39 号袁氏小楼、和平区建设路 64 号小洋楼、南京路 56 号袁氏老宅、台北路 6 号德式小楼 4 处，是天津宝贵的旅游资源。

黎元洪故居

张绍祖　张建虹

黎元洪

民国大总统黎元洪（1864—1928），号宋卿，湖北黄陂人，14岁时随父黎辅臣（字朝相）迁居天津北塘，在北塘南庄租赁了3间土坯房。少年时代的黎元洪勤奋好学，曾入当地张子养先生的私塾攻读八股文。1886年，22岁的黎元洪考入天津北洋水师学堂，1891年毕业。黎元洪在武昌起义时被推为领袖，先后于1916年和1922年两次出任北洋政府大总统。1917年被北洋军阀张勋赶下台，晚年寓居天津。黎元洪在津有寓所两处：一处在英租界盛茂道（今河北路）与巴克斯道（今保定道）交口（今河北路283号）；一处在德租界威廉街（今解放南路268号泰达大厦址）；另外与英租界寓所相连，还有一座私人戏院（今群星剧院址）。

英租界盛茂道寓所：这片宅地是黎元洪于1912年10月和1918年10月先后两次以"黎大德堂"名义购自英工部局，共计3块，计8.096市亩；后又购自私人"张金鉴堂"土地4.69市亩，共计12.786市亩。黎元洪在买进第一块土地后即委托一位德国工程师设计施工。后来随着购地随着兴建房屋。先后建成东楼、西楼、中楼、戏楼、花园，共计建房171间，其中楼房150间，平房21间，建筑面积8516.5平方米。东楼为眷属楼，是一座德式建筑，恢宏壮丽，连地下室、顶层共四层，二三层为住房，每层6间，还有一个很大的厅。该楼为混合结构，机砖，瓦顶，墙壁漆粉红色，双槽门窗，菲律宾木地板，内部陈设极为精美，并装有暖气、壁炉、浴室等。此寓所为二夫人居住。西楼为黎元洪自住的楼，法式三层楼房，高台阶，楼上有平台，楼顶有八角凉亭（1976年地震时毁），楼上下各有半圆形客厅，为大理石地面，装修得富丽堂皇。楼前有一座花园，建有假山、亭子、鱼池、花窖等。中楼又名"鸳鸯楼"，作为招待宾客之用。这是一座西式二层楼房，前后有花园，进楼中间是座大客厅，两边各有两套房间。屋前突出一间八角形建筑，内装有彩色玻璃折扇门作隔断。二楼设有大饭厅和住房，一般宴会在此楼举行。戏楼内建有戏台，设有排座，另有休息厅、客厅等。当时的一些梨园名角多曾到此唱过堂会戏。

黎元洪去世后，其后人于1936年将这所房地产卖与进德堂。1940年进德堂又转卖与李玉堂。李买后将一部分住房改为商业用房，为成泰东货栈，在院内又盖起一座仓库。解放后，曾归外贸训练班（1954年）、外贸干校（1956年）占用，1958年后为河北财经学院宿舍。1976年地震后，又改造了一部分房屋，建起居民楼。目前，旧建筑已全部拆除，盖起新楼。戏楼也于1940年改建为亚洲电影院，由冯志忠经营。于1955年6月1日改建为儿童影院。

德租界威廉街寓所：也称黎氏容安别墅，1917年黎元洪被张勋撺下台，退居天津英租界时购买，使用化名为宋卿府君。购置的这所房地产，占地

黎元洪盛茂道故居

面积 3.72 市亩。购进后将旧房拆除，重建成一座花园住宅，包括一座西式三层楼和几间附属平房，共 44 间，建筑面积 1878 平方米。该楼为砖混结构，混水墙身砂石罩面，尖型瓦顶，大理石台阶。室内装修讲究，一层是大理石地面，二三层是菲律宾木地面，多槽门窗。暖气卫生设备齐全。房间布置：一楼是大厅、音乐厅、饭厅、书房等；二楼是卧室、书房、女客厅；三楼是部分卧室、使用间。附属平房为传达室、保卫室、厨房、储藏室及佣人住处等。院内花园建有喷水池、方亭、石雕仙子、花窖等。此寓所为大夫人吴敬君居住。

黎元洪非常热情好客。他常在德租界花园寓所接待中外宾客。1924 年 12 月 4 日，孙中山第三次到天津。翌日，中山先生带随员到容安别墅拜访黎元洪，后黎元洪在容安别墅招待孙中山和夫人，但孙先生突然发病，由夫人宋庆龄代表出席。1926 年，世界青年会组织代表来津，约有 2000 多人，黎元洪热情接待，并为每人备茶点一份。黎元洪在寓所还接待过美国木材大王罗伯特·大莱、英国报业巨子北岩公爵、美国钢笔大王派克等。派克特意将一支特制的朱砂色金笔送给黎元洪，并请黎用这支笔为其签字留念。天津知名人士严范孙、卢木斋等是黎宅的常客。黎元洪对来访的客人总是要留其用

黎元洪威廉街故居

便餐，每次都由主要办事人员作陪。每逢元旦、圣诞，黎元洪总要在寓所举行庆祝招待会宴请中外客人。宴会召开的前几天，他总要按照西方的习惯发出英文正式请帖，并请答复；对日本客人则用中文的正式请帖。按照礼节，每逢宴会黎元洪必穿礼服迎接客人。客人来到前，黎总要亲自检视餐桌上每位客座前已摆好的外文菜单。宴请外国人不完全是西餐，每次都有鸽蛋汤或鱼翅汤等。每逢节日，他还要在私人戏院里举行舞会。戏院楼上备有西式冷食、果汁、饮料等，供客人享用。春节时，他还邀请京剧名角和杂耍艺人到私人戏院演出，招待社会各界人士。黎下野后，对国庆节（辛亥革命纪念日）却非常重视。他常说，我作为中华民国的一个平民也应该庆祝。每逢国庆，他都在寓所、戏院放焰火，放映露天电影，与大家共庆国庆。

黎元洪常住在英租界盛茂道寓所，隔一天去一趟德租界威廉街寓所。黎有午睡的习惯，但他不是在床上午睡，而是在沙发上。黎元洪喜欢运动，注意健身。每日早餐前必做一次体操。他夏天好打网球，冬天好滑冰。他喜爱骑马，还是位老行家，早在湖北训练新军时，马术就很高。他经常骑马到东局子法国兵营，那儿过去是他的母校——北洋水师学堂所在地。黎元洪也喜欢拄着文明棍外出散步。他常和夫人一起步行到平安（今音乐厅）、蛱蝶（今大光明影院）、光陆（今北京影院）去看戏或电影。他出门不要人跟随，喜欢自由自在地散步。

黎元洪喜好书法，寓居天津后更是乐此不疲。他多临张迁、华山等汉代碑帖，以颜书见长，常泼墨挥毫。当时各方求书者甚多，他都乐而应之，一写就是半天。若有人备好空白的对联或横幅宣纸，请其为自己题词的话，他总是很高兴地按客人的意思，写好交给人家。当时，很多人家里都挂着黎元洪的墨迹。

黎元洪还喜爱养花，两座寓所都有花园。有一年，他叫花匠在英租界寓所建一花坛，花匠画了多次画不圆，正赶上黎元洪拄着文明棍出来散步。他说，我来画个圆。说着用文明棍一抢，就画了一个圆，大家齐声称赞：真圆！真圆！原来黎元洪早年是北洋水师学堂管轮班的高才生，专门学过绘图、几何等课程。黎元洪还特别喜爱风筝。他曾微服亲往东门里"风筝魏"店铺观看风筝，和魏元泰谈得津津有味，并定做了老鹰、"子孙万代""麻姑骑凤""天女散花"等风筝。魏元泰连夜赶制，做好后亲自送到了黎公馆。

黎元洪有子女 4 人：长女绍芬、长子绍基、次女绍芳、次子绍业。他对教育颇为重视，除了给南开大学及其他一些学校捐款外，还十分注重对子女教育。他曾聘请天津著名学者赵元礼教子女们汉语和书法，请英文秘书孙启濂教子女学英语。他命长子绍基赴日本贵族学院读书，归国后复进南开大学学习，与周恩来都是南开大学的第一批学生，毕业后又赴美留学，获得文学硕士学位。黎元洪支持子女参加反帝爱国运动。"五卅"惨案时，绍基正在南大就学，学生为声援这次大罢工，推举黎绍基为后援会募捐组组长。黎元洪得知此事后，大加赞许，除自己出资捐助外，还亲笔函介黎绍基前往拜见顾维钧、杨以德、鲍贵卿等名流，使绍基在 3 日内募数 11000 余元，大大超过了预计数目。

黎元洪退出政界后，在津专心致力于发展中国的实业。他曾投资了我国北方有名的大企业中兴煤矿公司、启新洋灰公司、久大精盐公司、永利碱厂等。他还为华侨首创的中国远洋轮船公司投资万余元美金。

1928 年初夏，黎元洪因蒋介石打到津京时派阮齐（黄陂人）胁迫黎交军饷百万买公债百万，心中烦闷，偕夫人到马场去看赛马，突然旧病复发，晕倒在地，经抢救终至卧床不起，于是年 6 月 3 日因脑溢血病逝于英租界寓所，享年 64 岁。在黎元洪患病、逝世前后，曾有一件奇事：黎元洪曾饲养孔雀两只，在茶余饭后，经常去观赏孔雀开屏之英姿。1926 年 10 月，黎元洪第一次患脑溢血时，他喜爱的孔雀死去一只，他甚为遗憾。1928 年 6 月 3 日晚 10 时半黎元洪逝世时，尚存的一只孔雀也突然死去，家属亲朋一直视为奇事。

黎元洪逝世后，国民政府下令优恤，为黎举行了隆重的公祭，并举办了规模浩大的出殡仪式。出殡后，他的灵柩停放在容安别墅，后葬于别墅里的西式坟墓中。1933 年运回武昌，1935 年举行国葬。

冯国璋故居

张绍祖　张建虹

冯国璋（1859—1919），字华符，一作画甫，直隶（今河北）河间县西诗经村人。他的故乡因《诗经》的主要传人毛苌活动并在此讲授"诗经"而得名，被视为中国最早的诗歌总集的传播地之一。冯国璋发迹后，世人以"河间"尊之，但他更乐于人们直接称呼自己为"冯诗经"。冯家曾为诗经村首富，建成当年左近闻名的冯家四大院。冯国璋的祖父冯丕振住南院，曾有地 300 余亩，其父叫冯春棠，但到四儿（冯国璋乳名，因行四得名）出世时，其

冯国璋

家境已日趋困难。他自幼聪颖，7 岁入私塾，后到毛公书院读书，1881 年底入保定莲花书院深造，两年后因家庭陷入困境，而被迫辍学回籍。1884 年，冯国璋只身来到大沽淮军直字营当兵。第二年，经保荐进入天津北洋武备学堂，习步兵科。他为该学堂第一期学员。在学习期间，他曾回原籍参加科举考试，考中秀才。后重返天津北洋武备学堂学习，成绩优秀，深得该学堂总办荫昌赏识。1890 年毕业，留校任教，主授步兵科课程，达 4 年之久，堪称北洋武备生的"大学长"。

1893 年，冯国璋进聂士成军中效力。在中日甲午战争前夕，曾随聂士成

赴东北和朝鲜等地考察和测绘地形，所集资料以聂之名编成《东游纪程》一书，深得聂的垂青，任其为该军军械局督办。后经聂士成保荐，以清朝驻日公使裕庚随员身份赴日考察。1896 年，冯国璋回国后，将精心整理好的笔记资料呈送聂士成，聂又转呈袁世凯。当时，袁世凯正在积极筹办小站练兵事宜，急需军事教学人才，遂招冯国璋入小站辅佐练新军。1900 年，冯国璋参与镇压义和团运动有"功"，被山东巡抚袁世凯调到济南主管武卫右军和山东全省军队督操事宜。是年秋，袁世凯邀请德国驻胶州湾总督一行抵济南观操。冯国璋指挥操练的队伍"一举足则万足齐发，一举枪则万枪同声，行若奔涛，立如直木"。队伍整齐精壮，军威凛然，指挥操练的冯国璋、王士珍、段祺瑞被称赞为"北洋三杰"。后来，人们以三人性格特征不同，王士珍持重如龙，段祺瑞威骛如虎，冯国璋多变如豹，而分别冠以"龙、虎、豹"之称。

1901 年，袁世凯擢升为直隶总督兼北洋大臣，冯国璋亦随之赴任，任教练处总办。未几，清政府任命冯国璋为练兵处学司正使，同时督办北洋武备学堂，此职为他后来充当直系军阀首领打下基础。1909 年，冯国璋被任命于军咨使，他为清王朝制订了全国练兵、驻防和守卫的通盘计划，成为身兼数职的清廷军政要员。

1911 年辛亥革命爆发，冯国璋为第二军总统，攻陷汉口，威逼武昌。同年调任察哈尔都统兼禁卫军总统。1912 年，袁世凯任总统后，冯国璋任总统军事处处长，9 月出任直隶省督军兼民政长。1913 年晋升为陆军上将，任江淮宣抚使、第二军军长，参与扑灭"二次革命"。同年底，任江苏都督。1916 年袁世凯死后，黎元洪出任总统，冯国璋被选为副总统，仍兼江苏都督。1917 年 7 月，张勋复辟失败后，他以副总统名义代理大总统。1918 年去职。

冯国璋有两妻五妾。在北京、天津、南京以及家乡均有大宗财产。著名的如华通银行、华实银行、东方油漆厂。在大陆银行、开滦煤矿、启新洋灰公司等处，均有大量投资。在诗经村老家、北京、天津有大量房产。

在天津，冯国璋有 3 处房地产，共计房屋 620 间，其中楼房 160 间，平

冯国璋民主道故居

房 460 间，建筑面积近 12 万平方米，占地 22.355 亩。

第一处为寓所，在旧奥租界二马路与河沿马路交会处（今民主道 50～54 号和海河东路花园巷）。这所住宅是冯国璋于 1913 年以抵债方式购自奥工程师布吕纳的 3 所楼房，占地 6.376 亩。后于 1915 年委托一位德国工程师按原建筑风貌进行接建、扩建，并又增建 4 所二层楼房，修建了庭院花园，人称"冯家花园"或"冯家大院"。临街住房 5 所相连，为二层楼房。房前有围墙，计楼房 110 间，平房 55 间，建筑面积 4661 平方米。1993 年，笔者曾走访过居住在河北区民主道 50 号楼下的冯国璋之孙冯海刚先生。冯先生在病中热情地接待了我，他说："祖父与程奶奶在这所房子住过。二伯父冯家迪和五叔冯家周长期在这里住。"冯国璋去世后，这所房地产由其子孙等继承，后来有的自住、有的变卖、有的出租；原增建的 4 所二层楼房，在拓宽河沿马路时拆除；原"冯家花园"一度改为煤厂，后又建成里巷，取名冯家胡同。1982 年地名普查时，更名花园巷。现该处一部分房屋为公产，一部分房屋为私产，一部分房屋为企业单位使用。当时，冯国璋住过的房屋由其孙冯海刚先生一家居住，著名笑星冯巩是冯国璋的曾孙、冯海刚之子，就出生并生活在这里。

第二处也为寓所，在今河北区四马路、宇纬路拐角处，宇纬路 6 号，计有楼房 24 间，平房 47 间，建筑面积 1435 平方米，占地 4 亩多。此房是冯当大总统期间修建的，先用其子冯叔安名字购得地基，然后建房。这是一座花园式别墅，二层西式楼房，造型别致，整体性强。前面是一层，后面是二层，一层顶上是平台——屋顶花园，有百余平方米。一楼进门是大客厅，往里中间是内客厅，两边是休息室和其他使用房间；二楼是卧室、书房，室外是平台花园。院墙四周是平房建筑，楼后正中有 3 间带走廊的平房，形成庭院花园的统一整体。花园内有金鱼池、花坛、各种树木。这所宅院已拆除，改建为"云贵里"居民住宅楼，现为公产。

第三处为出租房屋，在今河北区四马路中段西北侧，为 3 条并行东起四马路的实胡同，呈 "E" 字型，此房由冯国璋三子，著名实业家冯家遇（冯巩的祖父）1922 年建，以原籍"诗经村"命名，可见冯国璋对故乡"诗经村"的依恋和推崇。该处至今仍称诗经村。

冯国璋原配夫人吴凤，1875 年与冯结婚，可谓是患难夫妻，生有 3 子 1 女，1910 年 6 月在保定病故。继配夫人姓周，名砥，字道如，生于江苏宜兴，原籍安徽合肥，是淮军将领周盛传的孙女。周砥早年毕业于天津北洋女师范学堂，曾在天津从事小学教师工作，后经"女师"校长傅增湘介绍被袁世凯聘为家庭教师。冯国璋原配吴夫人逝世后，袁世凯为了笼络冯国璋，于 1914 年 1 月，特将家庭教师周砥介绍给冯国璋结为夫妻。袁世凯命令部下要将冯、周婚礼办得非常隆重。袁世凯不仅派江苏民政长韩国钧代表自己为证婚人，并派三夫人金氏和长子袁克定护送周砥到南京。袁氏给周砥陪送的金银首饰、珠宝玉器，达 120 余担，其他妆奁五光十色，不可胜数。冯国璋也以大礼相待，1 月 17 日冯国璋亲自过江到下关迎亲，炮兵、军舰均鸣炮致敬。次日举行婚礼，场面十分隆重，上海、苏州及北京远道而来的各界要人数不胜数，一时轰动大江南北。结婚结算，仅招待费就支出白银数万两。但周砥患有严重的肺病，与冯结婚 3 年多，即 1917 年 9 月 10 日不幸去世。冯将第一庶夫人彭金梅扶正，彭氏是河间县城以北的十里铺人，原为吴氏身边的使女，人称金姑娘。成年以后长得十分动人，被冯国璋收了房，成为冯的第一位如夫人。周砥病故后，冯国璋的长女冯家逊向其父建议，将彭氏扶正为夫人，冯因急需人管理家务，欣然同意，并亲笔题写了一副对联："一生授理家庭多顺寿，两次代权忠诚无闲言。"横批为"见义好为"。1918 年 10 月，冯国璋离去总统职务后，携夫人彭氏返回故乡诗经村，年底来津在"冯家花园"居住。到津的第三天，他就拜访了黎元洪，商议如何斡旋南北议和。是年 12 月 15 日，他与梁士诒、朱启钤等人参加了在津召开的和平期成会。后来，他又移京帽儿胡同寓所居住。1919 年 12 月 12 日，冯国璋会见美国客人，久坐受寒，当晚洗澡后病倒。请中医诊治，未见好转，三子家遇请德国医生诊断为伤寒，伤寒本来难治，加之年老体弱，终成不治。临危召张一麟等口授给徐世昌的遗言："和平统一，身未己见，死有遗憾，希望总统一力主持，早日完成。"并嘱薄葬。12 月 28 日晚，冯国璋病逝于北京地安门帽儿胡同寓所，终年 60 岁。转年 2 月 2 日，冯国璋灵柩出京归葬原籍，墓地占地百亩，规模宏伟，坐北朝南，有高大的神道碑、华表及牌坊。墓基占地约 1600 平方米，支托着一座高 3 丈、分三层的墓丘。整座国葬墓颇有帝王陵墓之气概。墓内放木棺一口，但棺内并无遗体，仅有冯氏绫布画像一幅。至于冯的遗体葬于何处，直到 1966 年"文革"才得知当年在进行国葬的前夜，冯氏家人暗中举行家葬，将冯的尸体秘密埋葬于冯氏祖坟里。

冯国璋有 5 子 4 女。长子家遂、二子家迪、三子家遇、四子家迈、五子家周；大女儿家逊、二女家述、三女家速、四女家蝶。现其子辈均已作古。孙子孙女们，多数在大陆居住，有的就居住在天津，均过着安居乐业的幸福生活。其中冯国璋的孙女冯容曾任天津规划局副局长，被市政府授予"为天津城市建设作出贡献的大功臣"的光荣称号，并被推荐位市政协常委，冯国璋的曾孙冯巩曾被评为第八届"中国十大杰出青年"，是全国政协委员。

徐世昌故居

张绍祖　张建虹

徐世昌

徐世昌（1855—1939），字卜五，别号菊人、韬斋、东海，天津人。徐家故居在天津东门里二道街南的一处平房，徐世昌曾住在这里。此房几经易主，最后房主为黄姓。前些年附近的老人们健在时，尚能指出"某院某屋住过一位总统徐世昌"。也有人撰文说："仓廒街快到尽头是道署东箭道，那里有徐世昌的住宅，他当大总统前后就在这里住过。"

后来又有读者补议："徐家大院坐落在南开区仓廒街48～58号，东至德善里，南至仓廒街，西至双井街津道后，北至三义圣，占地面积1672.56平方米，建筑面积约880.19平方米，建于清末，系传统大型民居宅院。大院坐北朝南，中轴为一箭道，西侧是三进三合院落，东侧规模略小，为二进二合院，后楼一个小院，为几间厨房，建筑不甚规则，但颇具天津传统风貌。"

徐世昌于1855年10月20日出生在河南卫辉府城内曹营街寓室。幼年在河南汲县私塾读书，成年任河南沁阳、太康、睢宁等县文书或家馆教师。因汲县与袁世凯故乡彰德（今安阳）洹上村较近，徐、袁由初识而深交，后来结拜为金兰之交。受袁资助徐北上会试中进士，1897年后曾协助袁世凯在小站创建北洋陆军，任陆军参谋营参赞。他为袁世凯出谋划策，提出了比

徐世昌德租界故居（今闽侯路 1 号闽侯小学）

较系统的军事理论，指定了一系列"全盘西化"的军制、法典、军规、条令和近代战略战术原则。庚子之乱，随驾赴陕西，深受帝后宠爱，先后任国子监司业、兵部左侍郎、军机大臣、东三省总督、邮传部尚书等职。辛亥革命中，助袁世凯居大总统职位，1914 年任国务卿官职。袁世凯称帝时，他辞职隐退，1916 年先避居河南辉县水竹村，自称水竹村人。1917 年 5 月 26 日，徐世昌移居天津德租界。

徐世昌于 1918 年被段祺瑞的安福国会举为总统，自称"文治总统"。在其近 4 年总统任内，他苦心经营，先是由凡尔赛和约引起的"五四"风潮；接着便是直皖两系之间的冲突和战争；从 1921 年华盛顿会议召开，到百般核计收回山东主权；不久又起直奉战争、援鄂战争；张作霖、吴佩孚、曹锟这帮当年的老部下，如今都成为了"太上皇"。这些人供奉的是"有兵斯有权"信条，飞扬跋扈，完全破坏了徐世昌设计的文治天下的治国方案。1922 年 6 月直系曹锟要恢复旧国会，吴佩孚多次来电逼他下台。徐世昌被迫辞职，于 6 月 22 日，先携家眷到意租界徐世章住宅居住。9 月 10 日，又迁入英租界咪哆士道新居（今和平区泰安道永兴纸行西邻，该房已拆除）。他从此结束了 40 多年的政治生涯，隐居津门，专心致志于"租界寓公"的悠闲生活。1927 年徐世昌在牛津道（今和平区新华南路 255 号，纺织局毛纺管理所；新华南

徐世昌故居（新华南路 255 号）

路 257 号，新华南路小学）建有寓所。他先用堂名"宝墨堂徐"购得英租界空地 15.357 亩，修建了 9 所住房，共 181 间，约计 4052 平方米。这 9 所住房虽然在一块基地上，但各有独立性，徐世昌住 1 所，眷属分住 8 所。

徐世昌的住所是单独一个大院。即现今的新华南路 255 号，现为天津市教委使用。占地 6.352 亩，有楼房 26 间，平房 4 间，建筑面积 1085 平方米。楼房系三层，砖木结构。凹字形的陡削瓦面坡顶与长弧形的欧式观赏露台相互映衬，具有鲜明的英式别墅建筑特色。外观造型明朗简洁，气度雍容端庄。楼门前有一个四磴台阶高的平台，红瓷砖地面，两边筑矮花墙。院墙为清水砖砌，在房檐、下碱、窗口等处，用浅色水泥点缀，外观丰富多彩，富于立体感。庭院深深，花草繁盛。还种有青松翠柏、藤萝、爬山虎装点着楼房和院墙，显得清雅幽静。

楼内装饰富有中国传统特色，各种设备齐全。一楼是客厅、休息室、饭厅、更衣室、洗澡间；二楼有卧室、办公室、书房、内客厅；三楼是屋顶间。徐世昌在一楼客厅接待来宾、会见老友。二楼书房称为"退耕堂"，是他著述、绘画、写字、吟诗的地方。徐世昌一生极好诗文，终年作诗不辍，素有

"文章魁首"和"总统诗人"的美称，一生诗文 5000 余首，楹联万余对，在清末民初的诗坛上占据了一席之地。他常吟古诗"八十老翁顽似铁，三更风雨采菱归"，并引以自豪。在著述方面，徐世昌在寓所里著有《退耕堂集》《水竹村人集》《归云楼题画诗》《归云楼集》《退园题画诗》《葵园诗草》《海西草堂集》《海西草堂题画诗》《拣珠录》等，并编有《清儒学案》《晚晴移诗汇》等。《晚晴移诗汇》是清诗总集，全帙 210 卷，共收录了 6100 余家诗人的 27000 余首诗，达 400 万字，花费了近 30 年时间，由徐世昌主持，邀集其幕僚、门客撰写而成。1929 年问世，它对研究清代文学和历史具有重要价值。这是徐世昌为保存我国古代文化遗产所作出的杰出贡献。至于《清儒学案》，于 1939 年编成时，徐世昌已在病中，他在临终之际非常欣慰地看到了初印的样本。徐世昌还是书画名家，早年写馆阁书体，当大总统后，每天在总统府内挥毫书写，分赠中外友人、各界要人。1919～1926 年间的书法，徐氏汇集成《石门山人临图帖》1 册、《水竹村人临帖》4 册，刊印发行。他的绘画也颇有造诣，善画山水、松竹，而且独喜绘制扇面。代表作《晴风露月四竹图》极为有名，为竹作中之精品。他还喜藏书画，酷爱古砚、古墨，家中收藏了许多端砚。他将各砚之花纹、题识一一墨拓，汇成《百砚谱》一册（又称《归云楼砚谱》），1926 年发行。这是近代唯一的评砚专著。

1935 年九月十三日（农历），徐世昌在其寓所曾举行过盛大的八十寿庆。院内高搭彩棚，大张筵席。贺客盈门，高朋满座，达数百人之多。那天，中外名流还齐聚天津西湖饭店为徐世昌庆贺八十寿辰。大家公推前国务总理、驻苏大使、著名外交家颜惠庆致贺词。颜在贺词中说："徐总统德高望重，举世敬仰，尤其是在历任总统中，以他的外交眼光最深邃，重大决策最正确，高瞻远瞩，令人折服。"颜惠庆对徐世昌评价很高。国民党政府派中央委员方觉慧为代表参加盛会，并发了言。徐世昌将亲笔书写的百余幅墨迹，分赠来宾，以示感谢。

徐世昌住宅的空地很多，他曾开畦种菜，陶然自乐，自诩为"解甲归田"。每当茶余饭后，他就来到菜畦旁，亲自指点佣人培植蔬菜。有时，他还换上短衣，手持锄头，在菜畦间辛勤劳作，并以此为题拍摄照片，题名为"退耕图"，他自己则号称"退耕老人"。

徐世昌信奉道教，特别崇拜吕洞宾，他在寓所楼上摆设吕祖像，据说每天午睡后在吕祖像前磕头100个，从不间断。

1937年"七七事变"爆发后，徐世昌对外推说有病，闭门谢客，不出寓所大门。有一个日本长官头目来津见他，结果被徐世昌拒之门外。天津沦陷后，日本特务机关通过曹汝霖欲请徐世昌出山。当时，徐世昌住在咪哆士道（今泰安道）。曹以门生名义求见，徐已观察出曹的来意，不待他启齿，则婉言谢绝，曹赧然而去。不久，曹又以探望老师之名再次求见，徐非常气愤，当面将曹骂出，并指示门卫，今后不许曹进门。1938年初，日本坂垣师团长和大特务头子土肥原贤二大佐派徐世昌的得意门生章浸、金梁二人前往游说，请老师出任华北领袖，并以宣统帝溥仪来压迫徐世昌就范。但徐世昌仍严正拒绝："我年岁已高，精力不济，决不再有出山之想。"徐世昌拒绝利诱，顾全晚节，深受众人称赞。

1938年冬，徐世昌患膀胱瘤症，家人从北京协和医院请来名医到寓所诊治，医生提出须去北京住院进行手术治疗。徐世昌担心北京之行会遭日本人的劫持，未前往。1939年6月5日逝世于天津寓所，享年85岁。6月8日，重庆国民政府主席林森下令褒扬徐世昌，以奖其爱国忠贞。后他归葬河南辉县，不修墓工，仅竖石题曰："水竹村人之墓"。徐世昌之妻为河南知县贵筑端鸿之女，徐20岁时娶，但成婚不足一个月便病逝。26岁时，他续娶席夫人，无出。后娶侧室石孺人，生长女绪明、次女绪根，继子为绪直（其胞弟世光之子）；又娶侧室何姬、薛姬、陈姬。

综观徐世昌的一生，可看出他是近代中国社会开明的当权派，是推翻旧时代的先行者，是近代中国大政治活动家、经济家、教育改革家和新儒学家。

曹锟故居

张绍祖　张建虹

曹锟（1862—1938），字仲珊，天津大沽人。曹锟家原是一个贫苦的大家族，其父曹本生，以排船（造木船）为业。有兄弟姐妹7人，他排行第三，人称"曹三"。幼年曾入私塾数年，学习刻苦，练得一手好字，又练得一身好武艺。因家境贫寒，被迫失学，16岁时推车下乡卖布为生。因喜玩麻将把本钱赔光。20岁时，适袁世凯在小站招募新兵，

曹锟

遂应募入伍。曹锟以体格魁梧，又粗通文字，不久即被选送天津北洋武备学堂为第二期学员，毕业后充哨官。曹锟一向善于投机钻营，以同宗名义和外号"曹大帅"的曹克忠攀亲，因曹克忠与袁世凯是世交，曹很快成为袁世凯的得力干将。袁称帝失败，曹锟派亲信携重金到北京，贿通段祺瑞，成了直隶省督军，经过直皖战争和第一次直奉战争，曹锟成为北洋军阀中直系首脑人物，青云直上。1923年贿选当上大总统。1924年第二次直奉战争，冯玉祥发动北京政变，囚曹锟于延庆楼。一年后，国民军退出北京，曹锟始获自由，隐居天津英国租界，作超等寓公。

曹锟在天津有4处豪华寓所。

其一，是河北区五马路"曹家花园"（今254医院），为一所豪华的远

曹家花园残存建筑

郊别墅。这个花园原为"孙家花园"，1903 年为买办孙仲英所建。曹锟任大总统时，曾借该园作寿，孙仲英便乘机以重金转让给曹锟。他购园后大兴土木，增建池亭、山石、廊庑、岛榭，建成为一所豪华的园林别墅，改称"曹家花园"。该园房屋建筑别具一格，既有中国古代建筑的飞檐、明柱、格窗、游廊的风貌，又有西式建筑的跨梁、拱顶、长窗等装饰豪华的特点。园内有公子楼、小姐楼、松月楼、客宾楼等。园林建筑有叠石假山、人造土山、湖泊，水域占全园的五分之一。湖中有小岛，岛上建有角亭，湖畔有莲藕荷塘，角亭按景而设，前些年尚残存山亭、湖心亭、观鱼亭、回廊基石等。游廊环湖而设，处处可见，可谓有路就有廊。这所园林别墅占地 200 余亩（13.34 万平方米），有楼平房百余间，建筑面积约 4000 平方米。

其二，是英租界盛茂道公馆（今和平区河北路 211 号新华职工大学址），占地 6.1479 亩（4098.62 平方米），1922 年建，前后两道院，有楼房 78 间，平房 27 间，建筑面积 2370 平方米。前院有主楼 1 座，二层带地下室，砖木结构，中西结合，楼前有大阅台，高台阶。一楼有客厅、休息厅、饭厅等；

二楼有卧室、书房、内客厅等，前后院筑有一条花墙相隔。后院有 3 座二层小楼并列，中楼为客宾楼，招待近亲用；右侧为少爷楼；左侧为小姐楼。靠两侧院墙处还有两座条形小楼带地下室，为男、女佣人住用。

其三，是英租界达克拉道公馆（今和平区洛阳道 45 号天津文化局幼儿园），1923 年建。此公馆为一所 2 层带地下室的西式楼房，为砖木结构，瓦顶，自然间 42 间，建筑面积 1219.05 平方米，占地 1.418 亩（945.34 平方米）。主楼入口有石砌高台阶，楼前檐有 4 棵钢筋混凝土立柱，塑有花纹，外墙镶黄色瓷砖，菲律宾木高大门窗。一楼客厅约 100 平方米，左边是一排多扇组合的落地门窗，花纹玻璃，木板隔断成为 3 间，书房、休息室、饭厅；右边 3 个自然间，女客室、浴室等，装饰设备讲究。

其四，是意租界二马路（今河北区民主道 27 ~ 29 号），1919 ~ 1920 年建。有前后两幢西式 2 层砖木结构楼房，带地下室，共有楼、平房 71 间，建筑面积 2468 平方米，占地 5.66 亩（3773.35 平方米）。

曹锟有四个老婆：原配郑氏，未生育；后娶高氏，不久因病去世，生了个女孩，取名曹士熙；再娶三夫人陈寒蕊，先生一女，取名曹士贞，又生一

曹锟故居

子，取名曹士岳；四夫人为坤伶刘凤伟，生有一子一女。

1925 年曹锟回津后，开始两年和郑夫人、陈夫人及刘夫人，还有两个儿子和三个女儿一起住在英租界盛茂道公馆。

曹锟的三个夫人性格迥异。郑夫人生性好静，对任何事情不闻不问；陈夫人脾气古怪；刘夫人性情刚烈。三个人同住在一个院子里，每天进出门都要碰面，起初她们还能互相容忍，关系也算融洽。但时间一长，她们之间为争宠争财就互不相让了。郑夫人此时已人老珠黄，又加上一直没有生育，虽是曹锟的原配，但和年轻貌美的陈夫人、刘夫人相比，她自惭形秽。因此当刘、陈二人争斗时，她从不参与。陈夫人脾气古怪，经常为一些鸡毛蒜皮的小事和刘夫人争吵。刘夫人觉得生活在这样的环境中实在太压抑了，于是她不顾曹锟的挽留，带着女儿曹士英和儿子曹士蒿及家人搬到了英租界达克拉道公馆。

陈夫人和刘夫人之间的争斗不休，加上嗣子曹少珊（曹锐之子）独揽家里的财产大权，引起 3 个夫人和儿女们都对他十分不满，而且还常为此闹矛盾，曹锟感到左右为难，常常为此事唉声叹气，十分烦恼，本来已患糖尿病的身体愈来愈差。1928 年曹锟给刘夫人的一封信中说："庆（系曹少珊乳名）的心肝坏了，他们也不管我，我可能不久于人世了，对士英和士蒿我管得少，很觉得对不住你，你要照顾好他们。"刘夫人收到曹锟的这封信后，又生气又心疼，忍不住抱着一对儿女哭起来。刘夫人当年为避免与陈夫人再闹矛盾，从盛茂路公馆搬出来时曾发誓决不再管曹家的事，现在见曹锟晚景如此凄凉，决计不再袖手旁观。在大哥曹镇的建议下，刘夫人决定把曹锟接到达克拉道公馆来和他们母子 3 人住在一起。

达克拉道公馆处于英租界中心地带，楼外整天车水马龙，叫卖声、吆喝声此起彼伏，甚是热闹。曹锟搬来几个月后，病情没见好转。刘夫人觉得这里环境不利于养病，便在郊外的湖边租了一间房子，把曹锟接过去。湖边的房子环境幽静，似为世外桃源，又请来天津有名的西医大夫梁宝鉴和德国医生巴勒第精心治疗，再加上刘夫人终日守候在床边细心照料。几个月后，曹锟的病日益好转，慢慢痊愈，回到达克拉道公馆。

曹锟回到公馆后，辞退勤务兵，身边只留下两个侍从和一个秘书。刘夫人为安全起见，又花钱请了几个英租界的门岗。另外家中还雇了几个丫头和3个老妈子。除这些人外，家里还有两个伙夫、一个司机和一个当差的。曹锟在这场大病痊愈后，人变得随和多了，对家人和侍从们都很和气，很少再发脾气。

曹锟搬到达克拉道公馆后，由刘夫人当家理财。曹锟每月从她那儿领取700块大洋零花。由于曹锟生性豪爽，讲义气，经常有亲朋好友来访并吃饭。这些人一旦在谈话中吐露出生活有困难，曹锟便当即慷慨解囊相助。这样刘夫人每月给的700块大洋经常不到半个月就花光了，后半月只好花一块要一块。

曹锟在饮食方面很随便，不挑剔，有时和刘夫人及孩子们合着吃饭，有时分开吃。他每餐都要喝上二两白酒。当总统时，曹锟只喝中外名酒，普通酒不沾。下野后，曹锟更多的是喝天津产的直沽白酒，偶尔也买上一两瓶洋酒解解馋。

曹锟晚年信佛。他经常到城外的寺院去烧香念经。天津的"大悲院"就存放着当年曹锟花重金买下的一尊金佛。达克拉道的洋楼内，也挂有他请人画的一幅表现孔孟等人功绩的"圣迹图"。每天吃完晚饭，曹锟都要在"圣迹图"前拜几拜。

曹锟下野后也学会了抽大烟，不过不像有些人一抽就上瘾，他只是在心情郁闷时才抽上几口。晚年的曹锟特别爱听河北梆子，有时来了兴致，自己也哼上几段。

曹锟晚年的主要精力是放在练书法和画画上。他每天早上起得很早，先到院中练练自己编的一套虎拳，然后回到屋里打坐练气功。吃过早饭，他便开始练字和画画，有时一进画室就是好几个小时，仆人喊他吃午饭时，他还要求等一会儿开饭，真正到了废寝忘食的地步。曹锟最爱画国画，尤其擅长画傲霜斗雪的梅花。用一笔写成一个虎字更是曹锟的拿手好戏。每逢亲朋好友向他索字时，他就铺好宣纸，拿出毛笔，蘸饱墨，一笔呵成一个虎字，身旁的人见状都啧啧称赞，虎字写得苍劲有力。曹锟写完字，还要精心地先在条幅的右上角盖上一枚上面写着"弱冠从戎服劳国家四十年归田年七十以后怡情翰墨之作"的图章，然后在右下方署别名"乐寿老人"或"渤叟"。

1937 年"七七"事变后，天津沦陷，日伪当局引诱曹锟出山当傀儡，曹坚决不当汉奸，保持了晚节。

1938 年 5 月 17 日，曹锟因患肺炎医治无效病故。重庆国民政府有感于曹锟在沦陷期间，忠贞不屈，正气凛然，特于 6 月 14 日发布训令，追赠曹锟陆军一级上将，颁赠"华胄忠良"匾额一方。

段祺瑞故居

张绍祖　张建虹

段祺瑞（1865—1936）原名启瑞，字芝泉，晚号正道老人，安徽合肥人。段祺瑞于1885年考入天津新建的北洋武备学堂炮兵科，为第1期学员，1889年被李鸿章派赴德国学习军事。回国后，任北洋军械局委员等职。1895年在袁世凯创办于小站的新建陆军中，任炮队统带（营长），后屡有升迁。他是清末北洋新军的重要将领

段祺瑞

之一，与王士珍、冯国璋并称为"北洋三杰"。1911年曾任湖广总督。民国成立后，他历任北京政府陆军总长、参谋总长、国务总理。

1916年袁世凯死后，黎元洪任大总统时，段祺瑞仍任国务总理，掌握北京政府大权。段祺瑞为皖系首领，争权夺势，引起（总统）府、（国务）院之争，与黎元洪矛盾越演越烈。1917年5月23日段祺瑞被黎元洪免职后退居津门。

段祺瑞到天津后，先暂住意大利租界二马路（今河北区民主道）20号段芝贵家。这是一所别墅式住宅，六楼六底，外带二层小楼，院内有车库，属意大利建筑风格（1926年由姚国桢介绍卖给后任天津市长的张廷谔）。段芝贵为了表示恭敬，要搬出去住。段祺瑞说："我哪能久住天津，你又何必迁出迁入地找些麻烦呢？"段祺瑞住了7天，5月30日迁入大马路（今建国道）11号寓所（吕调元的房产），并将北京全部眷属接来。

张勋复辟失败后，段祺瑞于7月14日入京，迎冯国璋为总统，自任国务总理兼陆军总长，重掌政权，并以"再造共和"的功臣自居。这是段祺瑞第一次退居津门而又东山再起的一幕。

1920年7月，直皖战争以皖系的失败而告终，以段祺瑞为首的皖系军阀不得不拱手让权，直系军阀代替皖系军阀控制了北京政权。于是，1921年段祺瑞第二次退居津门，住进了天津日租界别墅。

该别墅是其妻弟吴光新（曾任陆军总长）的住宅，位于天津日租界宫岛街（今鞍山道38号，原52号）。该楼为庭院式建筑，建于1920年。该建筑包括主楼、后楼和平房，均为砖木结构。主楼造型雄伟壮观，四层（含地下室）44间，建筑面积2429.21平方米。首层正面中间部位突出，上10磴台阶为门厅和前廊，二楼正面有屋顶平台，三楼背面东、西角各有平台一个，室内宽大考究，暖气卫生设备俱全。后楼为两层，15间，建筑面积576.58平

段祺瑞故居（今鞍山道38号）

方米。院内两侧有平房 15 间，建筑面积 452.28 平方米。该建筑共有 74 间，建筑面积 3458.07 平方米，占地 2661.55 平方米。建筑物顶部中央突出成圆形，好像为这幢楼戴上了一顶古典的桂冠，属于欧洲折中外廊式建筑风格。

　　1924 年，直系军阀失败，当时段祺瑞在"段公馆"设有办事处，与冯玉祥、张作霖均有密切联系。11 月 11 日，"段公馆"突然热闹了起来，冯玉祥和张作霖来了，段祺瑞在公馆宴请两位客人，有五六十位北洋各派的要员陪同，场面很大，但三方对直奉战争后的中央和地方权力划分持有各自不同的想法。在酒宴间，张作霖亮出了自己的想法，继续对直系作战，彻底铲除直系的势力，张的这一主张很明显，一定要占领第一次直奉战争中未能占据的长江流域，让奉系的势力遍及中国，并在奉系的安排下，组建新的北洋政府。段祺瑞当然不会允许这样的局面出现，因此力劝张作霖"适可而止"，对江浙等省不要使用武力。面对这位北洋的前辈，张作霖不便坚持自己的见解，张希望冯玉祥此时能够发表个人意见，而冯玉祥由于在驱逐溥仪后遭到段的责问，同时，由于刚刚成立的临时内阁完全在他的掌握之中，出于种种考虑，冯玉祥偏偏不肯发表个人见解。由于话不投机，各方又都是握有重兵的人物，段祺瑞苦心安排的欢迎宴会最后竟是不欢而散。

　　宴会结束后，张作霖先返回自己下榻的曹家花园，而段祺瑞则邀请冯玉祥到曹家花园（今 254 医院）拜会张作霖。在段祺瑞的调停下，三方就第二次直奉战争后的政治、军事问题进行讨论。这就是在中国近代史上有重要影响的"天津会议"。会后，段祺瑞于 11 月 21 日离津赴京，24 日就任"中华民国临时执政"，又重掌大权。

　　1926 年，段祺瑞纵容军警屠杀爱国请愿学生，造成震惊中外的"三·一八"惨案，后被冯玉祥赶下台。1926 年 4 月 20 日下午，号称"北洋之虎"的段祺瑞与其子宏业及亲信曾毓隽、梁鸿志、姚震、姚国祯、许世英、章士钊、汤漪、龚心湛、曲同丰、吴光新诸人，乘坐张学良调派的一列专车驶离北京，前往天津。这是他第三次退居津门，从此再没出山。他初到天津住在日租界寿街（今兴安路），自称"正道居士"，每日吃斋，礼佛，十分虔诚。此时日本棋手岩本薰、小杉丁、桥本宇太郎、天田朝义等均曾到段府做客、下棋。在众多的棋手中，有两个人追随段祺瑞为时最久，一个是汪云峰，再就是顾水如。

在寿街闲居中，他无意中将自己的"段"姓和自己住的"寿"街联系起来，谐音为"短寿"，觉得不吉利。其内弟吴光新（曾任陆军总长）听说后，就劝他搬到日租界宫岛街自己的寓所。

与当时在天津的前清、北洋寓公不同，虽然段祺瑞把持中央政权长达十几年，但由于一生不事敛财生利，所以没有什么家底。不仅全国各地没有他的资产，就连合肥老家也无房产和地产。他在北京的公馆还是当年袁世凯赠送给他的。尽管段祺瑞在钱财方面洁身自好，可他在台时，生活开支并不用操心，定期由政府拨给，他随便写个条子就可以提出个千儿八百的。可下野后，这方面的来源便中断了，只有靠过去的部下和学生接济。好在他的部下和学生中当权的不少，所以生活并不困难。但毕竟不能和从前相比，为了节省开支，段祺瑞在天津时，公馆的规模缩小了，厨房里面只剩下八九个人，当差打杂的，连看门的在内，不过十来个人。原来太太小姐们每人屋里的三四个老妈子也压缩到一两个。在北京时，段祺瑞从不过问家里的日常开销，但到了天津后他也认真起来，他亲自过问日常开支，嘱咐详细记账并亲自审查。

到 20 世纪 30 年代初，段祺瑞迁居天津英租界 47 号路（今岳阳道），连麻将也不打了。每日晨起默诵金刚经约半小时，一日三餐多为米粥、馒头，佐以素味二三品。四季衣着均为布制，仆役也大多辞退，一些当年老兵自愿前来效力，昼聚夜散，宅内外事务则由魏宗瀚帮助管理。

段祺瑞不抽不喝不嫖不赌不贪不占，人称"六不总理"。他除了躲在书房里下棋、打牌，没有别的任何嗜好。联系晚清以来，中国官场一脉相承的腐败习气，段祺瑞的"清廉"，着实让人们费解。

此时，段祺瑞还担任了天津"中日密教研究会"会长。其会员有日本驻屯军军官和侨民，也有北洋时期军政人员，如孙传芳、曹汝霖、王揖唐、齐燮元等。该会名为研究佛教密宗，实为日本笼络北洋人物的机构。时人称段祺瑞为释迦牟尼，称曹汝霖、陆宗舆、章宗祥为观音、文殊、普贤诸菩萨，殊为调侃。

1931年9月18日，日本关东军悍然发动侵华战争，制造了震惊中外的"九一八"事变。随后不久，东三省沦陷，日本的侵略矛头又指向了华北。1932年3月，日本扶持废帝溥仪，于东北建立了伪满洲国之后，又积极拉拢段祺瑞，企图利用他在北洋军人中的资望和影响，建立华北伪政权，为其侵略目的服务。这一动向引起了南京政府的注意和不安。蒋介石本来就是一个多疑的人。段祺瑞下野后，蒋介石认为，由于他过去的地位，他在北洋军人中仍有很大的号召力，因此极力对段祺瑞进行笼络。

1933年1月21日凌晨，南下的津浦特快列车加挂了一节专列。段祺瑞由吴光新、魏宗瀚、段宏纲三人陪同，在严寒和夜色中登上火车，悄悄地离开了天津。段祺瑞在上海时，住在法租界霞飞路1487号的一座公馆里，蒋介石每月赠送1万元供他生活之用。

1934年春，段祺瑞由于胃溃疡引起胃部出血，加上年事已高，出院后身体日渐衰退。1936年11月1日，段祺瑞的胃病又一次发作，出血不止，于次日晚8时在上海宏恩医院去世，卒年72岁。

张作霖故居

张绍祖　张建虹

张作霖

张作霖（1875—1928）字雨亭，祖籍直隶（今河北省）大城，生于奉天省海城县西小洼村。张作霖是胡匪出身，1902年被官府收抚后，一路攀升，从巡防营统领、师长、奉天督军兼省长、东三省巡阅使兼蒙疆经略使、东三省保安总司令升至安国军总司令、中华民国陆海军大元帅，由割据一方的"东北王"，最后登上北洋政府末代元首的宝座。他的一生富有传奇色彩，20世纪20年代与天津曹家花园结下不解之缘。

天津曹家花园（现河北区黄纬路新开河畔的中国人民解放军254医院），是天津历史上著名的豪华园林别墅。曹家花园初名孙家花园，1903年（清光绪二十九年），为天津水师学堂总办严复高徒、天津怡和洋行华账房买办孙仲英所建的私人花园。占地200余亩，楼平房100余间，建筑面积4000多平方米。园内林木茂盛，有人工湖、叠石、假山、亭台、石人、石马、石狮等。1911年曹锟任第三镇都统，从孙仲英手中买来此花园。随后，大兴土木，进行扩建和改建，使这座园林建筑更加精美。园内主建筑是曹锟公馆，一幢中西合璧的三层楼房，建在地势较高的园内中央，面对碧波荡漾的人工湖。

大楼一层设有会客室、会议厅和若干间办公室，是曹锟日常处理公务的地方。二层、三层是曹锟及其几房太太的卧室和起居室，楼房周围有回廊，可以俯视园内的景

曹家花园

观。在公馆一侧，有一幢豪华的"会宾楼"，专门用来召开北洋军阀大型会议和接待贵宾。在其后面，建有两幢西式的小洋楼，起名公子楼和小姐楼，是其子女起居和活动场所。楼外建有连接楼宇的长廊，既古色古香，又有洋味。该园水区占全园的五分之一。湖中有小岛，岛上建有莲藕荷塘。

在北洋军阀混战时期，先后7次重要的军事会议都是在曹家花园"会宾楼"召开的，史称"天津会议"。1921年直皖战争结束后，奉军占据了京津地区，张作霖亲自率领人马到天津曹家花园拜访曹锟，两人互换帖子，结成盟兄弟。在此基础上，张曹两家又结成了联姻关系，曹锟将年仅7岁的女儿曹士英，许配给张作霖8岁的儿子张学思，成了"亲上加亲"，一时成了轰动京津地区的特大新闻。尤其是张作霖见到曹家花园这座风格别致的园林，羡慕不已，连连拍手叫好，誉它是"天津的圆明园"。张让曹把图纸借给他，表示要在奉天（沈阳）也修一座同样的园林。后来，张曹反目，此事才不了了之。

1921年直皖战争结束后，直奉两派在分割地盘、组织内阁、任用疆吏等问题上产生了严重分歧，于1922年4月29日爆发了第一次直奉大战，但不到一周，奉军就一败涂地，仓皇退回关外，北京政府遂由直系军阀独掌。5月10日，北京政府宣布免去张作霖所任各职。张作霖虽然丧失了关内地盘，

但他在东三省的统治地位非北京政府一纸命令所能动摇，而且直系也没有力量直捣关外。6月上旬，东三省议会宣布推张作霖为东三省保安总司令，宣布东三省"自治"，与北京政府断绝关系。

张作霖在第一次直奉大战惨败，他开始认识到自己以绿林班底组建起来的军队素质低下，不堪一击，决心启用新人，彻底整顿奉军。1924年9月15日，张作霖宣布自任镇威军总司令，将奉军编为6个军，攻击山海关、热河一带的直军，第二次直奉战争于9月17日爆发。经过整顿后的奉军总兵力和战斗力大大超过了直军，加之直军大将冯玉祥、孙岳、胡景翼临阵倒戈，导致直军惨败，残部为奉军收编。贿选总统曹锟也被冯玉祥软禁于北京中南海延庆楼。奉军乘胜占据天津。一年前曹锟贿选总统后，还曾在曹家花园做寿，收受寿金不可胜数；如今园中除曹锟家属仍住外，成了战胜者张作霖的"行宫"，对外称为"张大帅公馆"。

1924年12月2日，张作霖乘专车来津，直赴曹家花园。12月4日，孙中山先生为解决国事，抱病北上，随同者有夫人宋庆龄及李烈钧、戴季陶等人，住在天津日租界张园休养。当天，张作霖、冯玉祥、段祺瑞一同抵张园拜会孙中山一行。第二天，孙中山先生来到张作霖曹家花园回拜，李烈钧、孙科、邵元冲和汪精卫等同行，演出了一场近代"鸿门宴"。

张作霖知中山先生将至，故意炫耀军容，刀出鞘，弹上膛，五步一岗，十步一哨，戒备非常森严。孙先生一行到了张的行辕门口，孙从容地走下汽车，态度安详，气宇不凡，手执文明棍，缓步迈上台阶。此时张作霖摆起了架子，没有亲自出迎，而让张学良在外迎接，到了会客厅，张也并没有立即出来会晤，等候许久，他才出来见面，意气傲岸地踞于上座，显示出唯我独尊、盛气凌人的气派。孙先生看到这个样子，心中甚不痛快。宾主之间，默无一言，一时竟陷入僵局，经过一度静寂和沉闷，还是孙先生顾全大局，首先开口说："今日抵埠，承派军警迎接，盛情可感，特来申谢。此次奉直之战，赖贵军之力，击破吴佩孚，实可为奉军贺喜了。"张听罢，这才开口说：

"自家人打自家人，有什么大惊小怪的，更谈不上什么可喜可贺了。"张谈时，脸上装出不高兴的样子，有意使中山先生难堪。这时气氛显得紧张，人人面面相觑，与孙先生同行的李烈钧见此状，忍无可忍，起身对张作霖拱手致意后道："事虽如此，若不将国家之障碍如吴子玉（吴佩孚的号）诸人铲除，则欲求国家之进步与人民之幸福，纯属无望。总理孙公之贺，实有价值，亦唯公能当之也。"这几句得体的话使张作霖听后非常高兴，大笑起来，中山先生乘机接着说："协和（李烈钧的号）之言是也，自民国成立以来，得我之贺词者，亦唯雨亭兄一人耳。"这时气氛遂转和谐，宾主交谈甚欢。

张作霖突发问："孙先生对现在时局之取舍，合肥（段祺瑞）能当此任否？"孙先生答曰："现在除合肥外，实无第二者可当此任，今后可全委诸合肥办理。"张又云："先生预定滞留北京为期几日？"孙先生答："约二星期。"张复问："此后当外洋游历否？"孙先生继答："一俟时局稍定，即作欧美之游。"孙张谈话时态度极为温和，张作霖一再举杯请大家用茶，并表示想与中山先生合作。这就是中国近代史上著名的"孙张天津曹家花园晤谈"。

中山先生告辞时，张作霖、张学良父子亲自送出大门。回来后，张作霖对张学良说："中山伟人也，名不虚传，彼有容人之雅量，吾服矣！"

中山先生一行回到张园行馆之后，杨赓笙询问会见情况，汪精卫抢先说："险哉！险哉！今日之鸿门宴也。"曹家花园由此在民国史册上写下了重重的一笔，更加闻名全国。

1927年6月18日，张作霖接受孙传芳、张宗昌及奉军将领的推戴，宣布就任陆海军大元帅，同时任命潘复为国务总理。这个"大元帅"实际上就是"大总统"，也就是北洋政府的末代国家元首。张作霖希望以此地位与蒋介石对等谈判，以维持黄河为界，形成南北对峙局面。然而，张作霖的梦想落空。1927年8月13日蒋介石暂时下野。不久，宁汉两个政府合流。1928年春，蒋介石东山再起，联合冯玉祥、阎锡山、李宗仁进行第二次北伐，张作霖自知不敌，于5月9日通电息战，决定退出北京，回东北老家。

张作霖三姨太许氏故居（今睦南道 11 号）

1928 年 6 月 4 日晨 5 时 23 分左右，张的专列来到京奉线与南满线交叉口，坐在瞭望台上的日本军官一按电钮，轰然一声巨响，张作霖的专列包厢被炸成碎片。专程到山海关迎接大帅的吴俊升当场被炸死，张作霖被炸出 3 丈多远，受重伤，后被宪兵司令齐思铭的汽车急速送到大帅府，于当日上午 9 时 30 分死去，终年 54 岁。

张作霖死后，曹家花园又重新回到了曹氏家族手中。1936 年曹家花园经曹锟之手以 10 万元的代价卖给了天津市政府，改称天津第一公园，正式对外开放。1937 年 7 月，日本帝国主义侵占天津，公园改为日军陆军医院。1945 年抗战胜利后，国民党政府接收，仍为陆军医院。1949 年天津解放后，改为中国人民解放军二五四医院至今。

另英租界香港路（今和平区睦南道 11 号）也是张作霖的宅邸，在 20 世纪 20 年代其三姨太许氏曾住此。此房建于 1926 年，由华信工程司沈理源设计。系英国庭院式建筑。主楼三层，内部装修考究。细木地板，菲律宾木门窗，天花板有灯光灰线，卫生暖气设备齐全。全院共有楼房、平房 51 间，建筑面积 528 平方米。春夏秋三季，园内花木扶疏，景色宜人。上世纪 30 年代，这里一度由波兰领事馆使用。1941 年，该房由庆羯堂许卖与玉玲堂贾名下为业。1950 年该房以逆产没收归公，现为团市委。

顾维钧故居

张绍祖　张建虹

坐落在重庆道与河北路交口的红楼（河北路 267 号，国民党革命委员会天津市委员会）是杰出的职业外交家顾维钧的故居。

顾维钧

顾维钧（1888—1985），字少川，江苏嘉定人。1900 年顾维钧 12 岁时，考入了基督教圣公会主办的上海圣约翰书院（后改为圣约翰大学）。1905 年入美国哥伦比亚大学，从导师穆尔学习国际法、外交学，获博士学位。就学时，他因主编《中国学生月刊》而为出使美国的特使唐绍仪所器重，介绍他与当时的美国总统西奥多·罗斯福相见。1912 年新任的民国总统袁世凯邀请顾维钧回国充任秘书。1915 年他被派为驻墨西哥公使；不久，调任驻美国公使兼古巴公使。

1918 ～ 1919 年，顾维钧作为全权代表出席巴黎和会。在 1919 年 1 月 18 日举行的巴黎和会五国会议上，顾维钧即席发言，他剖理清楚，论证有力，言辞得体，始终掌握主动。发言既毕，各国领导人纷纷赞扬致贺，顾维钧一举成名。他回忆这段经历时说："那天，鄙人虽无片纸底稿，或因鄙人激于愤慨，一本国民爱国天良，随口畅言，思想如泉水涌流而起。"顾维钧等拒签巴黎和约，此举功绩卓著，为历史所肯定。影片《我的 1919》，再现了顾维钧等在"巴黎和会"的场面。

1920 年，顾维钧调任驻英公使，出席国际联盟会议，此时他和华侨"亚洲糖业大王"黄仲涵的女儿蕙兰恋爱了。她长得太美了，像从哪个大师的画里走出来的，她会英语、法语、荷兰语、印尼语，是一位理想的外交官夫人。他俩的恋爱也是闪电式的。婚礼是在 11 月初举行的。顾维钧要出席 11 月 14 日在日内瓦召开的国联政务会议，他们的蜜月是在赴日内瓦的旅途中度过的。

1921 年 11 月顾维钧偕同已怀着 8 个月身孕的夫人黄蕙兰赴美出席华盛顿会议，为维护中国的主权作了最大的努力，赢得了人们的敬赞。

1922 年 4 月下旬顾维钧奉召离开伦敦回国，他和夫人蕙兰乘船途径新加坡时探望了岳父，到了上海，蕙兰拜见了婆母。

1922 年 8 月 5 日，他第一次入阁，此后 5 年之间，他在北洋政府历任要职：外交总长、财政总长、两次代理内阁总理，一次实任内阁总理。在此期

顾维钧故居（今河北路 267 号）

间，他与张作霖、张学良父子关系密切，一说张家父子在天津英租界威灵顿道（今和平区河北路 267 号民革天津市委员会）买了宅邸送给了顾维钧。另一说，系以顾少川名义购于天津英租界工部局土地 2.058 市亩，建造成一所三层带地下室西洋古典式楼房。

顾维钧故居建于 1921 年，虽算不上最上乘，但别具特色。这是一座端庄典雅的英式尖顶三层砖木结构小洋楼，木屋架起脊，建筑立面为红缸砖墙，占地面积 1320 平方米，建筑面积 1574 平方米。一层为 6 间 2 厅，其中会客厅两大间，入口处有巴洛克式麻花形柱一对，端庄典雅。从门厅进大厅，大厅内有大壁炉，厅中有一面大窗与连窗的长排木椅，是兼具舞厅作用的。连接大客厅的有两间大厨房，可做中西餐。其他房间作为书房、花厅、餐厅等。会客厅外有大平台。二层有卧室 6 间、浴厕 2 间，两个过厅，其中一个大过厅也有大壁炉。三层最有特色，该层最大的厅与套间，除有窗的一面之外，所有的墙壁都是固定的从地板直至屋顶的大书橱，这个大书房实为少见，足可藏书万卷。三层有卧室 4 间，浴厕 1 间，有一个平台。该楼窗子与拱券相结合，并装饰有麻花柱。内部装修也很讲究。楼后还有一幢三层砖木结构小楼，每层 2 间，供服务人员居住。顾维钧的一些贵重物品（如他前妻唐宝玥的珠宝）都存在天津花旗银行的保险柜里。1921 年华盛顿会议前的个人日记、书信和文件档案也都存放在天津故居。他在国外时，是雇用管家料理的，据说这部分日记和档案后来失落了。

顾维钧就任北洋政府外交要职期间，经手了几件棘手的但为人们所首肯的对外交涉：一是山东临城劫车案，二是中苏谈判。

关于山东临城劫车案，那是 1923 年 5 月 5 日，在津浦铁路临城车站附近，有一次土匪袭击了过境的列车，劫持了 200 多名旅客，其中包括 19 名外籍旅客。这一带原是张敬尧编余的孙美瑶旧部出没行劫的地区。劫车案发生以后，引起了轩然大波，北京外交使团连续开会，要求赔偿、惩凶，保证以后不再发生类似事件。英国公使竟主张派遣炮舰示威，要求对中国铁路国际共管。经过了几个月的紧张交涉，1923 年 9 月 24 日，顾维钧代表中国政府答复了北京外交使团的种种要求，成功地解决了临城劫车案，其内容如下：

1. 临城劫车案，与政府无关，旅客可以取得一部分补偿，但不是中国政府的道歉赔偿。

2. 以后铁路沿线，中国政府自当采取措施，加强防范，根本谈不上中国铁道的国际共管。

3. 惩处事故负责官员，是中国政府的权威所在，与外国毫无关系。

这一结果，维护了国家的自主尊严，显示了中国政府的权威地位。

关于中苏谈判，最后要达到的目的是中苏复交。这是一个牵扯十分广泛而又复杂的问题。简而言之，大致有以下几个方面的问题：一、外蒙问题；二、中东铁路问题；三、新旧俄国政权在华的产权问题；四、与广州南方政府的关系；五、国际对苏联新政权的态度问题。以上所述的诸问题，都有其历史的渊源，牵扯面广，影响又深，决非一时一地所能解决。

十月革命后，苏联外交人民委员加拉罕向中国南北两方面政府先后于1919 年 6 月 25 日、1922 年 9 月 24 日、1923 年 9 月 3 日 3 次发表宣言，宣布取消中俄之间的一切不平等条约，主张中苏先行恢复邦交。当时顾维钧在孙宝琦内阁任外交总长，1924 年 5 月 30 日，他与加拉罕经过多次谈判后，正式签订了"中俄解决悬案协定"15 条，"暂管中东铁路协定"15 条。其中主要内容有：一、帝俄与中国所订的一切条约协定，一概无效；二、苏联政府承认外蒙为中国之一部分，尊重中国主权；三、允诺中国赎回中东铁路；四、归还一切租界，放弃庚子赔款；五、取消领事裁判权及治外法权；六、协订关税。同时，中苏互换照会，正式恢复外交关系。顾维钧在中苏谈判中，出于深谋远虑从速建立中苏外交关系，有利于北洋政府参与国际外交活动，有助于改善北洋政府的处境。在谈判中重申外蒙问题和中东路问题，维护了中国的主权。

1928 年 6 月，北伐军进据北京，顾维钧伴同张作霖到天津后回故居而不再前行。张作霖乘的专车行至皇姑屯列车被炸身亡，顾却安然无恙。1931 年"九一八"事变后，国际联盟派李敦调查团进入东北调查，中国派顾维钧参与其事，遭到日方的责难，并阻挠调查。顾维钧不屈不挠与之斗争，终于完成了任务。

从 1932 年到 1949 年，在国民党政府中，顾维钧先后出任外交部长，驻法、英、美大使，还前后在两个重要的国际组织——国际联盟和联合国任理事和常务理事，多次参加重大的国际会议，如布鲁塞尔会议、旧金山会议、联合国大会等。晚年曾担任国民党总统府资政、海牙国际法院法官、副院长。

1956 年顾维钧和黄蕙兰女士离婚，他们如同河水分流那样很自然地分手了。

1959 年顾维钧与严幼韵女士结婚。严幼韵女士是上海人，出身富商家庭，曾就读于沪江大学和复旦大学，当时在联合国工作。

1967 年退休后定居纽约，撰写英文《顾维钧回忆录》。1980 年，经在纽约的原广东省主席李汉魂奔走相助，在天津的市政协常委、李汉魂老友谢天培穿针引线，顾维钧决定将 600 万字的回忆录交天津政协编译委员会翻译，由中国社会科学院近代史研究所署名，中华书局分 12 分册出版。这一口述史学的皇皇巨著，不仅是顾维钧一生的真实追述，而且是一部翔实的民国以来的中国外交风云录，也为他身后竖立起一座坚实而又凝重的纪念碑。

顾维钧于 1985 年 11 月 14 日在纽约逝世，享年 97 岁。顾维钧有 3 子 1 女。1988 年其长女顾菊珍女士同丈夫钱家其来津，曾前往顾维钧故居参观。

顾维钧故居被列为天津市政府第一批文物保护单位，先后接待前来参观的还有国家副主席宋庆龄及台湾、香港特区、澳门地区的专家学者、企业界人士近百位。电影《大决战》、电视连续剧《弘一法师》《巨人的握手》《第一任市长》《影后胡蝶》等有些镜头是在此拍摄的。

颜惠庆故居

张绍祖　张建虹

颜惠庆

著名外交家颜惠庆，字骏人，祖籍福建厦门，1877年（清光绪三年）4月2日出生于上海虹口一个清末新式家庭里。颜氏祖籍山东，后迁居福建厦门。清朝道光初年，因避战乱，复迁上海。

他早年毕业于上海同文馆，后留学美国弗吉尼亚大学。回国任圣约翰大学英文教授，商务印书馆编辑。而后转入外交界，任驻美使馆参赞。1909年（宣统元年）任外交部股长，次年兼清华学校总办。1912年后，历任北洋政府外交总长、内务总长等职。1921年12月和1922年1月，颜惠庆两次代理国务总理，1922年、1924年、1926年他曾3次出任国务总理，主持内阁。1925年他参与了北京关税特别会议的谈判，为收回日本在山东攫夺的权利和恢复中国关税自主权，斡旋于西方列强之间。

1926年5月在奉系军阀的逼迫下，颜惠庆辞去国务总理兼外交总长的职务，隐退天津。1927年底，他举家迁居天津英租界马厂道（今和平区马场道76号址），住在海军总长刘冠雄寓所对过。颜惠庆热心于发展民族企业。在寓居天津期间，他应邀担任多家公司的董事或董事长。1929年天津大陆商业公司创立，他出任董事长。凭借着他与海外华洋工商界的广泛联系，使这家公司迅速地打入了国际市场。此外，他还曾担任天津大陆银行的董事长，对天津启新洋灰公司、庆丰面粉厂、久大精盐公司、永利制碱厂等企业的发展，也发挥了重要的作用。他关心天津教育事业，曾应南开学校校长张伯苓之请出任南开大学董事会主席。

1931 年 1 月，在天津举行了比利时归还租界的简朴的移交仪式，外交总长王正廷专程北上主持典礼。颜惠庆应邀出席了典礼。

颜惠庆在天津居住期间，和黎元洪、溥仪、徐世昌、曹锟、段祺瑞等有所交往。

1931 年，九·一八事变后，南京政府急于起用一批北京政府时代的外交官，开展国联外交。颜惠庆应召抵达南京，被任命为特种外交委员会委员。11 月，被任命为驻美公使，赶赴华盛顿。他未及正式上任，又被任命为中国驻国联代表团首席代表，前往日内瓦。在 1932 年 1 月召开的国联会议上，他援引国联盟约有关条款，提交了日本侵略中国案，促请国联大会和行政院制裁日本。2 月 19 日，颜惠庆在国联大会上，痛斥日本的侵华行径。他用英语作的演说，流畅地道，锋利有力，取得了极大成功。1932 年 9 月，颜惠庆被派为我国参加国际裁军会议的首席代表。在会议期间，与苏联首席代表、外交委员会主席李维诺夫秘密进行中苏复交谈判，12 月 12 日达成复交协议，并于 24 小时内办妥了复交手续。消息公布后，震惊了世界。不久签订了中苏互不侵犯条约。转年 1 月 31 日，颜惠庆被派出为复交后的首任驻苏大使。1935 年 2 月告假返国述职。返任时，率领著名京剧大师梅兰芳和电影明星胡蝶登上特意来迎接的苏联邮轮"北方号"，同行的还有明星公司经理周剑云、天津南开新剧团团长张彭春及《大公报》记者戈宝权等人。他们经海参崴换乘火车，3 月 12 日到达莫斯科进行中苏文化交流，获得极大成功。

1936 年 3 月，因对南京政府政策的不满，颜惠庆辞去驻苏大使职回国蛰居天津英租界 31 号路（今睦南道 24 号，原天津市劳动局，现天津三源创业发展公司），这是一所风格别致的楼房。楼上的拱形外廊十分精巧，其风貌为欧洲中世纪古典式，有古希腊的特点。该院有两扇对称的铸铁大门典雅秀

颜惠庆故居（睦南道 24 号）

丽，主体为四层砖木结构建筑，带地下室。内部房间宽敞明亮，地板及门窗均为名贵的菲律宾木材。房间的大壁炉各具特色，充溢着雍容华贵的欧陆风情。一楼上台阶后有带檐的平台，三楼两侧有对称的平台，中间有 4 个拱形柱式平台。四楼中间也有一带檐的平台。该楼用烧焦的砖，像疙瘩楼。该楼后来曾作过伪满洲国领事馆。

颜惠庆寓津期间除担任天津自来水公司董事长兼几家商业组织董事外，还从事文教慈善事业。

1937 年七七事变后，颜惠庆正在青岛消夏，他眼见回天津已不可能，为避战乱，举家移居上海。在沪他发起组织国际红十字委员会，被推为主席，还出任上海国际救济委员会主席，肩负起救治伤兵、赈济难民、募集钱物等重任。后来，又当选为国际反侵略大会中国分会名誉主席团成员。

1939 年 8 月，颜惠庆被任命为中国代表团首席代表，出席在美国召开的太平洋国际学会第六届大会。利用这次机会，他以特使身份，两次谒见罗斯福总统，以促成美国对华经济援助、贷款和制裁日本。他频繁拜访各界政要以及老同学和老朋友，大力宣传中国的抗战。此间，蒋介石曾致电颜惠庆，邀其出任国民政府外交部长，被他婉言拒绝。1940 年 3 月，颜惠庆从旧金山乘船抵达香港，因上海已被汪伪政权控制，只得羁留于此。1941 年底，太平洋战争爆发了。日军开始进攻这座英国人统治下的城市。颜惠庆被围困在九龙的一家酒店里。香港沦陷后，颜惠庆等一些有身份的人遭到日方的软禁，颜本人两次被日本的高级军官找去"谈话"，他们对颜今后的出路表示极大的"兴趣"。颜惠庆以外交家特有的老练和外交辞令虚与委蛇，表示自己已无意再入仕途，唯有从事文教及慈善事业，稍尽国民一分子的责任而已。

1942 年 5 月，颜惠庆在日本人的监督下，回到了上海，他担任了母校圣约翰大学保管委员会主任、中国企业银行董事长。

1945 年抗战胜利后，颜惠庆被选为上海市议员，并担任联合国远东救济与复兴委员会主席。他还选为国民政府立法委员。由于对国民党的统治早已失去了信心，他经常托病，不去南京开会。

1949 年 2 月 14 日，颜惠庆受李宗仁之托，率上海"和平使者团"，包括邵力子、章士钊等 16 人，以私人资格乘飞机到达北平，与中共方面商谈和平事宜。该团于 2 月 22 日到达中共中央所在地——河北平山西柏坡，受到毛泽东、周恩来的接见。双方对和平谈判及南北通航、通邮等问题广泛交换了意见。

建国后，颜惠庆历任全国政协委员、华东军政委员会副主席、中央人民政府政治法律委员会委员等职，并负责主持临时救济委员会和中苏友好协会筹备会等工作。当时由陈毅市长特批，将颜家安置于延安西路 955 弄（今上海译文出版社所在的弄堂）的一所很大的花园洋房中。

颜惠庆的夫人孙宝琮（1888—1975），字川如，英文名 T. S. Y，浙江钱塘人。颜氏伉俪婚后生有 3 子 3 女，3 子为棣生、朴生、植生，3 女为樱生、楠生和彬生。

1950 年 1 月，颜惠庆在度过他的银婚纪念日后，身体健康状况越来越坏。他昏昏沉沉地躺在床上，不知不觉地想起好多年前的一件事。那是 1940 年在香港遭日本人围困时，于无聊之际，请身旁一位一起落难的算卦高手给自己算一下，当时对方在得知他的流年八字后，居然将他 1901 年以来的经历推算得头头是道，并且预言他在 1940 年至 1951 年仍须为公众服务，过此则"大限"将到，脱离人世。想到这里，颜惠庆开始很平静地读起有关死后永生的宗教书籍。

1950 年 5 月 24 日，颜惠庆病逝于上海寓所，享年 73 岁。毛主席和周总理特发唁电向其家属致哀。

张绍曾故居

张绍祖　张建虹

张绍曾

1928年3月，下野后寓居天津英租界五大道的前北洋政府国务总理张绍曾突然被刺身亡，一时轰动津门。

张绍曾（1879—1928），字敬舆，1879年生于直隶顺天府大城县一户贫苦农民家里。童年随父母来津，住西门里任家胡同。其父张汝封在津设塾课徒，后到一户姓王的人家教家馆，绍曾随父读书。母亲干些缝补浆洗的零活，贴补家庭生活。1895年秋，张绍曾以优异成绩考入天津北洋武备学堂，3年后毕业时被保送去日本陆军士官学校炮科深造，结业名列第一。他与当时的同学吴禄贞、蓝天蔚被称为"士官三杰"。

1902年，张绍曾学成归国，光绪帝诏令觐见，这在当时是一殊荣。从此，他历任保定速成武备学堂教官，北洋陆军第二镇步队第二协第五标帮统、正参谋官，北洋第五镇炮五标统带官、一等参谋官，北洋督练公所教练处总办等职。1910年随贝勒载沣出洋考察欧美陆军，嗣任陆军贵胄学堂监督。翌年调升第二十镇统制，驻沈阳。

辛亥革命后，袁世凯就任临时大总统，任命张绍曾为绥远将军兼垦务督办。当时，绥远形势动乱，外蒙古借辛亥革命时各省纷纷独立之机，公开宣布脱离清朝，成立大蒙古国。并向内蒙古渗透，妄图扶持内蒙古也脱离中国，张绍曾为安抚蒙古王公，在绥远召开西蒙会议，解释"五族共和"的主张和意义，用"武装邀请"的方式召开内蒙古两盟王公会议。会议从召集到结束共计90多天，700多人参加，动用骆驼、骡马过千。两盟会议圆满成功，避免了内蒙古的分裂。迅速稳定了绥远的局势。外蒙古见分裂不成，就派兵侵犯内蒙古。张绍曾指挥三路军队抗击入侵的外蒙古库伦军队，取得了"百灵庙大捷"，把外蒙古军队赶了出去，维护了国家的统一。但是他仍受到袁世凯的猜忌，1914年4月调回北京，任树威将军，失去了职权。袁世凯死后，他一度出任陆军总监，但不久就随黎元洪一起离职。1922年6月黎元洪复职，张绍曾也随之复出，先出任汪大燮内阁的陆军部长，后在1923年1月4日组阁，出任了北洋政府第二十三届总理。因曹锟急谋贿选大总统，他的干将们在准备"驱黎拥曹"中，于同年6月6日国务会议上，以全体阁员辞职为名，连逼带骗赶其下台。

张绍曾于1923年6月下台后，息影天津，住英租界威灵顿道南头（今河北南路334号"贵宾楼"餐厅），为一座二层砖木结构小洋楼。该楼始建于20

张绍曾故居（今河北南路334号）

世纪 20 年代初，当年该建筑群体自成院落，建筑的主门在河北路（原英租界威灵顿道），大门洞入口上方建有过街门楼，院落四周建有平房。建筑主体外檐为疙瘩面水泥拉毛，大坡屋顶，外观规整华丽，线条流畅。楼门口朝东，有两块水泥板小雨厦，两根贴墙的罗马柱，水波纹花饰支撑，结构巧妙，建筑的西侧建有半圆型阳台。室内宽敞明亮，过厅有拱券分割，显得肃穆庄重。室内有灯光灰线，菲律宾木人字地板和双槽窗。另外他还在旭街（今和平路）中孝里、裕德里等处有房产。

他虽然下野，但对国家政治仍十分关心。多年的宦海沉浮，使他对北洋政府失去了信心，把希望寄托于国民党。他知道冯玉祥与孙中山等一些国民党人士有联系，就加强了与冯的往来，并结为儿女亲家，参与策划一些重大的政治军事行动。1924 年 10 月，冯玉祥倒戈回师北京，推翻了曹、吴控制的北京政权。事先，冯曾征求张绍曾的意见。张绍曾在回信中提出 24 个字的方略："死中求和，只有如此。事成之日，善后须图，究是故人，毋为已甚。"为其出谋划策。转年北京政变后，政权被临时执政段祺瑞窃取，他决心不再参与北洋政事。于是，他每天或与朋友下棋、联诗，或独自阅旧典、练书法，偶尔也赴朋友酒会，但更多的时间是潜心研究佛、道学说，曾撰有《三教谈论》手稿一部，并著《觉道日记》，惜均失存。

1926 年 9 月，冯玉祥从苏回国，张绍曾打电报劝他"加入革命军，借谋出路"。张自设电台，由丁春膏负责，每日与冯联系，向冯提供情报。他自己也常常给冯写信，为之出谋划策。

张绍曾与北伐军的联系，使张作霖十分不满。据说，张绍曾回复冯玉祥的信件，为慎重起见，特交其副官亲自带走。而这位副官因去"三不管"游逛，钱夹与信件同时被窃。小偷将信件交与警察局，从军警督察处处长厉大森、直隶督办褚玉璞辗转到了张作霖之手。张绍曾的被枪杀，源于与张作霖的多年积怨。原在辛亥革命时期，张绍曾的同学和密友蓝天蔚在沈阳任第三混成协协统，为响应武昌起义，准备在沈阳起事，不料被任巡防营统领的张作霖逼走。因此，张绍曾的"滦州兵谏"失去支持。这样，两人此事之后就有了芥蒂。军阀孙传芳被北伐军打败，逃到北京，依附于张作霖。孙传芳认为，张绍曾在军阀混战中失信于他，故在张作霖身边诋毁张绍曾。联系过去的矛盾，遂使张作霖有了杀害张绍曾以绝后患之意。

1928年3月，张作霖派亲信王琦到津，与褚玉璞、厉大森共同策划，于3月21日由直隶办公署总参议赵景云出面，在天和玉饭庄宴请寓津在野名流。褚玉璞唯恐张绍曾不参加，事先收买了张的同乡张觉五约他同往。另外，褚还下令其手下谢玉田、刘茂正通过张绍曾门婿吴道时的门路，到张公馆催请绍曾赴宴。饭后客散，赵景云又约绍曾等到东升里彩凤班（东升里东口为日本租界，里内为华界）喝茶。这时，有个仆役打扮的人手拿信件，说要面交张总理，等候回音。张绍曾闻报从室内出来，刚问："哪里的信？"伸手去接，那人迎面开枪，子弹打穿张的手掌，接着又开了两枪，一枪穿透了左耳，一枪打入肺部，张当即昏倒。张的大、小老婆闻讯先后来到现场，睹状大恸，送回家中后第二天早晨死去，年仅49岁。张绍曾有1妻4妾，生有3男2女。张遇害时，长子27岁在津，次子留学美国，三子年仅4岁。长女许配给冯玉祥之子，二女儿于1927年末与吴佩孚公子吴道时结婚。

这是一起轰动津门的政治谋杀案。案发后，天津县知事兼督署军法官王中申把彩凤班的老鸨、妓女、下人全部逮捕，逐个刑讯，下狱多日，最后才被放出。冯玉祥将军在《我的生活》一书中，对张绍曾做过这样的评价："公公道道地说，张先生实为革命最忠实的朋友。他身冒危险，大量地垫钱，什么也不图，只要助成北伐革命。张先生之死，系为革命牺牲，他的功绩是值得纪念的。"张绍曾死后，其后人将他葬于北京西山卧佛寺旁的风景山林之地，与滦州起义王金铭、施从云等烈士的陵园仅一山脊之隔。其墓葬采用了宛如石幢的僧墓形式，墓前有祀殿、望柱等，为京西一胜迹。

朱启钤故居

张绍祖　张建虹

朱启钤

朱启钤（1872—1964），谱名启纶，字老辣，又字桂辛，号蠖园，晚年别署蠖公，贵州紫江（今开阳县）人。幼年丧父，随母寄居在外祖父家，8岁开始读书，学习勤勉，处世干练，为前清举人。17岁时他与陈崧生（曾国藩次婿）的过继女陈光玑成婚。婚后自立门户定居长沙定王台。1897年夫人陈光玑不幸病故。是年秋，朱启钤娶续室于宝珊。

朱启钤经其姨夫大学士瞿鸿机推荐，先在路矿总办张翼署内任候补道官员，1903年4月，被任命为京师大学堂译学馆监督。次年冬，经徐世昌推荐，被调往天津筹办游民习艺所。1905年9月徐世昌出任巡警部尚书，旋调朱启钤任京师内城巡警厅厅丞（警察局局长），后又改任外城巡警厅厅丞。朱长期在徐世昌手下任事，深受徐的赏识。1907年底，徐世昌出任东三省总督，朱启钤出任蒙古垦务督办，曾赴日本北海道考察垦务。1909年2月，徐世昌任邮传部尚书兼津浦铁路督办大臣，朱亦随任津浦铁路北段总办。

民国后，由徐世昌的鼎力推荐，朱启钤为袁世凯所赏识，先后出任交通总长和内务总长，还曾暂代国务总理。在清末民初的北京政坛上，他是政界的活跃人物，与梁士诒、周自齐同为"交通系"主要成员。朱启钤在任交通总长期间，从全局考虑，计划再修筑4条铁路主干线，即宁湘线、同成线、浦信线、陇海线，以贯通全国。这个庞大的修路计划，限于国力，仅陇海线东段开工，其他均未实施。

1914年7月，朱启钤兼任京都市政督（相当于北京市长）期间，干了许多值得一书的事：是年10月将"社稷坛"改建为中央公园（今中山公园），设董事会，他出任董事长。中央公园是北京市的第一座公园，是我国园林史上的一个创举。接着相继开放了天坛、先农坛、文庙、国子监、黄寺、雍和宫、北海、景山、颐和园、玉泉山、汤山等处名胜风景区。创办了中国第一个博物馆——古物陈列所（1946年与故宫博物馆合并）。

1915年，袁世凯恢复帝制，担任内务总长的朱启钤任大典筹备处处长。1916年袁世凯称帝失败，6月病逝，朱列为"帝制祸首"而遭通缉，只好逃往天津英租界隐居。他到了津门后，先在英租界杏花村7号一幢西式公寓居住。1918年徐世昌当选为北洋政府总统，素有"徐世昌的影子"之称的朱启钤被赦免后，复出北京政坛，被选为安福国会副议长。1919年初，在上海召

朱启钤故居（今马场道164号）

开南北和平会议，朱启钤任北洋政府总代表，同南方广州军政府总代表唐绍仪等进行会谈。4个月之久的谈判最后破裂，朱自此退出政界，重返天津作寓公。20年代北京政府内阁更替频繁，有不少人组阁时都去找他，都被他婉言谢绝了。1922年因其于夫人有病，需要良好的静养环境，就购买了位于英租界马厂道（今马场道）倪家花园（今儿童医院）对面的一块地皮（包括今马场道164号及今贵州路与围堤道交口的天津科技大厦等址），营建了一幢庭院式的别墅。主建筑是西式的两层楼房，下有地下室，楼层周围均设回廊，造型典雅，庭院开阔，内有假山亭榭，起名为"蠖园"。随后，朱启钤全家就搬迁到新居居住。

朱启钤寓居天津期间，兢兢业业地创办实业、积极参与社会公益活动，并热心古建筑的研究。他先后投资于金融、企事业，并在其中担任一些要职。他担任了山东中兴煤矿代理董事长（董事长徐世昌），总公司设在天津河东二马路（今河北区民主道）。他是一个杰出的管理人才，主持总公司的行政事务，联络北洋军阀政客和南北富户投资"中兴"，解决资金的困难。在经营上十分重视设备更新和技术改造，并大胆使用技术专家。他终于将濒临倒闭的山东中兴煤矿建设成为名列全国前列的煤矿，到1936年产煤量达到173万吨。在他的主持下，公司还在连云港建立了煤炭专用码头，并购进了10多艘运煤大轮船，组成了中兴远洋轮船公司，专销中兴煤炭运至上海、香港、日本等地。由于朱启钤的事业心强，使中兴股份公司逐步走向了以煤为主，煤、焦、电、钢铁、农林、铁路和轮船运输为辅的多种经营的综合性大企业。

1898年清政府正式宣布北戴河海滨为中外人士避暑区。到民国初年，外籍人士每年来海滨避暑的达千人以上，在东山区建立各种洋楼、别墅达数百所，并形成了一套管理体系。而北洋政府一些上层人士和京津一带的达官贵人的避暑区，公共设施简陋，与东山区相比，相形见绌。朱启钤为维护国家尊严，于1918年开始号召在北戴河避暑的中国上层人士，创办地方自治机构——"海滨公益会"，朱任会长。他带头捐款大洋 4000 元。在他的带动下，会员中，如徐世昌、徐世章、雍剑秋、吴鼎昌、施肇基、田中玉等也纷纷捐款，再加上日常征收各店铺商业营业税和各避暑房屋的地皮税，使公益会基金较为充足。朱启钤在他任会长的 10 年间，在海滨地区修筑公路干线和支道共 36 条，长达 22 公里，新建桥梁、涵洞 160 余座。新建了医院、学校、公园（莲花石公园），在海边修建了 3 座游泳场，着力对北戴河进行市政建设和绿化美化，为开发北戴河疗养区作出了重要贡献。

1919 年朱启钤在南京图书馆发现了《李鸣仲营造法式》手抄本，他出重资重刊。他自著有《存素堂丝绣录》《蠖园文存》《芋香录诗》等多部著作。1921 年法国巴黎大学授予朱启钤文学博士学位。他鉴于我国文化古迹多，急需保护，于 1925 年创立"中国营造学会"，1929 年改为"中国营造学社"并担任社长，下设法式部、文献部。法式部由梁思成主持，文献部由刘敦桢主持。中国营造学社成立后，即对全国各地尤其是北方各省的古建筑进行调查测绘，并搜集有关文献，出版了《中国营造学社汇刊》及许多有关古建筑的书籍、图集。朱启钤本人也致力于中国古建筑研究，编著了《营造法式研究》《哲匠录》《漆书》等书。经过几年努力，中国营造学社成为在国内外享有声誉的学术研究机构。

1927 年于夫人逝世后朱启钤举家迁往北平，先住东城宝珠子胡同 1 号，后迁至赵堂子胡同 3 号。

1937 年七七事变后，日本占领平津，以王克敏为首的伪临时政府成立，欲请北洋时期的首脑人物之一朱启钤出来捧场。朱启钤面对日伪的强大压力，不能公开对抗，就用装病这个法宝来保护自己，对外声称自己年老多病，身体日益不支，并且采用立遗嘱、给儿女分配遗产等办法，表示自己将不久于人世。日伪当局无可奈何，只好对他放弃。这样，朱启钤虽然在沦陷区住了整整 8 年，但始终保持民族气节。

解放战争时期，朱启钤移居上海。章士钊到北平参加国共和谈，周恩来请他写信给朱启钤，劝他留在大陆，不要去香港、台湾，朱听从了周恩来的劝告。1950 年春，周恩来派章文晋（朱的外孙）专程去上海，邀请朱到北京，并安排他担任中央文史研究馆馆员。朱启钤十分感动，以 78 岁高龄回到"换了人间"的北京，受到党中央和中央人民政府领导人的亲切接见，担任了全国政协委员和北京市政协委员。

1964 年 2 月 26 日，朱启钤因年迈病重，不幸逝世，享年 93 岁。朱启钤先生去世后，有关部门曾征求其家属子女的意见，问是否仍按照朱先生遗愿葬在北戴河茔地，答复是"老人生前另有准备"，故未坚持葬在北戴河海滨。经周总理批准，朱氏遗体被安葬在八宝山革命公墓。

如今朱启钤寓津故居作为不可移动文物巍然屹立在风景秀丽的津河佟楼桥畔。

龚心湛故居

张绍祖　张建虹

长期寓居津门，曾任财政总长、代理国务总理的龚心湛一生善于理财，经营多种金融、工商企业，为我国近代经济发展作出贡献。

龚心湛（1869—1943），字仙舟，安徽合肥人。1869 年 6 月 2 日（清同治八年四月二十二日）生于合肥。先祖龚鼎孳（字孝升，号芝麓），曾任康熙朝礼部尚书，与钱谦益、吴伟业并称"江左三大家"。龚心湛 8 岁投奔时任上海道台的三伯父龚照瑗，先随着堂兄入国学为监生，走攻读科举之途，后因仰慕西学，转入金陵同文馆，学习新学，主攻英语。1890 年毕业。

龚心湛

毕业后，21 岁的龚心湛奉派随出任英法比意公使薛福成常驻伦敦。他年轻好学，办事干练，很得两任使臣薛福成、龚照瑗的赏识，逐渐提为参赞，实际上成了使馆的"参谋长"。在此期间龚照瑗、龚心湛叔侄干了一件"惊天动地"的事——捉放孙中山。1896 年 10 月 11 日，被清廷通缉的"要犯"孙中山在伦敦被中国使馆诱捕。这个决策一说是龚心湛向龚照瑗建议的，一说是龚照瑗命龚心湛去办的。龚心湛次女龚安芸的说法是："三爹爹（爷爷）秉清廷之命，诱捕了孙中山，先父只是参与者。"孙中山被囚 5 天后，英仆柯尔替孙中山送出了求援信。收信人康德黎博士曾是孙中山在香港时的医学导师，他向伦敦的地段警署及报界揭露了清使馆在英国本土滥抓中国公民并欲偷运回国的消息。一时间社会舆论大哗，英国外交部迅速会同内务部联合介入调查。10月23日，清使馆英籍雇员马格里直入公使居室，告以英国外交大臣定要中方释放孙中山之意。龚照瑗只好决定放人了事，当天下午4点半，龚心湛出面宣布，恢复孙文的自由。

1898年，龚心湛在欧洲当了8年外交官后奉召回国，分发到广东省任命。此时李鸿章任两广总督。龚、李均为合肥望族且有世交，因此李鸿章腾达后，对龚氏子弟颇为关照。由于李鸿章等力荐，龚心湛就任广州知府兼洋务局会办。按原来广州府的规矩，在赋税收入项下，有5万至10万两白银是归知府私人处理的，而龚心湛却将这笔钱用于公益事业经费，初任地方官便能如此廉洁，深得民众好评。

另外，在他上任不久后还拉了汪精卫一把。那一年汪兆铺、兆铭（精卫）兄弟同时到广州参加府试，汪氏兄弟文章皆佳，按照"长幼有序，嫡庶有别"的古例，排名应兄先弟后，特别是嫡传子应在前，庶出子则在后，所以考官就把汪兆铭的名字拉到汪兆铺下面。番禺县令钱璞如为汪兆铭抱屈，他特地求见顶头上司龚心湛，提出从序齿上看，汪兆铭似可放后，但从卷面上看，年少志高的汪兆铭文章出众，理应排在前面。龚心湛毕竟是出过洋的，早就对这类所谓的常理和章法深恶痛绝，他力排众议，排兆铭第一，兆铺第二，颇具改革旧习的精神，一时传为美谈。

1909年，李经羲督云贵，龚心湛奏调任云南临安开广道、云南提法使等职。1911年10月辛亥武昌起义，龚逃出云南，蛰居青岛，生活景况困顿。当时曾任两广总督的周馥也居住在青岛，周、龚两家是同乡，有旧谊，于是周馥的儿子周学熙便推荐龚去汉口开办中国银行汉口分行，并于次年任该行银行行长。1914年龚心湛任安徽财政厅厅长。次年转任广东财政厅厅长（未上任）、采金局总办，不久任财政部次长兼盐务署督办、稽核总厅总办。袁世凯筹谋帝制时，任全国经界总办的蔡锷潜赴云南，发动护国起义，全国经界总办的遗缺由龚心湛兼代。

1916 年袁世凯死后，北洋的军政体系逐渐分裂为直、皖、奉三大势力。皖系为提高龚心湛的资历及声望，1917 年任命他为安徽省省长，以后龚就逐渐成为皖系主要骨干之一。

1918 年，龚心湛出任钱能训内阁财政总长兼币制局督办。参战处参谋长徐树铮和陆军总长靳云鹏争权夺势，每每以财政总长为冲击点。此时，北京政府财政困难，龚终日穷于应付。转年 1 月 31 日为旧历除夕，靳云鹏逼迫龚心湛一次付给军饷 300 万元，龚答无此款，靳就拍桌叫了起来："没有钱你干个屁？"龚当然受不了，当天即递辞呈赴天津，钱能训派人请他回来，他提出两个复职条件：（一）收多少付多少。（二）武人不许开口骂人。要钱总理保证履行。龚和靳都是皖系，段祺瑞怕他们闹下去不可开交，乃命徐树铮调解，靳云鹏在段手下虽称温和分子，这时却很强硬，竟表示龚干我就不干。龚心湛号称安福粮台，也不怕靳，最后龚的条件修改为：（一）军饷事不与陆军总长直接办理，（二）政费应减应付由总理支配。钱能训约田文烈、傅增湘、张怀芝出面做和事佬，邀双方杯酒释嫌，不过也只做到表面握手为止。尽管政府财政困难，欠饷欠薪闹得人心不安，但龚在任财长期间内，以财政部名义拨付参战秘密费近百万元，支持安福系活动费每月 14 万元。

1919 年"五四"反帝反封建的爱国运动席卷全国，广州军政府的护法斗争也日益发展，徐世昌政府处于内外交困的境地，皖系的倒阁活动遂乘机而起。在一筹莫展的情况下，内阁总理钱能训提出辞职，徐世昌提出曾任平政院院长的周树模组阁，段祺瑞有异议；皖系提出由王揖唐组阁，徐世昌亦不同意。在徐树铮与靳云鹏互相对立，内阁青黄不接之际，龚心湛成为缓冲一时的人选。龚氏虽属皖系，但与徐世昌有雅谊旧情，而且在他与周学熙长期整理财务中，办事井然，具有理财的能力。6 月 13 日，龚心湛暂代国务总理。在此期间，外交、内政、南北和谈及各派势力互相倾轧，他虽力争和平

龚心湛故居（重庆道 64 号）

解决争端，但力不从心，加上皖系的不断扩军，已使财政收支陷于走投无路的境地，而各方的威胁、诋毁纷至沓来，龚心湛心境难平，愤而辞职，移居天津。

龚心湛在津的居所坐落在现和平区重庆道 64 号，是一座建筑面积近千平方米的西式三层砖木结构建筑。清水墙，平顶带护拦，有地下室。首层中央为高阶出檐门厅，门厅上方筑护栏式阳台。门窗作假柱、起楣子，庄重典雅，自成院落。该故居现为朝日俱乐部使用。龚心湛此后便长期定居天津，从事经济活动。周学熙主动把中国实业银行总经理之职让给龚心湛，并准其参与周家的各项经营活动。

1924 年直系失败后，黄郛组织摄政内阁，命龚心湛任内务总长。到 1925 年许世英组阁，龚心湛改任交通总长。1926 年 2 月，陆军总长贾德耀组阁，龚心湛蝉联交通总长。至 5 月，龚心湛随着贾内阁的倒台而去职，再度回到天津做寓公，从此远离政治。

返津后，龚心湛再度与周学熙合作，先后任中国实业银行、通益味精公司董事长，大陆银行、中孚银行、启新洋灰公司、永宁水火保险公司董事等职。周学熙自袁世凯掌政时期，即以财政总长身份创办了多项近代工业，其中包括官办、官商合办和私人集资，股东大多是旧官僚、盐商、地方富绅等。多年来，各企业内部矛盾重重，风波迭起。周学熙认为龚心湛性情温和，善于理财，社会声望高而又不独断专行，往往可以代他出面化解各种争端，因此两人在长期合作中甚是愉快。

与此同时，龚心湛还在家烧香拜佛，过着居士生活。1940年，鉴于大悲院远近闻名，各方云游至津的僧人、信徒均来这里参拜，于是请天津籍高僧倓虚法师（1875—1963）主持，向社会募款，扩建大悲院。大悲院民国后曾长期被法院、消防队、警察所等占用，僧人星散，殿宇摧颓，濒于湮灭。当时龚心湛、周叔迦、靳云鹏等著名居士共同发起，前后奔波，向有关方面交涉收回大悲院。在倓虚法师主持下，辛勤筹划，并集资修复。经过七年的苦心经营，完成了大悲殿 、配殿及大雄宝殿的修建工程。作为一名居士，龚心湛积极捐款，把钱用在弘扬佛教文化事业上，这不能不说是对社会的一种贡献。

卢沟桥事变后，日本侵略军占领了华北，企图网罗旧时的军政要员组织汉奸政权，龚心湛也在敌人的视野内。1940年3月，汪精卫在南京建立伪中央政府，原设在北京的伪临时政府改称"华北政务委员会"，日寇动员龚心湛出山主持华北伪政权。龚不受威逼利诱，保持了晚节。后来，被强行扣上一顶华北政务委员会咨询委员的头衔。

不仅如此，龚心湛经营的各项工商企业也成为日军觊觎的目标，日本轻工业株式会社强行拆走了江南水泥厂的电机、钢磨等。为维护自己企业的利益，龚心湛各方奔走，要求归还终未有成，似这样的麻烦事远不止这么一件。龚心湛最终积劳成疾，在病中仍备受日寇的迫害和侮辱，于1943年12月愤懑而死，终年74岁。

靳云鹏故居

张绍祖　张建虹

靳云鹏

靳云鹏一生曾三任国务总理，在天津留有故居，一生与天津有千丝万缕的联系。

靳云鹏（1877—1951），字翼青。山东济宁人。生于山东邹城普通农家，后迁往济宁。靳云鹏8岁时入私塾读书，五六年后，因家中生活拮据，便弃学到南关柳行街打工。

1895年，袁世凯在天津小站督练"新建陆军"，19岁的靳云鹏因生活所迫应征入伍。1898年入随营武备学堂就学，毕业后留校任教习。1902年任北洋军政司参谋处提调。1909年由段祺瑞举荐去云南，任第十九镇总参议。辛亥革命爆发后，云南蔡锷、李根源等举兵发难，靳云鹏伙同第十九镇统制钟麟同率兵负隅顽抗，结果惨败。他化装成轿夫逃出昆明，投奔署理湖广总督段祺瑞，段立即密电袁世凯，保靳赴京面陈云南局势。靳去京后返回湖北，受到段的赏识，从此参与机要大事。

1912年3月，袁世凯窃取辛亥革命胜利果实，登上临时总统座位。同年经段祺瑞举荐，靳云鹏任北洋军第五师师长，后加封为泰武将军督理山东军务。靳主政山东，一切秉承袁、段旨意，遏制反袁革命力量；对于日本强占胶东等无理要求，则大多依顺。他迎合袁称帝之谋，参与 14 省将军联名电请袁登基，得袁授伯爵位。

1916 年 4 月他看帝制败局已定，通电劝袁辞职让贤，遭袁恼恨，被撤职，因而博得"反对帝制"的虚名。段祺瑞执掌北洋政府大权后，靳受重用，任参战陆军办公处主任、边防军教练处长、参战督办公署参谋长等职，效忠段祺瑞政府的武力统一全国政策和亲日政策，曾代表北洋政府与日本签订《中日陆军共同防敌军事协议》等 3 个丧权辱国条约。

1919 年 6 月 13 日，钱能训内阁辞职，此后一直是代理，龚心湛的代阁也代不下去，正式的国务总理由于徐世昌、段祺瑞各有意见而难于产生。而呼之欲出的人物是北洋政府陆军总长靳云鹏。靳云鹏的组阁，是时势造英雄，他虽然是段的左右手，皖系的大将，可是他具有多方面的条件，使他赢得多方面的支持。他是段祺瑞的四大金刚之一，是徐世昌所痛恨的徐树铮的敌人，是张作霖的儿女亲家，是曹锟的换帖兄弟。在徐世昌和段祺瑞对内阁总理人选意见不能一致的时候，靳算是一个各方都勉强可以通过的人选。9月 20 日北京政府公布命令准许龚心湛辞职，派陆军总长靳云鹏兼代国务总理，李思浩兼代财政总长。25 日靳就任代理国务总理。靳云鹏一方面做了冯国璋、段祺瑞之间的桥梁，同时又是曹锟、张作霖之间的媒介。现在靳云鹏既然得到各方的同意，徐世昌当然很满意，因此拟正式咨请安福国会，提名靳为国务总理，请国会予以通过。于是 10 月 31 日众议院通过了靳内阁，11月 4 日参议院也予通过靳云鹏出任国务总理兼陆军总长。

1920 年 7 月初，直皖战争爆发。段祺瑞通电下野后，靳不仅没有受牵连，反而由于亲家公张作霖的力荐，于 8 月 9 日第二次出任内阁总理。靳云鹏上台伊始，提出四点政治主张：一要促进南北议和；二要裁兵；三要整饬纲纪；四要整理财政。但在当时军阀割据的局面下，这些主张是根本不可能实现的。靳自己也带过兵打过仗，深知丧失了兵权的军阀比破了产的老板更危险，因此兵万万裁不得。整理财政阻止各省截留国税，整饬纲纪力图限制各地军阀自由招兵买马和克扣军饷,这样必然会与地方军阀发生利害冲突,得不到他们的支持。至于促进南北议和,靳云鹏表面上讲得娓娓动听,煞有介事,暗中却拉一派打一派,打算把北洋势力扩张到西南去。

与此同时,靳云鹏想方设法培植自己的势力,打击异己力量,在北洋军阀直、皖、奉诸派系争斗中,他纵横捭阖。在军事方面,他试图暗中联合王占元、田中玉、陈树藩、李厚基等地方军阀,力图自成一派,组成一股以他为领袖的军事力量,与直、奉两系抗衡。靳曾与这些人个别交换过意见,并得到他们的同意,拟从互相支持、一致行动入手。后来由于形势变化太快,这一企图没有能够实现。在财政经济方面,他企图打破以梁士诒为首的旧交通系长期把持财政、金融、交通等部门的局面,向这些部门安插自己的亲信。结果与各系均生嫌隙,尤其得罪了段祺瑞,终于在1921年12月下台。

靳云鹏下台后寄居天津英租界,靳云鹏公馆在英租界内比尔道(今和平区四川路2号,原为8号,曾为天津市文化局)。该房是靳于1929年6月以

靳云鹏故居(四川路2号)

延福堂名义购自英工部局，当时为英租界十五号路，土地 3.867 亩（2578 平方米），后自建一所庭院式楼房，院落宽阔，前后两幢楼房，均为砖木结构，前楼为主楼 3 层带地下室，正面有宽敞的高台阶，一、二楼通长的前廊上下拱口均有 8 根水泥柱衬托，三楼为宽阔的屋顶平台，外貌颇有气派。居室高大，室内均有护墙板，顶棚有不同花纹的线条，三槽窗、木地板、木楼梯、暖气卫生设备俱全。后楼是 2 层前廊式的条形楼，二楼两端均有过桥厦子与前楼相通。靳云鹏起居在主楼楼下，一楼有佛堂、客厅、书画间和卧室等，二楼也有他的卧室。进大门前院除传达室、休息室外，左右两侧各有一排带地下室的平房，均有高台阶，南侧为账房，北侧为客房。全所有楼房 29 间，地窖子 7 间，平房 17 间，共 53 间，建筑面积 3500 平方米。

靳云鹏在作寓公期间开始将注意力转向经营实业，聚敛财富。他与日本财阀合办企业，任鲁大矿业公司理事长兼总经理。还在济宁、济南等地广置房宅和田产，又与人合伙投资在济南开设鲁丰纱厂，还在济宁等地开办电灯公司、济宁面粉公司等企业。据不完全统计，从 1908 年到 1926 年的 18 年中，他独家投资或合伙经营企业有 20 多家，拥有资产 6500 万元之多。

尽管靳云鹏将大部分精力用于经商，但并未忘记政治，政治舞台上稍有风波，他就积极开展活动，企图重返政坛。1926 年 12 月，张作霖在天津蔡园举行会议，决定以安国军总司令名义任命靳云鹏为内阁总理，但因吴佩孚反对组阁，使靳的再度组阁成为泡影。

靳云鹏再度组阁的希望落空，从此开始诵经拜佛，寻求精神解脱。不久，接受戒律，居家修行，法号"智证居士"。1928 年 6 月 3 日，靳云鹏与潘复乘着张作霖回沈阳的专列离开北平，当专列到达天津老站稍息时，老友苏锡麟手持道院老祖的坛训，不准靳、潘 2 人出关，2 人只好在津下车，得免皇姑屯事件被炸之灾，从而 2 人对佛门更加虔诚。

1933 年，他又与前东南五省联军总司令孙传芳联合出面，将坐落在天津东南城角草厂庵的清修禅院改名为天津佛教居士林，由靳任林长，孙任副林长。为了宣扬佛法无边，普度众生，扩大影响，招徕更多的信徒，他们在东北角十字路口处树立了一盏大莲花灯，灯上写有"南无观世音菩萨"字样。自创立居士林后，靳云鹏不仅与孙传芳等分担活动经费，而且以身作则，按时参加活动，风雨无阻。居士林大殿佛像前放着一张大供桌，富明法师坐在正中座上，面对居士讲经说法。供桌西边摆着两把太师椅子，分别是林长靳云鹏和副林长孙传芳的座位。靳每次来林，拜佛之后，照例坐在太师椅子上虔诚地诵经，认真地听讲，仿佛把尘世间一切烦恼之事都抛到九霄云外去了。

1935 年 11 月 13 日，居士林发生了一件人命关天的大事，副林长孙传芳被前山东军务帮办施从滨的女儿施剑翘开枪打死，血染佛堂。靳云鹏对孙传芳在居士林被刺身亡尤为痛心疾首，因为该林由他与孙共同创办，孙在其劝说示范下潜心学佛，今不幸遭此大难，靳深感歉疚。自此，靳云鹏也视居士林为畏途，偶尔前去亦必戒备森严，以防不测之祸。

1937 年"七七"事变后，北平、天津相继沦陷，日本侵略军则试图拉靳上贼船，出面组织傀儡政权，但受到靳云鹏的拒绝。1940 年，靳云鹏与龚心湛等发起修建天津大悲院。

天津解放后靳云鹏搬到南海路尚友村 1 号居住。直到 1951 年 1 月 3 日病逝，终年 74 岁。这所房子是靳云鹏于 1939 年 2 月以靳旭记名义购自成德堂土地 0.461 亩（307.33 平方米），当时为英租界 42 号路。他自建砖木结构三层楼房 1 幢，有楼房 10 间，地窖子一层。有砖墙瓦顶平房 2 间。二楼北侧和二、三楼南侧均有平台。全所楼平房共 19 间，建筑面积 600 余平方米。

潘复故居

张绍祖　张建虹

潘复（1883—1936），山东济宁人，1883年生于累世为官的名门望族。原名贞复，字馨航，清末举人。曾任山西巡抚陆钟琦幕僚。

1912年在南京临时政府财政部任职，不久入程德全幕担任秘书。1913年任山东省实业司司长，曾主持举办了山东首次物品展览会，为世人瞩目，从此平步青云。

1919年11月靳云鹏组阁，潘复作了财政次长，正式步入了北京政坛。至于说到靳与潘

潘复

关系那可是非同寻常，两人都是山东济宁人，后来又结成儿女亲家。此外，还有一层更为特殊的关系，潘父守廉在河南任州官时，其夫人生下潘复，此时靳云鹏之母在老家刚生下三子云鹤不久，家境窘困，靳母便到潘家做了奶妈，并带着云鹤随潘家到了河南住所，同时哺育云鹤和潘复。1914年靳云鹏加封泰武将军衔，督理山东军务，潘复登堂拜母，与靳家兄弟结为异姓兄弟，以至于后来潘复当了国务总理后，便有了"一个妈妈奶出两个总理"之趣谈。

从1919年至1921年底，潘复曾三任财政次长，并一度代理总长兼盐务署长。

潘复在财政部的时候，大权独揽，多方勾结，利用机会，大发其财。比如发行公债，在北方由他自己联系各银行，在南方则由上海的虞洽卿、陶希泉替他主持推销。他打算在南方销多少，虞、陶二人就设法替他销多少，当然彼此之间都有相当的好处。他还和虞洽卿联合组织劝业银行，推靳云鹏为董事长，虞洽卿为常务董事，兼上海行经理，实际上潘是颇具实力的后台老板。在发行公债前，他先和海关税务司联好，得到总税务司英国人安格联的同意之后，就预先通知虞洽卿等向各银行商洽推销或押款，从中套购牟利，遇到行情将有变动，也预先通知他们乘机倒把，大捞一把。他在财政部时，北京的军警饷源，应由财政部筹拨，这本是财政部的一笔特别开支，潘却常用公债或国库券向各银行抵押借款，各银行只好认头挨敲。

潘复在山东还组织过丰大银行，美其名曰办理储蓄业务，而实际上等于他们的私人账房，所收储蓄存款任意提用。还有边业银行，潘复也是创办人之一。潘复在济南还组织过鲁丰纱厂，陈光远、靳云鹏、田中玉、王占元、庄乐峰等人都是大股东。

潘复生财之道，也有由卖官鬻爵而来的。有个旗人巡抚英翰的儿子，曾和潘复在一起念过书，后因家道中衰，在潘代理财政部长时来找潘谋事，潘在部里给他安插了一个差事，比人觉得无以为报，就把他父亲过去搜刮来的几箱古书、字画送给了潘。潘复一生收藏书画占物，自称有二宝：一是华山碑，一是宋版通鉴，故潘的书斋，取名"华鉴阁"。

1921 年，潘复利用靳任总理之机，妄图操纵山东议会选举，攫取省长之职，因舞弊丑行被戳穿而罢手。同年底靳云鹏内阁倒台，潘随之去职，移居天津。

潘复的故居在英租界马场道东头（原和平区马场道 2 号），是一座典型的西欧风格花园住宅，占地 10 亩多，宽阔的院子用铁栅围墙，种植各种花木与草坪绿地，中间有甬道，需百步方能迈进主楼正门。主楼分东楼、西楼，院内西北角建有平房，楼平房共 117 间，建筑面积 3827.99 平方米。全部房

潘复故居（原马场道2号）

屋建筑基地1379.90平方米，仅占土地面积6907.06平方米的五分之一，而广阔的花园庭院则有5000多平方米，是租界内少有的别墅住宅建筑。

　　这所楼房是1919年潘复任财政次长时，委托开滦煤矿董事庄乐峰邀请法国建筑师设计并承包建造。主楼为三层砖木结构，大瓦、瓦楞铁顶、水泥抹面，门、窗、地板均用菲律宾木料。其建筑设计突出圆形、五面形的阳台，楼内有上下楼梯4套，设置适当，全楼配有卫生间、浴室11处，使用方便。每层房间，大小得体，其中开间50余平方米的4间；30余平方米的7间；20余平方米的23间；15平方米以上的17间，适合配套使用。主楼的东楼下为招待达官显贵的客厅，西楼下为接待亲友客厅。楼上是起居室。西楼下，靠西边有两间大房，墙壁、顶棚都是油画。当时请法国画家绘制连续一年有余，墙壁上绘有花、木、鱼、虫之类，顶棚画有4个美女，做工精细，栩栩如生。

　　潘复任职期间拥资甚丰，生活豪侈，潘复贪色好赌，生活糜烂。除原配夫人外还有 4 个姨太太。他长袖善舞，各派政客簇拥其门。张学良、李景林、张宗昌、褚玉璞、张弧、吴光新、吴毓麟等人常到潘宅聚会，小营门花园别墅成了朝野官僚的俱乐部。

升官之道，五花八门，尤其是在乱世。潘复升官有一绝技——赌博。他爱赌，善赌，他在小小牌桌上发挥出神奇的魔力。在赌的方面，虽然是他的嗜好，也是他用以联络人的一种手腕。潘复利用赌桌广交朋友，再利用赌友关系在政坛上维持和攫取权力。潘复本来做的是皖系的官，皖系被直系打败后，他本应下台，但他在赌桌上与直系的刘彭寿、吴毓麟交往甚密，他得到两位赌友相助，平安无事，官照作不误。奉系打败了直系，人们以为潘复必下台无疑，谁知他不但没下台，反而升了官。原来，潘复在赌桌上又结交了奉系的要人张宗昌。后在张宗昌的支持下，潘复当上了财政总长。

早在 1920 年张宗昌被江西督军陈光远打败，由江西回到北京。在郁郁不得志的时候，他和潘复交游甚密，常在一起狂嫖滥赌。有一次张宗昌因有赌债 1 万余元无力支付，潘就叫他开边业银行的空头支票。当时边业银行经理王琦，原在潘家任管事，潘这时又在台上，王不得不付款。后来潘又送张数千元，资助他去东北投奔张作霖。到 1924 年张作霖第二次进关的时候，张宗昌出任奉军第二军副军长，后任山东督办。

1926 年，直系孙传芳在江西被国民革命军打败，微服来天津。因为孙和潘复是同乡的关系，到津之后，先找的潘复，并在潘家和张宗昌见面。后孙传芳由张宗昌陪同去见张作霖。孙传芳在张作霖面前赔罪认错，并表示今后一切都听张作霖的指挥，张对孙也不咎既往，还告诉张学良等人好好地招待孙。后来孙传芳发起拜金兰谱，有张学良、张宗昌、褚玉璞、潘复、杨宇霆等人。潘复拉拢张学良、李景林想当财政总长未成，但总算和奉系攀上了关系，这次又进而与孙传芳勾结在一起，就为他后来当国务总理奠定了基础。

1926 年，张作霖入京主政，9 月潘复任财政总长。次年，张作霖在北京成立中华民国安国军政府，任命潘复为国务总理，并兼任交通总长。至此，潘复终于爬上了他仕途的最高峰，当上了北洋政府第32任总理，即末任总理。1928年初夏，北伐军节节胜利直趋北平。北洋军阀政府日暮途穷，张作霖下总退却令。6月2日通电全国，潘复内阁也随之土崩瓦解。从1927年6月20日到1928年6月2日，潘复当总理屈指算来只有350天，却是北洋政府历史上任期最长的一位内阁总理。下台后先赴大连，后居津门。

潘复于1928年6月4日乘张作霖的专车过津时，同张首席顾问町野武马下了车，逃过了皇姑屯劫难。潘复回到小营门花园别墅过起寓公生活。终日以赌为乐，然而当官兴致并未减。1934年3月，潘复在寓所会见了司徒雷登，两人很快谈成了一笔交易。潘复说，"如果对华北军政各方需人联系，本人极愿奔走效劳。因与蒋委员长不熟，还请司徒先生便中转达我的意见。"司徒雷登满口答应，随后又谈到燕京大学的经费问题，潘复赶紧说他可捐助两万元，并叫手下人马上去开支票，其实潘复由于赌博已欠下了不少债，可还要打肿脸充胖子。

1935年6月《何梅协定》签定后，国民党从华北撤退党政军人员，华北局势危急。这时潘复曾怂恿宋哲元出来维持局面，潘说："国民党留下华北不管了，你为拯救几千万华北民众于水火，必须当仁不让，出来维持。"经潘的劝告，宋哲元产生了与日本妥协折中的想法，又经萧振瀛市长的暗中奔走，日本人同意在北平成立特殊化的"冀察政务委员会"，由宋出任委员长。为此，宋在潘的陪同下，曾与日本驻津总领事堀内干城会面，潘喝得酩酊大醉。到冀察政务委员会成立时，潘复已经病倒了，所以只挂上个顾问的名义。

1936年9月12日，潘复因病在北平去世，终年53岁。潘复去世后，天津的花园别墅由他的家人继续居住，1943年东楼先被售出，后来西楼也被卖掉，都是天主教会购买的。解放后，这所房子由农林局使用，20世纪90年代改由交通银行使用，2005年拆除。

黄郛故居

张绍祖　张建虹

黄郛

黄郛（1880—1936），原名绍麟，字膺白，号昭甫，浙江绍兴人，生于 1880 年 3 月 8 日（清光绪六年正月二十八日）。1904 年，他用黄郛名投考浙江武备学堂，名列榜首被录取。1905 年，清政府选派黄郛等人赴日留学，入东京振武学校。同年 8 月，孙中山在东京创立同盟会。黄立即加入同盟会，负责掌管该会会员名册。他"到处物色人才，劝导入会"。并联络留日陆军学生多人组成"丈夫团"，后渐扩充为革命小团体"成城团"。1907 年，黄在振武学校与蒋介石相识，结成盟兄弟，合创《武学杂志》，宣传革命。1908 年，黄转入日本陆军测量学校继续深造。1910 年学成归国，被清政府任命为军咨府测量部地形科科员。

黄郛是辛亥革命时的风云人物。1911 年 10 月，辛亥武昌起义爆发。黄郛闻讯后离京南下，参加上海光复起义。1912 年 1 月，以孙中山为临时大总统的南京临时政府成立。孙中山力主北伐，委派黄郛担任兵站总监，负责筹备北伐事宜。2 月，清帝宣布退位，孙中山辞去大总统职务，黄郛也随之辞去了职务，辛亥革命的成果为北洋军阀总头目袁世凯所窃取。"二次革命"后，黄郛帮助陈其美在上海设立军部，并任参谋长，协同陈率兵攻打江南制造局，结果失败。事后，黄因受到袁世凯的通缉，遂逃往日本、南洋，一年后辗转至美国，一心一意埋头于第一次世界大战的考察和研究活动。1915年底，黄郛由美国返回上海，担任浙江驻军军事委员。袁世凯称帝丑剧上演后，黄郛等人在上海贝勒路道德里设立秘密机关，策划浙江独立，响应西南诸省发动的反袁的"护国运动"。1916年袁世凯帝制失败后，转年黄郛在北京赶上了张勋复辟，后移居天津，住进了意租界，潜心著述，一住就是3年，留下了难忘的足迹。

黄郛是经他的同学唐少莲的推荐住进意租界的。住在二马路（今民主道）7号。这是一所两楼两底半独立的小洋房，门前有小小空地，后面有厨房。屋内的家具是由上海搬到北京，又从北京搬到天津，当然是越搬越旧。楼下客厅里5件小型黄杨木弹簧椅，是其夫人亦云在上海旧货店购买的。在北京时又添购了两把橡木藤心大靠背椅，有很厚的木棉垫，十分舒适。楼上的两间卧室，一间黄郛夫妇住，一间他们的女儿熙文住。熙文的卧室有一张书桌和一个书架。熙文一开学，这儿就成了黄郛的书房了。

梁启超也住意租界，他由欧洲回国，听说黄郛住在附近。一日与范静生（源廉）吃完晚饭后步行到黄家。要看黄郛的书房和整理材料的方法。黄郛把他们请到书房，看他一束一束形状不齐、套着纸卷、标上记号的参考资料。

黄郛在写作之余，常去走访他的一位好友张绍曾（后曾任国务总理、陆军总长）。张家住在河北四马路。黄郛不去，绍曾必来访，来则必久坐。绍曾是北方人有盘腿的习惯，谈得起劲，他会脱鞋坐在那张橡木厚垫大椅上。到了吃饭的时候，他们同去吃西餐。餐毕黄郛回家，绍曾则自去追求嗜好。黄郛几次劝他去掉不良嗜好，他也未听，也就算了。后来，黄郛写稿事忙，与绍曾相约两星期晤一次，是绍曾来而黄郛不去。他们在相约中有一个可笑的规定，倘绍曾在两星期中不改所过，则进门向黄郛鞠一躬，否则黄郛鞠一躬。当然前者表示认错，后者表示敬佩了。

在意租界居住时，有一天，一个叫穆穆斋（耀枢）的人，自称老乡来访黄郛，他是天津浙江旅津公学的校长，请黄郛给学生作讲演，黄郛愉快地答应了。当他得知学校要扩充图书馆，就把自己的一部分藏书，包括岳父给妻子亦云的二十四史，捐赠给了学校图书馆。频繁的接触，黄郛与穆穆斋的友谊不断加深，两人还同游了一次泰山。

1918 年夏，他们从泰山回来，黄郛开始写《欧战之教训与中国之将来》一书。这本书一连写了 3 个来月，11 月初写完，由上海中华书局出版。该书一半以上是叙述欧战，风行一时，得到不少新老朋友的鼓励。老朋友徐青甫责备黄郛将书价定得太高，要他减价，为读书的青年着想。严范孙先生派人送信购书 120 册，黄郛看信后十分感动，立即回信，并拿着信让妻子亦云和老友绍曾看。亦云说："范老鼓励膺白，如同鼓励我。"绍曾说："前辈风度不可及。"

接着，黄郛又写第二本书《战后之世界》，写这本书吃力得很，每天早起晚睡，用了差不多一年的光景。这本书写到一半的光景，添了两件外务，其一是应严范孙之约，每周日上午到天津学界俱乐部讲演世界新形势，共讲了 9 个星期，两个多月，每次严范孙都要出席。其二是应召往见徐世昌总统，为徐世昌撰写《欧战后之中国》一书。

黄郛的唯一嗜好是骑马。家里养着几匹马，他本来每天清晨骑马，自写书后，改为午饭后骑马。他吃饭极快，筷子还在手里就喊套马。他家有个能干的男仆，说家里有的是马，建议买一辆轿车，全家出门坐用。通过这位男仆，他买了一辆旧轿车，可是黄郛不太耐烦坐这轿车，前面两个马夫，里面坐两三个人，一匹马的负担太重，走得很慢。有时出门，黄郛和妻子亦云约好，亦云先坐轿车走，黄郛坐电车赶上，半路相遇，挥手致意，颇有情趣。黄郛家在天津始终未装电话，原因一半为俭，一半为静。

黄郛从 1917 年至 1920 年，在天津整整住了 3 年，这是他在天津住得最久的一次。这 3 年正赶上国际是大战，中国是内战，又是五四新文化运动时期。他在天津著书立说、交朋结友，参与社会活动。

1921 年，黄因为大总统徐世昌起草《欧战后之中国》一书，被徐任命为中国经济调查委员会委员。稍后，他又以考察战后经济为名赴美游历。1922 年经欧洲回到北京。

1922 年 9 月，内阁总理王宠惠任黄郛为督办全国财政会议议事。1923 年 2 月，黄郛入张绍曾内阁，代理施肇基署外交总长，兼任外交委员会委员长。8 月，黄郛又转任高凌蔚摄政内阁的教育总长。1924 年颜惠庆内阁复职，黄继续担任教育总长。这一时期，黄经张绍曾介绍，与驻扎北京南苑的陆军检阅使冯玉祥结识，冯经常邀请黄为其将士讲授军事学，分析国内外形势。从此，黄、冯二人引为知己，往来频繁，关系日益密切。

1923 年 10 月曹锟贿选总统后，举国哗然，一致声讨。黄郛乘机鼓动受曹锟、吴佩孚排挤的冯玉祥推倒曹、吴的统治。1924 年 10 月第二次直奉战争发生，冯认为时机已到，遂密谋倒戈，发动北京政变。23 日，冯部进入北京，将曹锟赶下总统宝座，控制了北京政府。10 月 31 日，黄在冯的支持下组成摄政内阁，代理内阁总理，兼任交通、教育两部总长。11 月 1 日起又以代总理摄行总统职权。11 月 5 日，摄政内阁召开国务会议，黄郛提议修改清室优待条件，并亲自修正审定修改过的清室优待条件，最后交由京师警备总司令鹿钟麟和北京警察总监张璧携往清室交涉，并将清逊帝溥仪驱逐出宫。11 月 24 日，冯玉祥为时局所迫，与张作霖一起迎接段祺瑞出任北京政府的"临时执政"，黄不得不辞去本兼各职，再次移家天津。

黄郛移居天津后，仍密切注视着时局的发展，随时准备再度出山。此后黄郛曾与蒋介石一起几升几降。比如 1927 年"四一二"事变后，南京国民政府成立，黄郛被任命为上海特别市市长；同年，武汉发生"七一五"事变，蒋介石下野，黄郛也随同辞职。次年一月蒋介石重新登台，任命黄郛为外交部长。但好景不长，5 月，日军炮轰济南制造"五三"惨案，黄郛引咎辞职即定居莫干山。黄郛这一退就退了 6 年，他在莫干山过了 6 年隐居的生活。黄郛辞职后赴沪，旋至浙江莫干山，过起"精研佛典，修养身心"的所谓闲居生活。1930 年，他出资创办莫干小学。1931 年春挂名导淮委员会副委员长，4 月被北平市文化指导委员会聘为委员。

1932 年 5 月，黄郛到上海联合他人创建"新中国建设学会"，自任学会理事长，发行《复兴月刊》。

1936 年 2 月，黄郛由沪移寓莫干山疗养。8 月下旬，其病情急转直下，遂返沪入宏恩医院，经手术后诊断确定为肝癌。10 月 10 日，蒋介石由宁赴杭，途经上海，特至医院探视，告以政治近况，以示安慰。12 月 6 日，黄郛在沪去世，终年 57 岁。

刘冠雄故居

金彭育

马场道 123 号临街有一座独具特色的三层洋楼，现为天津财经大学分校办公楼，这座楼原为北洋政府海军总长刘冠雄的寓所。刘冠雄，字资颖，福建侯官（今福州市）人，早年入福建船政学堂学习。1885 年留学美国，学习枪炮阵图及驾驶技术，归国后为北洋水师靖远舰帮统，1894 年参加中日甲午海战。1902 年为海天舰管带，后任德州兵工厂总办。民国成立后，1902 年至 1916 年间，历任各届内阁海军总长。1917 年因与段祺瑞不和而去官。1922 年任厦门海疆防御使；1923 年辞归天津隐居，长期过寓公生活。

刘冠雄

刘冠雄寓所位于天津旧德租界推广界六号地，现为马场道 123 号，属河西区，对面为和平区。寓所占地 9.19 亩，是他用其子刘肖颖名义从外商手里买下的。1922 年，建起西式砖木结构楼房共 3 幢，为西洋象征主义建筑。作为海军将领，他按自己的意图建起这寓意深刻的 3 幢楼，寄托了自己的幻想。一幢楼为航空母舰式，第二幢楼为巡洋舰式，第三幢楼是望远镜式。从正面看清楚地凸现出立放的望远镜造型。主楼三层带地下室，墙身为红机砖清水墙，点缀砂石罩面，整体呈立面对称形状，挑出大屋檐，菲律宾木双

刘冠雄故居（马场道 123 号）

槽窗，室内暖气卫生设备齐全，装潢讲究。全楼共有房屋 81 间，建筑面积
3325 平方米。主楼地下室有厨房、锅炉房和杂务间。楼的背面为阳面，有
两个八蹬台阶及 80 多平方米的凉台。一楼门厅宽敞明亮，有 4 棵方柱支撑，
顶部有优美的花饰，天花板上花纹雍容素雅。一楼为大厅、饭厅、书房和会
客厅，二三楼为卧室和起居室。整幢大楼风格浪漫，富丽堂皇。

　　主楼的建筑虽为望远镜式，但欧陆风格浓郁，罗曼风格的大屋顶，长长
的大阳台，以及阳台下的牛腿支撑，阳台上花瓶状的栏杆，都给人许多遐思
和美感。主楼的西侧与配楼之间有过楼，将主楼和配楼衔接起来。配楼建筑
结构紧凑别致，装修高级，专供子女居住和活动，现为市房管局幼儿园。

　　1923 年，刘冠雄虽然解甲归田，回津寓所，但海上强国之梦仍萦绕心
头，因此才把房屋建成航空母舰、巡洋舰和望远镜样式。然而，具有讽刺意
味的是，这支陆上舰队虽然在中国土地上，却最后到了外国企业手中。这家
外国企业就是英商先农工程股份有限公司。该公司是外商在天津经营房地产

为主业的首家最大的公司。创建于 1901 年 3 月 22 日，终结于 1954 年 8 月 29 日，其历史长达半个多世纪。1900 年八国联军攻占天津后，组成"天津地区临时政府"即"都统衙门"，先农公司就是在这样的背景下由英国商人创办的。不动产抵押放款是先农公司一项主要业务，在这方面获利颇丰。刘冠雄之子刘肖颖向先农公司抵押借款仅 10 万元，月息为 1%，定期 3 年。刘冠雄于 1927 年因病去世。因刘肖颖到期无法归还借款，先农公司便于 1930 年止息，其价值几十万元的房产也就归了先农公司。1954 年先农公司将此处房产交给市房产公司经营，这支陆上舰队终于回到人民手中。

天津解放前，此房由志达中学使用。解放后主楼由市 22 中学使用。1976 年地震后，航空母舰和巡洋舰两幢楼先后拆除，重建起宽敞明亮的教学楼。望远镜楼一度由天津理工学院使用，现为天津财经大学分院办公楼。从海军总长寄托幻想的寓所，到教书育人的大学课堂，这幢历经沧桑的洋楼反映出历史的变迁。

王郅隆故居

张绍祖　张建虹

　　王郅隆（1888—1923），又名祝三，天津县阮家庄人。其父王鸣礼以撑船为生，家境贫寒。王郅隆早年曾到东北一家粮店学徒，后逐渐当上了掌柜，积攒了点钱，到唐山开设了义发祥杂货铺。后回到天津开设元庆木号，经营木材生意。这时正好天主教柴田宠负责兴建天主教堂，他与柴熟识，揽到了这笔生意，赚了一大笔钱，又开设了荣庆号米庄。

　　王郅隆发迹后捐得候补道衔。在那个动荡不安的年代，他认为只有军人才是最有实力的阶层，于是他想方设法结交军人。一次他去天津南市天宝班（妓院），正好碰上了营务处的倪嗣冲在那里打牌，输了一个月的军饷，非常着急，王郅隆走过来说："我替你打打。"不想连赢几把，居然捞回不少。那时输掉军饷有杀头之罪，王郅隆等于救了倪嗣冲一命。从此，两人结为挚友。后来倪嗣冲当上了安徽督军，任命他为后路局总办，他从财政部领出安武军（倪嗣冲1914年任安武将军，督练安徽军务，所部始称安武军）军饷后，总是存入银行，再分期汇寄安徽，就这样他利用军饷作为周转资金，大做投机生意，获利颇丰。他又为皖系徐树铮所赏识，先后任黑龙江、湖北、安徽等省盐务采运局总办，利用皖系的权势，大发其财，成了著名的暴发户。他先后创办天津华昌火柴公司、丹华火柴公司，任董事；与徐树铮、段芝贵合谋侵占长芦盐商何炳宗等人的资产后，组建天津长顺盐业公司，以及井陉、正丰煤矿公司。

1916 年秋天，在徐树铮支持下，大股东王郅隆收购《大公报》全部股权，出任董事长。徐树铮是段祺瑞的绝对亲信，鼓励王郅隆独自经营《大公报》，自然是要让《大公报》助段祺瑞一臂之力，使该报成为安福系喉舌。控制《大公报》后，王郅隆抛弃该报创办人英敛之不为任何党派作宣传的信条，在徐树铮建议下，聘胡政之做《大公报》经理兼主笔，此时胡政之是内务部参事，而内务部是段祺瑞的势力范围，《大公报》作为段祺瑞系统的机关报，在与黎元洪的政治斗争中，颇为风光。

1917 年与倪嗣冲、周作民等人创办天津金城银行，任该行董事兼总董。与倪嗣冲集资，同日本大仓洋行、日本棉花会社合办天津裕元纱厂（今棉纺二厂），任总经理。同年 11 月王郅隆加入徐树铮、王揖唐等皖系政客在北京安福胡同组织的安福俱乐部，为常任干事兼会计课主任，次年 8 月任安福国会参议员。1919 年出任北洋政府财政总长。他以段政府参战处的名义开设荣庆米行，用采购军粮的名义将江浙大米北运天津，通过天津港向日本出口，以接济日本灾民，从而获取暴利。1920 年 4 月与徐树铮创办了天津边业银行，任董事。由于王郅隆为安福系筹措了大量活动经费，所以被称为安福系"财神"。

在直皖战争中，段祺瑞和所谓"安福系"被打得大败，王郅隆被列为"安福十凶"遭通缉。他当时正在北京，闻讯后慌忙跑往日本公使馆避难，后偷偷回到天津，在 1923 年春又潜往日本。

在日期间，他向日本大仓洋行商谈借款 300 万元，又向日本其他大财团商借款项，以作为安福系发动政变，与直系作战之用。眼看事情就要办成，将要签字，谁料 1923 年 9 月 1 日日本突然发生关东大地震，王郅隆蒙难死于横滨。

王郅隆在天津宅邸有二：一在意租界大马路意国圣心医院（今河北区建国道第一医院住院部）对过楼房，系其如夫人住宅；二在南京路、浦口道转角处（今河西区南京路 21 号，天津市煤建公司），为其正夫人及长子王景杭

王郅隆故居（南京路 21 号）

（仲山）住宅。王仲山系段祺瑞部下的军需官。该宅为德国花园式宅邸。一进门，右侧传达室是一个牛舌瓦尖顶小二层德式建筑。院内有一个大水池，水池中有喷泉，长有荷花、水草，养有金鱼，水池用雕花的汉白玉石柱围绕，中间是一个中国古典式的六角单檐攒尖顶亭，造型别致、精巧，每一个翘起的单檐上雕有精雕细刻的石兽。六角亭与院子由汉白玉石桥相连。该宅邸建筑面积 2480 平方米，为二层加阁楼带半地下室的砖木结构建筑，平面近似矩形，庭院花草树木环绕。建筑正立面底层入口有 16 阶的高台阶，大理石饰面，双柱支成折角门廊。进门厅后到大厅，一边为客厅、书房，另有餐厅、厨房等，窗户均是双层玻璃中间夹纱窗。各厅都有小八角凸肚窗或弧形窗，凸肚窗使立面富于变化，转角处形成多边形的角楼。大厅内设有木玻璃隔断，玻璃被隔成各种各样的形状和不同的大小，非常别致美观。室内装有护墙板、筒子板、细木人字地板以及木制雕花弧形楼梯。通过隔断门有大楼梯通向二层。二层有大厅、卧室、平台等。卧室相互连通，每个屋子最少有 2 个门，多的达 4 个门。卧室外临窗有走廊，走廊有镶入墙内略露于外的

王郅隆故居六角单檐攒尖顶亭

圆柱，并铺有花瓷砖地。弧形大平台在楼房入口处的上方，登上平台，全院一目了然。三层为阁楼，木梁暴露在外，为储藏室。半地下室设有锅炉房等，有两个出口，采光较好。该建筑为正立面为高台阶，双柱门廊，牛舌瓦高坡屋顶，展示了德国建筑的风格。据说，在该建筑的旁边，现已盖有新楼的地方，有与该楼建筑式样风格相同的一幢建筑。早年，因火灾而烧毁。在该建筑的对面，现是平房的地方，原是一个戏台，坐在庭院的六角亭上，或坐在二楼的大平台上都可以观戏。总之，王郅隆的花园宅邸是中西合璧，风格独特。

吴毓麟故居

张绍祖　张建虹

吴毓麟

吴毓麟（1871—1944），字秋舫，回族，祖籍安徽歙县。北洋水师学堂毕业后，曾留学欧美，历任候补知府、海军练习舰教习、水师提督署洋务委员、京榆铁路监工员、陆军部考功官、邮传部帮办、海军视察。

1912 年授海军中将，继任大沽造船所所长、海防指挥官兼北洋铁工厂总办。他对海军建制及船舶制造多有建议。在任内，他诚聘有真才实干的人员，潜心研究造船技术和军火生产，曾制造出多种长短枪及其他火器，"大沽造"枪在当时曾闻名全国。1922 年出任津浦铁路局局长。在任内，他轻车简从。一次，去济南公干后返津，他有意穿便服挤到三等硬座无号车厢内，一面观察车站秩序及铁路工作人员服务情况，一面与同车人闲谈，了解情况，品评车上工作人员的作风和品德。

1923 年吴毓麟出任交通总长，为直系保定派代表人物。在任内，于 1923 年 5 月，发生了一件震撼世界的临城大劫车案，其中 40 多名外国人被劫，事态严重。他身负其责，万分焦急，亲自出马与杨以德、熊炳琦、温世珍等及各国领事，先后奔至山东枣庄与劫持者头领孙美瑶谈判，最后终于达

吴毓麟意租界的寓所（今河北区民主道 38 号，天津市工商管理局）

成协议，被劫的外国人全部获释。我国政府除了向各国政府道歉外，还赔偿了几十万元的巨款才算了事。

1924 年直系失败后，吴毓麟退居天津，住意租界二马路（今河北区民主道 38 号，天津市工商管理局）豪华住宅。此宅建于 1922 年，1930 年，吴毓麟将住了近 10 年的宅邸，卖给了热河省政府主席汤玉麟。该楼整体为意大利文艺复兴时期的巴洛克建筑风格，楼墙和墙基均为花岗石条石砌垒。院内工字砖铺地，地面宽阔。楼前的廊厦下左右开坡道，有左右两门，汽车可一出一入。楼内设有正厅和附厅，设有古典式壁炉，门窗宽大。这在当时是很高贵的，至今仍很有特色。

1931 年，吴毓麟租赁了特一区 12 号路（今奉化道，与解放南路交口）的一所德式洋楼（今河西区解放南路 292 号，原市检察院，现为中国人寿保险公司天津市分公司）。此宅邸是著名实业家庄乐峰的，建成于 1921 年，占地 6.002 亩。该址原有砖木结构楼房 3 幢，计北楼 2 幢，南楼 1 幢。北楼前

吴毓麟德租界故居（今解放南路 292 号）

后两幢均为 3 层并相互连通。南楼较小，为 2 层。大楼周围有 10 多间房屋。北楼与南楼之间为庭院花园，有一条长廊连接。北楼装饰考究，前楼首层客厅装饰有各式人物彩绘，外窗装有彩色玻璃。前楼有地下室，设有井道一口，据说可通往海河。吴毓麟和续妻住一楼。儿子吴振宏、吴季光和守寡的嫂子及子女等分住二楼。三楼存放杂务、箱柜，并特辟一室专供祖先牌位。地下室及周围住房专供男女仆人及亲友们居住。

吴毓麟的爱好广泛，他每日除了练习书法外，还特别爱读历史、笔记一类的书刊。每晚临睡前，坚持读《资治通鉴》。吴毓麟特别崇拜溥仪的老师翁同龢，对他的学识、书法和为人都很敬佩。吴与张自忠、马占山等抗日将领过从甚密，马占山来津住在他家。他与前国务总理潘复在津共同经营盐务，来往密切。他与前海军大臣、光绪皇帝的弟兄载洵关系很好，住得很近，走动较勤。

吴毓麟非常重视子女的教育。他教育子女要有独立生活的能力，不要依靠先人给遗留下什么金银财宝，那都是靠不住的。他聘请有名的教育家郑菊如老先生教授子女国文，请留学美国的张瑞珍女士（与宋美龄同学）教授英语。

吴毓麟生前为天津和家乡的老百姓做过一些善事。1939 年天津闹大水，他凭着自己的声望，积极联络各方力量，派出 5 条小船每日巡驶各区，来往渡人。每日还在自家窗口放上盛满稀粥的 5 个大缸，凡遇难民求赈，每人一勺，以解燃眉之急。家乡沧州孟县闹大水，他除了办粥厂赈济灾民外，为了让村民自救，他在村上办起了小型纺织厂，设立了扫盲学校。

在敌伪时期，日本驻华北的冈村宁次大将和汉奸王克敏等人都曾到吴毓麟家，"敦请"他"出山"，维持华北政局。他以老来多病，并以在闹牙病为借口，加以推脱。他面对压力，将客厅里侧面墙上的一幅山水画换成了唐寅的《秋扇图》，上面有 4 句诗："秋来纨扇合收藏，何事佳人自堪伤。请把世事详细看，大都谁不逐炎凉！"表达了他此时的心境。

1944 年秋，吴毓麟家中生活窘迫。在内忧外患的情况下，他的病情日益加重，终于不治，凄然去世，卒年 73 岁。

日伪时期日本宪兵曾占用此房。抗战胜利后，蒋介石来津曾住过这幢小洋楼。解放时，此宅邸为徐鹏志房产。

解放后，1950 年 1 月市公产清管局依法没收此宅邸。该宅邸由市财经委员会使用，1955 年改由市人民检察院使用。现北楼前后两幢基本保留原貌。前楼首层和二层正面原来的前廊均改成房间作办公使用。前后共有用房 80 间，建筑面积 2723.78 平方米。原来的南楼及庭院长廊已拆除，于 1983 年新建框架结构 6 层新式办公楼一幢。

张志潭故居

张绍祖　张建虹

张志潭

在五大道大理道东头，有一座三层欧式小洋楼，它曾是交通总长张志潭的故居。

张志潭（1884—1936），字远伯，直隶（今河北）丰润人。前清举人。曾充任陆军部候补郎中。1914年任绥远道尹。1917年任内务部次长，同年段祺瑞执政时，任国务院秘书长，不久充任段祺瑞督办参战事务处机要处处长。1919年1月任陆军次长。1920年8月至1921年5月任内务总长，1921年5月至12月任交通总长，财政整理会会长。皖系失败后，隐居天津英租界新加坡道（33号路，即今大理道4号，在民园东里旁，曾为59174部队招待所）东头，为十楼十底三层平顶带地窨子的砖木结构欧式小洋楼，正楼门前有高台阶，门前两旁有圆柱；正楼前为院子，正楼后面有二层后楼，还有汽车房等。楼下为张志潭活动的房间，包括大客厅、小客厅、书房、写字间、餐厅等。二楼为夫人和子女的卧室等。三楼为储藏室及佣人的住处。后楼为家属及佣人的住所。张志潭有3位夫人，生有8个儿子（大夫人生张允溪、张允伊、张允侃；二夫人生张允何、张允倬；三夫人生张允侯、张允任、张允什），两个女儿（大夫人生张允倩，三夫人生张允葆）。

张志潭一生酷好书法，寓所楼下专设写字间，每天必练书法，练大字时将纸铺在地上写。他与天津著名书法家华世奎关系亲密，华世奎经常来其寓所切磋书法技艺。华世奎的女儿"十三姑"是由张志潭、高凌蔚介绍给江苏督军齐燮元为妻的，齐与十三姑的婚礼采取了中西合璧的方式。华世奎写字题匾必留名盖印，而张志潭写字题匾既不留名也不盖章。天津名店"登瀛楼"三字为张志潭所题，题匾的交换条件是该楼的名厨师要将做全桌酒席的技艺教会其三夫人。张志潭曾任国务院秘书长，字写得十分漂亮。他逝世后，其弟张志徵为其出《蠡园遗墨四种》由华世奎题签。第一种为《张远伯手写金刚经》，陈三立题签；第二种为《张远伯临五圣教序册》，溥儒题签；第三种为《丰润张子隶书朱柏庐治家格言》，戊寅季夏蒲圻张国淦题签；第四种为《张远伯篆书楹联集句》，陈夔龙时年82岁题签。

张志潭在汉沽茶淀一带有许多地，在芦台有"张凤叶堂"，包括5间厢房、马号、祠堂等，其母住在那里，每年收租。其母去世后，其三夫人住在那里，每年收租。芦台火车站是张志潭任交通总长时修建的。

张志潭任内政总长、交通总长时，家里有6名中餐厨师，1名西餐厨师。他喜爱京剧，经常请"四大名旦"梅兰芳、程砚秋、荀慧生、尚小云到家里

张志潭故居

做客，请他们吃鱼翅全席，听他们清唱。张志潭与曾任五省联军总司令的孙传芳、曾任江苏督军的齐燮元等来往密切。1931年"九一八"事变后，在日本驻屯军特务石井嘉穗的操纵下，他在天津成立了中日密教研究会，孙传芳、齐燮元、王揖唐均参加为会员，参与筹划建立华北伪政权。这阶段常有日本人到宅邸。1933年，他出任行政院驻平政务委员会委员。其晚年喜欢昆曲，与著名昆曲艺术家韩世昌、白云生有来往。

1936年张志潭患半身不遂，请日本医生治疗，租李善人花园（今人民公园）房子养病。是年阴历八月十五回家过中秋团圆节，节日刚过，病则加重，于阴历八月二十日去世，年52岁。张志潭死后，其弟张志徵（曾任伪满财政厅长）以其欠债为名，将他的大理道宅邸和汉沽茶淀的地变卖，除一小部分钱分给其家属外，其余钱财均由张志徵占有。

鲍贵卿故居

张绍祖　张建虹

鲍贵卿（1867—1934），字霆九，1867年生于辽宁海城县小洼村一个贫苦农家。19岁投到淮军总兵叶志超麾下，深为叶志超器重，后送入榆关随营武备学堂、天津北洋武备学堂学习。毕业后升任管带、统带、协统等职。

鲍贵卿

辛亥革命爆发后，鲍贵卿与清军将领段祺瑞等50余人联名电请清帝退位。1912年1月10日，任直隶第2师第4旅旅长，随后，任安徽芜大镇守使。1915年，为皖督倪嗣冲所忌，解除兵权，出任北京陆军讲武堂堂长。1917年，经张作霖推荐出任黑龙江省督军，后不久兼任省长。从此，成为奉系军阀中的重要一员。在任职两年的时间里，采用"招标"的办法，卖官鬻爵。1918年9月，改任吉林督军。因自恃有功，盛气凌人，在许多问题上，竟与中央政府直接交涉，引起张作霖不满，不得已提出辞职，蛰居天津。1924年12月，任梁士诒内阁陆军总长，次年4月辞职。1927年张作霖就任陆海军大元帅，掌握北京政权后，又想起鲍贵卿，聘鲍为顾问及北京政府审计院长。

鲍贵卿早年毕业于天津武备学堂工程科，对房屋构筑颇感兴趣，他在天津有两处较大的房产建筑，其中一所豪华的花园公馆——鲍家大楼就是他自己设计的。该楼坐落于原奥租界（今河北区平安街81号，天津警备区

鲍贵卿故居（平安街 81 号）

第八干休所），是于 1920 ～ 1921 年以积德堂鲍的名义，分别购买慕倪堂王和李姓的两所楼房，占地 7.941 市亩。买进以后，鲍贵卿根据地形和建筑特点，重新进行改建、扩建，成为一所结构异常别致的公馆。

这所楼房，仿西洋建筑，又有某些中国民族建筑形式，中西合璧，别具一格。建筑面积 1875 平方米，二三层楼共 4 组：两组为主体，坐北朝南，房屋建筑高大雄伟，二楼平台为屋顶花园，有中、西、古式亭子，周围建有典型女儿花墙。两组楼房有天桥走廊相连。房屋内部形式各具特色，设有客厅、办公室、书房、卧室等。另两组为附属建筑，二层小楼，一组位于主楼前右侧，坐东朝西，外跨游廊；另一组位于主楼前方，坐南朝北，亦外跨游廊。

四组楼房横竖布局，通过游廊相连，组成一个住宅的整体。楼上有屋顶花园，楼下有庭院花园，4 组楼房高低错落，双柱挺拔顶立，长廊悬空，院中有凉亭、假山、喷泉、花草、树木，整所住宅格外壮观、典雅。

鲍贵卿这所花园宅邸，1937 年以积德堂鲍名义卖与长芦盐务局。解放后，一度为河北省驻津单位使用。另外，鲍贵卿在意租界西圆圈（今民族路 47 号）和六马路（今博爱道 10 ～ 26 号），修建有一所豪华别墅和 200 多间出租住宅楼房。豪华别墅为机砖清水墙，二层有平台，房屋建筑考究，带有中国民族特色，是意租界内一所著名的住宅，现为第一文化宫办公楼。

鲍贵卿不仅购筑大量房产，还占有大片的土地。1916 年张作霖强迫开放达尔罕亲王的旗地 4000 余方（每方 45 垧），张作霖及其岳母王氏、鲍贵卿、冯德麟等分割了千余方。所以，鲍贵卿除在天津外，还在通辽、开鲁拥有大量地产。

天津自开埠以来，工商业逐渐繁荣，朝野官僚、政客和富商大贾，成立了仁义地产公司，以廉价收购荒地，经过修整，随着市面繁华再以高价出租。鲍贵卿、李纯（江西督军）等都是该公司大股东。仁义地产公司董事会鉴于鲍下台后常居天津，又懂工程方面的技术，并与当权人物过从甚密，遂推举他为董事长，假其声势，广为招徕。该公司所属土地多分布在天津南门外炮台庄一带，地势低洼，不宜营建房屋，鲍贵卿有鉴于此，遂出资8万元成立顺记垫土公司，由其委派解名臣负责管理业务，用低价买下600多亩碱地，又修建轻便小铁路，用轳轳马（一种铁制斗车）把碱土运到炮台庄以外，用好土垫高，然后高价出售，从中获取暴利。

鲍贵卿在天津南开中学附近有地60余亩，拟以每亩3000元价格出售。南开中学校长张伯苓想买下作为学校操场之用，但一时无法付出此项巨款，张

鲍贵卿故居（平安街81号）

校长去见鲍说明情况，鲍碍于情面，只好半捐半卖，后来南开中学连半价也难于全部支付，最后给5万元了账，遂成兴学义举。

此外，鲍贵卿还投资于近代工业。他投资的企业有：中国漂白粉厂（天津）、鹤岗煤矿公司（黑龙江省鹤岗）、耀滨庆记电灯公司（吉林滨江）、恒源纺织公司（天津）、鲁丰纺织公司（济南）、通原林业公司（黑龙江省通河）、兴林造纸公司（吉林）、金城银行（天津）。

1928年6月3日，鲍贵卿从北京随张作霖乘火车同行。但鲍于天津车站下车去医院看望他的小儿子，未能与张一同回奉天，而幸免皇姑屯之难。1934年3月1日，鲍贵卿在北平因病逝世，终年67岁。

杨文恺故居

张绍祖　张建虹

　　杨文恺（1883—1965），字建章，直隶（今河北）永清人，清末秀才。1902年夏入保定练官营步兵科第三班当学兵，与孙传芳同伍。是年毕业后，经冯国璋准予免考，与孙传芳一起，被保送到陆军速成武备学堂深造。1904年夏，又考取官费赴日本留学，先就学于日本振武学堂，再入日本士官学校第六期步科。

　　1909年杨文恺回国后，正赶上陆军部设立陆军中学堂，设在湖北南湖的为陆军第三中学堂，以李钟岳为总办，范尚品为监督，杨文恺担任日文教官，陈调元担任军事地理教官。杨文恺与陈调元结为好友。后来，他历任禁卫军一等参谋、直隶都督府军务科长。1914年8月，到南京担任江苏上将军署顾问，住在太平巷江苏宪兵司令陈调元的家里。1915年杨文恺调任湖北督署军务科长兼汉阳兵工厂总办，为湖北督军王占元的主要幕僚。此间，陈调元每次到武昌必住募石街的杨文恺家。

　　1921年湘鄂战争后，曹锟召开会议，杨文恺代表王占元前往参加。曹对杨表示："请王二哥下台休息休息！他可以到保定来帮忙。"杨归而告王，王遂提出辞职，当即照准，由第二十五师师长萧耀南继任湖北督军。在王占元下台后杨文恺入孙传芳部。1922年曹锟政府任命孙传芳为福建军务督理，1924年9月，又任命孙传芳为闽浙巡阅使，杨文恺被任命为福建都督公署参仪，为孙部筹措军饷、军需，并为孙占据东南各省向当权者游说。1925年初，杨文恺去北京奔走于段祺瑞门下，以取得段对孙的谅解与支持。3月，杨文恺前往福州，授意周荫人筹措军费，接济浙江。4月，杨文恺去张家口会见冯玉祥，说明孙传芳准备进攻奉张的决心，并转达孙愿与冯结为金兰之好。5月，杨文恺去开封会见河南军务督办岳维峻，商定如何共同夹击奉军。其后，杨又前往岳阳，代表孙传芳敦请吴佩孚出任14省讨贼联军总司令，并携款5万元赠吴。在返回杭州途中，又分别会见了江西军务督办方本仁和赣北镇守使邓如琢，劝说他们拥戴吴佩孚，合力讨奉。8月，杨又奉孙命去南京，劝说江苏军务帮办陈调元共同驱奉，定下里应外合之密谋。1925年10月，孙传芳出敌不意，骤然响起反奉号角，由江浙边境三路出击，乘胜北进，凯旋南京，直达山东边境。11月25日，宣布成立浙、闽、苏、皖、赣五省联军，自任总司令兼江苏总司令，以周荫人为福建总司令、卢香亭为浙江总司令、杨文恺为五省联军总司令部总参议。

段祺瑞执政期间，为了拉拢孙传芳，1926年特意任命杨文恺担任农商总长。是年冬，孙传芳为国民革命军打得惨败，特邀请段祺瑞、吴佩孚派代表在南京集会，商讨共同抵御国民革命军。参加会议的有：靳云鹏、吴光新代表段祺瑞，熊炳琦代表吴佩孚，还有孙传芳、杨文恺等。会上靳云鹏吹捧段祺瑞，大骂吴佩孚，引起熊炳琦的不满，反唇相讥，吵得不欢而散。孙传芳在段、吴、孙三角联合的幻想破灭以后，于同年12月，派杨文恺去济南见张宗昌，取得张对孙的谅解后，又前往天津会见张作霖，申明合作意

杨文恺故居（河北南路林东大楼）

向，张表示既往不咎，双方联合抵抗国民革命军。1927年1月，孙传芳秘密到津，派杨文恺见张作霖，约定会面时间。张作霖当即派张宗昌、张学良与杨文恺去迎孙传芳，在蔡家花园相见，化敌为友，决定成立安国军，共同抵挡国民革命军，但并没有抵挡住彻底失败的命运。孙传芳与直鲁联军在鲁南与国民革命军作战，又遭失败，退到天津杨村一带。

1927年6月17日，杨文恺在担任了北洋政府第42届、44届、45届内阁的农商总长后去职，即长居天津租界作寓公。1928年6月，蒋介石之北伐军占领天津。陈调元奉命来天津收容招纳孙传芳的部队。陈调元找到住在英租界33号路（今大理道晓园）的杨文恺，他说："孙联帅已下野，余下的军队，老蒋令我来收编，明天上午召集退到天津附近的师旅长到大哥家晤谈，如愿干的话，可随我到部队从事收编。"次日，这些师旅长来与陈会谈，但无结果。随后，陈派人分赴队伍所在地做细致工作，最后多数接受了收编。1935年，陈调元调任南京军事参议院院长，仍为蒋做联系工作。何应钦与日方签订《何梅协定》后，蒋因陈与西北军有联系，特派他到华北宣抚，在表面上是代表蒋介石授予国民军各团团旗，实际是向北平绥靖主任宋哲元传达蒋对日本应付的策略。这时，杨文恺住在天津河北二顺里，他专程去北平看望陈调元。举行授旗那天，杨文恺陪同陈调元到西苑大操场。

解放后，杨文恺于1964年被聘为天津市文史研究馆馆员。他在津先后居住过意租界三马路（现河北区进步道），英租界新加坡道西头晓园西华村（现大理道西头晓园），英租界伦敦道与爱丁堡道之间的世界里（现成都道与重庆道之间的世界里）。新加坡道（今大理道）晓园，为西洋古典式建筑；爱丁堡道（今重庆道）世界里，原为大汉奸石友三房产，为三层砖木结构的里弄式住宅楼。林东大楼为砖混结构的四层公寓式楼房，原为孙养如房产，建于1919年。外墙首层为清水墙，二层以上水泥墙面，坡顶带女儿墙。内为单元式格局，设备齐全，装修讲究，居住舒适。1965年杨文恺病逝于河北南路的林东大楼，享年83岁。

袁乃宽故居

张绍祖　张建虹

海河东岸有一座造型典雅别致的小洋楼，人们称它"小怪楼"。关于"小怪楼"的来历其说不一，扑朔迷离。

一说该楼始建于 1908 年（清光绪三十四年）。1901 年，袁世凯任直隶总督兼北洋大臣后，其管家袁乃宽以廉价在奥租界金汤二马路（今河北区华安街）海河之滨买到地基一块，其东至大昌兴胡同，西临海河东路，南为华安街中学，北抵民主道，占地 5.714 亩（3109.35 平方米）。他向袁世凯建言该地区"贵不可言"。于是，袁世凯决定在这里建造富丽堂皇、造型别致的花园别墅。该楼先后委托英、德工程师设计，为一座 16 ～ 18 世纪典型德国风格的小洋楼。分为主次楼。主楼平面为 L 形，三层砖木结构带局部半地下室，共 54 间，建筑面积 2089.02 平方米。从外部看，它的风格是属于中世纪"罗马风格"的演变，掺进了日尔曼民族的建筑手法。集中的堡式平面布局，塔楼高耸，红色的陡坡木构屋顶，与高耸的亭楼形成俏丽的对比，坡面檐口处开设老虎窗。屋顶正脊中间，建造了一座精巧玲珑的采光亭。亭顶是红色，呈扣钟状。系仿意太利文艺复兴早期佛罗伦萨、圣玛利亚大教堂穹顶建造，面外形文比意式建筑增加一道反向曲线，形成德国建筑的独特风貌，在天津建筑中颇为难得。

该楼造型同尼德兰行会大楼颇为相似。它面向海河及民主道一侧均为山墙，尖尖的山花，装饰着哥特式的雕饰，山花上形成 3 个台阶式的水平层，

袁乃宽故居（今河北区海河东路 39 号）

加强了水平分划。主要入口从凹角处进入，入口处有四层塔楼，门廊是由方柱与圆柱相结合成的。底层有大客厅、餐厅、书房等。大客厅外有柱廊，柱廊上也有一所塔楼。二层为卧室，再由小转楼梯上三层，又有小楼梯上入口处塔楼。主楼共有大小房间 20 多间。主楼东侧有二层次楼，上部有一个拜占庭风格的小尖穹顶，与塔楼相互映衬，饶有情趣。屋内筒拱连券，图拱垂直相交或并列。楼梯反向而上，灵便壮观而又有气魄，为德国民族建筑的特色。住宅入口处有一间门房，上有穹顶，曾为居民居住，后因马路拓宽而拆除。

　　这所建筑有三个特点：一有"隐身处"，二有"脱身处"，三有"风水窗"。所谓"隐身处"，指在二楼右侧角处有一小门，门内有钢筋混凝土楼梯，装有铁栏杆，上至楼顶间，下至地下室，关上小门找不到上楼和下地下室的通路；所谓"脱身处"，指三楼凉亭旁设有铁楼梯，直通后花园余门，从此可以脱身逃出；所谓"风水窗"，指在二、三楼之间专门设计一间八角形角亭，设计吸取了意大利建筑的特点，几面窗户都朝向海河，建楼时楼前恰值海河河流回旋处，每值春夏登楼俯瞰海河，无论涨潮落潮，河水都好像往八角形角亭里流，恰似"百川朝宗"，迷信说法，"水"即"财"，象征着无数的"金银财宝"源源不断地流入"袁家大楼"。这所别墅有后花园，园内有游廊、假山、鱼池、亭台、花窖等。按此说法，"小怪楼"系袁世凯故居。

二说该楼建于 1917 年（民国六年）。1916 年 6 月袁世凯死后，袁克定以嫡长子身份主持家政。他看到冯国璋在奥租界（现河北区民主道与华安街拐角处）建起多所楼房、平房，就在冯宅附近建造了这座巨型寓所。袁克定当时说："袁家大楼一定要超过冯公馆。"负责这项工程的是袁氏管家袁乃宽。按此说，"小怪楼"则是袁克定住所。

三说是袁世凯同族侄袁乃宽 1918 年建。袁世凯的后裔袁家宾著文，并曾对笔者说"'袁公馆'的房产系袁世凯同族侄袁乃宽个人所置。外传袁世凯本人或姨太太所住，均属谬讹"。

袁乃宽故居坐落奥租界金汤二马路（今河北区海河东路 39 号）。建于 1918 年。袁乃宽（1868—？），字绍明，河南项城人，袁世凯的亲信、管家。清附生。1910 年起历任天津知县、拱卫军军需总长、镶红旗蒙古副督统、筹办煤油矿坐办。1915 年积极为袁世凯称帝进行活动。袁死后闲居。1923 年任高凌蔚内阁农商总长，1924 年去职来天津作寓公。笔者认为第三种说法比较可靠，但谁是谁非，有待进一步考证。某新方志既认为该宅邸是袁世凯死后两年——1918 年所建，又说它是袁世凯故居，是否有些自相矛盾。

该楼后由南京财政部直属统税局占用。1937 年"七七"事变后，敌伪"津海道署"曾设于此。日本投降后为大成行占用，解放后为公产，由市民住用。1976 年地震时轻度损坏，二楼平台花架已拆除，红陶挂瓦改为瓦垄铁顶。后花园已建楼房，由河北区华安街中学和调料公司使用。该楼于 1997 年被定为市级文物保护单位。2004 年，天津市房产总公司按照"修旧如旧、恢复功能"的原则对其进行了整修和加固，百年老楼焕发了青春，成为了海河一景。

曹汝霖故居

曹汝霖

曹汝霖（1877—1966），字润田，上海人，生于1877年1月23日（清光绪二年十二月初十日），出身书香门第，系独子，幼年入私塾，后去汉阳铁路学堂读书。1900年赴日本留学，就读于日本早稻田专门学校和东京法政大学。鼓吹君主立宪，反对资产阶级民主革命。1904年归国，任职商部商务司。后被调入外务部。1911年任"皇族内阁"外务部副大臣。辛亥革命后，改当律师。1913年被袁世凯指派为第一届参议院议员。同年8月任外交部次长。在袁世凯当政时，日本政府以解决中日间的"悬案"为名，向中国提出二十一条蛮横无理的要求。袁世凯竟然派出代表同日本公使进行秘密谈判，代表之一就有曹汝霖。曹在向参议院的报告中说："政府兢兢业业，既不敢意存挑拨，以速危机，又不敢轻言让步，自丧国权，唯苦请日使速行开议而已。"最后，袁政府全部接受日本提出的条件。曹汝霖为支付北洋政府浩繁的军事开支，还向日本财阀借款，史称"西原借款"。1916年4月任交通总长，后兼署外交总长，并任交通银行总理。翌年1月通过西原龟三向日本兴业等银行借款500万日元。1917年7月任段祺瑞内阁交通总长。次年3月兼任财政总长，又向日本大宗借款，充作军饷。

1918 年秋，不惜丧失山东铁路主权，向日本再次借款。他依仗在交通、财政方面所据要职，成为新交通系的首领。1919 年初任钱能训内阁交通总长。

中国在巴黎和会的外交失败，直接导致了 1919 年的"五四"爱国运动。5 月 4 日下午，北京各校学生 3000 多人在天安门前举行集会和游行示威。同学们在金水桥南竖起一面长方形的白旗，上书："卖国求荣，早知曹瞒遗种碑无字；倾心媚外，不期章惇余孽死有头！北京学界挽卖国贼曹汝霖、章宗祥遗臭千古。"爱国学生高呼："外争国权，内除国贼！"的口号，向东交民巷使馆区进发，但受到使馆巡捕的阻拦。于是，爱国学生便转向了赵家楼胡同 3 号的曹汝霖住宅。曹是签定二十一条的代表之一，曹和章宗祥、陆宗舆又是段祺瑞政府向日本借款和签订军事协定的经手人，因而成为最受舆论指责的 3 个卖国贼。学生们包围并冲进了曹宅，曹作贼心虚仓皇躲藏起来。学生们冲入客厅，一见正中间悬挂着日本天皇的照片，立刻上前扯个粉碎。大家捣毁了室内陈设的各种高级家具。学生们没有找到曹汝霖，却碰上了前来曹宅密谋对策的章宗祥，学生们痛打了章宗祥，盛怒之下把曹的卧室付之一炬。赵家楼上空顿时烈焰升腾，大批军警赶到曹宅，许德珩等 31 名学生被捕。

两天后，被捕学生被释放，但北京政府对学生提出的政治要求置之不理，而且下达了禁止学生干预政治的命令。这就更加激起了学生的愤怒，"五四"运动迅速发展到全国，学生罢课、商人罢市、工人罢工，形成了全国性的反对帝国主义、反对卖国政府的运动。6 月 10 日，北京政府被迫宣布"批准"曹汝霖、章宗祥和陆宗舆的"辞职"，改组了内阁。

曹汝霖被免职后，回津居住在天津日租界秋山街（今锦州道）与明石街（今山西路）交口西北角。原住宅在秋山街开有便门，现在便门已堵塞，走和平区山西路 108 号大门。曹宅占地两亩，为三层砖木结构红砖小洋楼，带地下室。由留学意大利的著名建筑师沈理源设计，罗马式雕刻之处很多。二楼顶有宽敞的平台。楼下为餐厅、会客厅、小舞厅。小舞厅墙上镶有壁画，铺设红色地毯。二楼、三楼为卧室、书房、卫生间等。二楼特修一经堂，为

曹汝霖故居（今山西路 108 号）

其母供佛净修之所。在其住宅后，另盖出租小楼 7 所，占地两亩，名洪德里，因其母早年朝拜普陀山，皈依印光法师，法名洪德，取法名为里名。

进便门，登高台阶，前有裸体铜人像，手举荷花灯；左拐进楼门，楼道左有梳妆台，中为玻璃砖镜，两边为衣架。楼道前有大座钟，又有一尺多高的披大衣铜人像，手持花灯。楼道及楼内各屋顶均有石膏雕饰、护墙板，门窗均有精细的木雕装饰。曹宅有前后院，前院有传达室、佛堂、车库、厨房等，为平房。曹汝霖宅邸，解放后为天津警备区家属宿舍，一直保护完好。"文革"和地震中遭到破坏。地震后进行了修复加固，红砖楼加了圈梁，涂了洋灰面，但楼内房间装饰保护得比较好。1988 年秋，一位年近 70 岁的老太太在外孙女陪同下，坐深灰色的小卧车来到曹宅，正在楼口的韩友芳大娘接待了她们。这位戴眼镜很文气的老太太对韩大娘说："我是曹家后裔，从小在这所房子里长大，外孙女从上海接我去北京，路过天津，想看看我住过的房子。"韩大娘住的是过去的客厅，老太太一边看一边说："屋子和原来一样，保护得多好！"韩大娘说："我们住的都是军人家属，屋内护墙板、地板、门窗、墙壁雕饰得这么好，具有文物价值，我们应该保护。"老太太满意地笑了，不住地致谢。该故居现为居民住宅，被列为天津市尚未公布的文物保护单位不可移动文物。

曹汝霖下野后在津经营盐业银行、河北省银行、天津自来水公司等企业，任董事长。沦陷时期，他曾出任伪华北临时政府的高级顾问、华北政务委员会咨询委员。抗战胜利后，曹汝霖在北平一度为肃奸处所拘，后被释放。曾避居台湾、香港，1949 年客居日本，后由女儿女婿接养美国。晚年著有《曹汝霖一生之回忆》。1966 年 8 月 4 日病死于美国密歇根州特兰城医院，年 90 岁。

倪嗣冲故居

张绍祖　张建虹

倪嗣冲（1868—1924），安徽阜阳人，秀才出身。倪嗣冲原名毓桂（一说毓枫），字丹忱。生于安徽阜阳倪寨（今属阜南县）。1893 年倪嗣冲考取秀才。后去山东当上了恩县（今平原县）知县。1899 年袁世凯署理山东巡抚，倪成了袁幕府中的一名成员。

倪嗣冲

1901 年（光绪二十七年），袁世凯调升直隶总督，倪嗣冲随之赴津，被安置在北洋营务处。1907 年徐世昌任东三省总督时，倪嗣冲升任黑龙江布政使兼巡防军翼军。1909 年袁世凯被免职回籍"养病"，倪也被新任东三省总督的铁良免职，还居津门，但他仍以闲员身份往来于津京豫之间。当时徐世昌任邮传部尚书，督办津浦铁路大臣，倪请求徐为其在津浦铁路谋一职务，被徐拒绝。倪怏怏不快，时常出去打麻将，结识了王郅隆，后来成为莫逆之交。

1911 年武昌起义爆发不久，已被清室削职 3 年的袁世凯东山再起，出任湖广总督，旋又就任内阁总理大臣，重掌军政大权。倪嗣冲等袁系人物，又被袁世凯拉上了政治舞台，并委以重任。袁派倪嗣冲任武卫右翼长，督办苏、皖、鲁、豫 4 省交界剿匪事宜，并率武卫右军进驻周口一带。

1913 年"二次革命"时，倪嗣冲配合袁世凯，占领整个安徽。于是年 7

月 27 日令倪为安徽都督，兼署民政长，不久升任安徽督军，兼任省长，将安徽省督军公署由安庆迁来蚌埠，不久改称将军府。

袁世凯在镇压了"二次革命"后，于 1914 年初解散国会，撕毁民元约法，暗中策划恢复帝制，倪嗣冲则在安徽下令解散省议会，支持袁世凯恢复帝制。1916 年袁世凯称帝失败，不久去世，黎元洪继任总统，恢复了国会与民元约法。皖系首领段祺瑞任国务总理，集政治、军事、外交大权于一身。不久，黎、段之间发生"府院之争"。此时倪嗣冲投靠段祺瑞，成为皖系的中坚人物。

1917 年的张勋复辟中，倪嗣冲先是参与谋划并表示支持；当张勋复辟遭到国内外的强烈反对，段祺瑞在天津马厂誓师讨伐张勋，并派人到蚌埠对倪嗣冲说："你不下令从杨柳青撤军，首先解决你的兵马，如你能站在'讨逆'一边，不但可以保留原有职务，而且长江巡阅使衔也给你。"倪嗣冲权衡利弊后，命倪毓棻调转枪口，率兵"讨逆"。张勋复辟失败后，倪嗣冲复位安徽省长兼督军，并因"讨逆"有功，被提升为长江巡阅使，派兵入湖南。1920 年直皖战争中皖系战败后，倪嗣冲辞去安徽军政各职，寓居天津。

倪嗣冲是北洋寓公中在天津投资最多的一个。他从 1913 年掌握安徽军政大权后，亦官亦商，拥有大笔财富。他首先投资粮食业。民国初年，他和王郅隆在天津军粮城东部购置荒地 1 万多亩创办开源公司，有佃农 600 多户。1920 年倪嗣冲出资 20 万元接办位于西站的裕兴面粉公司，改名为大丰面粉公司，后扩充为寿丰面粉公司，其子倪道杰出任董事长。在经营寿丰面粉公司期间，倪道杰还和"李善人"后代李颂臣合资开办了恒益粮店。倪嗣

倪嗣冲故居（今南京路 84 号和平保育院）

冲还投资纺织业。裕元纱厂是当时规模最大、获利最丰、实力雄厚的纱厂，开近代天津大型纱厂之先河。该厂是倪嗣冲投资最多的一个企业。倪嗣冲又投资金融业，1917 年前后，与王郅隆合办了裕庆公银号。1917 年 5 月 15 日成立金城银行。取名为金城，系取固若金汤之意。行址设在天津原法租界七号路（今解放北路）。

另外北京丹凤火柴公司，原为倪嗣冲所办，后与天津华昌火柴公司合并，改为丹华火柴公司，生产安全火柴。倪嗣冲三子倪叔平还与东北军万福麟之了万国权在天津河东合办利中酸厂，产品正迎合市场需求，行销到华北各地，获取不小利润。

在倪嗣冲经营最活跃时期，其家用每年即达 30 万元。1920 年倪嗣冲病重时，曾将其 2800 万元的财产分给子侄妻妾，可见其财富之多。

倪嗣冲在天津有寓所有 3 处，第一处在原意租界三马路（今河北区进步道）西段南侧，是一幢非常讲究的大楼。左邻就是王郅隆的住宅，对面是意国医院（今市立第一医院）。第二处在原英租界围墙道（今南京路和平保育院），原为一座大楼，院内地势宽敞，他又加盖楼房一幢，有假山、凉亭，配以花草树木，甚为幽雅。倪嗣冲很是喜欢这里，自 1920 年在天津寓居后，就一直住在这里。第三处在原英租界马场道（今儿童医院址），倪购置地皮后，计划兴建为晚年生活的倪家花园。这第三座住宅仅建成院墙及花房数间。此外，原日租界天安里楼房亦是倪产，原为日本警察署人员住宅，后改建为盛德里，成为娼寮区。

1924 年夏，倪嗣冲因患脑血管意外病逝，葬丁天津佟楼倪家花园（今儿童医院）。倪嗣冲墓志铭由桐城马其昶撰文，江安傅增湘书丹，合肥王揖唐篆盖。1953 年，市人民政府决定在倪家花园建儿童医院，派人与倪嗣冲三子、时任利中酸厂经理的倪叔平商量。倪叔平在家属的支持下，将其父倪嗣冲和其他亲人的坟墓迁至北仓公墓。经过一年多的筹备，儿童医院于 1954 年 11 月兴建，至 1957 年全部竣工。

李厚基故居

张绍祖　张建虹

李厚基，字培之，江苏铜山人，生于 1869 年（清同治八年）。其父在晚清当陆军管带（相当于营长），1900 年八国联军入侵天津时战死疆场。李厚基自幼在他父亲的军营里，从学于师爷郑廷献。稍长，亦在营中学兵事。1889 年任李鸿章的亲兵。1890 年入天津北洋武备学堂学习军事，同年毕业，充当直隶总督署的卫队长。1896 年，在管带任内，作为头等钦差出使大臣李鸿章的随员，参加俄皇尼古拉二世的加冕典礼。继而跟从李鸿章游历欧美 6 国。1904 年为北洋陆军第二镇第三协第五标第二营管带。1909 年擢升为新建陆军第四镇第七协第十四标标统，随第四镇统制吴凤岭在小站练兵。

1911 年辛亥武昌起义爆发后，李厚基随清军进攻武汉，并任第七协协统。1912 年民国建立，军队改制，李厚基改任陆军第四师第七旅旅长，驻马厂。1913 年 7 月"二次革命"爆发时，李厚基奉北洋政府命率全旅由海道增兵上海。8 月 13 日，李指挥本部人马与海军总长刘冠雄率领的舰队协力攻占被讨袁军据守的吴淞南北塘、狮子林各炮台，迫使吴淞要塞司令居正、宝山讨袁首领钮永建率部千余人退守嘉定。由于李镇压革命"有功"，袁世凯任命李为吴淞要塞司令。

1913 年 11 月，袁世凯派刘冠雄兼南洋巡阅使，督率李厚基的部队由海道开到福州后，以编遣为名解散了湘军，随即在旧藩台衙门放了一把火，把福建都督孙道仁吓跑了。12 月底，袁世凯委派李厚基为福建镇守使。转年 7

月 18 日，又晋升李为福建护军使，督理福建军务。李厚基从此独揽了福建全省的军权。

李厚基追随袁世凯恢复帝制，1916 年 4 月，袁世凯任命他兼署福建巡按使。袁死后，段祺瑞掌握北洋政府的实权，7 月 6 日，段祺瑞特任李厚基为福建督军，暂兼省长。1917 年他时而"倒黎（元洪）拥段（祺瑞）"，时而赞成张勋复辟，转而拥护共和。是年 7 月 18 日，在段祺瑞重新组阁的当天，段明令李厚基为福建督军兼省长。1918 年初，李厚基到天津参加直隶督军曹锟召集的 16 省区的督军团会议，电请北洋政府明令讨伐南方政府。1919 年五四运动中，李厚基奉命在福建镇压学生爱国运动。1920 年秋，李厚基看到皖系已在直皖战争中失败，开始向直系靠拢。到 1921 年 4 月，直系在第一次直奉战争中大获全胜，独掌北洋政府大权，李厚基完全弃皖投直。1922 年 8 月，徐树铮在上海策划孙（中山）皖（系）同盟，派人到福州与李厚基商洽。李拒不接见来人，徐遂促李的异己王永泉联合北伐军许崇智等部驱逐李厚基。

李在节节败退的形势下，于 1923 年 1 月 15 日，带卫士 30 余人取道汕头，遁逃南昌，转道上海。不久，直系倒台，段祺瑞当上了临时执政。李厚基心灰意冷，由沪转往天津，在日本租界定居，与人合开木行谋生。李厚基看到木材是人们生活中不可缺少的一项建筑材料，由于物体笨重，运输多依赖水运，天津地处五河下梢，成为木材商业活动的基地。他积极投资木商业。当时，天津既有外商，如美商大来木行，英商祥泰木行，日商三井、三菱公司等进口的美国松、菲律宾木，又有东北丹东市来的松木和南方福州来的松、杉、柽木。由于货源多，销路广，运输便利，所以，天津市的木商业兴旺一时，木材

李厚基故居（今赤峰道 90 号和平区武装部）

商业近百家。当时天津的木商业分为南帮、东北帮。南帮是由福建、江西等地来货；东北帮是由奉天省（今辽宁省）东安县（今丹东市）和吉林两地来货。李厚基属于南帮。

李厚基下台后 20 年的平民生活，大体上居住在 3 处。一是天津，二是丰县邢桥，三是丰县新庄。在天津先后蛰居的地点有：英租界伦敦道（今成都道）世界里 12 号；日租界吉野街（今察哈尔路）兴隆里 14 号住宅；日租界伏见街（今万全道）40 号。他在法租界督军街（今和平区赤峰道）也有房产。张仲先生在《天津房地产发展概况》一文中说："太监'小德张'在今河北路、赤峰道转角处以三万银元建楼一所（今赤峰道 90 号，和平区武装部），福建督军李厚基下台后，看中此房，以十万银元的高价向张兰德（小德张）购得。"（《天津文史丛刊》第四辑第 95～96 页）据其孙女李华讲，他家曾在今赤峰道 70 号（天津市国家税务局涉外税收管理分局）小洋楼居住过，1935 年孙传芳被刺杀身亡后搬出。他行踪无定、常换住处的原因，与当时的政治形势有关。因为他已决意远离政坛，免得再招是非，所以，当城里形势紧张于己不利时，便到乡下住上一段；而当乡下形势紧张，自己受到威胁时，便到天津租界居住。无论是住在城里还是乡下，他向来是深居简出，闭门谢客，少与官方接触，尽量避免张扬。空下来的时间，或用于阅读史书，或用于太极拳锻炼，或用于授课孙辈，或用于同家人闲话聊天和玩牌自娱，而更多时间则是用于攻练书法，笔墨自乐了。

李厚基赤峰道故居为一所三层坡顶砖木结构并带半地下室的小洋楼，建筑面积 900 平方米，楼下为客厅、餐厅、书房等，二楼为卧室，三楼是一个别致的小阁楼。室内有双层大窗，护墙板，菲律宾木斜拼花纹地板；此楼的另一特点是有一个半地下室，李厚基将其作为储藏室，传说地下室有一个神秘的保险箱；另有后楼，建筑面积 150 平方米，为二层砖木结构小楼，约 150 平方米，与主楼相通。

1942 年 9 月李厚基卒于天津寓所，终年 73 岁。

陆洪涛故居

张绍祖　张建虹

甘肃督军陆洪涛，字仙槎，江苏铜山县人。1866年9月7日（清同治五年七月二十九日）生。1885年，陆洪涛19岁考入天津北洋武备学堂炮科，在校时与段祺瑞、冯国璋、王士珍等同学。1891年，陆洪涛从北洋武备学堂毕业后，被分派到甘肃实习，因陕甘总督杨昌濬对他不重用，遂赴新疆投奔巡抚陶模部下。后陶模调署陕甘总督，陆洪涛跟随陶模又来到甘肃。1897年，陶模选拔100名兵勇组成洋炮队，任命陆洪涛为正教习。

陆洪涛

1906年，陕甘总督升允组建甘肃常备军，建马队一标，步兵三标，陆洪涛为步兵第一标第一营管带；1910年升任第一标标统。陆洪涛治军严明，以新法训练，同时灌输封建忠君思想，他自己则将"曾（国藩）、胡（林翼）文集，时置案头"，加以研读。

1911年10月10日，辛亥革命爆发，陕西紧随响应。清政府为了扑灭陕西的革命烈火，严饬甘肃清军出兵攻陕。陕甘总督长庚急忙组织攻陕武装，改编陆洪涛的第一标为振武军，作为攻陕的主力军之一，担任北路纵队的前锋。陆洪涛效忠清廷，攻城时常常亲自开炮射击；他杀害被俘民军将士，并悬首城门示众。1912年2月12日，清帝溥仪发布退位诏书，南北议和告成，通电息兵。甘肃官绅赵惟熙等人，联名通电承认共和，并遵照袁世凯的电令，把陆洪涛部振武军等攻陕甘军，全部撤回甘肃境内。

1913 年 5 月，袁世凯任命陆洪涛为凉州镇总兵。1914 年袁世凯为了直接插手甘肃，任命亲信张广建为西北筹边使，令其带领军队入甘。张广建到达甘肃定西，袁改任张为甘肃省民政长兼署都督。张广建在甘肃大肆培植亲信，任用私人。先任用亲信吴中英为陇东镇守使。1915 年春，吴中英部士兵哗变，出营抢劫，吴因此被免职，由陆洪涛继任陇东镇守使，并兼统壮凯军。

是年，陇东大旱，夏秋无收。官府依旧横征暴敛，引发了陇东各县声势浩大的抗捐抗税斗争。陆洪涛奉命查办。他一面答应民众缓征新税，一面秘密逮捕，杀害了民变领导人王仲元、李秉善等人，将这场轰轰烈烈的抗捐抗税斗争镇压了下去。陆洪涛在任内，还围剿了响应陕西反袁斗争的环县起义，捕杀了领导人王者英、常发乡和许多起义群众。

陆洪涛为人思想陈旧，在陇东任内无显著政绩，但由于他对军队约束较严，且不多事敛财，故为地方士绅所拥护。1922 年 5 月，北京政府正式任命陆洪涛为甘肃督军。7 月，任肃武将军。1923 年，陆洪涛为了攀附当权的直系军阀头子吴佩孚，曾派李长清赴洛阳，向吴佩孚献军饷数万元。1924 年 3 月，经陆洪涛手下驻京办事处处长董士恩的活动，陆得兼任甘肃省长。是年，陆洪涛改省防军为甘肃陆军第一师（暂编），自任师长。

陆洪涛施政，以保境安民、休养生息相标榜。他督甘 5 年，常以"爱民"二字为其无所建树辩解。他说："甘民现在可谓穷困至极点，作吏者只要维持现状，不扰吾民，即为尽到职责。"陆洪涛为了解决财政困难，在种植鸦片上大做文章，致使鸦片流毒遍及甘肃城乡。他导演的是一幕暗里逼农民种烟，明里又申令严禁的丑剧。这就是所谓"烟亩罚款"。"烟亩罚款"的收入不仅支付了陆洪涛主甘期间的军政开支，而且还有盈余。

陆洪涛开发财源的另一个重要手段，是设置铜元局制造铜元。所制铜元字迹模糊，多有沙眼，群众称之为"沙元"或"沙板"。社会上模仿铸造者日多，致使币值下降，物价飞涨，市场金融紊乱达至极点，受害群众叫苦不迭。陆洪涛在难于维持的情况下，遂于1923年设置甘肃银行，发行新纸币，定价收购销毁"沙元"，又令机器局制造优质铜币，才勉强渡过了难关。

在用人方面，陆洪涛自称："所擢用者，皆随我多年的老人，其性情我所深知，喜怒笑骂由我，将来不至于有掣肘，发生尾大不掉之虞。"他不愿延揽人才，选用、提拔只以能否唯命是从为标准。身旁亲信多目不识丁，如甘肃陆军第一师的两个旅长李长清和黄得贵，都出身马弁，因追随多年而被提拔。陆洪涛升任甘肃督军后，保荐他倚为知己的张兆钾为陇东镇守使。后张兆钾不满陆洪涛任用他的亲戚陈慎斋为电政监督、谢刚国为政务厅长，并发函质问，历数陆的处事不当。从此二人反目，张奔走于曹锟、吴佩孚门下，力谋取陆而代之。

1925年，陆洪涛患病瘫痪，旅长李长清乘机与张兆钾暗中勾结，打算迎张代陆，他打算接替张兆钾为陇东镇守使。张兆钾也派亲信施国藩到兰州联络各方，酝酿倒陆拥己。但他打算在取代陆洪涛后，将陇东镇守使的职位给儿子张柱。李长清闻此风声，预谋先夺陆的师长职务，掌握军权后再夺省督。因为计划得不到黄得贵旅长的赞同，遂决定寻机先除掉黄。

部下的争权、叛离，使陆洪涛感到大势已去，难得再主甘肃军政，遂向北京政府提出辞职，电请另派大员主甘。1925年8月，临时执政段祺瑞任命冯玉祥兼督办甘肃军务善后事宜，命陆洪涛专任省长。冯玉祥打电报敦请陆洪涛留任省长，共同治理甘肃。陆洪涛本有意等冯到任后再定去留，但见李长清、张兆钾气焰咄咄逼人，恐生意外，于9月27日让其妻先往天津，以示自己决意要离开甘肃。不料，李长清乘此机会发难，事先策划了围攻黄得贵旅华林山驻地的计划，又邀黄一同前往为陆夫人送行。李长清送陆洪涛夫人刚出兰州城，就托故先回，黄得贵又继续送了一程。李长清拥军突然袭击黄得贵旅，并缴其枪械。黄于返回途中闻此讯，未敢入城。后收集溃散部下数百人，退到兰州城南阿干镇驻扎。

陆洪涛故居（建设路 80 号）

李长清赶走黄得贵后，加紧胁迫陆洪涛让位。陆洪涛迫于无奈，只好卸任，让李长清当上了师长，自己仓皇离开兰州。在中途他给段祺瑞、冯玉祥发了电报，告之因李长清搞兵变自己被迫出走的情由。从此，陆洪涛结束了政治生涯，用在甘肃聚敛的钱财，到天津做寓公。1927 年 8 月 31 日，陆洪涛病死在天津。

他在天津的故居在英租界达文波路（今和平区建设路 80 号）。故居为英国古典式建筑。有黑色铁门，宽敞的大院有精细雕刻的石人喷泉。故居由主楼和后楼组成。主楼为二层砖木结构建筑，带有地下室。主楼门前为 5 级台阶，有 6 棵爱奥尼克式变形石柱支撑的二楼半圆形的阳台，门前形成了造型优美的半圆形前廊。楼下为客厅、餐厅、书房等，有大拉门相通。每间屋里都有壁炉。至今还保存有两面大镜子，一面镶嵌在墙上，一面是带有雕有龙凤架子的大镜子，据说是乾隆年间的，近年有人出价 60 万元而没有卖。房间皆菲律宾木地板，双层玻璃窗，装饰豪华。二层楼顶原为大晒台，现加盖了三楼。后楼为三层砖木结构，局部四层，带地下室。门前有 9 级台阶，每层廊前有相间的 7 棵爱奥尼克式石柱，三楼临街部分加盖了一个圆形的角楼（1976 年地震震毁）。该故居解放后为天津工商银行幼儿园，现为中国工商银行天津分行招待所。

卢金山故居

张绍祖　张建虹

　　卢金山（1877—1941），字贡庭，直隶静海（今属天津市）人。1896年入北洋新建陆军德文学校学习。1902年初，赴日留学，初入成城学校，后入日本士官学校第三期步科，1904年毕业回国。是年12月任陆军二镇第六标步兵教练官。翌年任第五镇第七标教练官。1906年任北洋陆军步兵学兵营管带。转年，兼任讲武堂分科教练官。1911年，学兵营停办，卢金山归部候差。

　　1911年10月10日，辛亥革命武昌举义，任兵站官。1912年中华民国成立后，任驻京总司令部正参谋官；7月，任冯国璋拱卫军参谋长。1913年授陆军少将。是年7月，二次革命起，任冯国璋第一军参谋长。8月，晋升陆军中将。1914年，到湖北投靠直系军阀王占元，任湖北都督府参议。7月，兼任湖北陆军第五团团长。翌年，该团扩充成旅，任湖北陆军第三旅旅长。1921年8月，升任第十八师师长。旋由两湖巡阅使吴佩孚任命兼鄂西防务军总司令。11月，撤销该军仍任原职。

　　1923年2月，兼鄂西援川总指挥，3月代理湖北荆襄镇守使，10月兼援川军第四路副司令。12月，兼荆宜镇守使。转年9月，授陆军上将。1925年1月，由段祺瑞委任为长江上游副司令。6月，升任长江上游总司令。10月，卢金山联合长江流域直系诸将拥护吴佩孚再起。1926年1月21日，继肖耀南任湖北督办。1926年7月，国民革命军北伐，蒋介石为北伐军总司令，北伐军首先向两湖进军，乘吴佩孚的主力集中在北方与冯玉祥作战之机，在

卢金山故居（宁波道 33 号）

湖南中部兵分 4 路大举进攻。在毛泽东同志领导下的湖南工农群众的支援下，到 8 月 22 日占领岳阳，迫使敌军退向湖北，湖南地区的战争宣告结束。此时，卢金山标榜保持中立。8 月 27 日，北伐军主力叶挺独立团率先强渡汨罗江，攻克汀泗桥，会同第四、七、八军直捣武汉。卢金山派代表见北伐军第八军军长唐生智要求退据鄂西，未准。9 月，北伐军攻下宜昌。10 月 10 日，击败吴佩孚，夺取武汉城，武汉防御总司令陈嘉谟、第八师师长兼守备军总司令刘玉春及官兵 2 万人被俘。到年底，北伐军统一了湖北全省，卢金山逃往重庆，依附于川军。1927 年回天津作寓公。

卢金山寓所在天津德租界十一号路（宁波道 33 号，已拆）。这是一座二层德式砖木结构小楼。楼下为客厅、餐厅、书房等，二楼为卧室、卫生间等。有花园式院子，并盖有平房，为储存室和佣人住房。1937 年天津沦陷，日军占领天津后，日本人因他曾留学日本，多次邀他出来当官，但被他拒绝，保持了晚节。1941 年 6 月 29 日，卢金山因病在德租界寓所逝世，终年 64 岁。

王占元故居

张绍祖　张建虹

王占元（1861—1934）字子春，山东馆陶人。初读私塾，成年后投身卒伍，后被选送北洋武备学堂第一期毕业。历任淮军哨官、新建陆军工程营队官、第七营管带，以后累升新军第三协协统。1911年任第二镇统制。辛亥革命后，"镇"改称"师"，继任师长。1913年率部调往湖北，因镇压"二次革命"有功，1915年晋级壮威将军。1916年授襄武将军督理湖北军务。袁世凯死后，任湖北督军，一度兼任省长。1920年任两湖巡阅使。

王占元

1921年直奉两系争权矛盾日趋紧张，国务总理靳云鹏召集曹锟、张作霖、王占元三巡阅使商讨时局于天津，时称"四巨头"会议。同年因湖北境内多次兵变，再加湘鄂战起，鄂军败北，被迫辞职，寓居天津。

在两次直奉战争期间，王占元企图东山再起，但最终以直系失败而未果。后回天津从事工商企业活动，先后在北京、天津、大连、保定、济南、馆陶等地购有大宗房地产和私人住宅，并投资于金融业，在中国、交通、盐业、金城等银行均有巨额投资。此外在天津东亚毛呢纺织公司、庆丰面粉公司、三星面粉公司、华北制冰厂等企业以及敬记、永顺兴、乾祥厚等茶庄也拥有股份。

王占元故居（大理道 64 ~ 70 号）

王占元 1921 年来津几次迁址。最早的一处住宅坐落在奥租界金汤二马路（河北区华安街），该地皮是由曹锐经手托华懋昌布店经理代购的，由曹锐、王占元、杜锡钧 3 人分用。不久之后，他又移居奥、意租界交界处新盖的另一处楼房中（位于今河北区进步道、平安街交口东侧），该房为二层，形似城堡。被王占元弃用后，由天津市长南桂馨、崔廷献借用，还曾由天津面粉交易所使用，现被一家纺织公司占用。后居意租界五马路（现自由道 68 号，河北区税务局），该宅建于 1920 年左右，分主楼、次楼、前楼三部分，占地面积 4459 平方米，建筑面积 2256 平方米。主楼为三层，外加阁楼，砖木结构，高坡顶，平面呈“冂”字形。底层中间为 5 大间，作接待室，二层是王占元卧室，三层中央为大厅。前楼三层、砖木结构，为佣人及警卫居用。主楼前有花园，园内有荷花池、假山等。

1926 年左右，王占元又在英租界博罗斯道（今和平区烟台道小光明影院附近）建起一处规模更大的宅子，迁居于此直至 1934 年 9 月 14 日去世。该宅后售与畜产公司，经改建，现由天津畜产进出口公司使用。另在英租界敦桥道 56 号（现西安道 34 号）有一套住宅。

大理道 64 ~ 70 号 3 幢格局一样的英式混合结构楼房，是王占元为其 3 个儿子建的，是在他故去后的 1940 年建成。每幢楼平面布局为非对称式，首层的前方突出部位为半圆形玻璃花厅，其上前部为阳台，2 层屋顶上则探出混凝土制大凉棚，阳台后半部为局部 3 层居室。院内有假山、喷水池、养鱼池、果木、花草繁盛。该楼现为第一工人疗养院。此外王占元在天津万德庄、东马路、估衣街、南市、河东、旧英租界等地还有出租房产 3000 余间。

张作相故居

张绍祖　张建虹

一提张作相，有人认为可能是张作霖的兄弟，其实不然，他们没有血统关系，只不过是拜把兄弟。张作相，字辅忱，辽宁省义县人。张早年曾去奉天（今沈阳）当泥瓦匠谋生，后来弃工归田。因其堂兄遭邻村一恶棍打死，自己也几乎丧命，遂投身绿林，当了"胡子"。后投奔于张作霖门下，与张景惠、汤玉麟同为张作霖手下的干将。

张作相

1901 年，清朝新民府知府曾韫收编张作霖的"保险队"为奉天省巡防营，张作霖当管带，张作相被提升为哨官。张作霖担任统领后，张作相升为管带，成了清朝地方官军的首领。

1911 年，张作相从东北讲武堂毕业后，历任奉天陆军第二十七师炮兵团团长、第二十七师第五十四旅旅长、第二十师师长。张作霖任东三省巡阅使以后，张作相兼任巡阅使署总参谋长。以后又兼任东三省巡阅使署暨奉天督军署总参议。两署文牍和一切军政事务，几乎全都交给他处理。

1924 年，张作相调任东三省保安副司令兼吉林省省长，从此以后，直至 1931 年"九一八"事变为止，他一直主持吉林军政事务。

"九一八"事变时，张作相正在锦州办理父丧，极感突然，又与吉林部属联系不上，深为忧虑，张草草将父葬毕，匆匆入关晋见张学良，商讨对

张作相故居（重庆道 4 号）

策。张学良转请南京政府，令张作相代理东北边防司令长官，张坚辞未就。
张看到东三省沦陷已成事实，于是通电下野，来天津居住。此时，张在吉林
的家属子女及在沈阳的子侄，也都抵津。全家 40 余人挤住在英租界剑桥道
6 号（今重庆道 4 号），一座从买办郑家买的三层白色楼房里。该楼为砖木
结构、红筒瓦、坡屋顶，建筑面积 1621 平方米，有半地下室。该楼一层共
7 间，其中央南面有一大间为大客厅，地面为菲律宾木地板，周围有雕饰精
细的护墙板，围着护墙板打着铁槽，摆放着君子兰等花草，厅内摆有硬木家
具，有沙发、沙发椅等。大客厅前有大平台。还有书房、卫生间、二夫人卧
室、三夫人卧室等。二层共 7 间卧室，并有卫生间，大夫人、四夫人、五夫
人、六夫人及儿女们（儿子廷范、廷镇、廷信、廷诚、廷裕、廷禄、廷生，
女儿文阁、文雅等）居住。三层为阁楼层，有祖先堂、储藏室和 2 间卧室及
卫生间，供两个女儿文儒、文君居住。三层有小楼梯通向屋顶平台。半地下

室为 8 间，其中央一间为采暖用锅炉房。地下室两侧有两个门出入，一个门为女佣室，并且有一个带雕饰护墙板的餐室，另一门为男佣卧室。楼后有厨房及汽车房，宅前有花园，有各种繁茂的花草树木。因张在沈阳、吉林两处的动产未及带出，所以，张来天津后的生活顿见拮据。张学良见此状，赠予张作相 15 万元。在天津诸多寓公中，张作相以生活简约而著称。

1933 年张作相任国民政府军事委员会北平分会委员、华北军第二集团军总司令兼第六军团总指挥，督师抗日，失利下野后居津。因住得太挤，曾在摩西道（今南海路）租房，不久又买了西芬道（今湖南路）4、6、8 号几所旧的小洋楼，大儿子廷阆一家和侄儿廷举、廷禹等在此居住。1938 年他在英租界西德尼道（今澳门路 12～22 号）盖成了 6 栋小洋楼，盖房款有张学良支援的 6 万元。因张作相早年当过泥瓦匠，澳门路的小洋楼是他提出的式样，让建筑师设计的。6 栋楼靠马路 4 栋，里面 2 栋。6 栋式样基本相同，均为二层砖木结构，带地下室。每层 4 间，两大间加两小间，有卫生间、厕所，有前后小院。盖这几所房子时，他每天都来看，特别感兴趣。盖成后，他把住在重庆道的子女都分散了出来。

张作相在津隐居期间，汉奸洪维国（曾任伪满洲国财政次长）多次到张的住所，威胁利诱，劝他为日本人效劳，都被张作相严词拒绝。洪维国遂假用张氏名义领衔，率领东北军各将领通电倒蒋，蒋介石阅电大怒，立令何应钦，就地处死张氏。幸而何为人稳健，电嘱河北省主席于学忠密查此事，方知洪等捏造。以后，日本及伪满派人屡来恫吓，又在张氏的住宅贴上封条，而张作相仍然拒绝出任伪职。在诱降张作相时，日军曾派人将张在沈阳、吉林的箱柜什物送往锦州"福厚堂"（张作相寓所）交其亲戚点收，以讨好张作相。张闻讯后，立即告诫家属子女，一律不准挪动，以示不受拉拢。

1945 年日本投降后，是年底，蒋介石来北平，曾在中南海怀仁堂设宴招待北方高级军政人士，张作相受到蒋介石的接见。回津后，天津市长杜建时亲来拜访，请他出山。不久，南京政府委任张作相为东北行营政治委员会委员。张本无心任此职，但他想念关东父老，并想借此出关，办理前被敌伪没收的房地产，以便维持全家 70 多口人的生活，就勉强任职。当人民解放军解放锦州的战役打响后，他还在锦州，南京政府电嘱他赴南京，他托故不去，表示："只要不是日本人来，我不走。"

锦州解放，张作相被俘，家人担忧不已，但他出乎意料受到解放军的礼遇，林彪曾接见他，并派人用汽车由热河草道护送回津。一路为防蒋机轰炸，昼宿夜行，送到石门车站，换乘火车返津。张对家人极赞解放军的宽大为怀。南京方面知其回津，又委为国民政府国策顾问，并令他去南京，而张氏仍置之不理。

张作相的次子张廷枢，曾任晋东南八路军第一游击纵队司令员，后因肝病返津。解放后，周恩来总理曾派人来天津家中探视。1949 年 4 月前后，一门二将，张作相父子均病故于天津重庆道 4 号寓所。逝世后，在张作相的卧室内其侄张廷举发现一卷绸绢，是于学忠看望张学良时，张学良带给张作相的题字，内容大概是：中国统一，你能回东北做些好的建设。落款是汉卿（张学良的字）。此题字一直保存在张廷举处，"文革"抄家时丢失。

孟恩远故居

金彭育

  重庆道 23 号是一所豪华典雅的四层楼房。砖木结构，西洋双塔式风格，造型别致，外观雄伟。该楼建于 20 世纪 20 年代，占地 1 亩 9 分 8 厘。原楼房有 16 大间，16 小间，4 间厦子，4 间前厅和 1 间车库。1976 年地震后有所损坏。后又原样修建，增建了部分平房。这处楼房是北洋政府时期的吉林督军孟恩远下野后寓居的地方。

  孟恩远，字曙村，天津人，生于 1858 年。早年家贫，以卖鱼虾为生。

孟恩远故居（今重庆道 23 号）

由于生计艰难，后入淮军当兵。1895年，进入天津小站的"新建陆军"。后历任清朝右翼骑兵营队官，北洋第四镇马标标统、直隶巡防营统领、南洋镇总兵等职，一步步由兵到有官职。1908年，任吉林巡防营督办、北洋陆军第二十三镇统制。1912年民国成立，任中央陆军二十三师师长，旋升任吉林护军使，授陆军中将。1914年6月，升镇安左将军督理吉林军务善后事宜。袁世凯称帝，被封为一等伯。袁死后，转投皖系。1916年7月任吉林督军。1917年7月张勋复辟任吉林巡抚。张勋失败后，位列将军府将军，授惠威上将军。又转而倾向冯国璋。1919年，为奉系张作霖所迫去职，回天津作寓公。该房建于20世纪20年代。孟恩远建成后即寓居于此，并投资经营面粉、棉纱等工商企业。如投资天津市面粉大王之一的福星面粉公司，生产著名的蝙蝠牌面粉。

该房系孟恩远下野后用树德堂孟名义购自积德堂鲍。孟恩远之子孟庆延因故去世。孟繁钰从小过继给孟恩远，因此后更名为孟繁钰名下。1950年5月9日，孟繁钰将该房出售给天津市房管局。以后一直由中波海运公司办公使用。

1958年，敬爱的周总理曾来到重庆道23号，与时任波兰总理的希伦凯维茨签订了中国和波兰海上通航协定。这是春天的一个下午，天气晴朗。当周总理从汽车中走出来时，重庆道上已聚集许多群众。人们争先恐后想看看周总理，这时一位工作人员对大家说："同志们静一静，周总理公务很忙，请大家不要在这里等候了。"聚集的群众听到这话以后，慢慢地散去了。但周总理那和蔼亲切的笑容永远留在天津人民的记忆与怀念里。

该楼后改为中国外轮代理公司天津分公司，近些年才由东海渔村演歌台有限公司使用。

另外，孟恩远在德租界有一所住房，位于十一号路（今宁波道）16号，德式二层砖木结构小楼。

李纯故居

张绍祖　张建虹

李纯（1874—1920），字秀山，天津人，早年住河东水梯子大街东兴里。少年家贫，其父卖鱼为生。1889 年考入天津武备学堂第二期，毕业参加淮军。1895 年转入袁世凯新建陆军任督队稽查先锋官，深得袁世凯器重，1902 年任北洋常备军提调，1907 年任陆军第六镇十一协统领，1911 年任第六镇统制。1912 年镇改为师任第六师师长。1913 年率部入江西，战胜国民党督军李烈钧部，升任九江镇守使、江西护军

李纯

使、江西都督，授昌武将军督理江西军务。1917 年冯国璋代理大总统，他任江苏督军，为直系骨干，并兼苏、皖、赣 3 省巡阅使。他与湖北王占元、江西陈光远合称直系"长江三督"。1920 年 10 月李纯暴卒，有的说是自杀，有的说是他杀，说法大相径庭，扑朔迷离，至今仍是个谜。在任官期间，他善于敛财，委其弟李馨在津广置房地产，成为天津最大的房地产主之一。

1919 年由李纯独资创办东兴房产公司，前身为东兴里经租处。该公司到天津解放初期，共有房屋 4203.5 间，土地 79 余亩，是天津华商房产公司中自有房最多的。他在南市购置大量房地产，仅 1919、1920 年两年就从广益房地产公司购得简房 2000 余间、地 90 多亩，以后又购地 40 亩。除翻建所

购旧房，还建新房，并在荣吉大街、清和大街、永安大街、华安大街等处，兴建商业用房和里巷住宅。李纯死后，房产由其子李震元、李震欧、李震华3人继承。李纯的族弟李馨（号桂山）从1935年后一直担任东兴公司经理。到30年代，东兴公司在南市的房产已达5000多间。另在河北、河东都有大量房地产。

李纯一生为桑梓兴学出力。自1919年起创办天津秀山小学3所，1920年捐助天津南开大学50万元，该校建有"秀山堂"。李纯死后，由李馨及李家公馆负担秀山小学各校办学经费。

现为天津市级文物保护单位的李家祠堂，也称李纯祠堂，位于南开区南丰路，1923年建成，占地2.56万平方米，是天津市规模最大的仿古建筑。最初李纯与其弟李馨在天津南开购地90亩，拟建李府和家庙。后来买下北京西城北太平庄的庄王府，拆下府内砖、瓦、木、石构件运到天津修建家祠。庄王府，该建筑原为北京西直门外明朝宦官刘瑾的府邸。据《清史稿》载，第一代庄亲王舒尔哈齐为显祖第三子，太祖努尔哈赤的亲兄弟，佐太祖

李家祠堂

建业。雍正九年（1731 年）在庄王府修建享殿。末代庄亲王载勋于光绪五年（1879 年）袭庄亲王爵。1900 年极力主张借助义和团排外。曾任京津义和团的团练王大臣和九门提督，悬赏捕杀洋人。八国联军洗劫京、津，庄王府遭破坏。1901 年载勋被慈禧"赐令自尽"，庄王府从此败落。这也是李氏兄弟能够买下庄王府的原因。此外，李馨还花重金从北京郊区明太监魏忠贤墓地购得雕刻精美的石件，运到李家祠堂陈设。祠堂坐北朝南，前建三进庭院，后辟花园，由砖砌照壁、石牌坊、石拱桥、大门、前殿、戏台、中殿、后殿、配殿及回廊组成，气势宏伟，布局严谨，装修考究。李纯本欲建私人园邸，但因工程浩大，袁世凯曾派人调查，李纯用重金行贿后改作家祠。解放前夕，李家祠堂沦为国民党兵营。新中国成立后，市政府拨款整修，辟为"南开人民文化宫"（三宫），郭沫若题写了匾额。

此外李纯在英租界达文波路（今建设路）、巴克斯道（今保定道）、博罗斯道（今烟台道）各有洋楼一所。

齐燮元故居

张绍祖　张建虹

齐燮元

在新华路与南京路交口，友谊宾馆一侧原有两座造型别致的二层小洋楼。解放前，该楼曾是江苏督军齐燮元的故居。

齐燮元（1885—1946），字抚万，号耀珊，又名东野，直隶宁河（今属天津市）人。他幼年家境贫寒，父亲齐茂林在县衙当仆役，收入十分微薄。他天资聪颖，勤奋好学，被当地一个姓季的私塾先生看中，免费收其入私塾，在清光绪年间考中秀才。后弃文经武，考入保定陆军速成学堂学习炮兵科。据说考学还有一段风波：齐燮元的五官不太端庄，面试则被淘汰下了。他感到前途渺茫，加上连回家的路费也没有了，愁得蹲在校门前哭了起来。正巧，学堂堂长路过，见状前去询问，齐燮元说了句："报国无门！"堂长为之动心，决定收其入学，在炮兵科二班学习。毕业后，在第六镇任管带，不久被保送到北京陆军大学堂深造。后仍回第六镇任少校参谋。齐燮元善用心计，1913年第六师师长李纯提拔他为第六师参谋长。一次该师剿匪，齐只身入匪穴，以三寸不烂之舌，说服土匪武装投降，从此他名声传闻军外，先后任第六师师长、江宁镇守使、江苏军务督办、苏皖赣巡阅副使等职。1920年李纯自杀（一说齐燮元暗杀）后，他继任江苏督军，并任苏皖赣三省巡阅使，为直系军阀的核心人物，被授陆军上将衔，称为"宁武将军"，从此声名显赫。1922年4月，第二次直奉战争中，他被奉系军阀张宗昌打败后免职，住在天津英租界达文波路（今和平区建设路）赋闲。此时，由高凌蔚介绍，他娶了著名书法家华世奎之女"十三姑"为妻。齐与十三姑的婚礼采取了中西合璧的方式。

1924年9月，他与浙江督军卢永祥为争夺上海等地盘，爆发江浙战争，战争开始，齐燮元与福建督办孙传芳联合，打败了卢永祥，占领了上海。但好景不长，1925年1月，奉军军阀张宗昌和卢永祥进军南京，孙传芳又保持中立，不和齐燮元联盟，齐只好由苏州撤到上海，又转道日本避难。是年10月，孙传芳将张宗昌等奉系将领赶出了沪苏皖地区，齐燮元闻讯归国。

1925年冬，吴佩孚和张作霖联盟反冯（冯玉祥），组织14省讨贼联军，齐燮元任副总司令，吴败后齐避居天津。1930年中原大战时，阎锡山请齐燮元出山，出任江北招抚使，再败，随后匿居天津英租界，住红墙道公馆（今和平区新华南路178号）。该公馆为庭院式，有前后院。有两座二层砖木结构小洋楼。左边小洋楼，顶状如炮楼，门两侧有石柱，上有平台，楼上下各有住房8间。右边小洋楼，门前有多级高台阶，一楼有会客室、餐厅、休息厅等；二楼为书房、卧室等，共有20余间房。楼内设主楼梯、侧楼梯，二楼有小平台，楼顶为大平台，有楼梯直通。该楼设有宽敞地下室，可以从一楼揭铁盖顺滑梯进入，也可以从楼外一隐蔽处开门顺楼梯进入。

齐燮元在七七事变以前就暗中投靠了日本侵略者。1937年七七事变后，他利令智昏，为虎作伥，亲日卖国，充当设在北平的日伪临时政府"行政和立法委员会委员""内务部长"兼"华北绥靖军总司令"等职，出面成立天津治安维持会。1938年任"通州陆军军官学校"校长，为日本侵略军培训军官3000多名。1940年1月，齐燮元参加青岛会议，与汪精卫等汉奸策划拼凑南京伪国民政府。会议议决：北平临时政府改为区域自治的华北政务委员会，齐燮元仍保持了首脑地位，任政务委员、治安总署督办、治安部长、华

齐燮元故居遗址（新华南路178号）

北绥靖司令等职。沦陷时期，他对人民犯下了累累罪行。

　　抗战胜利后，齐燮元在此洋楼内以汉奸罪被逮捕。当时，齐前妻所生儿子（在沦陷时期出任伪治安军团长）也随齐住在公馆，齐燮元被逮捕时，他在楼上开枪拒捕被击毙于楼内。1946年5月，齐燮元被押解南京，经军法审判，以投降日本罪判处死刑。是年，12月18日在南京雨花台畔执行枪决。齐在临刑前要笔亲书："齐燮元为忠爱国家之人，不期为忌者所害，望我同胞及家属其共鉴之。齐燮元笔。"书完又加一句："人世变幻扉常，同胞应以忠爱国家。"临刑时，齐高声叫喊："此忠爱国家之结果！"齐燮元至死不悟，顽固不化，他所钟爱的国家不是中华大地，而是日本帝国。

孙传芳故居

张绍祖

今泰安道 17 号是一所小楼，建于 1921 年至 1922 年，占地约 3700 平方米，建筑面积 3500 平方米。系两层西式楼房，砖木混合结构，局部带地下室，分前楼、后楼两部分。此楼先为张弧寓所，后卖给大军阀孙传芳，孙一家人住前楼（主楼），后楼（配楼）为护卫及佣人住房，为了增强房间的秘密性，前楼四周设有封闭回廊，回廊的窗户与内部房间的门窗相对应。底层有起居室、客厅、餐

孙传芳

厅，后面有卧室与卫生间；二层多是居室和起居室。室内装修讲究，顶棚的装饰灰线生动柔美，墙壁四周有护墙板，地面为人字硬木地板，色调古朴典雅。前后楼的联系部分为儿童用房，有采光很好的大玻璃窗。建筑立面入口有 4 根爱奥尼克柱，二层回廊用方柱外加半柱，屋顶为四坡瓦顶，屋顶上有矩形、半圆形、扁弧形的老虎窗。屋顶中央带有灰帽盔式的小穹顶的亭子（现已拆除）。庭院深深，松柏与花草相映，楼房和院墙上爬满藤萝，显得格外清雅幽静。

孙传芳（1885—1935），字馨远，山东历城人。北洋陆军速成学堂、日本陆军士官学校步兵科毕业。北洋时期曾任江苏督军、浙江军务督办、苏皖

孙传芳故居（泰安道 17 号）

浙赣闽五省联军总司令等职。1927 年被北伐军击败，只身逃往沈阳，投奔张学良。谁知张学良不但不听他的劝告投靠日本，反而宣布东北"易帜"，接受南京国民政府领导，并密杀与孙勾结一气的奉系将领杨宇霆。孙闻讯大惊失色，仓皇携家南逃，于 1931 年"九一八"事变后，迁至天津英租界咪哆士道（今泰安道）。

孙传芳寓居津门后，深恐蒋介石对自己注意，便在寓所设立了佛堂，皈佛诵经，表现消极，借以掩人耳目。1933 年，孙传芳与曾任北洋政府国务总理的靳云鹏一起，将坐落在东南城角草厂庵的清修禅院出资改建为佛教居士林，由靳任林长，孙任副林长。孙的法号为智圆。规定每星期日为居士们来林念经日，由富明法师主讲，靳与孙两人领拜。

正当孙传芳皈佛诵经之时，不意背后一个杀手向他扑来。此杀手乃是施从滨的女儿施剑翘（谷兰）。施剑翘本是辛亥革命时期滦州起义首领施从云的女儿，过继给叔父施从滨为嗣女。施从云在起义时被通永镇总兵王怀庆杀害，施从滨在浙奉战争时为孙传芳所杀。施剑翘自幼立志为其生父和嗣父报仇。

1935 年 6 月，施剑翘在依赖叔兄施中诚和丈夫施靖云为父报仇两度失败后，毅然回到天津，"自出头"为父报仇。她第一步是要弄清孙传芳的下落。有一次她在一个算卦小摊上，发现了一张背面写着"孙传芳"3 字的照片，40 多岁，军人，瘦长脸，高颧骨，细长眼，大嘴……她用高价买下这张仇人的照片。她的大儿子大利在法租界培才幼稚园上学，同班有个姓孙的女孩，叫孙家敏，施剑翘通过向老师打听，意外地得知孙家敏的父亲就是孙传芳，家住法租界 32 号路（今赤峰道）。她迫不及待地赶到孙的住处大门上挂着"招租"的牌子，施剑翘装成要租房，费尽周折，打听到孙传芳在英租界 20 号路（今泰安道 17 号）还有一所宅院，她马上赶到此寓所，发现戒备森严，大铁门两旁有两名荷枪实弹的卫兵。她原打算混到孙家当佣人，或是当家庭教师，看来不行。后来又打听到 8 月 17 日是孙的岳母 80 寿辰，想送点礼物混进去，又考虑到人多混杂，不易下手。

1935 年阴历九月十七日，是施剑翘父亲遇难 10 周年的祭日，在独自去日租界观音寺为父烧纸念经时，听老和尚讲孙传芳创办居士林如何崇佛、如何讲经之事，并打听到当天晚上，孙传芳要到电台讲经。当晚，她特意到法租界仁昌广播电台等候，果然在那里看到了卫士陪同孙传芳从一辆深豆蔻色汽车上走下，她第一次和仇人打了个照面。第二天下午，施剑翘赶到了居士林，办理了入林手续，领到了一枚林友证章。

1935 年 11 月 13 日这一天，正是讲经日。靳云鹏与孙传芳应到林领拜。时值秋雨连绵，下个不停。孙的夫人不愿孙冒雨外出，一再劝阻。但孙以事前与靳约定在林会面，不好食言，便冒雨入林。

居士林的居士们在礼佛听讲时，是男东女西分坐的。男居士行列之首座为靳云鹏，女居士行列之首座为孙传芳。主讲人富明法师坐在正中座上，面对男女居士讲经说法。是时，施剑翘坐在女居士行列第二排，其座位正好紧对着孙的背后。正当孙及众人都在全神贯注聆听法师讲经时，施突然从衣袋里掏出勃朗宁手枪对准孙脑后打了一枪。孙负痛挺起，施复打一枪孙脑浆迸裂，血染黑海青道袍，当即倒地，时年 51 岁。

施剑翘乘势掏出早已准备好的传单，哗啦一下抛到半空。她大声呼喊："大家不要害怕，我是施剑翘，为父报仇，打死孙传芳，一人做事一人当，决不牵连任何人，你们可以带我到警察局自首！"随后，她向赶来的两个警察坦然自首，后她被天津地方法院判处有期徒刑 10 年，又改判为 7 年，最后经冯玉祥、李烈钧、张继等几位国民党元老营救，于 1936 年 10 月 15 日获得国家特赦，当然这是后话。

话说孙传芳佛堂毙命的次日，天津《大公报》以特大字体在醒目位置刊出孙传芳的"讣闻"："……孙公馨远于国历十一月十三日下午四时在天津英租界二十号路寓邸病故。择于十四日午后四时大殓……"明明是遇刺身亡，却说是"寓邸病故"，一时传为笑柄。治丧期间，何应钦、曹汝霖一班新旧权贵，或踵门叩灵，或电函吊唁，还举行了颇具规模的记者招待会，孙氏寓所着实热闹了几天。

蔡成勋故居

金彭育　张绍祖　张建虹

英租界五大道 33 号路（旧英租界时期也称新加坡道，收回后至今称大理道）3 号（今为天津市军事医学科学院卫生环境医学研究所）和 5 号（今天津市医疗急救站），是江西督军蔡成勋的寓所和家庙。寓所为三层砖木结构楼房，大铁门，厚厚的灰砖清水墙，大屋顶，给人一种威严的感觉。该楼为折中主义建筑风格。进门处有双层精美中式雕花木隔扇，第一道中间为方门洞，两侧为月亮门，堪称一绝。寓所第三层有前出檐的平台，远远看去每一层都比一般楼房要高，显示了主人的身份不一般。家祠为中式传统庙宇式建筑，红柱黄瓦，古色古香，有精巧砖雕装饰，人称"蔡家庙"。

蔡成勋（1871—1946），字虎臣，行伍出身，直隶天津县人。1900 年毕业于天津北洋武备学堂。曾任北洋第一镇军官。1911 年任浙江第四十一混成协协统。1912 年任北京大总统侍从武官，转年任陆军第一师第一旅旅长，1914 年 8 月升任陆军第一师师长。1917 年兼任第七军军长，是年 7 月 1 日张勋拥戴溥仪复辟时，被封为直隶提督。7 月 7 日冯国璋在南京代理大总统后，被封为绥远（属于今内蒙古的一部分）都统，成为直系骨干。1920 年直皖战争中，于 7 月 27 日，蔡成勋率领部队和察哈尔都统王廷桢的部队夹击在京张铁路沿线的西北军李如璋旅，迫使李部投降缴械，最后被遣散。直皖战争以直系的胜利而结束。北京中央政府按照天津分赃会议的协定和曹锟、吴佩孚的旨意，于 1920 年 12 月 31 日任命蔡成勋取代皖系军阀段祺瑞的附

庸张广建为甘肃督军。1921年曹锟命令陆军第一师师长蔡成勋率第一师赴赣，准备接替江西督军陈光远的职务，并致电陈北上就任北京卫戍总司令之职。陈回电

蔡成勋故居（大理道3号）

表示不就。第二年吴佩孚借"废督裁兵"，于6月16日首先解除了陈光远的江西督军的职务，届时曹锟保荐"援赣总司令"蔡成勋继任江西督军。

蔡成勋与陈光远是同乡，都是天津人，又都属于北洋军阀嫡系，所以蔡和陈交接很顺利。陈光远所辖的方本仁、邓如琢两个旅就留在江西归蔡成勋指挥。当时迎新送旧，宾主觥筹交错，这在军阀竞相争权夺势中，是极为罕见的。蔡成勋督赣之初，做了军事部署，派方、邓两个旅驻扎要害地区，并派第一师的杨、沈两个旅驻守赣东和赣西。赣北有南浔铁路为屏障，只有九江和南昌之间，派了江西原有的省防部队担任防守。江西省城南昌戒严司令一职，由他的胞弟蔡用勋充当。蔡成勋督赣之初还做了两件事：一是送李，李是李实忱，是蔡成勋的同乡，莫逆之交，因而在援赣中，特邀李一同南下办理军务。到南昌后，李既参与军务，又干涉民政，特别是想把持税收机关，因而触了蔡成勋的大忌。不久，李实忱就被迫离任。李走时，蔡成勋以礼相送。二是挡陶，陶某是曹锟派来的江西省省长，陶某抵达九江时，蔡成勋派人前往欢迎。经过两天的洽商，陶某拂袖而走。从此后督军和省长由蔡成勋一人兼之。

蔡成勋督赣3年，深居简出，除了1924年上庐山避暑外，几乎没离开

督署一步。他养尊处优，官气十足，当时有"蔡大驾子"之称。蔡成勋生财有道，敛财有术。他善于刮地皮，除了丁税外，各种附加税多如牛毛。他善于截税，主要是盐税的截留和统税的吞蚀。他最善于借着禁烟发横财。赣省盛产鸦片烟土，大部分由私商贩运出境，行销苏、浙、湘、鄂、皖等省，同时因为本地土产质量差，又吸收了一部分"广土""闽土"。当时蔡成勋借口烟土充斥，毒害人民，采取了三季禁种的措施（春季查苗，夏季复查，秋季查土），但因从事禁种的员工从中舞弊，以致名为禁种，实为放种。至于禁运、禁吸，也都成为营私舞弊的手段。蔡成勋在禁烟过程中，取得了大批的罚款和贿赂。1923年蔡成勋在全省成立禁烟局，禁烟总局总办由督署参谋长王戟武兼充。禁烟局成立后，总局下设分局、分卡若干处。首先总局责令分局督同各乡保长勒令种户，先在各分局卡登记，注明要种的亩数，缴纳保证金，然后才能种。接着总局印制大批印花税票，不论是本地还是外来的烟土，一律必须粘贴印花，以免偷漏，否则就是私货，一律没收。还派出大量的缉私人员堵截私运。蔡成勋又把私烟馆改为官烟馆，开灯供客，按灯派土。蔡成勋手下的总局查获和充公的烟土日渐增多，为掩人耳目，曾多次当众焚毁烟土。但在焚毁前，经手人早把烟土替了出去。然后把替出的烟土派销掉，辗转变成了现金。当时无论种的、运的、吸的，都逃不出总局的天罗地网。蔡成勋善于聚敛民财，当时江西民谣曾讥讽他"比天高三尺"。

蔡成勋手下有部队4个旅，共约3万多人。4个旅中，第一师杨、沈两个旅是他的嫡系；方、邓两个旅是陈光远移交过来的。表面上看如军饷、军装及军需等，均是照例发给，实际上却有不同。杨、沈两个旅可以向蔡成勋要求差缺，而方、邓两个旅却不能，因而，方本仁、邓如琢怀恨在心。1924年蔡成勋接到福建督军周荫人电请出兵一旅，援助孙传芳攻打浙江。蔡成勋就从杨、沈两个旅中，抽了一半军队，组织了"援浙前敌执法营务处"。在蔡成勋抽兵援浙之后，方本仁、邓如琢见省防空虚，有机可乘，就联络杨、沈合谋倒蔡。双方一拍即合，联名通电反蔡，并派兵进攻南昌。蔡成勋在众

蔡家花园

叛亲离的形势下，逃避上海，后回老家天津。

　　1926年他先在河北区日纬路84号（曾为第一金属制品厂，现天津美院现代美术学院），修建一所公馆，有多栋豪华楼房和宽敞的中式花园，因此被称为"蔡家花园"。该园占地12亩、建筑面积2900平方米、房屋103间。共有两道院，呈中西合璧风格。蔡成勋住西院，建有卧室、书房、浴室和花厅。家眷住东院，建有卧室、饭厅、客厅和家祠。高墙深院，墙角建有雕楼。房屋全部为砖木结构，四梁八柱、磨砖对缝，花格门窗，豪华典雅。天花板上有吉祥图案，包括吉祥动物、吉祥植物、吉祥器物和吉祥符物。两院之间和西院墙边有精巧的柱式长画廊。院中花园，景色十分优美，有太湖石的叠石假山、中式凉亭、珍稀花木以及金鱼池和荷花池。

　　蔡成勋鉴于军阀混战，社会不稳定，于是在英租界五大道又盖了寓所和家庙。他不仅在房地产及实业上投资，如在四川路五福里（今五湖里）购房，投资福星面粉公司等，还在慈善事业上投入。他是1931年天津市慈善事业委员会委员、天津市救济水灾委员会干事。

陈光远故居

张绍祖　张建虹

　　陈光远在天津租界的北洋寓公中是一个首屈一指的百万富翁。

　　陈光远（1873—1939），字秀峰，直隶武清崔黄口人。19岁入天津北洋武备学堂，毕业后分配到小站军队担任督操，历任北洋常备军军政司总务处总办、步队统领、第四镇统制等职；民国成立后曾任袁世凯军事模范团团副（团长由袁世凯长子袁克定担任）、新编陆军第12师师长、京津警备副司令等。1916年袁世凯去世后，陈

陈光远

光远与冯国璋（河间人）、李纯（天津人）等组成直隶系，推举冯国璋为领袖。1917年张勋复辟中，陈光远先是支持，写字画押；后是反对，誓师讨伐。1918年冯国璋代理总统后，陈光远被任命为江西督军。1922年被曹锟免职，来天津作寓公。

　　陈光远来津后，通过亲家龚心湛在北洋企业中大量投资，购买了启新洋灰公司、开滦矿务公司、华新纱厂、耀华玻璃厂等企业的股票，约计100万元左右。陈怎么会有这么多钱？原来他在江西督军任内时，曾叫财政厅每天交给南昌中国银行经理王仰先5000元，电汇至上海。这笔钱表面上是为全省军队购置服装用的，实际上都流入了他的私囊。他任职5年，仅此项款就

得八九百万元。陈还用妻妾的名义在津开设了"辑华""德华"两个当铺，每处股款20万元。陈家的财产，据陈光远生前闲谈时称，不过五六百万元。1939年8月，陈光远病故于天津博罗斯路（烟台道）寓所。当时现款尚存700万元。陈有两妻一妾，子女8人，子女各分现款80万元，义子张子纯分得60万元。

陈光远死时正逢天津闹大水。当时，刚卸任的伪天津市长潘毓桂介绍天津"大事全"魏子文到陈家兜揽棺材生意，市价不过两三千元的一副阴沉木棺材竟要价8万元。陈家不敢得罪潘毓桂，忍痛买了棺材。人们背后议论潘毓桂太不够朋友。潘闻知竟恼羞成怒，写了一副挽联挖苦陈光远"闭眼早三天，未及见一场大水，伤心经七载，犹带走五等徒刑"。下联是说陈光远与其弟光逺、光迪为争家产构讼7年，而这种官司可判处5等徒刑。

陈光远长子娶袭心湛之女，次子娶巨商振德店黄丹甫之女，三子娶"李善人"之女，四子娶张锡元之女，五子娶潘复之女，六子娶张勋之女，七子娶孙传芳之女。当时陈氏家门鼎盛，腰缠万贯，人多侧目。

陈光远故居（大理道48号）

陈光远原居英租界博罗斯道（现烟台道62号，已拆除重建，一建办公），后居新加坡道（大理道）与格拉斯哥道（现桂林路）交口处，现为大理道48号。该宅为现代风格的别墅式楼房，三层砖混结构，外墙为黄色琉缸砖墙面，设计新颖，有折中主义风格，端庄气派中透着豪华壮观。二层凸出于三层，三层顶部为大阳台，台上建有一个中式凉亭，使这幢楼呈现出中西合璧的特点。该房坐北朝南，大房间，大进深，设施完善，装修豪华，院落宽敞，花木扶疏。该故居现由市卫生局幼儿园使用。陈光远另在爱丁堡道（今重庆道民园西）有寓所。他还成立振德房地产公司，在南市权乐茶园后修建了一片楼房，取名振德里，为娼窑班子所用。现和平区河北路丰余里、庆捷里原为一片低矮平房，1927～1928年陈光远改建为砖木结构三层楼房，命名庆丰里。后将房产一半分予其女陈余荫，更名丰余里，寓丰盛有余意。1982年庆丰里因重名更名为庆捷里。

张勋故居

张绍祖　张建虹

张勋

张勋（1854—1923），字绍轩，晚号松青老人，江西省奉新人。1854年（清咸丰四年）出生于一个小商贩的家庭。1895年，张勋来天津，投效袁世凯，充任工兵营管带。后随袁世凯去山东镇压义和团，升副将、总兵。1902年调往北京戍卫端门，多次充当慈禧、光绪扈从，保驾有功，深受赏识。历任辽北总统、江南提督、钦差江防大臣等，曾镇压南京新军起义。

张勋在津建有公馆，地点在德租界6号路（今浦口道6号，天津市商检局），东起台儿庄路，西至江苏路，南抵浦口道，北邻蚌埠道。这是一所大宅院，建于1899年，为德式建筑，由德国建筑师考特·路勒·凯甘尔设计。张勋系购自清王室所建的这所西式洋楼，占地面积16585平方米，建筑面积5632平方米，有楼房56间，平房54间，布局协调，环境幽静。浦口道正门院内右侧有一座横卧虎式假山，左侧有一座古色古香的六角凉亭，院中间有水池和四季长青的花坛，气度非凡。院中养有猴子、狐狸等动物和鹦鹉、孔雀等鸟类。

院内深处是两幢砖木结构二层黄色别墅式小洋楼，分东西两楼。西楼是会客楼，铅铁尖状屋顶。室内装饰豪华，硬木门窗、地板，至今保存原有的部分豪华家具。由高台阶进入圆形门厅，有廊子相连，底层设戏楼，有二层看台。当时张勋策划复辟，聚集心腹密谋于此。楼梯转弯处有一面引人注目的华丽大镜子。楼下有一个有很厚铁门的保险库。有半地下室。二楼前部有大平台。东楼为张勋与其眷属的起居楼，建筑整体呈狮子状。立面简洁，四坡蓝瓦顶，局部有尖顶塔楼，上有风向标。底层为圆拱门窗，彩色玻璃。楼左侧后方有大型花窖，左侧一排平房是护兵、马弁和佣人居室。张勋宅邸在台儿庄路有一后门，后院为私人花园，有一座长龙造型假山，上有凉亭、瓷人、石碑，还有荷花池、石桥、游船，并养鸟兽、花卉等，气度非凡，实是园林艺术的精品。

民国后，其队伍改编为武卫前军。在北洋政府时期，曾任江苏督军、长江巡阅使。张勋始终以清朝忠臣自命，坚持留着一条长辫子。他还不准手下几万名官兵剪辫子，因此，人们称他为"辫帅""张大辫子"，称其队伍为"辫军"。袁世凯死后，他先后4次召集各省督军于徐州，提出了一个复辟计划：第一步解散国会；第二步逼迫黎元洪退位；第三步宣布复辟。

1917年6月7日，张勋率"辫子军"步、马、炮兵共10营约3000人及

张勋故居（浦口道6号）

随员 148 人由徐州动身，8 日行抵天津，逼迫黎元洪解散国会。据 1917 年 6 月 9 日《大公报》记载：1917 年 6 月 8 日，张勋由天津西站下车后，直趋德租界徐世昌宅邸（十八号路 1 号，今河西区闽侯路 1 号河西区闽侯路小学址）进行长时间的密谈。当日张勋还邀国务总理李经羲到日租界宫岛街段祺瑞宅（今和平区鞍山道和平区教师进修学校），请段同往北京"共筹国是"，段婉辞谢绝。张勋回宅后，把会谈情形告诉来访的复辟派分子刘廷琛等。6 月 12 日夜间，代理国务总理江朝宗副署了解散国会命令。13 日，张勋在天津德租界宅邸召开了一次会议，会后发表通电说："比因政争，致酿兵事。勋奉明令，入都调停……默察各方面之情形，大多数心理，咸以国会分子不良，力主解散另选……勋拟即应名入都，共筹国是。俟调停就绪，即商请出师各省撤回军队。"14 日下午，张勋偕同李经羲、张镇芳、段芝贵等乘车直奔北京，在南河沿公馆举行最高级会议，决定 7 月 1 日宣布复辟，捧出溥仪登基。徐世昌闻讯非常"愤叹"，曾两次函电张勋，以老师的口气，劝其离军引退。7 月 7

张勋故居（南京路 100 号）

日，段祺瑞的"讨逆军"进逼北京，"辫子军"一触即溃，到 7 月 12 日张勋复辟丑剧告终，张勋躲进荷兰驻华使馆，冯国璋代理大总统职。

张勋复辟失败后，徐世昌与段祺瑞商量说："绍轩虽为祸首，但不过是一莽夫，请念北洋同袍之谊，穷寇莫追。"段点头同意。于是，徐电张勋说："执事既不操柄，自可不负责任，至于家室财产，已与段总理商明，亦不为已甚，昌当力保护。"徐世昌虽然承当保护张的家当财产，可是张勋的爱妾王克琴却跑了。王克琴是民国初年红极一时的女戏子，为徐州辫帅金笼里的金丝鸟，张这次北上，也携王克琴同行，把她留在德租界寓所，大家呼"帅夫人"。张勋事败后，这位"帅夫人"像出笼的小鸟，风流的事传遍京津。北京恒利金店一个漂亮的小伙子周子明被她看中了，不久这位小伙子变成了新开张的宝成金店店主，当然是由于"帅夫人"垂青所致。

张勋回津后蛰伏德租界公馆。他另在英租界巴克斯道西口（今保定道 59 号，和平区保定道小学址）有住宅。这是一座五层大楼住宅，大门口有两扇铁栅门，常有两个彪形大汉荷枪站岗。进门是一个大院，院中有 8 只兰花大瓷缸。大楼里面，宽敞舒适，后面有花园，园内有假山池塘，楼台亭阁，种满了花草树木。至今还保留张勋的一所住宅，在今南京路 100 号，为三层砖木结构小洋楼，入口有 4 根圆石柱，二、三楼有平台。他还出租巴克斯道（今保定道）松寿里大片房产，又投资于大陆银行等企业。他晚年养尊处优，拥姬妾以自娱，蓄壮士以自卫。

1923 年 9 月 12 日，张勋突然患病，头昏胸闷肚子疼，请来了日本医生，诊断后拿出两包药，打开一包倒进他口中，用温开水送下，睡到半夜，他在床上翻滚吼叫，折腾了一阵子就断了气。死时，他年 70 岁，子女有 9 男 5 女。他死后，出丧场面之大，仪仗之盛，前所未有。他脑袋后面的辫子至死未剪，随他进入棺材。张勋死后其家属把浦口道全部房屋转卖给盐业银行，1936 年盐业银行又卖给国民党实业部天津商品检验局。解放后人民政府接管，由中华人民共和国对外贸易部天津商品检验局使用至今。

杨以德故居

张绍祖　张建虹

张以德

杨以德（1873—1944），字敬林，绰号杨梆子，天津人，祖籍山东，落魄盐商后裔。他原本叫杨以俭，杨以德是他的胞兄的名字。为什么弟兄易名呢？这里有一段故事：杨年幼时家道中落，生计艰难，曾就食于盐商杨绍溪家，承担守夜打更等杂务。1902年（清光绪二十八年），他经人介绍在老龙头车站（今东站）当检票员，结识了天津北段警察督办曹嘉祥，为曹看中，遂介绍他到津榆铁路侦察处当侦探员。他因破获大盗张立三，名声大噪，得到袁世凯赏识，因为袁世凯要保他作官，可他没有功名招牌，而其胞兄杨以德恰恰捐过一个同知衔，袁世凯便授意让他借兄名，从此兄弟二人易名而存。

1906年，杨以德升任津榆铁路总稽查，兼任探访局总办，成为袁世凯的心腹爪牙。1908年他兼任京津电报电话线路督察，同年9月，被赐为三品二等顶戴。1909年天津设立北洋警务公所，他被任命为警务道台。1911年12月2日，杨以德执行袁世凯的密令，曾杀害革命党人王钟声。1912年3月2日（阴历正月十四日），袁世凯发动"壬子兵变"。兵变前，杨已接到袁的密令，将全城岗警撤走，纵容兵匪烧杀抢劫，一夜之间，十室九空。次日黎明，他率领武装警察，在大街上任意抓人，草草审讯，即分别赴街头斩首示众，并将犯人首级悬挂在街头电线杆上，震慑群众。

民国初年，杨以德出任直隶省警务处处长兼天津警察厅厅长，以及北洋行营营务处处长、天津工巡捐务处处长、天津工程处处长等职。袁世凯曾封他为将军府将军，后又晋升为德威上将军。1917 年 6 月，张勋复辟时，他迫使天津全市商民悬挂龙旗三日，表示拥护，同时派武装警察把守电报局，封锁消息。

1919 年"五四"运动期间，他利用手中的特权，疯狂地镇压天津学生的爱国运动。1920 年 1 月 23 日和 29 日，杨以德凶相毕露，先后逮捕爱国学生周恩来、郭隆贞、于方舟等 27 人，分别关押在警察厅内。爱国学生恨透了他，当时有些学生表演街头剧，化装成杨以德，五花大绑，背后插上招子，上书："枪毙杨梆子！" 1924 年段祺瑞执政时，他厚着脸皮，一面捧张（作霖），一面拍段（祺瑞），一度升任直隶代理省长。有人戏拟一联："一人身兼特、简、荐（3 个官衔名称），官上加官；四维缺乏礼、义、廉，耻无可耻"。

1925 年张之洞的后裔张仁乐任天津县长时，因盗卖官地被天津参议员控告，杨派白振铺接任张的县长职，张拒不移交。杨以德派保安队将县署包围，意欲武力接收，张急电督办李景林，求派军队将保安队反包围。杨被迫妥协，不久被免职，从此脱离政治

杨以德故居（二纬路 41 号）

舞台。他与王占元、鲍贵卿、陈光远、宁星普等人成立经营房地产的新四公司。杨除以出租房产牟利外，还进行其他投资。据估计，杨以德的财产大约在 500 万以上。

杨以德原住北门外针市街。发迹后，在 20 世纪初期，他在今南开区二纬路和二马路购地 20 余亩，修建了一所四合院和一座具有中国古建筑风格的园林别墅，园林别墅被人称之为"杨家花园"。并在赤龙河上修木桥一座，名为"杨家大桥"。与此同时，又在天海路荣德里、东北角单街子、东马路马棚胡同、西门北等地盖了许多楼房、平房出租。总计出租房产千余间，每月房租收入不下 2000 余元。

1921 年将南开二纬路原四合院建筑拆除，重建了一座中西合璧的带地下室的三层楼房，今南开区二纬路 41 号，花园原地盖成了戏楼。整所楼房占地 1019.6 平方米，建筑面积为 1575.6 平方米。砖木结构，欧式高坡屋顶，红砖绿顶、砖木结构，有仿古突出的外檐，正门上井口纹样的楣子，两面有爱奥尼克式柱，中间高台阶，南立面为两层外柱廊。从门厅进入大厅，底层

杨以德故居（建国道 72 号）

为五室一厅，大厅右侧是客厅、餐厅，中间有大玻璃门相通；左侧是客厅、书房等。二层八室一厅，作卧室及贮藏室用。地下室供佣人居住。宅院除楼房外，另有数间平房及汽车库。一二楼有带精致栏杆的阳台，三楼有房屋21间，有宽阔的平台。整座楼外观壮美，内部装修也十分考究。每间房屋屋顶都有不同的精美雕饰，带有百叶窗，室内有壁炉。楼梯栏杆雕有各种花饰。

1937年七七事变后，日寇侵占天津，该楼被日军占用，日本人将此楼的地下室当作关押"犯人"的地牢。杨以德全家迁到日租界。日本人曾想拉杨以德出任天津傀儡市长，但此时杨已中风不语，神志不清，成为痴人，遂放弃。1944年，杨以德抑郁而死。

解放后，杨以德故居由北京军区廊坊军分区接收，原花园部分已改建为居民住宅。该故居在1976年地震中受损，1983年北京军区曾进行维修，整个建筑除地下室在维修时被隔成13间房屋，作宿舍和办公用外，其余房屋均保持原有风貌。曾为南开区青年实业公司使用。

杨以德在意租界大马路（今建国道72号）也有宅邸，建于民国初年。分前后两楼，前楼为砖混结构，三层带地下室，建筑风格为中世纪拜占庭式，高坡顶南面为两层空廊，转角用塔楼相连，顶窗也颇具特色。

汤玉麟故居

张绍祖　张建虹

　　汤玉麟（1871—1949），字阁臣，绰号汤大虎，他爱虎成性，在其豪华的会客厅里，墙上挂着一幅很大的猛虎下山图，他经常坐在铺有虎皮的正座沙发上。他原籍山东掖县，生于辽宁阜新，出身绿林。1902年被收编入奉天前路巡防营哨官、帮办。1912年任二十七师骑兵二十七团团长，次年升为五十二旅旅长。1917年赴京参与张勋复辟活动，失败后逃回阜新隐居。1919年又回奉天任东三省巡阅使署中将顾问。1921年5月任奉天陆军第十一混成旅旅长兼东边镇守使和剿匪司令。1924年第二次直奉战争后任第十一师师长。1926年任安国军第五方面军第十二军军长。同年4月任热河都统。1928年东北易帜后，由国民政府任命为热河省政府主席，兼第三十六师师长。汤玉麟主热期间，横征暴敛，苛捐杂税多如牛毛。仅土地税金每亩地就有28种之多，折合大洋一元至数元。另外，还要交纳军粮7.5斤、军草19.5斤。鸦片税由初期的每亩3元大洋增加到12元，最多达19元，并且一再预征。例如：1931年竟有预征到1961年至1971年的。汤玉麟用这部分钱，在天津买下了意租界豪华宅邸。1931年"九·一八"事变后，由于汤玉麟在沈阳、哈尔滨等地有巨额财产，同时也为了保住热河地盘，所以对日伪的态度一直摇摆不定。1933年2月下旬日军进攻热河的战役全面展开，热北、热东数城失陷。汤玉麟见热河难保，便于3月1日急电平津征集汽车，并扣留前线的军车共200余辆，装满在热河搜刮的私产运往天津意租界宅邸。3月4日晨，

汤玉麟故居

汤玉麟还没看到日军的影子，便率部弃城出逃。汤本人连家眷也没带，乘着一辆三轮摩托就仓皇上路了。汤从承德带出的 400 万块大洋也撒了一地。后逃到滦平，又到丰宁，最后撤到沽源，被宋哲元部队收编。汤氏王朝寿终正寝，他本人被委为第二十九军总参议。1934 年 5 月，任北平军分会高级顾问，半年后辞职来天津意租界寓居。

汤玉麟在津置有多处房地产，其中豪华住所有 3 处：一在意租界二马路（今河北区民主道 38 号，天津市工商行政管理局）；二在意租界医院小马路（今河北区光明道 29 号）；三在法租界霞飞路（今和平区花园路 3 号，天津市化工采购供应站），为其长子汤佐荣的私宅。汤玉麟与友人合组三义房产公司，经营惠中饭店、光明社（今光明影院）等处房产。

汤玉麟多住意租界二马路宅邸，这是一座气势宏伟、装饰豪华的意大利建筑。原为北洋政府交通总长吴毓麟于 1912 年所建，1930 年卖给汤玉麟。这是一座高级公馆，外貌雄伟壮观，混合结构，整体设计突出了意大利文艺复兴时期的特征和风貌，内外墙突出巴洛克装饰风格，具有典型的西欧建筑特色。毛石基础，机砖墙身，部分"花岗石"砂浆罩面，布局对称，屋顶平衡，罗马柱式，覆碗穹顶拱券。汤玉麟宅邸为左右并排相连的两幢主体建筑，楼内装饰极为华丽，犹如一座富丽堂皇的西方宫殿。这所宅邸计楼房55间，平房7间。占地面积4323.61平方米，建筑面积3341.69平方米。

右为三层主楼，带地下室，底层前立面为深宽缝仿花岗岩砌块。楼前大台基设有汽车跑道。入口大门为圆拱券，两侧长方窗上套圆窗。正面高台阶入门厅，三面用空廊围绕。门厅后是中央大厅，两侧为东西两大客厅，中间是4根爱奥尼克柱相隔，大厅北面有接待室。另有会议厅、书房、办公室、卧室、浴室等。二层前立面中央3个连拱廊，用混合式圆柱支撑，前部是带瓶饰栏杆柱的阳台。连拱廊两侧用方壁柱支撑檐部，两侧壁柱间开长方窗，檐壁中央用洛可可的雕饰，壁柱刻有双牛腿雕饰，檐上部采用方瓶栏杆柱装饰。二层内中央也为大厅，两侧作会客室、卧室、卫生间等。外有空廊围绕。三层中央二大房间，内装饰精美的柱子，四周环绕大平台。半地下室作厨房、贮藏室、佣人住房等。主楼两侧另建有单层舞厅，为彩色玻璃顶。前是大平台，两侧各有一门厅和待客室。

左为二层小洋楼，一层前部突出一碗形拱券，建有露台。房间布置设有大客厅、舞厅、餐厅、休息厅等。院内建有传达室、警卫室、佣人间、杂役房、汽车房等。

1949年2月，汤玉麟去世后，于1950年4月，汤妾及其子女将此宅邸卖与天津市供销合作总社，现由天津市工商行政管理局使用。这座宅邸是目前天津市保存较为完好的意大利古典式建筑，已被列为天津市第三批文物保护单位及河北区重点文物保护单位。

田中玉故居

张绍祖　张建虹

　　和平区营口道42号为一所罗马式三层砖木结构楼房，这曾是山东督军田中玉的公馆。该公馆占地1554.5平方米，总建筑面积为1756.16平方米。该楼前有4根两层楼高的爱奥尼克式柱，雄伟壮观，引人注目。楼前大台基设有汽车跑道。4根罗马式柱支撑着从三楼延伸出来的汽车跑道顶棚，上为三楼储藏室。该楼机砖墙身，用石料为下碱砌筑；二楼有3个阳台，阳台下有线条清晰柔美的花草雕

田中玉

塑。三楼侧面也有平台。该楼共有18间房，一楼5间，为客厅、餐厅、舞厅、休息厅、卫生间等；二楼6间，多为卧室、书房、居住间；三楼7间，多为居住间、储藏室。该楼屋顶为尖顶四面坡式，有地下室。室内装饰十分讲究，有壁炉、护墙板、双层玻璃外带纱窗、人字形硬木地板、屋顶有华丽装饰。前院楼后有灰砖平房11间。

　　该楼建于1922年，为当时山东督军田中玉所建。田中玉（1964—1935），字蕴山，直隶临榆（今河北省秦皇岛抚宁）人。天津北洋武备学堂毕业。曾任北洋第一镇炮队第一标统带、兖州镇总兵等职。1907年任东三省督练分所总参议。1912年中华民国成立后，历任代理山东民政长、曹州镇总

田中玉故居（今营口道 42 号）

兵、兖州镇守使、陆军第五师师长。1915 年任陆军部次长，转年任察哈尔都统。1919 年，任山东督军，一度兼任山东省省长。

该楼落成后，曾在此为其子田镜宇完婚。其同僚中后来曾任北洋政府国务总理的潘复为表示祝贺，于 1922 年 11 月 12 ~ 13 日在广东会馆戏楼举办了田公馆堂会，谭富英、尚小云、梅兰芳等演出了拿手好戏。

但好景不长，在田公馆落成的第二年，1923 年发生了一起震惊中外的临城劫车案。临城位于山东，作为山东督军的田中玉负有直接责任。案情是这样的：5 月 6 日凌晨 2 时 50 分，津浦路由浦口开往北京的第二次特别快车，在山东省临城、沙河间被孙美瑶匪众拦劫，旅客约 300 人被绑架，其中有外籍旅客 20 余人。5 月 7 日，北京、上海、天津各报均于显要位置刊登了这则新闻。外国报纸称为"第二次拳乱"，中国报纸称为"民国第一案"。劫车案发生后，北洋政府与山东驻军均试图以武力剿捕，营救被掳旅客，而孙美瑶等一再以"撕票"为要挟，迫使官兵停剿。外国使团复向中国政府施加压力，要求采取和平手段，以保障外国被掳旅客的安全。当时，田中玉主张围剿。5月11日，他亲自统带精锐一营，乘车赴前线督战。5月13日下午，田中玉等人在枣庄督军专列上与孙美瑶及另一匪首郭其才正式谈判。土匪提出要求官兵再退30里，送一批食物、饮料和用具来，并收编抱犊崮匪首等条件，田中玉见要求不高，满口答应。但土匪很快又推翻前议。5月21日，他亲自进京报告营救旅客情况并陈述退兵与进剿的利害轻重。田中玉入京后，以剿为抚的主张得到首肯，于是开始进行围剿的部署。在进剿的同时，由山东督办郑士琦操办的安抚工作也正在抓紧进行。到是年7月，官匪之间达成协议：孙美瑶部编为一旅，番号是山东新编旅，劫车匪首孙美瑶为旅长，大小头目，皆成了国军军官。孙美瑶堂而皇之地发表了就抚释票的通电，被掳中外旅客全部释放，纷纷扬扬的临城劫车案才告一段落。但劫案刚平，余波又起。8月10日，由葡萄牙公使符礼德向北京政府外交部蛮横无理提出所谓16国赔偿通牒，北京政府以完全承认通牒为条件，草拟了二次复牒。复牒发出后，北京政府同时发布命令：山东督军田中玉迭电辞职，情辞恳切，准免本职，特任田中玉为益威上将军。

田中玉去职后，回到天津寓居。他在天津、大连、北戴河等地置有大量房产，其中在天津德租界鲁母普街（今宁波道25号）有宅第，由其家族居住，为德式二层砖木结构楼房。他并投资天津恒源纱厂（今天津第一毛纺织厂），曾任总经理。

1935年田中玉逝世后，其营口道公馆由其儿孙居住。解放后，于1954年6月25日，由市房地产管理局代天津市一商局石油采购供应站，从田中玉之嫡孙田建国手中，以旧币5亿元（现人民币5万元）价钱购置，成为该站营业楼。1968年该站将主楼后北面平房，接建二层楼房，共7间，面积为187.68平方米。1978年，院内东面平房翻盖，面积为75.6平方米；西面平房扩建为三层楼房共9间，面积为240平方米。现为民宅，被列为天津市尚未公布为文物保护单位的不可移动文物。

郑士琦故居

张绍祖　张建虹

郑士琦

郑士琦（1893—？），字云卿，亦曰蕴卿，安徽定远人。安徽陆军随营学堂毕业。曾任北洋第五镇队官、管带。1913年任陆军第五师炮五团团长。1914年8月，任第五师第十旅旅长，后升任第五师师长。1916年4月，授中将衔。是年6月，袁世凯死后，归入皖系。1917年任山东第五师第十旅旅长，后升第五师师长。1923年授将军府济威将军，是年1月15日，北洋政府撤销督军，改为督理，负责军务善后事宜。10月田中玉因临城劫车案被免督理职，北洋政府任命郑士琦督鲁。

在1923年5月6日发生的山东临城劫车案中，山东督军田中玉令郑士琦为剿抚总司令，会同第六旅和第二十混成旅加强对土匪攻势。郑士琦曾偕同专程从北京来山东枣庄的总税务司、总统府顾问、美人安迪生参加5月13日在田中玉督军专列上同匪首孙美瑶、郭其才的正式谈判。参加谈判的还有山东交涉员冯国勋、江苏交涉员温世珍、徐州镇守使陈调元等。谈判达成了官兵后退30里，送一批食物、饮料等，并收编土匪窝抱犊崮匪首等协议。但很快孙美瑶就撕毁了协议，另提了许多条件。这时"主剿"主张又占了上风，一时大战在即。孙美瑶感到气氛不对，决定打破僵局，于5月26日主动派人下山与郑士琦接洽，重开谈判。最后，官方答应任孙美瑶为招安军旅长，郭其才和另一个实力较强的匪首周天松为团长，发给军装 2000 套，军饷先发 2 个月，对匪徒实行改编。6 月 12 日，在郑士琦的操持下，官方代表和土匪代表在总统府顾问安迪生及地方绅士的见证下，签订协议。当晚"洋票"全部释放，到 7 月 8 日华人"肉票"也全部放出，临城劫车案告一段落。

而总统府顾问安迪生信誓旦旦作过担保的对孙美瑶的招抚改编，竟在半年后被北洋政府全盘推翻。1923 年 12 月 19 日，吴佩孚直接下令郑士琦，由兖州镇守使张培荣在枣庄中兴煤矿公司以宴请为名，诱杀了匪首孙桂枝及卫士 11 人。所部 3000 人，被全部包围缴械，强行遣散回乡。匪首孙美瑶、郭其才在迎着漫天飞雪从枣庄赶回抱犊崮时，被早已埋伏在那里的第五师狙击手从背后冷枪射倒，悬首示众。

1924 年第二次直奉战争，吴佩孚失败，郑士琦沿津浦线北上，阻止吴佩孚向山东撤退。1925 年 1 月，北洋政府改督理为督办，郑士琦改任山东督办。

郑士琦故居（今建设路 41 号）

第二次直奉战争后，段祺瑞划分奉军发展势力为津浦沿线几省。是年，张宗昌以护送皖系卢永祥入南京组织宣抚军为名，率大军进入山东，此时，奉系张作霖向皖系段祺瑞施加压力，段祺瑞4月24日发布了张宗昌为山东军务督办的任命，郑士琦调任安徽军务帮办，他的嫡系部队山东陆军第四军亦奉张宗昌命移住安徽，但行军到中途，即被张宗昌解除了武装，郑未到任随即辞职。

郑士琦辞职后来天津做寓公，住法租界达文波路（今建设路41号，白楼医院）。该宅邸由南北两座楼组成，南楼为二层砖木结构建筑，红瓦坡顶，带地下室。楼下为客厅、书房，书房有镶入墙壁里的书架，房顶整个用玻璃工艺品进行艺术装饰。二楼有餐厅，一二楼间有升降机，运送饭菜，二楼有个大阳台。楼梯靠东侧，为雕花木制楼梯。北楼为局部三层的砖木结构建筑，楼外有雕塑装饰，带地下室。登高台阶进入过厅，一楼有6间房，为客厅、卧室等，屋内有雕有各种花饰的护墙板以及与护墙板相连的各种室内木雕装饰。二楼6间，为卧室、卫生间等。三楼有2间房，为储藏室。其他部分为宽敞的大平台。三楼为坡顶红瓦，靠平台一侧墙外铺设鹅卵石。制高点有精致的风向标，上有"1929年"几个字，估计是标明该楼的兴建年代。北楼楼梯为铁木结构，均雕有花饰。北楼后面有后楼，为二层砖木结构（70年代初加盖了三楼），房型很小，为佣人所住。后楼外有楼梯，与北楼相通。后又在法租界丰领事路（今赤峰道119号）购房。此宅邸前楼为二层砖木结构建筑，带半地下室。入口在楼的西侧，前后高台阶进入一楼，一楼为客厅、餐厅、书房等，二楼为卧室等。另有后楼和东侧楼，为二层砖木结构建筑，均有楼梯与前楼相通，为佣人所住。该宅邸为买办、天津劝业场总经理高星桥所建，郑以10万元购买，高不允，最后以13万元购得。

林宪祖故居

张绍祖　张建虹

林宪祖（1892—1980），字雅艻，别号章甫，山东省掖县（今莱州市）人。林家是掖县世家望族，世代都是读书人。5 岁随祖父到县里遗爱祠读书，勤奋好学，天资聪慧，成绩优异。

林宪祖

1912 年（民国元年），经林笃斋的介绍，到同乡张宗昌手下任职。当时张宗昌是徐州冷遹第三师骑兵团团长，林宪祖任文书。翌年 7 月 15 日，黄兴在南京宣布讨袁，发动"二次革命"，林宪祖随张宗昌在冷遹第三师，奉黄兴之命扼守徐州。兵败，林随张投奔到张勋、冯国璋门下，开始了在北洋军阀混战中角逐的军事生涯。

1913 年 12 月 16 日，冯国璋任江苏督军，为训练下级干部设立江苏军官教育团，张宗昌为该团监理，林宪祖担任书记官。1917 年 8 月，张宗昌奉命编组第 6 混成旅，任旅长，为林宪祖为书记官。1922 年，张宗昌投靠奉系张作霖，组编第 3 混成旅，林宪祖任书记处长。在第二次直奉战争中，张宗昌立首功，战后被擢升为第一军军长，林宪祖也晋升一级，为军秘书处长。

1925 年 4 月 24 日，张宗昌被段祺瑞任命为山东省军务督办，林宪祖担任山东督办善后事宜公署秘书长兼省署政务厅长。同年 7 月 8 日，段祺瑞下令，准免山东省长龚积柄之职，以张宗昌兼署。张因军务繁忙，积极物色省

林宪祖故居（今常德道 8 号）

长人选，经过半年多的酝酿，再三斟酌，认为林宪祖多年患难相随，办事聪敏干练，最终拿定主意，致电北京执政府，保荐林为省长。林宪祖经过一段谦让后，于 1926 年 4 月 13 日正式就任代理省长，1928 年 3 月 20 日，正式当上了山东省省长。他任省长后，仍兼了一段政务厅长，并兼督署秘书长、课吏馆馆长等职。一手掌握军、民两署内部的大权，尤其是省署内的大权。

林宪祖在山东任职期间，为人耿直，作风正派，办事认真。他每年旧历正月都要举行"乡老会"，邀请各县父老士绅到省公署座谈，了解各县的情况。对有成绩者予以褒奖，有困难者协助解决，有违法乱纪者严加惩处。他重视教育，组建了山东大学。自 1925 年 8 月筹建，1926 年 9 月 1 日开学。设 5 科 13 系，校长为王寿彭。该校是由法政、工业、商业、医学、农业、矿业六大专门学校合并而成。据当时教育部统计，山东省学校数量居全国之冠。他还曾选派一批优秀青年赴欧美留学深造。

1928 年 4 月，日本出兵山东，中国南北政府都提出了抗议。张宗昌和林宪祖也电请北京政府向日使提出抗议。4 月 28 日，张宗昌的一部分眷属和林宪祖的眷属，乘津浦路火车来到天津。紧接着张宗昌、林宪祖等也于 4 月 30 日撤离济南。6 月 1 日，国民党山东省政府成立，孙良诚为省政府主席。自此，山东开始了国民党新军阀统治的时期。

林宪祖随张宗昌撤离山东，经天津、滦州、到大连居住。1931 年 "九一八" 事变后，全家迁至天津居住。在英租界科伦坡道（今和平区常德道 8 号）自盖砖木结构尖顶红瓦三层小洋楼一所。楼门前有高台阶，有 4 棵水刷石柱子，上有阳台。楼下设客厅、饭厅，二楼为卧室，三楼只用于存放东西，共有房屋 10 多间。楼前院子很宽阔，有葡萄架、龙爪槐、花草，还摆着大鱼缸，养着许多金鱼。并在河东盖了一片民房出租。自此，他在天津过上了寓公生活。此间，张学良拟高薪请他做长官公署顾问，他已无意仕途，婉言谢绝。

1931 年 10 月，张宗昌乘日轮 "奉天丸" 从日本回旅顺，林宪祖唯恐张被日本利用，竭力主张让张回到北平。林通过和东北军联系，征得张学良的同意，派专车接张宗昌到津。11 月 5 日林随张赴北平，晋谒张学良。

林宪祖 20 世纪 40 年代摄于楼前

1937年七七事变后，天津沦陷，日本帝国主义准备入侵山东。张宗昌督鲁时的日本顾问伊达须之助组织日伪混合部队，他以张宗昌的把兄弟（改名张宗援）的名义，到林家约林宪祖一起去打济南，林执意不肯。山东沦陷后又多次有人来请林出任伪省长，林均坚决回绝。天津新民学会会长张耀南等也敦请林宪祖出山，均被林拒绝。沦陷时，林宪祖十分苦闷，经常写诗抒发心中的伤感悲愤之情，曾作轱辘体七言律诗8首，其中有"一年容易又秋风，景色凄清百感中"，"萤火招摇入汉宫，大好河山沦破碎"之句，表达他忧国忧民的感情。

林宪祖退出政界后，以读书、种花、养鱼自娱，最爱养菊花。他还在宅旁院落中种植了玉米、花生、黄瓜、豆角等，过着陶渊明似的田园生活。丰收时节，他看着劳动的累累硕果，喜出望外，怡然自乐。

1950年，林宪祖将故居出售国家，又在河北路282号、284号购置了两所小洋楼。林宪祖对党由衷地敬爱和拥护，他在家中再也待不下去了，积极参加政治学习，后被选为市政协委员，是政协社会人士学习组组长。市政协学习组组织部分政协委员开展了"放下架子，服务黄家花园一条街活动"，他带头参加，并自费购买笤帚、畚箕，自做宣传牌和喇叭，和大家一起扫街道，宣传爱国卫生，得到群众的好评和赞赏。"文革"中，林宪祖受到不公正的待遇，但他很乐观。"文革"后，他于1979年被聘为天津文史研究馆馆员。1980年11月，林宪祖因病与世长辞，享年89岁。

熊炳琦故居

张绍祖　张建虹

　　熊炳琦（1885—1959），字润丞，原籍山东济宁。他早年旧学时，在下学后，曾在兖州城内估衣市街（中御桥西）延盛估衣店学生意，后补名当兵。不久被提为司书生，旋又保送"保定陆军军官学堂"深造。毕业后，初在禁卫军参谋处任职，后升少校参谋、直隶都督署参谋、江苏都督署军务课长、直鲁豫巡阅使署参谋长等职。在任职期间，得到直鲁豫巡阅使曹锟的赏识、器重。1922 年曹锟为了把触角直接

熊炳琦

延伸到山东来，特派他的参谋长熊炳琦接任山东省省长，以便颐指气使，遥控山东。熊炳琦遂于同年 9 月走马上任，荣膺山东的封疆大吏。1923 年 8 月，在黎元洪辞去总统后，摄政内阁正式备文，催促国会选举总统。在曹锟的指示下，熊炳琦便由济南专程进京联合同僚，为"曹锟贿选"奔走效劳。10 月 5 日进行总统选举，结果曹锟以 480 票当选为总统。 1924 年 9 月，直奉第二次交战，直系惨败，11 月北京政权垮台。熊炳琦即发出通电，从此退出政治舞台，投身工商业。

　　1925 年来天津投资中兴公司。中兴公司乃中兴煤矿总公司，筹办于 1899 年（清光绪二十五年），由张莲芬担任董事长兼经理，戴华藻任董事兼

熊炳琦故居（今睦南道 127 号）

任协理。1905 年，该总公司初具规模，始向农工商部注册立案。后徐世昌、黎元洪、朱启钤先后任董事长。该总公司 1928 年前设于天津，1928 年迁往上海。总经理为钱永铭（新之），协理张叔诚、张仲平。

1932 年，熊炳琦又投资东亚毛呢纺织股份有限公司。该公司不仅搞毛纺，还要逐步建立一个纺织兼作的大厂。但开工后，由于资金不足，只办了毛纺厂。后鉴于仁立毛织公司成立，不便于与之竞争，便集中力量纺制毛线。东亚公司初创时，有股东 14 人，资本 23 万元，熊炳琦任董事长，宋棐卿任总经理，赵子贞、宋宇涵任副经理。不久，毛纺厂开始试车生产，生产出第一批 800 号和 831 号机制单股粗纺毛线。后向英国订购了两套 480 锭绒线机，正式生产"富国牌"毛线。该公司不断提高毛线质量，与外商经销的"麻雀牌""蜜蜂牌""学士牌"等毛线竞争，熊炳琦、宋棐卿等接受副经理赵子贞的建议，将"富国牌"毛线改为"抵羊牌"（有抵制洋货之意）毛线。很快"抵羊牌"毛线成为妇孺皆知、有口皆碑的名牌商品，远销全国，出口南洋。毛线销售量逐年上升，1933 年总销量 80 万磅，至 1936 年则提高到 145 万磅，占国产毛线产量的 89%，占全国毛线消费量的 36.1%，年利润达 18 万元。

熊炳琦在北平居住在景山附近的黄花门 19 号（建国后为北京医院职工宿舍），有 100 多间房，熊炳琦家住了其中的一半。这所房子是东北大地主金百万的。

1937 年 7 月，熊炳琦一家来到天津，先后在英租界 2 号路（今营口道）何德谦眼科医院、英租界 60 号路（今襄阳道）一所四层楼房居住。1939 年天津闹大水后，搬到英租界 2 号路（营口道）与 17 号路（今新华路）交口的"太古郑（翼之）"的宅邸。"太古郑"的宅邸紧挨着"怡和梁（炎卿）"的宅邸，只隔一道厚厚的墙。这两家的两层小洋楼，都是庚子年（1900 年）用拆下来的天津城墙的大砖盖的。"太古郑"家有一个大花园，园内有假山、树木、花草等。熊炳琦在天津沦陷后，拒绝出任伪职。他曾任利中酸厂、大北油墨厂的董事。晚年信佛，从北京真空和尚参禅。1949 年，熊炳琦一家搬到英租界香港道（今睦南道 127 号）。这是一座二层砖木结构的小洋楼，前院种有花草树木，并盖有一个车库。楼下有餐厅、厨房，其间有一个可转动的窗户，将厨房做好的饭菜送到餐厅。熊炳琦的书房、卧室也在楼下。他喜好书画，有一个大双面的写字台。楼上为卧室、卫生间等。熊炳琦有 6 子 2 女，2 女早逝，六子排正字，顺序为正庄、正文、正谦、正威、正忠、正廉，分别毕业于燕京大学、辅仁大学。其中二子熊正文曾任北京大学校长胡适的秘书，是北大经济管理学院的著名教授，现年 92 岁。新中国成立后，熊炳琦曾 3 次当选为天津市人民代表，并担任天津市民革副主委。1959 年因病在睦南道故居逝世。

阎锡山故居

张绍祖　张建虹

阎锡山

阎锡山（1883—1960），字百川，山西省五台县河边村人。阎锡山1902年入山西武备学堂，1904年入日本士官学校，1905年加入同盟会。1911年辛亥革命后任山西都督，从此长期盘踞山西。1927年投靠蒋介石集团，任陆海空军副总司令、国民党第三集团军总司令，兼山西省政府主席。1928年6月12日，奉系军阀张宗昌、褚玉璞退出天津，阎锡山的国民革命军第三集团军占领京津。阎锡山不仅在山西有故居，在天津也有宅邸。阎锡山宅邸位于和平区陕西路55号。建于20世纪20年代，为三层仿西洋古典式尖顶砖木结构建筑。该宅邸有东西两个雕花的铁栅栏门，院内有汽车库，有一棵大槐树和其他花草树木。该楼带半地下室，为锅炉房。二楼、三楼都有大通阳台，形成该楼下大上小的梯形建筑结构，建筑的外檐有精美的柱式雕花装饰。登上十几个石台阶，过一圆门厅，进入一楼，一楼有6间房，为客厅、餐厅、书房等，有推拉的雕花玻璃门，彼此相通，室内屋顶有雕花装饰，菲律宾木地板，双层窗，有暖气设备。二楼有5间房，为卧室、卫生间等，三楼有3间，为储藏室、佣人住房等。

1930年，他与冯玉祥等发动中原大战，反对蒋介石，失败后晋系撤离京津，他托词"奉父命侍疾"下野，回到五台县河边村老家躲避风头，寻机以金蝉脱壳之计自保，以图东山再起。阎锡山以为自己躲回原籍家居便可取得蒋的谅解，然而，蒋介石却不是那么容易对付的。他一方面继续派遣飞机轰炸太原，另一方面又指使何应钦、孔祥熙等连电阎锡山，坚持"伯公不出洋无以谈善后"的条件，压迫阎锡山出走异国，断其复起之念。阎锡山经过反复盘算，决定先潜往天津，再转去大连，而表面上他放风却说将赴苏联，特派仲跻翰等北上五原察看去苏联的道路，而暗地里却早派心腹赴天津与汪精卫联系，探听沿途安全状况，并详细布置了离晋后的一切事务安排。

1930 年 11 月 29 日，阎锡山电告蒋介石赴苏行期。此时，他提前两天，打扮成山西老商人模样，身着黑缎布褂，脚穿棉鞋布裤，由河边村出发乘汽车抵达大同。随从有化装成伙计的李汝骥、张培梅二人。当晚，他乘坐火车秘密离开了山西，沿平绥路东行。次日抵达北平附近的丰台车站。在等候转车之时，他们看见一列装饰精美的"花车"正西行开去，经打听，知道正是

阎锡山故居（陕西路 55 号）

前往石家庄接"阎总司令"出洋的专列。阎锡山望着远去的列车，脸上露出一丝得意的微笑。

到天津后，阎锡山先下榻于曾任天津第一任市长的南桂馨家中（在日租界宫岛街，今和平区鞍山道和平区教师进修学校，南租于陆军总长吴光新寓所），因惧怕暗算，第二天便迁往妹夫薄以众（永积）的寓所（日租界明石街，今山西路 261 号）。因为其家属（包括其继母、二太太徐兰生、二、四、五子及五妹等 10 余人）和旧部属 40 余人陆续跟来天津，阎锡山即租赁日租界伏见街（今万全道）楼房一处，据说是溥仪的医院，并购置了一些家具，由其家属居住；日租界秋山街（今锦州道）太原里 1 号房屋，由其旧部属居住。还租赁了张园旧址一处，挂出"筹备出洋办公处"的牌子。在得到日方许可后，阎锡山将设在北平苏州胡同的电台和人员均迁至天津日租界须磨街（今陕西路）1 号，继续工作。在此基础上，他按照预定计划，开始通过各种关系与日方接洽，寻求庇护之途。

天津《大公报》首先得悉了阎锡山抵津的消息，即予刊布，全国舆论为之哗然。蒋介石愤怒不已，他没有想到阎锡山竟然像变戏法一样跑到了天津。他密令特务机构向阎发出威胁与警告，不许他在天津久留。于是，在阎的住所周围出现了不少在街头徘徊的便衣。在这种情况下，他决定乘坐轮船渡海赴大连。12 月 22 日凌晨，阎锡山乘车至法租界码头，在租界巡捕的严密保护下登上了日本大阪商船会社客轮"武昌丸"号。临启行前，日本船长前来探望，阎锡山欲否认自己的身份，对方却说："你不必否认，你们买船票我们就知道的，请你放心，你的安全我们要负责任的，绝对不会发生什么问题。"拂晓 4 时，船离天津。阎锡山在船中手书致《大公报》记者一信："《大公报》先生鉴，鄙人此次过津，厚承中外各界先生过访，不克延误至为抱歉。现因下野之初，闭门谢客，当荷原谅。兹已定于本日离津，经大连东渡，续游欧美。阎自向行能无状，何幸获得休闲，身亲两洋文化。专此奉上。顺颂撰祺。"

阎锡山摆脱了蒋介石的胁迫，抵达大连，开始了"隐居"生活。这期间，他一面密切注视着山西的情况，另一方面，进行他的所谓"理论研究"。1931年8月间，阎锡山得悉日本人将在东北"有所行动"，便出了三四万美元的高价，包租了日本一架小飞机，回到了大同。不久，"九一八"事变爆发，蒋介石不得不表示"捐弃前嫌，团结御侮"，委任阎锡山为国府委员、太原绥靖主任，1932年2月27日，阎锡山返回太原，又任军事委员会副委员长。抗战中，任国民党第二战区司令长官、山西省政府主席。抗战胜利后，于1949年3月逃出太原，6月13日，在广州就任国民党退出大陆之际最后一任行政院长，兼国防部长。后去台湾，任台湾国民党国防部、总统府资政。1960年5月21日，阎锡山突患感冒，体温高达39.4度，后病情恶化，于22日，卒于台湾，终年78岁。

台湾当局为阎锡山举行了隆重的葬礼，蒋介石亲往致祭。遵照阎锡山的遗嘱，其家属在灵前和楹柱上贴了两副阎锡山生前写好的自挽联。一联云："避避避，断断断，化化化，是三步工夫；勉勉勉，续续续，通通通，为一等事功。"一联云："摆脱开，摆脱开，粘染上洗干净很不易；持得住，持得住，掉下去爬上来甚为难。"凭吊者1500余人，多对对联莫名其妙，不知所云。有人说："阎一生喜能玄虚，临终前还留此千古一谜，让人们动脑筋猜。"

马鸿逵故居

金彭育

马鸿逵

马鸿逵（1892—1970年）字少云，甘肃省河州（现属宁夏）人，回族，西北军阀马福祥之子。自幼受家庭重教习武影响，读书习武。18岁入甘肃陆军学堂学习，期间参与反清活动，秘密加入同盟会，被清军逮捕入狱。经马福祥奔走，保释出狱。后马福祥令他参军，任"昭武军"教官，骑兵中营帮带，率部阻击白朗。袁世凯因马鸿逵围剿白朗有功，授其陆军少将衔。后来袁世凯为牵制各路军阀，令其送公子入京，马鸿逵亦入京任侍卫武官。"昭武军"奉袁世凯之令，改编为"宁夏新军"，马鸿逵任新军分统，但仍在京担任侍卫。袁世凯死后，马鸿逵继任黎元洪的侍从武官。冯国璋任代总统，马鸿逵因其父与冯是盟兄弟，仍在京任侍从武官。曹锟任总统时，准马福祥组建第五混成旅，马鸿逵回宁夏任旅长，1921年（民国十年）随马福祥驻绥远。 第二次直奉战争爆发，马鸿逵所部改编为国民军，后归冯玉祥，任国民一军第七师师长，驻宁夏。

1929年叛冯投蒋，历任宁夏省政府主席、十五路军总指挥。马鸿逵主宁期间，注重创办地方教育，遵父遗嘱，1934年（民国二十三年）用马福祥遗产建成宁夏中阿学校，在家乡创办以马福祥字命名的"云亭中学"。成达师

马鸿逵故居（今河北路宁静里 1～4 号）

范第一届留学埃及的学生出国时，他赞助白洋 5000 元。组织军队用两年时间修成长 130 多里、灌田 20 多万亩的"云亭渠"。

抗日战争时期任第八战区副司令长官兼十七集团军总司令。马鸿逵以"三丁抽一""五丁抽二"大量征兵。派第一、二骑兵旅参加绥西抗战。1945 年蒋介石授予马鸿逵胜利勋章，并任西北军政长官公署副长官。1946 年以后，积极参加反共内战，曾配合胡宗南部围攻延安。1949 年被任为甘肃省政府主席，未就任即逃往台湾。不久他因病赴美国就医，后定居美国。1970 年 1 月 14 日在美国洛杉矶病逝。

马鸿逵旧宅建于 1913 年，地点在河北路宁静里 1～4 号。为砖木结构 2 层楼房，普通公寓式，清水砖墙，坡瓦顶，上开天窗，装修一般，建筑面积共 760 平方米。现为民居。

徐世章故居

金彭育　张绍祖

　　徐世章（1886—1954），字端甫，号濠园，天津人。徐世昌十弟。北京同文馆毕业。后入比利时里达大学，获商业学士学位。1911年，万国博览会在意大利举办，他担任了博览会的审查委员。1912年他自欧洲归国，1916年担任京汉铁路局副局长，1917年任津浦铁路局局长、浦信铁路督办、欧洲远征军本部顾问。1920年任交通部次长兼铁路督办、交通银行副总裁、国际联络交通运输研究委员会委员，1921年兼任中国国际运输局局长、饥饿救济会会长、币制局局长等。1922年随着徐世昌总统的下台而去职，在天津过上了寓公的生活。

　　他热心地方教育事业，先后担任扶轮学校名誉校董、天津耀华中学校董、天津工商学院董事长等。他入股东亚、仁立毛纺厂、华新纱厂、金城、中孚银行等，并出任董事。此间还置办了大量的房地产。

　　徐世章是著名收藏家，一生博雅好古，所收藏的古物，数量之多、种类之繁、物品之精，可谓名闻遐迩、誉满津门。其藏品以藏砚为最著名，他曾名其书室为"宝砚室"，著有《濠园砚谱》。除藏砚以外，他酷爱古玉。自商周至明清应有尽有，藏品系统地反映了我国玉雕的发展史。累计藏珍品600余件，1984年天津艺术博物馆举办

徐世章故居（今睦南道126号）

"历代玉雕"陈列，其展品大多来自徐氏。除了收藏之外，徐世章还为其叔族祖徐士銮刻印了《医方丛话》《宋艳》和《敬乡笔述》几部书。1953年冬徐世章卧病不起，遂对子女说："我毕生致力于收藏文物，几十年呕心沥血，终于使之由分散变为集中，如传给你们势

徐世章故居（今大理道 26～28 号）

必由集中转为分散。我考虑再三，只有捐献给国家，才能易于保管，供全社会、全民共同欣赏。"1954年徐世章去世后，其后人遵照其生前遗嘱，将所藏古物经文化局专家精选后共2549件全部捐献给国家。其藏品现藏于天津博物馆。其中古砚、古玉最成系统，雄居国内各博物馆之冠。

徐世章在五大道有旧宅三处。第一处位于香港道西头（现睦南道126号），建于1922年。现天和医院办公楼，砖混结构，原为三层楼房，1976年震损削为二层，为英庭院式砖木结构楼房，清水墙、水泥饰面兼作，入口筑有雨厦，二层建封闭阳台，平顶出檐，为摩登风格。内装修部分欧式，部分日式。一楼书房有古希腊风格的壁挂式烛台，是用汉白玉制作而成。门上亮子有精美中式玉雕，人物栩栩如生，现保持完好。第二处位于大理道26号至28号，为二层砖木结构的欧式楼房，建于1922年。平面呈正方形布局，红砖清水墙，方门窗，入口为方形门洞，条石台阶，大筒瓦坡顶，正中开天窗，风格简洁朴实，内装修精美，现为办公用房。第三处位于马场道58号，砖混结构，为欧洲乡村别墅式3层楼房，建筑面积748平方米，外墙红砖清水兼水泥饰面，左侧有一方型阳台，多坡红瓦顶，上开一"人"字型天窗。立面逐层收分，错落有致，风格活泼明快。此外，徐世章在威灵顿道（河北南路）及意租界等地还有房产。

萧振瀛故居

张绍祖

萧振瀛

萧振瀛（1890—1947），字仙阁，吉林省扶余县人。1912 年考入吉林省立法政专门学校。1916年起在张作霖奉系部队任职，历任吉林督军孙烈臣部军法官、参谋、营长、团长等军职。1920 年调任吉林省田赋管理局局长，因主持大量开垦荒地，吉林省粮食大增。曾受到奉天巡阅使署的嘉奖。1922 年被选为国会众议院议员。从此，他活跃于北京政坛。是时冯玉祥任陆军检阅使，率所属一个师另三个混成旅驻防京畿。萧在同乡刘金镛家结识冯部第八混成旅旅长李鸣锺，成为至友。他在北京两年结识了不少国民党人，思想大大开放，深感奉系军阀统治腐败，遂在吉林省城组织"民治促进会"，因对省政不断指责批评被省长王树翰扣押，后经莫德惠、刘哲力保始离吉返回北京。

1924 年秋第二次直奉战争后，冯玉祥获得京畿和察、绥、甘地盘。萧振瀛慕西北军纪律严明和艰苦卓绝精神，应李鸣锺之邀去绥远，历任李之都统府咨议、临河设治局局长、包（头）临（河）道尹兼五原县县长等职。由于萧任职期间，在河套兴修水利，移民垦殖，油粮丰盛，使冯军南口败退后得以免受饥馑之苦。萧生长东北熟悉俄事，曾代表冯去苏联接洽军援，亦圆满地完成任务，遂为冯和李鸣锺、宋哲元等所器重。1926 年秋，冯率国民联军

576

五原誓师，任命萧为宋哲元西路军总司令部军法处长，旋冯军进出陕、豫，宋部改为北路军，萧仍任军法处长。是年底，冯军攻拔西安，任命宋哲元为第四方面军总司令兼陕西省主席，任命萧为西安市市长，指示萧参照东北大城市规模将西安建设为现代化城市。1927 年夏冯玉祥追随蒋介石、汪精卫进行反共清党，仅西安一地即逮捕 30 余人，冯主张严办。是时萧兼宋哲元国民革命军第二集团军第四方面军军法处长，经过审理，认为均系知识青年，爱国心强，一时行动过激，遂陆续宣布无罪释放。

1931 年"九一八"事变爆发，萧对东北沦亡痛心疾首，指使其妹夫柳树堂协助黑龙江省离职营长李海青，在故乡组织义勇军与日寇血战于松（花江）嫩（江）平原。同时协助宋哲元积极训练部队，准备对日作战。1933 年 5 月冯玉祥与中共合作联络退入察省的部分西北军和东北义勇军，组织"察哈尔抗日同盟军"继续对日伪军作战。二十九军军长宋哲元采纳萧振瀛的意见，将李海青、柳树堂部"辽吉黑民众救国军"第八军团收编为二十九军骑兵师。从此，二十九军兵力更加雄厚。

1935 年 6 月北平军分会委员萧振瀛向办公厅主任鲍文樾进言：目前冀察只留下驻察哈尔的二十九军和驻平汉线的五十三军，应调二十九军一部填防平津，由西北军和东北军联合控制华北局面。鲍派人去武汉请示张学良后，遂下令调二十九军接防北平，不久又进驻天津。二十九军控制平津已是既成事实，国民政府遂于 8 月 28 任命宋哲元为平津卫戍司令。是年 11 月，在华北危如累卵之际，宋在北平武衣库私宅召集二十九军主要将领研究对策，在西北军素有智多星之称的萧振瀛挺身而出，说：与其叫真汉奸出来卖国，莫如二十九军出头控制冀察，口号是"不说硬话，不做软事"。即对日表面亲善，实际敷衍，占据冀察地盘，可借平津财富扩编军队，一旦日军威逼太甚，不惜一战，还可落个抗日英雄美名。众将领都同意萧提出的对策，遂指定秦德纯、萧振瀛与何应钦、熊式辉、陈仪等拟定出设立半独立性质的"冀察政务委员会"方案。12 月 6 日，由陈仪、萧振瀛携带以上方案赴津与土

萧振瀛故居遗址（今台儿庄路 54 号天津罐头厂）

肥原和日本驻屯军司令官多田骏、参谋长酒井隆交换意见，然后由何应钦报清国民党中央批准，于是这一特殊政权"冀察政务委员会"于 12 月 10 日正式成立。至此，国民党的势力完全撤出华北，由西北军联合部分东北军和前北洋军阀中的亲日派

控制冀察。宋哲元二十九军将领则获得实权，宋哲元任委员长兼冀察绥靖公署主任，冯治安任河北省主席，秦德纯任北平市市长，张自忠先任察哈尔省主席，后任天津市市长，刘汝明任察哈尔省主席，萧振瀛除任政委会常委兼政治和经济委员会主任外，还担任过察哈尔省主席，1935 年 11 月至 1936 年 8 月任天津市市长。

萧振瀛在津故居有 3 处：马场道"吴公馆"、海河路"萧市长官邸"及桂林路协兴里 11 号。"吴公馆"是陕西督军吴新田的宅邸，位于今马场道 74 号，由比商仪品公司设计建造，三层砖木结构，为英式花园别墅，院内建有亭台楼阁，并养有珍禽异兽。1935 年萧振瀛在津期间，曾暂租住此宅。"萧市长官邸"位于特别一区海河路 18 号（今台儿庄路 54 号天津罐头厂）。该楼为二层别墅，楼前有小院，楼下为客厅和餐厅，楼上为居室。在二楼可以看到海河上来往的船只。此宅是萧以其夫人刘文瑛的名字购置的。1935 年底买下此宅后，他就从"吴公馆"搬到了这里，到转年 8 月离津，前后住了半年多时间。此楼后来由萧氏族人代管，到 20 世纪 50 年代初售出。桂林路协兴里 11 号是 20 世纪 30 年代萧振瀛为父母租赁的寓所，萧本人也曾偶尔居住。其父萧国挺与其母萧谭氏，一直住到 20 世纪 50 年代，并先后在这里逝世。此后，萧氏族人继续在此租住。据后人回忆，萧振瀛在津时，乘坐的是一辆黄色福特牌汽车。他不吸烟，不喝酒，不喝茶，喜欢吹笛子，特别擅长吹《苏武牧羊》曲。他很健谈，尤其善于演讲，每次回家，兄弟子侄等都喜欢听他谈天说地。

宋哲元等成立冀察政委会，遭到北平爱国学生强烈的反对，引发了1935年"一二·九"救亡运动，抗日怒潮席卷全国。东北旅平各界纷纷组织救亡团体，萧曾予以支持，并下令冀察绥靖公署军法处，释放被指控为共产党的东北青年徐迈伦（萧靖）、姜绍禹等人。还由其胞弟宋振泽介绍东北大学同学陈健行与萧相识，后由萧介绍陈健行等进入二十九军开展抗日救亡工作。

但是，日本军国主义者不能容忍二十九军占据冀察平津，并长期拖延下去。1936年春田代皖一郎任华北驻屯军司令官，松室孝良任特务机关长，又不断地对宋哲元和萧振瀛进行威逼。在日军和汉奸的逼迫下，萧奉国民政府令辞去天津市长职务，作为实业考察专使，在东北大学代理校长刘凤竹陪同下，去欧洲和英美等先进国家考察实业。日军竟于1937年7月7日发动了卢沟桥事变。

抗日战争爆发后，蒋介石派萧振瀛为第一战区上将总参议。1938年春，第一集团军各部撤离华北，萧离开第一战区入川，从此离开军政界在重庆作寓公。萧性格爽朗，广交游，不久于重庆在自己左右又团聚不少人。这时萧收入甚少，而开支浩繁。萧

萧振瀛遗著《华北危局纪实》

为开辟财源，于1941年组织打捞公司，将被日军炸沉的船只捞起，拆卸后卖废铁，积累资本，继又联合原二十九军将领和在渝东北同乡办起大明公司。后川、沪两帮实业界巨子以萧理财有术，又集资创办大同银行，聘萧为理事长。萧又创办大明酒精厂、大文书局等企业，还与东北籍爱国人士阎宝航、高崇民等创立胜利建国会等社团。他还在重庆创办"东北松花江中学""东北难童教养院"。1947年5月8日，萧振瀛病逝于北平，著有《华北危局纪实》一书。

张廷谔故居

张绍祖

张廷谔

天津市河西区第一幼儿园（简称河西一幼），位于河西区宁波道 2 号海河岸边，前身是天津市保育院，为天津市解放后的第一所国办保育院。从敌伪档案里得知，这里沦陷时是天津伪市长温世珍 1939 年 3 月至 1943 年 1 月任日伪天津特别市公署市长时的故居。日降后为国民党天津市长张廷谔的一处故居。1948 年张廷谔用救济款在这里开办了宏恩幼稚园，由张廷谔的二房太太担任所长。该园为一栋带有地下室的两坡瓦顶三层德式砖木结构小洋楼，楼下为带拉门的两大间房，菲律宾木地板，红木家具。院内花草树木繁盛，有假山、喷泉，据说有地道通向海河边。

张廷谔（1890—1973），字直卿，直隶（河北省）丰润人。早年毕业于遵化学堂，后赴日本。辛亥革命时回国参加滦州起义，失败后赴山东出任黄县县长。1911 年入北洋高等工业学堂，1915 年毕业后到大沽造船所任机械师，拜所长吴毓麟为师，得到了吴的信任。后在天津内河航运局任总稽查，1917 年升任局长。张廷谔善于逢迎，巧言令色，应付周到。他在丰润县花钱运动到一个直隶省议会议员的头衔。还曾任北京电报局总办及直鲁电政监督等职。1923 年张绍曾组阁，以曹锟为首的直系军阀推荐张廷谔出任国务院秘

张廷谔故居（今宁波道 2 号）

书长，一时官运亨通，青云直上，不久转任总统府高等顾问。

　　1923 年，曹锟急于实现当总统的美梦，授意张绍曾驱黎元洪下台。张认为黎元洪任期未满，不甚同意。这时冯玉祥因每月拨付的军饷不敷应用，要求派其私人薛笃弼充任崇文门税务监督，借以自筹款项。张绍曾表示同意，遂由内阁会议通过。不料任命书送府盖印时，被黎元洪拒绝。张绍曾认为黎元洪妨碍了他行使内阁职权，便商约全体阁员总辞职离京去津，给黎元洪晾台。张廷谔表面上支持张绍曾的行动，并向张表示他去劝说各阁员一同赴

1946 年 8 月 15 日，天津市长张廷谔（左三）和美军司令骆基在一起

津。但实际上告诉各阁员不必去天津。及至转天早上，张绍曾去车站延候各阁员时，只有张廷谔一人。张绍曾大骂阁员们没信义，张廷谔也跟着帮腔，说什么给总理晾台，太没有信用。后来，阁员们见到张绍曾对证此事，才知道是张廷谔一人从中作祟。张廷谔因此得了一个"标准小人"的绰号。

张廷谔鉴于直系内部勾心斗角，政局险恶，1925 年离开政界，经营盐业，相继任河东盐运使、长芦盐运使，成为地方知名缙绅。1928 年 9 月，组织了德兴盐务公司，他与北洋各系、东北军将领交往甚密，爱打麻将下象棋，梁启超、赵元礼、黄郛等都是他的牌友或棋友。他借着与北洋寓公的关系吸收他们入股，一时"德兴"的资本十分雄厚。1934 年 10 月，经曾任北洋政府代总理、交通总长、教育总长的黄郛举荐，担任天津市市长。1935 年 6 月《何梅协定》签署后，华北政局为日本人操纵，因当时天津反日情绪高涨，暗杀汉奸事件频发，张廷谔不愿与亲日分子同流合污，成为日本军国主义的眼中钉。他们强制国民党政府罢免了张廷谔。

张廷谔故居（今民主道 33 号、35 号）

抗战时张廷谔在重庆闲居。1945 年 10 月，张廷谔两任天津市市长。1946 年 11 月因脑血管痉挛病去职后任国民政府顾问。

张廷谔在原意租界二马路 38 号、40 号，今民主道 33 号、35 号还有一处住宅。建于民国初年，为意式风格建筑，砖木结构二层前后坡顶小洋楼，为八楼八底，带后楼和半地下室。底层与墙隅均仿砌基石筑法，设老虎窗，门厅朝南，上筑阳台。

1948 年 12 月张廷谔赴台。1973 年 7 月 27 日在台北逝世，终年 83 岁。

陆宗舆故居

张绍祖

陆宗舆（1876—1941），字润生，浙江海宁人，1876年（清光绪二年）5月14日生。1898年（清光绪二十四年）留学日本，入早稻田大学政经科。1902年（清光绪二十八年）回国后任京师大学堂东文教员。1905年（清光绪三十一年）6月1日参加学务处举行的第一次考验游学毕业生，获举人出身。是年，清廷派载泽、戴鸿慈、徐世昌等五大臣出洋考察各国政治，陆宗舆为二等参赞，

陆宗舆

很得徐世昌的赏识。1907年（清光绪三十三年）3月8日，东三省改制，以徐世昌为东三省总督，陆宗舆随至奉天（今沈阳），充盐务督办、交通银行总顾问兼副总裁、财政部参事。徐世昌内调邮传部尚书后，陆宗舆任资政院议员、印铸局长、财政部次长、大总统财政部顾问、度支部副大臣等职。1913年他被选为参议院议员及宪法起草委员。同年12月9日，他奉派为驻日全权公使，1914年3月2日到任，1915年4月20日离职。他曾参与与日本签订二十一条之交涉，为袁世凯帝制运动的支持者之一。袁世凯死后，陆宗舆回国，帮助段祺瑞促成西原借款。1917年他参与中日合办中华汇业银行事，并任董事长。6年以后，为安福国会议员，与曹汝霖同属新交通系。1918年7月，为龙烟铁矿公司督办，丁士源为会办。同年10月，被任命为

币制局总裁。

1919 年 "五四" 运动爆发，北京 3000 多学生举行示威游行，要求政府惩办卖国贼曹汝霖、章宗祥、陆宗舆。5 月 4 日中午，曹汝霖、章宗祥正应徐世昌总统之邀，在总统府参加宴会，主要是徐世昌为驻日公使章宗祥洗尘，在座者有总理钱能训、陆宗舆等。当学生游行及要求惩办卖国贼的消息传来时，有人劝告曹、章、陆等 "暂留公府，不要出府回家"，但他们没

陆宗舆故居（今鞍山道 70 号）

有重视这一劝告，认为赤手空拳的学生可以对付得了。席间，徐世昌曾对钱能训说："打电话给吴总监妥速解散，不许游行。" 下午 3 时许，曹汝霖、章宗祥回到了赵家楼胡同曹宅，幸亏陆宗舆没有同往，没能赶上北京学生 "火烧赵家楼" 这惊天动地的一幕。

北京学生点燃的 "五四" 革命火把，迅速传到全国各地，星星之火成为了燎原之势，全国罢课、罢市、罢工实现。6 月 10 日这一天，北京各团体代表面见总统徐世昌，"陈述险象，恐生大变，乞纳民意，以息风潮。" 徐世昌为首北京政府为平息全国之公愤，乃于 6 月 10 日上午，被迫下令准免曹汝霖的本职。在各界群众的愤怒抗议下，北京政府又不得不在当日午后发布了一条准免陆宗舆本职的命令。下午，天津总商会急电，"查栖息于津埠之

劳动者数十万众，现已发生不稳定之象，倘迁延不决，演成实事，其危厄之局，痛苦有过于罢市者。"在这种"危厄之局"的逼迫下，北京政府最后发布了准免章宗祥本职的命令。

陆宗舆在下台后即到天津作寓公。1921年在日租界宫岛街（今鞍山道70号）建宅第，名曰"乾园"。建筑形式为西班牙式。沿街门楼是带有日本门楼风格的红筒瓦白墙的西班牙建筑。有三道院子：前院、后院、西跨院。主楼是二层、局部三层的砖木结构。主楼入口处为三层，外檐逐层向里退缩，红筒瓦门廊出檐很大；二三层为带有红筒瓦栏墙的平台。底层有大餐厅、酒吧间、配餐室、会议室、会客厅等。二楼有起居室、书房、卧室等。前院有花园，后院有小游廊联通着一幢内廊式二层砖木结构楼房。

1924年，陆宗舆出任临时参议会议员。1927年，任张作霖安国军外交讨论会委员。同年担任交通银行股东会长、总理，旋辞职。

1929年7月9日溥仪及婉容移居"乾园"，改名"静园"，陆宗舆搬至日租界石山街（今宁夏路）居住。在日人的庇护下，陆宗舆仍留任中华汇业银行总理，并继任担任龙烟煤矿和铁矿公司督办。1940年他任南京汪伪政府行政院顾问。1941年陆宗舆因病在北平逝世。著有《五十自述记》（1925年出版）一书，附"对日各案情实"。

溥仪

孙殿英故居

金彭育

孙殿英

睦南道20号现为市长芦盐务局。这是一所四层的巴洛克庭院式西洋建筑，雄伟规整，风格浪漫。这所楼外观的细部装饰十分别致，令人叫绝。登上台阶，二楼外有一个长方形大露台，墙体造型新颖，深色的方格墙镶嵌着白色的圆球，对比强烈。门前的点睛之笔是螺纹状的柯林斯柱及花饰柱头，颇具罗马风韵。至于露台墙上的灯具为铁制方形，别具一格。室内宽敞明亮，为菲律宾门窗地板，螺旋状的木柱也很别致，暖气及卫生设备功能齐全。该房建于1930年，是军阀孙殿英的故居。实际上他并未常住，只是作为一个办事处，平时由其亲属居住。现在，该房保持完好。孙另一住宅在法租界甘总领事路（今南京路114号），为高台阶，二层小洋楼。

孙殿英，名魁元，字殿英，河南永城县人，出身绿林。后创建庙道会，为其军事集团核心。孙殿英原在豫西嵩山为匪，1922年投降豫西镇守使丁香玲，任机枪连长。后又哗变被镇嵩军憨玉琨部收编。1925年孙又投山东张宗昌部，任师长。1926年，任直鲁联军第十四军军长。1927年追随张宗昌、褚玉璞反对国民革命军北伐，1927年直鲁联军节节败退，孙又随徐源泉投降蒋介石，任第六军团第十二军军长。

1928 年 6 月，孙殿英部驻防在蓟县马伸桥，此地离清东陵仅有一山之隔。他调动一个团的兵力，开往马兰峪，声称"举行军事演习"，30 里之内禁止通行，并在东陵四周警戒，严密封锁，又令炮兵对着昌瑞山开炮，周围的村民都吓得胆战心惊。下旬的一个夜晚，孙殿英命令其工兵营执行挖盗清东陵的任务。他们先挖开"慈禧"的坟墓，继而挖开"乾隆"的陵墓。挖开这两座坟墓整整用了 3 夜的时间。宝物盗出，孙殿英将宝物检视一遍之后，满满地装了 5 只大皮箱，由孙亲手将皮箱加封、盖章，交给他的亲信送往蓟县马伸桥的司令部。东陵盗宝，轰惊中外，京津一带更是满城风雨，新闻报刊通载谴责文章。身居天津张园的溥仪，闻祖陵被掘，悲愤无比，强烈抗议孙殿英的罪行。孙见势不妙，赶紧施展脱身之计，通过戴笠的关系，将盗陵所获得的翡翠西瓜、翡翠蝈蝈白菜、夜明珠等国宝，转赠给蒋介石、宋美龄、孔祥熙、宋子文、何应钦等人。从中斡旋的戴笠也受了贿。其结果，不仅孙殿英逃脱了法网，连已逮捕的师长谭温江也被保释出狱。轰动全国，举世瞩目的孙殿英"东陵盗宝案"不了了之了。

孙殿英故居（今睦南道 20 号）

东陵盗宝之后，先是运到北京销赃，但因师长谭温江夫人由于在鞋上缀了夜明珠看电影出了事，所以销赃又移到上海。孙殿英当年当奉军十四军军长时，曾有天津青帮头子牛七爷推荐加入了青帮，排行二十一，与上海青帮头子黄金荣同辈分。但在上海销售这些珠宝首饰时，并未与青帮联系，反而被上海青帮骗去 3 箱，吃了哑巴亏。自此之后，剩下的珠宝首饰孙殿英只有就近运到青岛、天津的英租界秘密销售。销售款购进一批军火，有丹麦式轻机枪 380 挺、小型平射炮 50 门、新式套筒步枪 1000 支。其部队武器装备一新。他为壮大部队，制毒贩毒敛财。孙殿英特地从天津日租界请来两个日本人，在晋城生产"殿英牌"戒烟红丸，畅销于山西、河南、河北和天津等地。他还派人在天津租界制造"飞鹰牌"毒品，也赚了不少钱，用以维持他这支 5 万人队伍的生存。

1935 年 5 月，孙殿英借热河抗战兼并汤玉麟东北军和义勇军，有兵四五万人驻军怀来。中共对孙进行争取，在孙部设立政治机关。冬季，孙与西北"三马"在宁夏开战，旋在回、晋军夹攻下失败被囚。1936 年 2 月投靠宋哲元任察北保安司令。1940 年刘伯承、邓小平攻打朱怀冰部时，孙保持中立，让八路军过其防区攻朱部全歼。戴笠派大批特务打入孙部控制，孙完全倒向蒋介石，遂与日本特务机关来往，对抗战胜利失去信心。

1943 年，孙殿英部队投靠了日伪。可在 1945 年，他的敌伪第六方面军却被收编为国民党第三纵队，后孙殿英这支杂牌军在河南攻击解放军时，被打得七零八落。1947 年 4 月 2 日，孙殿英在汤阴被解放军俘虏。1948 年 10 月，孙殿英在河北省武安县乡村病故，时年 63 岁。

鹿钟麟故居

张绍祖　张建虹

鹿钟麟（1884—1966），直隶（现河北省）定县人，字瑞伯。清末入伍新军学兵营，后任第二十镇管带车震的副官。辛亥革命时参加新军第二十镇滦州起义。民国后随第十六混成旅参加护国战争。1916年后历任参谋、营长、团长、河南省警务处长、省会警察厅长、第十一师第二十二旅旅长等职，授将军府将军。自入

鹿钟麟

北洋新军学兵营与冯玉祥相识后，随冯戎马生涯近40年，成为冯的主要助手。鹿足智多谋，善于随机应变，有"鹿小鬼"的绰号。1924年随冯玉祥发动北京政变，任国民军第一军第一师师长，兼任京畿警卫总司令、京师警察总监。在"北京政变"中，他率部先行入城，不费一枪一弹，仅3天就控制北京全城，并囚禁了曹锟。接着，带领军警等20余人，直入清室，将中国末代皇帝溥仪驱逐出宫。是年底孙中山北上，鹿受冯玉祥之命负责孙先生的接待及警卫。鹿钟麟在北京期间住西四受壁胡同。

1927年鹿钟麟跟随冯玉祥参加北伐。北伐后，冯玉祥、鹿钟麟赴南京，冯就任军政部部长，鹿就任常务次长。

1929年1月，蒋介石举行编遣会议，会议中蒋冯矛盾激化，冯玉祥不辞而别。蒋为拢络西北军将领，8月16日任命鹿钟麟署理军政部长，鹿在日本

鹿钟麟故居（今陕西路 53 号）

鹿钟麟故居（今大理道 18 号）

人松室孝良（国民军顾问）的精心策划下逃往日本，又从日本返回天津，住在日租界须磨街（今陕西路 53 号）宅邸。此楼是鹿购置的一所砖木结构的三层英式楼房。此肘，南京已对鹿发出通缉令。鹿在天津居住期间，得到了日本方面的暗中保护。

1937 年抗战爆发后，鹿钟麟出任第三战区参谋长，后又担任过任期很短的第六战区司令长官和第一战区副司令长官。1938 年蒋介石任命鹿为军事委员会军法执行总监，同年又任冀察战区总司令兼河北省政府主席。1944 年在冯玉祥的建议下，蒋介石又任命鹿为兵役部部长。

天津沦陷期间他的故居先被日本人占据，后由他的女儿鹿乃萱卖给日本人。抗战胜利后，兵役部撤消，鹿钟麟以华北宣抚使名义到天津。他只有中央委员及战略顾问委员会两个空衔，不久冯玉祥和蒋介石闹翻后，鹿无心再做官，遂回天津寓居。仍住在陕西路 53 号故居，过着隐居的生活，直到天津解放。解放后，迁到大理道 18 号居住。这是砖木结构二层连排式楼房，属于义生里，线条简洁，设施完善，居住舒适。该建筑建于民国时期，为高台阶，圆拱形大门。院中树木茂盛，整体布局美观，朴实而幽雅大方。现为居民住宅。

新中国成立后，鹿钟麟任人大代表、政协委员，却以一个普通公民的身份积极参加街道居民工作，宣传党的各项政策。1954 年，毛泽东主席接见他时，称其为"街道工作专家"。毛主席还亲笔签署任命他为中华人民共和国国防委员会委员。1956 年全国人大常委会副委员长沈钧儒先生来天津视察工作，参观了鹿先生所在的民园街义生里，沈老高度评价了鹿钟麟的工作。不久，报纸上发表了专题报道《鹿钟麟同志在街道工作中》，反响很大。鹿钟麟晚年因身患癌症，经多方医治无效，于 1966 年 1 月 11 日病逝，享年 82 岁。

卢永祥故居

张绍祖　张建虹

卢永祥

卢永祥（1867—1933），原名卢振河，字子嘉，山东济阳人。幼时家贫，1887 年入山海关北洋随营武备学堂，4 年后毕业，留校充任算学助教。其后任新建陆军兵官学堂教习。1895 年之前，他曾任淮军队官，后随袁世凯编练新军，在武卫右军任管带。1904 年，任北洋第一镇第二协第三标标统。1911 年 4 月卢永祥升任北洋第三镇第五协协统，驻防东北。其间该镇统制曹锟丁忧，由卢暂代统制。

同年 10 月武昌起义爆发，11 月卢永祥与张绍曾、蓝天蔚等驻兵滦州，利用广大群众的不满情绪，电请清政府速开国会，选举责任内阁。次年 1 月 26 日，由第二军军统段祺瑞领衔，卢与其他清军将领 42 人（后增至 50 人），电请清内阁代奏清廷，明下谕旨，宣示中外，建立共和政体。

1912 年 8 月，袁世凯委任卢永祥为第 20 镇统制，驻防奉天，并授予陆军中将军衔。10 月，改镇为师，辖 39、40 两旅，并直隶陆军部。转年 7 月"二次革命"爆发，卢曾率部参与镇压。1914 年 5 月 10 日，卢调任第十师师长，驻防北苑，辖第 19、20 两旅，并直隶陆军部。是年，日本对德宣战后，卢率第十师开赴济南。袁世凯称帝后，封一等男爵，袁死后投靠段祺瑞，归入皖系，成为皖系骨干之一。历任统领、师长、淞沪护军使、浙江督军等职。1921～1923年卢永祥在浙江鼓吹联省自治，成立省制宪委员会，任命王正廷为委员长，通过"浙江省自治宣言"，卢标榜废督裁军，本人率先改称浙江军务善后督办，并公布《浙江省宪法草案》185条，因为公布之日为9月9日，故称之为"九九宪法"。但由于军人之阻挠，意见之分歧，时局之变化，无结果而告终。1924年与江苏督军齐燮元因争夺上海，发生"江浙战争"，任浙沪联军总司令，兵败后逃往日本。第二次直奉战争后，段祺瑞上台，1925年任苏皖宣抚使、江苏军务督办。是年年初开始，奉系张作霖势力逐步伸向长江流域，想方设法夺取原直系及皖系地盘，引起皖系段祺瑞的不快和抵制，奉、皖两系间的矛盾日益尖锐。7月13日，卢永祥北上入京，试图调解段（祺瑞）、张（作霖）的争执，但未获效果。他本人也"受制奉军，不能展布"，深感处于两大派系之间，应付殊难，乃借词辞去本兼各职。段

卢永祥故居（今赤峰道 130 号）

祺瑞出于无奈，于 8 月 3 日令准其请，并以郑谦暂兼。卢遂于 11 日宣布将有关的印信、文卷移交省署。旋由奉系杨宇霆继任江苏督办。此后，卢即去天津作寓公，不再过问政事。

卢永祥故居位于法租界丰领事路（今和平区赤峰道 130 号）。该楼呈曲尺型布局。外檐为清水墙、水泥饰面两种，平顶出檐带女儿墙。大门转角呈丰圆状，上作阳台。院内外檐装饰讲究，花饰多样豪华，为砖木结构三层西欧公馆式楼房。该故居被列为天津市尚未公布为文物保护单位的不可移动文物。

民国时期，卢永祥除参与一系列的政治斗争和军事活动外，还积极投资于近代工矿企业和金融机构，如在上海地区投资的有长兴煤矿公司、和兴钢铁公司、丰盛实业公司、华商中外货币交易所、江南银行等，在北京地区有中华懋业银行等，在天津地区有金城银行等，在烟台地区有济东实业银行等。还曾出资为家乡山东济阳建小学、印县志等。

1932 年卢永祥被国民党政府聘为国难会议委员。其子卢小嘉与孙科、张学良、段宏纲齐名被称为"民初四大公子"。1933 年 5 月 15 日，皖系干将卢永祥因病在天津逝世，终年 67 岁。

六、清朝遗老遗少故居

载振故居

金彭育

载振

现天津重庆道55号是一所高墙深院的中西合璧式建筑，为天津市人民政府外事办公室办公使用，这里原为庆王府。天津没有皇宫，何来庆王府？原庆王府在北京西城定府大街。第一代庆亲王是永璘，他得到嘉庆皇帝赏赐的原乾隆时权臣和珅的故居，到奕劻已是庆亲王第三代了。

1900年八国联军侵犯北京，慈禧太后和光绪皇帝仓皇西逃，授权庆亲王奕劻和李鸿章与敌议和，签定了丧权辱国的《辛丑条约》。1917年，奕劻病逝。其时清廷已垮台，大总统黎元洪发布命令："清宗室庆亲王奕劻因病出缺，所遗之爵，本大总统依待遇清皇族条件第一项，以伊长子载振承袭罔替。"载振于1925年购买太监小德张（张祥斋）所建的英租界剑桥道楼房一所。载振，字育周，生于1876年。初袭镇国将军，光绪二十七年（1901年）加封贝子衔，人称"振贝子"。光绪二十八年（1902年）为专使大臣，出使英国，贺英皇加冕，并应邀访问比、法、美、日4国。光绪三十三年（1907年）奉派赴东三省查事归，路经天津，有道员段芝贵以重金购女伶杨翠喜以献，遂得以署黑龙江巡抚之职。丑闻传遍京津，被御史参奏，载振被迫引退，后于1925年来津寓居。

596

载振故居（今重庆道 55 号）

　　这所楼建于 1923 年，由永德木厂承包全部工程。小德张按照自己的意图设计，并亲自监工建造，全部选用上好的真材实料，建造一年完工。实际上是用中国传统四合院的思维建成的洋楼，全楼为青砖木结构，三层带地下室，占地面积 4384.88 平方米，楼、平房共计 94 间，总建筑面积 5084.63 平方米。整体建筑高大雄伟，围墙高耸，庭院深深。主楼为西洋柱式回廊的中西合璧风格，两层外廊的琉璃瓦栏柱分别为蓝、黄、绿色。门廊为显示宫殿气氛的复合柱式，正门有上窄下宽的 17 蹬半台阶。为什么 17 蹬半呢？因为皇家是 18 阶台阶。9 是阳数之极，有吉祥的内涵，皇家的台阶是两倍于 9，为 18 阶。进门厅处，有中西合璧的木雕隔扇，上面为上部拱型的比利时玻璃镜。隔扇门为活门，有两种含义。第一种含义是，主人走正门，仆人走两侧门。第二种含义是，有大事时候开中部大门，平时开两侧门。楼当中为欧洲古典风格的开敞天井式大厅，面积为 349.69 平方米，四周一圈为正式住房，东、西、南、北四面的开间，均为"明三暗五"对称排列。大厅顶部悬一组葡萄造型吊灯。厅内上悬御赐的"宝胄藩厘""微猷翊赞""天赐纯嘏"

等匾额，还挂着康熙皇帝御书白居易诗句的大条幅，诗曰："地僻门深少送迎，披衣闲坐养幽情，秋庭不扫携藤杖，闲踏梧桐黄叶行。"楼东面有一个小巧玲珑的花园，有假山、甬道、凉亭、小溪、花坛、草木，别有洞天。特别是花盆中的几柱木化石，更是令人称奇。院内有几株北美的黄金树，十分罕见。春天开出大紫花，夏秋时节，浓荫如盖，环境幽雅。花园中有一个小山洞，内有一个李铁拐的铁塑像。寓意为八仙之一的李铁拐，身背装满水的葫芦，可以灭火，象征着这座庆王府安全防火。载振购此房后，又增建了三楼房屋和一些平房。三楼 8 间房屋是专为祭祀、供奉祖太王爷和影堂。有大厅、客厅、摆设中式紫檀雕刻大长条案、镶嵌螺钿八仙桌椅、围屏等，中间是一个硬木雕花螺钿王爷宝座。

奕劻、载振两代庆亲王均为朝廷重臣，颇多财富。载振在天津庆王府，更是锦衣美食，起居饮食仍保持王府旧制。招待遗老旧臣饮宴，只饮庆王府自酿的"香白酒"。经常来庆王府的遗老旧臣有章一山、金梁、严范孙、华世奎、张鸣歧、小德张以及曾任民国大总统徐世昌等人。载振用巨额财富经商，和津门买办高星桥合办"新业公司"，并投资 30 万元和高星桥合股兴建了法租界的劝业场、交通饭店、渤海大楼 3 处大楼。平时，载振就是在这座"庆王府"中吸鸦片、玩花鸟、宴宾客、办堂会。从 1928 年到 1947 年 11 月 2 日逝世，在这里共居住了 19 年。

载洵故居

张绍祖

　　载洵（1885—1949）系清朝末代皇帝宣统之六叔，即清朝最后一位摄政王载沣之六弟，姓爱新觉罗，满洲正黄旗人，1885年（清光绪十一年）生。3岁被封为不入八分辅国公。5岁晋辅国公。6岁封为入八分镇国公。1902年袭贝勒，改隶镶白。1908年12月，加郡王衔。1909年6月，任筹备海军处事务大臣；9月赴欧洲考察各国海军事务。1910年5月，任资政院议员；

载洵

7月任参预政务大臣；12月任海军大臣。1911年3月，补授海军正统领；5月委为海军部大臣；7月兼弼德院顾问大臣。1912年1月，与载涛等组织宗社党；3月宗社党解散。1912年后，闲居京津。载洵在津购置的房产，人称洵贝勒府，位于德租界六号路（今河西区浦口道）31、33号（今21号闽侯路小学分校）。

　　浦口道31号原为德租界内（后改为特一区）一高大红墙、黑色尖顶之德国城堡式洋房。绿色的大铁门内右侧为门房两间，进大门后一条可停靠两辆汽车的院道，直达前院的车房和库房。院内住宅大门朝东，上三层平台阶后进入宅内过厅。厅内信道左侧第一门为大书房，书房内连接一刀把形花廊，全是向阳面的窗户。从信道左拐为大餐厅，餐厅连接厨房和小库房。穿过厨房是锅炉房。餐厅对面为客厅和楼下厕所。信道之顶端则为上二楼之楼梯。楼梯为倒 U 字形。一上二楼左侧为一小厕所，往前通过一穿堂，即走向二楼由东经南又拐向西之环形玻璃长廊。上楼右拐为二楼信道，左第一门为一大间起居室，第二门为卧室，信道顶端朝西向为又一卧室。此三室皆可通玻璃长廊。两卧室之中有一设备齐全之卫生间（抽水马桶、洗脸盆、浴盆等）。面对楼上小厕所的西端，还有一小库房。一、二楼各室皆装有护墙板、双层玻璃窗并有暖气设备，十分讲究。全楼为二层四底。1946 年载洵因年老多病，不便于上下楼，便在浦口道 31 号旁又置地一块，盖一西式小平房另居，设门牌为 33 号，二宅间有一篱笆墙，开一小门可相通，并以 31 号为出入大门。

1946～1949 年天津中孚银行经理林鸿赉一家曾在浦口道 31 号居住。这是因为林鸿赉当时正由天津中国银行调任天津中孚银行经理。载洵原系中国、中孚两银行之大存户。下台后的载洵为倚一可靠之银行家为其保管财

载洵故居遗址（今浦口道 21 号）

产，故特邀林鸿赍全家在其空闲之老宅 31 号居住，且不收房租和水电费。但要求将一楼之大餐厅、厨房、小库房、锅炉房朝西的一面全部封堵，供其存放衣箱、书柜等杂物。

1946 年秋，载洵让老看门的金老头来林家传话："请林五爷（林鸿赍在家中排行老五，故称五爷）回府后，过新宅（指载洵所住西式平房）一趟，贝勒爷有事烦五爷！"当晚，林鸿赍回家后即前往新宅。约一小时后回来，家人才知洵贝勒让林五爷代请一位律师，并请林五爷作为女方（随侍洵贝勒身边的戴明女士）主婚人，为之举行一家庭婚礼仪式。戴明原是贝勒府中的一个侍女，长相好，且聪敏伶俐，十分讨人喜欢，被福晋收为贴身丫鬟。福晋去世后，就一直侍奉洵贝勒，但没有名分。洵贝勒找林五爷说明此事，为的是想在行前了却他的一段心愿。

是年中秋节，洵贝勒的弟弟载涛，作为男方主婚人，洵贝勒的两个女儿，来家认亲，林鸿赍和夫人作为女方主婚人，还有请来的赵律师都来到贝勒府，举行一个家庭婚礼。由赵律师证婚后，正式宣布戴明为洵夫人，并在新宅设席以庆贺。时洵贝勒已年过花甲，戴明约 30 岁。

1949 年 3 月载洵病逝于天津故居，终年 64 岁。载洵病故后，戴明处理完遗产，要求林五爷介绍其入大学攻读。因她自幼随同格格们一起读古文习字。林鸿赍即托津沽大学校董徐世章推荐入中文系旁听，后通过考试成绩优秀转为正式生。戴明 1952 年毕业，返回东北老家。

载抡故居

张绍祖

载抡在伦敦

爱新觉罗·载抡是庆亲王奕劻的第五子。满族以名为姓，载抡即姓抡，汉名为抡赞臣，又名金赞臣，堂名为"树德堂"。载抡出生于晚清时期，依靠其父的余荫被封为辅国公爵位。

庆亲王有6位福晋，五子载抡为四侧福晋所生，后过继给二侧福晋为嗣。载抡幼年时体弱多病，拜什刹海高庙的老方丈为师。载抡年幼时看到街上有卖杏仁茶的，觉得十分有趣，叫府里差人也做了副卖杏仁茶挑子让太监挑着杏仁茶，他跟在后面在府内叫卖起来。凡是买杏仁茶的，不但不用付钱，反而会得到赏钱，因此家人都踊跃购买，不多时便售空，他乐此不疲。

慈禧太后十分宠信庆亲王，爱屋及乌，对载抡也很喜欢。1900年，慈禧太后避八国联军之乱，驾幸西安，庆王随驾携眷西行。6岁的载抡在途中不时被召至太后车内，慈禧将其抱置膝上，与之戏耍，以解烦忧。在京时，经常宣召载抡进宫，每次必有恩赏。

庆亲王奕劻为了在朝廷中培植个人势力，极力笼络汉族封疆大臣，奏请慈禧太后恩准和山东巡抚孙宝琦结为儿女亲家。载抡娶孙宝琦的二女儿孙韫辉为妻，第一个打破了满汉不通婚的旧制。

载抡故居（台儿庄路与徐州道交口北侧）

孙宝琦曾任驻德使节，孙韫辉随父去过西欧，受过西洋文化的熏陶。载抡深受妻子影响，又醉心于光绪帝之维新变法，很想到国外转一转。他组织了一个小型观光团，包括翻译、医生、秘书、随员等 8 人，径奔欧洲。以王子身份到德国、法国、意大利、瑞士、比利时、匈牙利、英国等国家观光游览。旅程中采购了不少翠钻等名贵饰物、西洋名画和雕刻艺术珍品，为了这些宝物和一辆英国汽车，不知费了多少金钱和精力，才辗转运到天津。出国前夕，鉴于西洋人均系短发，他私自将发辫剪掉。在谒见老王爷和老福晋时，戴一顶带有假辫子的帽头，以资掩饰，倒也未被识破。

1917 年，庆亲王奕劻去世后，载抡哥仨分家，他分得黄金 3000 余两，还有珠宝、玉器、绫罗绸缎、皮货、古玩和字画等。1919 年载抡在天津定居，住在德租界海滨路（今台儿庄路）与穆姆街（今徐州道）口北侧，原为德国进出口商人浮士德故居，建于 1904 年，由法国建筑师设计。载抡从浮士德

载抡故居（香港路 1 号）

手中将房子和地皮买下。楼房格局和家具均为德式，院中有网球场，四周栽种着高大的铁树、龙舌掌、橡皮树、蜡梅、白兰花等。载抡在婚前已纳一侧室，生一子一女，后离去。子名溥钰（金伯雄），女名溥锦（金仲聪）。载抡与孙韫辉结婚后，又纳李倩如为侧室，生一女名溥铼（金叔颖）。

载抡吸鸦片烟成瘾，每日以夜当昼，久而久之，患神经官能症。在津医治无效，又到北京中央医院住院治疗，经过名医一年多的精心治疗，病情大为好转，遂把烟戒掉。回津后经调理，身体逐渐转弱为强，便重新开始了夜生活，吸起了鸦片，不到两年又患了精神分裂症，神智不清，哭闹不休。急就德美医院（今河西医院的一部分）治疗，因多日不见效，又改在意国医院治疗。后经留法医学博士王祖德大夫来家治疗，又延请一位特别护士，专司夜间护理。如此调养了两年之久，夜间才不再需人看护，但仍需每日打针吃药。从此载抡再不敢吸食鸦片了。

载抡十分喜爱京剧，交了很多梨园界的朋友。梅兰芳、杨小楼、马连良、谭富英、孟小冬、杨宝忠均为其座上客。著名京剧票友韩慎先、朱作舟、郭仲霖、李厚康、刘子朴、张楚卿等，也常来其府引吭高歌。李倩如和梅兰芳夫人、马连良夫人尤为莫逆。孟小冬来津演出时，李倩如联合几家相好的姐妹，把戏院前五排统统包下，场场不漏。

载抡不但喜听京剧，自己也能唱须生。家中请有琴师，每天吊嗓。他受韩慎先影响，唱腔很有点谭派韵味，最喜欢唱《八大锤》。李倩如喜青衣，且能粉墨登场，曾在曙光剧场（今曙光影院）演过《二进宫》，演唱起来颇具规范。载抡的第三位夫人夏慰君，擅演须生，嗓音甜润高亢醇厚。

载抡继承老王爷遗产后，又分得了二、四两位福晋的遗产。口袋越发鼓胀，便恣意挥霍。全家6口人，而佣人如汽车司机、厨师、花匠、当差的、保姆却有20余人，家里有中街大商店如天玉顺、祥泰义等的取货折子。可随意选购商品，每年三节清算，开支毫无节制。他不善理财，盲目投资于纱厂、矿山等处；在银行存款，因道胜银行倒闭损失达数万元，因此生活渐感拮据。无奈于1936年将徐州道楼房售出，得价20万元，另在英租界十号路（保定道）租得一幢旧式六楼六底二层楼房。大小共10余间房子，有卧室、书房、吸烟室、沐浴室等。

载抡定居天津后，每年夏天携眷赴北戴河避暑。当时在津有名望的士绅在北戴河都建有别墅，载抡也买了一块地，但一直闲置。

1940年秋，通过中人曹汝霖，将北京庆王府邸以40万伪联合币售与敌伪某机关。此款由大、二、五房均分，各得13.3万余元。分得此款，载抡便每天到舞场逍遥作乐，他选中了夏慰君作舞伴。经人撮合，他将夏收为三房，在英租界德隆里（今汉口道）租了两间房。过了3个春秋，夏慰君生了儿子，夏在抡府有了地位。在全家移居36号路（今香港路）1号时，将夏慰君母子接回，原来孙韫辉住楼上，李倩如住楼下，佣人们称她们为"楼上太太"、"楼下太太"。夏慰君进府后，载抡按旧王府侧福晋的称呼为例，命佣人们称其为"侧太太"。

伪满洲国傀儡政权成立时，溥仪多次派人来津，请载抡五爷出山，他深明大义，推说身体多病，婉言谢绝。

1945 年日本投降后，飞来了国民党的接收大员，载抡的老友吴季玉为其中一员，他常来拜望载抡，还曾陪司令官孙连仲、天津市长杜建时、警备司令部参谋长严家诰等人来抡府，载抡都竭诚欢迎，酒宴款待，后来和吴季玉、严家诰结为异姓兄弟。

1948 年天津即将解放之际，严家诰欲逃离天津，临行前极力怂恿载抡也离津。严家诰携家眷返回故乡云南，载抡抵香港，先住在吴季玉家，后迁居夏慰君母亲家，住了半年左右病倒了。这时天津已于 1949 年 1 月 15 日解放，孙韫辉、李倩如、夏慰君 3 位夫人的生活安定，得知载抡患病消息，非常焦虑，决定由三夫人夏慰君赴港接载抡。因载抡病情严重，夏慰君在港逗留不多天，便护理载抡返津。回津后，载抡因病情恶化，医治无效，于 1950 年冬季去逝。

载沣故居

张绍祖

载沣于光绪九年（1883 年）正月初五日（2 月 12 日）生于北京宣武门内太平湖醇贤亲王府，为醇贤亲王奕譞之第五子。光绪十六年（1890 年）十一月廿一日，醇亲王奕譞病逝，奉旨由载沣袭醇亲王位，为第二代醇亲王。光绪二十年（1894 年）全家自太平湖醇贤亲王府邸移居什刹后海北河沿新修之醇亲王府（通常称作北府）。太平湖旧府前部修为醇贤亲王祠堂，后部改为"潜龙邸"。

载沣

光绪二十七年（1901 年）正月，载沣被授为"阅兵大臣"。五月，慈禧选中载沣，授为头等专使，赴德国为庚子德国驻北京公使克林德被杀一事进行道歉。他带领参赞大臣张翼、荫昌等经香港、新加坡、锡兰、瑞士到达德国。德国本打算让载沣见德皇时行中国式的跪拜礼，由于载沣不答应，经多方交涉算是没有再度丢脸。在见到德皇和在德国参观后回到北京。这件事使慈禧觉得载沣办事能力强，更加重用他。光绪三十四年（1908 年），他被授命为军机大臣。同年十月在慈禧、光绪相继病危的情况下，溥仪被送进宫教养。十月二十二日慈禧临终前下令立载沣长子溥仪为皇帝，年号"宣统"，同时授载沣为监国摄政王，所有军国政事均由他负责裁定。1908 年（光绪三十四年），光绪病逝，3 岁的溥仪受命继位。慈禧继之逝世，这位年幼的新主，由其父——新受命的监国摄政王载沣扶护着举行登基大典。载沣侧身跪着，双手扶住溥仪坐上太和殿的宝座，接受百官朝贺。3 岁的小皇帝坐不住，哭喊不止，连喊："我要回家！"载沣连连哄劝说："快完了，别哭！"

宣统二年（1910 年），革命党人汪兆铭、黄复生和罗世勋合谋暗杀摄政王载沣。黄、罗二人于 2 月 21 日傍晚，把装有炸药的铁罐埋在载沣上朝必经之路的甘水桥下，被禁卫军官警发现，当场将二人逮捕，并将未赴现场的汪兆铭也逮捕起来。因有民政部尚书肃亲王善耆的庇护，为之奔走说项，这个暗杀未遂案得到从宽处理，3 个犯人次年即获特赦出狱。

载沣作了摄政王，面对革命党人在各地起义的风暴，耳边是宫内外要求立宪的呼声，身旁还有宗室权贵的明争暗斗。他无力解决朝廷积弊，只痛恨军机大臣袁世凯，因为他怕有袁在，他的摄政大权就难于行使，又记恨戊戌政变袁陷害光绪之仇，所以罢黜了袁世凯，令他回河南原籍。但狡诈多谋的袁世凯，恃有北洋新军的支持和朝内已培植的党羽呼应，他虽下野，却包藏祸心，伺机而动。1911 年 10 月，武昌起义的消息传到了北京，袁党亲信乘载沣惊魂失措之机，群起推举起用袁世凯，载沣不得已应允。袁回北京出任内阁总理大臣，立即以隆裕皇太后的名义免去载沣摄政王的官职。这以后，袁世凯得心应手，先借革命党人的力量逼迫清帝退位，后又借清皇室名义给革命党人以压力，捞取南北议和后的大总统宝位。

1912 年 9 月孙中山先生来北京时，于 11 日上午到醇王府访问载沣，一见面孙中山先生就说："你拥护共和，这很好呀！虽然你是摄政王，但将来在中华民国五族共和的大家庭里，你还是有前途的。"载沣说："我拥护民国，大势所趋，感谢民国政府对我们的照顾。"是日下午，载沣同江朝宗到孙中山行馆回拜并互赠签名相片。

1913 年，隆裕太后病危遗命："醇亲王载沣照料内廷一切事务。"1917 年 7 月，张勋借机来北京发动"复辟"政变，因张勋有"不准亲贵参政"令，所以载沣没有参与。

1924年北京政变后，黄郛摄政
内阁11月2日成立，4日并会决议：
修改清室优待条件，要逊帝溥仪即
日迁出故宫。执行这一任务的是国民
军将领、北平卫戍总司令鹿钟麟。载
沣在得知宫中有变，从醇王府家里匆
匆赶来。入神武门时，看见军警荷枪
实弹，围守故宫，十分惶恐，唯恐对
溥仪不利；看到隆宗门外内务府大臣
值房前也是军警密集，更加吃惊。等
到他与绍英、荣源等人赶到养心殿，

醇亲王载沣

见到溥仪，看过修正条件，问明情况后，感到再坚持不搬已不可能，且有风
险，于是力主溥仪立即出宫，移居后海醇王府，交出国玺、宫殿，遣散无职
守的太监、宫女。

溥仪在后海醇王府住了些天，又在罗振玉等人的安排下，先是住进了德
国医院，后来住到日本使馆。1925年2月23日，溥仪和日本公使夫妇告别，
化装后秘密地坐火车来到天津，住在张园。之后他多方面联系各种政治力
量，力图复辟。在这期间，载沣及子女溥杰等经常去天津，也常和溥仪住在
一起。最后溥仪在日本人的安排下，于1932年潜往东北，后来又建立了伪
满洲国。事前，载沣曾两次劝溥仪不要轻举妄动，但他没有听从。

1928年5月奉军因受到北伐军和冯玉祥、阎锡山军队的四面围攻，决
定撤退到关外。作为老朋友的张学良给载沣儿子溥杰打来了电话，劝溥杰偕
全家暂赴天津外国租界躲避。他说："冯玉祥来了，你们是很危险的。"于是
载沣全家搭乘着奉军撤退的兵车，来到了天津。载沣一家住在英租界戈登路
（今湖北路27号天津艺术研究所）溥仪的一所房子里。溥杰和当时的妻子唐

载沣故居（今湖北路 27 号）

怡莹住在张学良的姨太太谷瑞玉家中（今赤峰道 78 号张学良故居）。

载沣一家从 1928 年到 1939 年迁居天津，在旧英租界和日租界都住过。载沣特别喜欢读书，各种书报杂志都看，经常读的是史书，尤其是《资治通鉴》。晚年自号"书癖"，他有方图章，刻的是"书癖"二字；也爱看戏，喜欢看杨小楼、梅兰芳、谭鑫培等人的戏。他甚至还喜欢学点天文学。夏季夜晚，他给孩子们指认天上的星座。每逢日食出现，他和孩子们隔着熏黑的玻璃片观察太阳，并把日食、月食经过的情况记入日记，附上工笔绘画的图形。

1939 年天津大水灾，8 月载沣一家又回到北京醇王府，住在西花园。载沣生前坚持不参预伪满洲国事，只是短时间去长春看望过溥仪两三次。他曾表示不同意溥仪当伪满皇帝，因为溥仪不听，气得哭了一场。溥仪想把父亲留在东北，载沣用装病等方法坚持回到北京。

1945 年"八一五"日本投降后，国民党来北京接收，因载沣在沦陷期未参与伪政权，国民党政府曾派人持函致以慰问。1947 年，载沣在王府住宅区

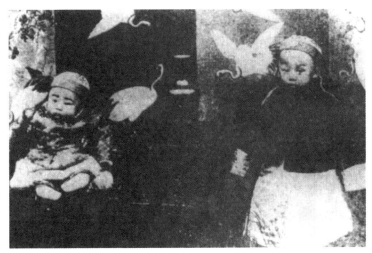

载沣之子溥仪（两岁）和弟弟浦杰（一岁）摄于醇王府

（钟灵所）前院办了一所竞业学校，后来迁至龙华寺（现为后海幼儿园）。

1949年北京解放后，载沣将醇亲王府全部房屋卖给国家，王府中路、东路作为卫生部机关，西路和花园建起了国立高等工业学校。他将家存图书、文物捐赠北京大学；还为淮北水灾捐款，带头购买了"胜利折实公债"等。

1951年初，因多年老病又遇风寒，于2月3日病故，终年68岁。3月葬于北京西郊福田公墓。

载沣的妻子瓜尔佳氏，名幼兰，是荣禄的女儿。载沣有11个子女，其中4个男孩，除末代皇帝溥仪外，还有溥杰、溥供和溥任。溥仪无后，溥供3岁夭折，溥杰生有两个女儿，溥任长子金毓嶂成为醇亲王家族延续至今的唯一香火。

那桐故居

张绍祖

那桐

在和平区南京路天津友谊宾馆一侧新华路上有一座引人注目的德式二层红色小洋楼，这是清末军机大臣那桐的故居。

那桐（1857—1925），字琴轩，叶赫那拉氏，内务府满洲镶黄旗人。1885年乙酉科顺天乡试，中试第112名举人。由户部主事历保四品京堂，授鸿胪寺卿，迁内阁学士，奉公洁己，办事认真。1900年兼直总理各国事务衙门，进理藩院侍郎。又允留京办事大臣，随李鸿章与八国联军议和。转年以户部右侍郎，赏给头品顶戴，授为专使大臣，前往日本。1902年又派充赴日本观博览会大臣。在参观博览会之余，他率领随员留心考察日本的警政、路政，这对他后来主管工巡局，创办警务，开辟新式马路，兴办东安市场等，都起了重要借鉴作用。翌年，擢升户部尚书，调外务部兼步兵统领，管工巡局事。1905年晋大学士，仍充外务省会办大臣。1909年初被任命为军机大臣。

那年，天津发生了一起津浦铁路总办李德顺等人贪赃枉法的大案。案情是这样的：1908年清廷正式批准修建津浦铁路北段，总办李德顺在全线测定后，会同德籍总工程师德浦弥勒几经勘察决定，总站设在河北赵家场（距今西站约一华里竹林村附近）。李德顺在决定设总站之前，暗中指使其女婿永祺勾结包工人李洪泰，先行把赵家场一带方圆数顷民地以私人名义购进。津浦铁路总局最后决定在赵家场设立总站，只好认头以高价从李洪泰手中购买。幕后操纵的李德顺和永祺等人获利无数。

津浦北段总局在收购民地（实际是从李洪泰手中购买）时，遇到了麻烦。有个穆姓回民的坟地既不出售，也不移葬，李洪泰及津浦总局威逼、利诱均不可得。穆某因不堪催逼，遂将情况反映给回民教亲刘孟扬（刘清扬的哥哥）。刘君当时主办天津《民兴报》，答应代为交涉。刘孟扬找李德顺时，李派永祺接见，态度生硬，商谈未妥。数日后，刘孟扬联合《竹园报》社社长、回民丁子良，在两家报纸上共同反对在赵家场设车站，并一同前往津浦铁路总局争论。这次由李德顺接见，双方各持己见，不欢而散。李德顺是北洋大臣直隶总督杨士骧的亲信，根本没有把刘、丁的小报放在眼里。刘孟扬和丁子良暗中搜集李德顺等人贪赃枉法的罪行，分头向天津各大报馆揭发，同时，详尽写好两份状词携往北京，投到总理衙门及邮传部。

庆亲王奕劻收到状纸后，奏明清帝，上谕批交总理衙门及刑部查办。总

那桐故居（今新华南路 176 号）

理衙门遂将上谕批交直隶总督严办，北洋大臣直隶总督杨士骧接到上谕后，气急交加，中风不语，10 日后，不治身亡。

1909 年 5 月 12 日军机大臣那桐奉命署理北洋大臣直隶总督，并被指令严办津浦铁路贪赃枉法案。13 日，那桐乘车抵津，坐八抬轿，前后护从，至中州会馆。那桐到津后，立即侦讯津浦案件。因此案民愤极大，揭发李德顺等人贪赃枉法的材料如雪片飞来。不及月余即行查明，定案上报，惩处了有关人员。总办李德顺革职交刑部严办，永祺、李洪泰等均革职，发往新疆军台效力，其余有关人员就地严办。

那桐在津期间还奏请拨部款修治凤河。不久，回京后捐银为凤河修建了一座桥梁，以利行人来往。1911 年，清廷改官制，他被授予内阁协理大臣，后因患中风辞官隐退。

清廷逊位后，那桐长期居住天津作寓公。民国初年，他在天津英租界 17 号路（今新华南路 176 号），购地数亩建德式楼房，全家移入，隐居津门。但每年春夏仍多回北京居住。在北京东城金鱼胡同东口有故居——那家花园。那桐在津故居原为两座楼，一大一小，大楼为钢筋混凝土建筑，楼下皆为客厅，有中式（包括汉族式的、满族式的）和西式（欧式的、日式的）两种，小楼为二层德式红色小洋楼，为砖木结构，瓦顶，约 500 平方米，15 间房，有 4 个汽车房。冬天，那桐一家住小楼。院内花草繁盛，那桐在津时因病只和姻亲往来，或乘马车到日租界听戏，极少和外界接触。当时只有荣中堂（名庆，曾任学部尚书，军机大臣）因亦移居天津，时相往来。1915 年，那桐在张镇芳创办之盐业银行投资 8 万元。1925 年农历五月初八，那桐病逝于北京金鱼胡同寓所，时年 69 岁。有一子名绍曾，女 8 人。现那桐在津故居大楼已拆除，小洋楼仍保留，原为天津市第一建筑公司管理，后归天津友谊宾馆使用，曾租于中美史克制药有限公司、雅马哈集团公司、中国大塚制药有限公司等办公使用。

袁克定故居

张绍祖

北洋时代的上流社会，每有"四大公子"之说，其中之一是"洪宪太子"袁克定。袁克定（1878—1958），是袁世凯的嫡长子，字云台，1878年12月（旧历腊月十七日）出生在河南项城县。在袁世凯的32个子女中，他是唯一的嫡出。

袁克定一直跟在袁世凯的身边，由大姨太太沈氏抚养。他的家庭教师是一个德国牧师，因此袁克文通晓德文，英文也相当不错。他18岁结婚，妻子吴氏是吴大澂的女儿吴本娴（1880—

袁克定

1938）。1907年满族权贵为了联络袁世凯的感情，授袁克定为农工商部右参议，1909年升为右丞。但民国以后，袁克定一直没有担任公职，实际上他是袁世凯的私人政治代表。

1911年10月，武昌起义爆发后，袁世凯命袁克定代表自己赴武汉前线。当时的冯国璋不明袁世凯的心底，一鼓作气攻占汉阳，并欲渡长江。袁克定闻讯后大骂冯国璋，并急电袁世凯。袁世凯电令冯国璋按兵不动，勿过长江，才促成了袁世凯与革命党的北南议和。

由于袁克定在汪精卫因谋刺摄政王载沣被捕后的减刑与获释中出力不小，袁克定与汪精卫换帖结拜为兄弟。1911年底，由袁克定全权代表袁世凯，与汪精卫商谈南北议和事宜。在会谈中，袁克定正式向汪精卫提出解决时局的三个条件：一、推举袁世凯为临时总统；二、实行南北统一；三、袁世凯对蒙藏地区沿袭皇帝名义。汪精卫就此致电黄兴，黄兴回电明确表示："中华民国大总统一位，断举项城无疑。"

1912 年 2 月 15 日，南京临时参议院选举袁世凯为临时大总统，以接任两天前辞职的孙中山先生，并选举黎元洪为副总统。在黎元洪入京就任副总统那天，袁克定应袁世凯之召速回京师。他在骑马驰往彰德车站中，从马上坠落，腿部骨折，被迅速送往北京某医院治疗，结果右腿还是落下严重残疾。同时手心的一大块皮被毁掉，所以后来袁克定出入社交场合总是戴着手套。

1913 年 9 月，袁克定赴德就医，德皇威廉二世主持国宴，欢迎袁克定。席间，威廉二世力陈"中国非帝制不能自强"的观点，并请袁克定转告袁世凯，德国将全力在外交上支持袁世凯称帝。袁克定回国后，积极支持称帝。在其父的关照下，他很快步入了军界。1914 年 10 月，首先成立了"模范团"，袁克定任团长，培植他在军界的势力。1915 年 8 月，由袁克定的谋友杨度，联络刘师培、严复等人，成立了筹安会，标志着袁世凯称帝的公开化；接踵而至的各行业、各省请愿团和梁士诒领导的"全国请愿联合会"，造成了声势浩大的支持袁世凯称帝的声浪。是年 12 月 11 日代行立法院上达了推戴袁世凯做皇帝的正式意见。第二天，袁世凯向全国宣布承受帝位。12 月 25 日蔡锷组织护国军，宣告云南独立讨袁，接着袁的亲信冯国璋等 5 位将军联名密电，要求袁世凯"取消帝制，以安人心"。1916 年 3 月 22 日，袁世凯正式宣布取消帝制的诏书，帝制共维持 102 天，洪宪年号仅实施了 83 天。到 6 月 6 日，袁世凯在一片讨袁声中在中南海居仁堂咽了气。

袁世凯死后，袁克定的生活发生了巨大的变化。他企谋复辟帝制再以"大公子"身份攫取国家权力的梦想彻底破产，社会和家庭的双重谴责对他极为不利。他按照父亲遗嘱，请徐世昌主持兄弟各家的分家析产。这次所分的遗产，是其父一生聚敛的现金和有价证券，共有银元、黄金、股票等约 300 万元。经几次协商，议定各房庶母每人得银元 6 万元、黄金 30 两；他和众兄弟每人得银元 8 万元、黄金 40 两，股票 7 万元；其妹每人得银元 2 万元。但袁克定历来在家中以嫡长子身份独断独行，分家后，他又将袁世凯遗下的 10 余箱古玩玉器、昂贵钟表、历代文人字画等，偷

袁克定故居（今台北路 6 号 3 号楼）

偷地运到天津德租界威尔逊路附近的 16 号路（今河西区台北路 6 号 3 号楼，河西区委所在地，为德式坡顶二层砖木结构建筑，带地下室，局部三层，有护墙板、精致壁炉、菲律宾木地板等）私宅收藏。此后，他仍不满足，又瞒着家中的弟妹，将祖父袁保恒所遗公产天津海河平安街的一所楼房变卖私吞。随后，他就以"寓公"的身份，在天津过着挥金如土的奢侈生活。

由于袁克定的封建专制意识已根深蒂固，他在人事处理中仍持嫡庶分明、妄自尊大的作风。1916 年 12 月，袁克文的生母金氏在天津去世，袁克定正在彰德，听到消息后，他以"一家之主"的身份，立刻打电报给袁克文及其他弟妹，吩咐金氏不能凤冠霞帔入殓，将来安葬时，也只能葬在袁公林边。为了贯彻他的主张，他又派专人由彰德赴津安排。1919 年，于夫人病逝。袁克文由天津搬到北京，家安在北京鼓楼的宝钞胡同，而他自己则带着仆役男侍，住进了颐和园的清华轩。

袁克定早就把其弟袁克文当成自己的政敌，手足之间为争立太子，弄得险些刀刃相向。人们暗自将袁克定对袁克文比作曹丕对曹植，"相煎何太急"。1921 年，袁克文和著名演员陈德霖在新民大戏院合演《游园惊梦》，海报都已上街，袁克定知道后，大发雷霆，认为"有辱门楣"，竟然要京师警察总监薛松坪派人去抓袁克文。薛是其父的老部下，对此事感到很棘手，只

好亲自去劝说袁克文不要唱，以免兄弟间大动干戈。袁克文迫于情面，只好草草收场。

1928 年，北伐军打到了河南，将袁世凯在家乡彰德及辉县、开封等地的房屋、土地、家具陈设、文物字画等财产立即查封充公。随着北伐军的北上，袁克定日益惶恐不安。遂乘船到了大连。此时，张宗昌派人来看望他，并赠送钱物。然而，北伐军一到平津，就放出了"南北合流"的空气。段祺瑞、曹锟等人不仅未受追究，还得到相当的礼遇。这样，袁克定也于 1929 年春回到了天津。还通过王揖唐等人运动向南京政府讨还被查没的财产。

1937 年，日军占领了平津，王揖唐、曹汝霖等组织华北伪政权，极力拉袁克定下水。1939 年春，汤尔和等汉奸在未得他应允的情况下，冒他名和他们一起发表所谓"拥护东亚新秩序"声明，袁克定很是不快，他在一家小报上登出声明："未经本人同意，署名不予承认。"对此，日本华北驻屯军十分恼火。日军头目坂西利八郎、土肥原、喜多诚一等频繁拜访袁克定，胁迫他出任伪职，他都以身体多病婉言拒绝。这样，日军便恼羞成怒，派日籍教师以教他日文为名进行监视，最后发生扣押他的汽车，并搜身检查的事件。1942 年汪精卫派专人带着礼品和一笔款子，游说袁克定。袁克定说：礼物我收下，这是私谊；而钱则分文不取，如数带回。袁克定在沦陷期间，始终拒绝与日伪合作，保持了晚节。

临近解放，袁克定因从不理财，所得遗产已余剩无几。他唯一剩的天津台北路住宅卖后所得款又被亲信佣人拐走，所持有的文物也被一老管家借口开古玩店奉养其老骗走。其独子家融虽任一小银行副理，但因经营不善而对他难尽赡养之责，因而他的晚景很狼狈，只得借住在北京表弟张伯驹家中，衣食也靠他周济。新中国成立后，张伯驹的生活也发生变故，袁克定生活几乎陷于绝境中。1951 年，章士钊向周恩来总理反映了这一情况，不久，中央文史研究馆安排他为馆员，月支薪 60 元，以维持生活。1958 年袁克定病逝于张伯驹家中，终年 80 岁。

张鸣歧故居

张绍祖

在河北区民族路 80 号有一所花园别墅。这一地区解放前曾为意大利租界，该别墅就位于当时的"埃拉女皇广场"马可·波罗纪念碑的西北角，被称为女神别墅，是意租界中心的风景区。这是一座造型别致的二层小洋楼，顶有角楼，混合结构，意大利式建筑风格。设有客厅、办公室、书房、卧室、餐厅、厨房、车房等。楼内设备讲究，暖气澡盆俱全。共计楼房 14 间，平房 3 间，建筑面积 539.59 平方米，占地 1.128 市亩。这座漂亮的小洋楼的主人就是两广总督张鸣歧。

张鸣歧（1875—1945），字坚白，一作健伯，号韩斋，山东无棣车镇乡段家村人。1875 年（清光绪元年）9 月 29 日生。张家系"无棣望族"，其父张凌云，屡试不第，供事北京衙门，积赀捐官县丞，曾任湖南湘潭朱亭丞。张鸣歧为 1894 年甲午科举人，次年会试落选，留南学（国子监的一部分）读书。

张鸣歧故居（今民族路 80 号）

1898 年，张鸣歧就馆于岑

春煊，颇得器重。1900 年因赞助岑春煊"护驾"有功，被保升候补道。他随岑在陕西、四川任职。1903 年 4 月，岑调任两广总督，他被任为总文案兼管两广学务、练兵处。1904 年随岑入桂，任职于两广营务处，继任广西太平思顺道。次年升广西布政使。1907 年升任广西巡抚。1910 年因贿赂奕劻得署两广总督兼广州将军。

1911 年 1 月，当张鸣歧到广州上任时，黄兴正紧张准备黄花岗起义。黄兴、赵声等在香港设立统筹部，并在广州设立指挥部，暗聚同志，联络新军、防营和"绿林"，定期起事。4 月 27 日，黄兴亲率一路军攻打总督衙门，经过激战攻入，张鸣歧仓皇丢下老父妻妾，登屋越墙，逃到水师公所。起义军其他三路未能按时策应，黄兴只好放火烧毁了总督衙门，分兵三路出迎策应各军，中途遇张鸣歧指挥的清军截击，起义军遂被迫四散，各自为战，"三分五离，彻夜巷战，或饮弹，或被擒，存者寥寥无几"。黄兴直战至孤身一人，右手两指被击断，化装走避香港，黄花岗起义失败。次日，清军继续搜捕起义者，革命党人李德山等退入高阳里源盛米店，堆米袋据守，并抛掷炸弹，清兵不敢接近，张鸣歧竟下令纵火烧街。起义者被俘六七十人，经张先后下令杀害的有林觉民、喻云纪等 43 人。响应起义的顺德民军也同时被张派兵镇压了。张鸣歧是镇压黄花岗起义，杀害革命烈士的刽子手。

辛亥革命时，两广总督张鸣歧被迫于 1911 年 11 月 9 日"宣布共和独立"，但拒绝出任都督，而弃职逃往香港、日本。袁世凯执政后，他回到北京闲居，挂名为袁之高级顾问。1913 年 10 月，袁世凯派张任广西民政长。张于次年 4 月抵任，后改官名为广西巡按使，会办广西军务。1915 年 7 月，张调任广东巡按使。1916 年因赞助袁世凯称帝被封为一等伯。袁死后，张鸣歧下台。1916 年张在上海居住。1927 年到天津当寓公。

他在购得"女神别墅"后，又在意租界东圆圈，今自由道与民生路交口处建造了一所豪华住宅（现为河北区自由道 21 号和民生路 69 号）。这所住宅为意大利式二层楼房，造型美观，并带有罗马建筑风格。主体为砖木结构，部分是钢筋混凝土，机砖墙身，红色瓦顶，二楼三面建有不同风格的阳台。房间按公馆要求设计，室内外装修都很精致，设备齐全。楼房共计46间，建筑面积为1255.56平方米，占地2948平方米。

张鸣歧故居（今贵州路88号）

南京国民党政权建立后，张鸣歧于1928年迁居到天津英租界大北道，今贵州路88号的一座不规则两坡顶英式三层砖木结构小洋楼内。该楼建于1927年，水泥墙面，内部设施完善，装修豪华，居住舒适。建筑面积458平方米。20世纪30年代曾在特一区原德租界司民德街（今河西区台北路）1号花园别墅居住。

张鸣歧居津期间，和下台的军阀政客白坚武相勾结，与日本驻屯军特务接上关系，"七七事变"后，他公开投敌。1937年12月参加王揖唐发起的中华佛教会。1942年与王克敏、靳云鹏等一起被聘为华北政务委员会咨询会议委员。1945年3月，张鸣歧与王揖唐、殷汝耕等发起"乙酉法会"，祈祷"大东亚战争之必胜"。同年8月，日本投降。9月15日，张鸣歧在天津英租界寓所病死，终年70岁。张死以前，意租界两处住房早已卖掉，后来产权多有变更。

张鸣歧之子张镈（1911—1999），是一位举世著名的建筑大师。他曾任教于天津工商学院土木工程系，主持设计了人民大会堂、北京饭店、民族饭店、友谊饭店、民族文化宫等建筑，一生主持、指导了200余项重大工程，数量之多，造诣之深，世界少有。

小德张故居

张兰德

清末高级太监张兰德，原名张祥斋，字云亭，宫号"小德张"，慈禧太后赐名"恒太"。原籍河北省静海县南吕官屯（今属天津市）人。1876年（光绪二年）阴历十月十一日生。1891年入宫。转年被正式送进宫内南府戏班。到了1895年以后，三年之内连升五级：太后宫小太监、敬事房打寝宫更、回事的、御前近侍、御前首领兼管南府戏班总提调。后曾任御膳房掌案、清宫大总管。1913年退出清宫，从此长居天津作寓公。

他先居日租界芙蓉街（今河北路）和秋山街（今锦州道）交口处的一座小楼内。不久，他在英租界博罗斯道（今烟台道），买下楼房一所，全家一起搬入，并将其母亲唐氏从老家静海接来一起居住。该楼院所在地被称作"英国马号"，现址为烟台道66号和66号增1号，为和平区小白楼房地产管理站。

其间他在法租界丰领事路（今赤峰道）与德大夫路（今河北北路）转角处以3万元建楼一所，后以10万两银子卖给了福建督军李厚基。"小德张"又在英租界五大道之一的爱丁堡道（今重庆道55号）建筑了一座中外合璧的大楼（今市政府外事办公室）。搬入新居不久，正值小德张的母亲唐氏75

岁大寿，于是约来京剧名角大唱堂会，一时国民党要员和遗老遗少马福祥、马鸿逵、傅作义、载振、载涛等均来祝贺。1928 年，唐氏去世，小德张为老太太出了大殡。是年大楼又被庆亲王载振看中，以永兴里、北马路浮房 10 余所和郑州道空基地 10 亩余作为交换条件，大楼成了"庆王府"。

"小德张"全家搬进河北路洛阳道口的"马家楼"（今河北路 237 号和平区第五幼儿园）。这期间在英租界怡丰路（今湖北路）与都柏林路（今郑州道）转角（今湖北路 20 号，天津警备区招待所）建筑了一座花园别墅。主楼为英式城堡式大楼，设计图纸为"小德张"亲自绘制。他说："盖房子主要是地基坚固，房子才能延年。"因此，打地基时，他每天亲自去查看。他对工人们说："你们把地基打得坚固，打一寸厚我给一寸厚的洋钱。"工人当然乐于从事。于是，每天下午 2 时许，他便带着百余元现洋和从人等到工地视察，在视察时他把现洋向基坑中一撒，工人们一面捡钱，一面喊："谢老爷赏。""小德张"引以为乐。

郑州道新房以 8.7 亩盖自住的楼，其余 2 亩盖民房出租（今永兴里 1 至 15 号）。楼房主要建筑为三层砖木结构小洋楼，四层变小，为方形；楼顶装有辨别风向的小飞机。前后楼共有 60 余间房子。照明用灯的玻璃彩饰购自意大利。院子东南角有石山，山上有一个亭子，南面有个荷花池。石山下挖了一条小河通墙子河，涨潮时能灌进水。园内花草繁茂，有铁树、棕树、石榴树等，有 3 个人专门养花。开春时，荷花池畔，牡丹、芍药盛开。花园还养有金鱼和小哈巴狗。在湖北路、郑州道均有铁门，郑州道为正门，每日上锁和启锁他都要亲自料理。

"小德张"治家很严，家中除雇有管家、账房、门房、厨师、杂役、女仆之外，还有其从宫中带来的四五名地位低、生活无靠的小太监，是专门伺候他的。举家上下除他母亲之外，包括来宾都要对他称"老爷"。他的家规很严，凡是男性，无论老少一律不能进入内宅。客人来访不经他同意，不能径自入内。他的生活好像刻板式的。每日起床后先由小太监们给他烧好 12

"小德张"故居（今金林村4号）

口鸦片烟，吸毕下床熄灯。吸烟后在院散步，舞一趟太极剑，然后吃早点。到将及9点时，他升座在客厅内，饮茶，并接受他的子孙以及管事、账房、佣人的"朝见"。大家见他必须请安问好，他则用手帕托着一个康熙瓷蓝八卦纹的盖碗，向问安的人略一颔首表示还礼。

"小德张"在津的房产还有北马路、永兴里、聂公祠等地浮房20余所。建国后，"小德张"卖掉郑州道花园楼房，搬到睦南道金林村4号一座三楼三底楼房居住。金林村建于1939年，由黄金生、李茂林等人合建，从黄、李的名字中各选了一字命名。1957年4月19日，小德张在此病逝，终年81岁。其住房现部分由后人居住。有人会问："小德张既然是个太监，怎么会有后人呢？"原来"小德张"18岁时，由其母唐氏作主，将大哥张月峰所生的长子张书森（字宾儒），过继给"小德张"为嗣子。张书森成年后，在北京读书。1909年，因其父的关系，补了候补道台之缺，随后调任天津君子府衙门文报局帮办。清朝退位后，随"小德张"在天津居住。

张彪故居

张绍祖

　　张园（鞍山道 59 号）是张彪的故居。张彪（1860—1927），字虎臣，1860 年 12 月 8 日生于山西省榆次县左府村。他幼时父母双亡，靠舅父培养成人。早年随舅父到太原谋生，曾学过刻字、裱糊等活计。后来，张彪拜一位五台山刘师傅习武，得中武举人。1882 年，时任山西巡抚的张之洞乘轿在太原文武庙祭祀时，被 7 个大汉"拉舆告状"，恰被路过此处的张彪将"围轿" 7 人驱散。从此，张彪被张之洞录用为侍。后来张彪随张之洞去湖北，被提升为巡捕、巡防营哨官。时民变多起，张彪"剿匪"有功，被提升为总兵衔，又经任湖广总督的张之洞提拔，出任湖北全省营务处总办、湖北标统、提督、陆军第八镇统制。1911 年 10 月 10 日，武昌起义爆发。到 11 月 27 日张彪率兵预备进攻武昌时，因南下的清廷第一军总统官冯国璋接到袁世凯来

张彪故居（今鞍山道 59 号张园）

电："不准擅攻武昌，静待后令。"于是调张彪为后路总粮台，实为将他调离
所率部队而去搞后勤。张彪遂辞职未就，并复电"晋京面陈"。同时，电告
"暂入医院疗病"。不久，张彪放弃湖北　切军务，带着家眷细软逃往日本，
蛰居长崎。住了8个多月，于1912年回国定居天津日本租界。

张彪在退隐津门期间，投资实业，用赚来的钱，在日租界买了一块地皮
（原系一片洼地），招工填坑，于1915～1916年间建了一所由他自己设计的
三层豪华楼房，为西洋古典风格。楼房四周长廊围绕，入楼口有十几级的台
阶。院内垒有假山，又筑池引水，种植各种花木。取名"露香园"。因为园
主姓张，人们称为"张园"。张彪先后有4位夫人，共生有8男9女。他在
"张园"的后面为子女盖了8所住宅，取名为"宏济里"（今鸿记里）。

张彪在津时，曾携眷回过山西老家榆次县左府村，当时榆次全县庄稼歉
收，农民多变卖耕地，张彪倾囊购买，但买进后仍将原地亩交原主耕种，不
收分文地租。故此在解放后土地改革时，对张家未按地主进行斗争。

张彪在"张园"隐居时，曾任民国大总统的黎元洪由北京来访，敦劝张
彪出山，张坚辞不去。黎元洪曾授予张彪建威将军名衔，每月送张400元作
车马费。

张彪虽是武人出身，但颇具经商才能。其张园除供自家享用外，还出租
做游艺场。1923年，张彪与广东商人彭某订了出租合同，彭某在园内开设
了北安利广东餐馆、剧场、曲艺场、露天电影场、台球房等，还利用园内亭
台、假山、荷塘、石桌凳等设立茶座、冷饮。露香园一度变为一座露天的游
乐场，与其对面的大罗天游艺场遥相对应，构成了津门一大景观。

1927年9月13日病逝于天津日租界宫岛街宏济里的住宅。

1924年12月4日至31日，伟大的民主革命家孙中山先生曾下榻张园。
孙中山莅津前夕，为迎接他的到来，张园布置一新：大门前搭有彩色牌楼一
座，正中缀金色"欢迎"二字。牌楼上围以彩色电灯，园内各走廊挂满旗
帜。迎接室在楼房二层。楼房一层之前厅为大客厅，后厅为随员卧室。二楼

孙中山在天津张园

前楼为内外客厅，一律为新式方形蓝缎面沙发椅，上加虎皮毯，窗旁围以各色菊花。二楼后楼有左右两间，左间为办公室，靠窗置一大写字台，上有一部电话机，并置普通坐椅8把；右间为卧室，中间有一大铜床，被褥一律新制，这是孙中山和夫人宋庆龄的卧室及办公室。

1924年12月4日上午11时45分，孙中山偕夫人宋庆龄及众随员，到达天津法租界美昌码头（今营口道靠海河处），受到各界人士的热烈欢迎。随后，孙中山与宋庆龄乘专车至张园行馆。各欢迎代表随至，孙中山在张园楼前的大台阶处与大家合影留念。

孙中山在张园稍事休息后，于12月4日下午偕汪精卫、孙科、黄昌谷、李烈钧等10余位随员赴曹家花园（今河北区黄纬路上的254医院）访晤了张作霖。孙中山于当日下午返回张园后，觉肝区发痛，即请德国医学博士施密德诊治。此后至12月31日，孙中山的病情逐渐加重，入张园给孙中山诊病的医生有德医施密德，日医田村、小管勇。孙中山在张园住了27天，在病榻上接见的各界人物有日本驻天津总领事吉田茂，记者藤泽山内、江崎、西村、岛田及卢永祥、张作霖、吴光新、曲同丰、梁鸿志、曾毓隽、柏烈武、许世英、叶恭绰、刘成禺、郭泰祺、黎元洪、杨毓珣、李世军、段宏业、张允荣、徐季龙、北京大学校长蒋梦麟、学生屈武等。另据孙中山研究专家葛培林先生粗略统计，孙中山仅以大元帅名义在张园给部下发出的指令、训令等就有118件，并在张园发出了长文《孙中山抵津后之宣言》，草拟了建国意见25条。

是年12月31日上午10时许，雪后气寒，孙中山偕夫人宋庆龄及其众随

青年时代的溥仪

员由张园起身至东车站（今天津站）乘专车入京。

1925～1928 年，溥仪曾住张园。溥仪于 1925 年 2 月 24 日在天津日本总领事馆官员、警察署长和便衣特务的护送下，从北京前门车站化装逃到天津的。下车后，日本驻天津总领事吉田茂等迎接，把他送到日租界大和旅馆暂时住下，接着才租的张园。皇后婉容和淑妃文绣未随溥仪一起来津，是后来的天津。

张彪对溥仪备加照顾，精心安排起居，并饬其子孙暗中保卫。除供给生活外，还赠现金给溥仪零用。张园占地约 20 亩，主楼原系十楼十底，溥仪居住期间，张彪又添建三楼 5 间。当时，一楼前部为客厅及大餐厅，楼下会客厅南边一间房为文绣卧室，储藏室等；二楼为溥仪和婉容卧室及小客厅，东部为婉容卧室及餐厅，中间为茶房及中药房；三楼餐厅、游艺室、会客室，楼前西南为传达室、总务处、警卫室、汽车库，西北角有罩棚及戏台。

当时住在天津的遗老遗少一时均来问候，如曾任两江总督的张人俊，曾任户部、兵部尚书、军机大臣的铁良，曾任工部、兵部、外务部尚书的吕海寰、华世奎、刘嘉琛、朱益藩更是常来问候，前广东水师提督李准把家里的螺钿硬木家具"进奉"供用。闻讯前来的罗振玉、郑孝胥、朱汝珍、贝勒载涛等每日恭候园中；各类膳食侍僮，各旧日臣工，采访新闻的记者，一时遍布园中各亭台楼榭，熙熙攘攘，热闹非凡。

另外，张彪为了给溥仪的随从、办事人员有一个较好的落脚处，在园内右侧兴建了一连 4 间平房，供这些人使用。张彪还买来市场上刚刚出现的无线电收音机"奉献"给溥仪。他还亲自收拾花园，极尽对溥仪的忠贞之心。1927 年初，张彪患癌症卧病在张园后巷的宏济里 8 号住宅。溥仪曾亲自来探望他，并为他召请"御医"俄国大夫，为其诊治，但已无回天之术。弥留之际，溥仪赠其"忠恪"二字，以示"皇恩"。张彪于同年 9 月 13 日病逝。溥

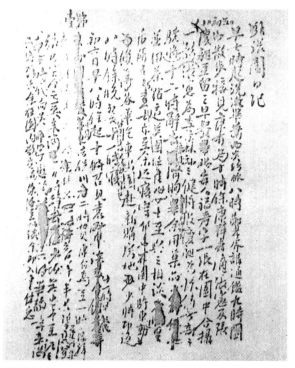

溥仪在张园的日记

仪赠张彪"心如金石"匾额。其灵柩先厝于天津西北斜村，后葬山西榆次。

　　张彪逝世后，其子提出要溥仪每月支付 700 元的房租。手头拮据的溥仪被迫于 1929 年 7 月 9 日迁居乾园（静园）。溥仪离开后，日本驻津军部通过女特务川岛芳子（金璧辉）从中说合，张彪后人以 18 万元将张园卖出，成为了日本驻日军高级军官和高级特务住所。1934 年日本将旧楼房拆除，重建了一座二层楼房（现存楼房），作为日军军部。解放战争时期，张园是国民党天津卫戍司令部所在地，解放后曾是中国人民解放军军管会所在地。后来张园曾是天津日报社的一部分、天津少儿图书馆等。1982 年 7 月张园被列为市级文物保护单位。

金梁故居

张绍祖

金梁

　　金梁（1878—1962），一说（1870—1960），号息侯，又号小肃，晚号瓜圃老人，浙江杭州人。他是晚清遗老重臣。生于杭州，为驻防旗人凤瑞将军之子，满族瓜尔佳氏。汉姓关，名介之。光绪辛丑（1901年）年举人，甲辰（1904年）科进士。他与天津刘春霖同科中进士，刘是一甲第1名（状元），金梁是三甲第139名，二人是"同年"。因转年清政府宣布废除科举，所以金梁也成为中国封建科举制度下的最后一批进士。金梁考取进士后被授编修之职。曾任京师大学堂提调、内城警察厅知事、民政部参议。后任奉天旗务处总办、奉天新民府知府。1908年典守沈阳故宫古物。曾当张作霖府上家庭教师，教过张学良。

　　中华民国成立后，金梁曾任奉天全省清丈局局长、政务司长、洮昌道尹、清史馆校对等。后由张作霖保荐，金梁被安排在沈阳故宫博物院当院长，后又作北洋政府农商部次长。民国初期逊帝溥仪在故宫保留了其小朝廷。因效忠清室，金梁积极参与宗社党复辟活动。后被溥仪召入内廷掌握内务府事务，封为内务府大臣。同时做皇帝的侍读，赐少保衔。1922年前后，北京政府财政空虚，教育部机关连工资都发不出。教育部所属历史博物馆遂请示，决定将故宫大内档案卖掉。北京西单牌楼同懋增南纸文具店经理程运增花了 4050 元银元将档案买下。在广安门善果寺就地零售。一天，金梁、罗振玉、宝熙 3 人来到同懋增，商定出 2.2 万元（一说 1.2 万元）将大内档案全部购下，买方用的是金梁名义，出钱的是著名学者罗振玉。大内档案经整理装箱，通过火车运到天津罗振玉嘉乐里寓所。罗利用这些档案，编印了《史料丛刊初编》。金梁和罗振玉对抢救保存大内档案是有贡献的。

金梁故居（今重庆道 52 号）

1924 年，冯玉祥驱逐溥仪出宫，金梁携眷到了沈阳，依附东三省总督赵尔巽。1925 年溥仪被逐出京寓居天津时，金梁与溥仪也常有联系。

1931 年"九一八"事变后，金梁来津寓居，租赁英租界爱丁堡道（重庆道）52 号一幢楼房，一住就近 20 年。其在津旧宅建于 20 世纪 20 年代，属教会房产，是三层砖木结构的连体楼房，坐北朝南，外跨水泥楼梯直上 2 楼，拱形门厦，铁艺木门，三槽窗。一楼为平窨子，楼内房间宽敞。

金梁居津期间，首先遇到的麻烦是经常有日本特务骚扰，胁迫他出面为日本人做事。为此金梁经常把天津的名伶名票如金幼琴、近云馆主（杨慕兰）、章遏云等请到家中，佯作"玩票"，以此来搪塞日本特务头子土肥原

金梁夫人李宜卿

等的纠缠。金梁在天津除著述自娱外，主要靠名气吃饭，大户人家遇有红白喜事，都愿意请他去主婚、点主。此外他经常给人画扇面、写楹联等，还参加由严范孙、王守恂等人创建的"城南诗社"。金梁居津时，与著名文人章梫十分友好，章号一山，金号息侯，因此人们戏称他们为"一息相通"。

1932 年前后，汉奸王揖唐劝金梁出任伪职，被其严词拒绝。金梁曾纠合遗老结成"俦社"团体，发起"拥徐（世昌）迎驾（溥仪）"运动。伪满在长春登场后，金梁曾多次从天津与溥仪暗送消息，并派人前往联系，进行策应进关的阴谋活动。他除参与政治活动外，还以诗书画等名世。他能文、工诗、善书法，著述甚丰，著有《满洲旧档》《瓜圃述异》《光宣小记》《旧朝纪闻》等书。

1948 年，金梁将在津寓所居住权兑给了别人，只身去了上海。上海解放后他回到天津，全家住在今河北路润兴里 14 号。这是一处两层两底的楼房，是其女婿关富权的房产。1950 年金梁迁居北京，任北京人民政府文物组顾问，后为中央文史馆馆员，撰有《雍和宫》《三坛》《大北京》等文稿，分送全国各图书馆。1962 年 12 月 27 日在北京去世。

金梁的夫人名叫李宜卿，是蒙古旗人，不但能骑马射箭，而且还擅长绘画，尤工画竹，1945 年在爱丁堡道寓所去世。金梁有一子一女，子关东伯，女金西君。

七、其他人士故居

川岛芳子故居

金彭育

川岛芳子

川岛芳子（1906—1948），名金璧辉，字东珍。是清末肃亲王善耆的女儿。她自幼深得其父宠爱。清王朝被推翻后，其父妄图凭借日本帝国主义的势力，达到复辟清室的目地，不惜将其尚在幼年的东珍，送给日本浪人川岛浪速为养女，改名为川岛芳子。川岛芳子在日本度过了她的青少年时代。在她亲父和养父的熏陶和培养下，川岛芳子仇视祖国和人民，矢志恢复清室。1931 年"九一八"事变后，日本帝国主义侵占了我国的东北。川岛芳子认为时机已到，在侵华日军的支持和怂恿下，迫不及待地蹿到满蒙，建立"安国军"，自封为"总司令"。虽然这支杂牌军很快被击溃，但"金司令"的大名从此名闻于世。川岛芳子的特殊，在于有双重国籍、几个姓名、多种身份，性格异常而行动诡密。川岛芳子既是间谍，又是汉奸；既是军人，又是政客；既是女人，又常男装。她经常全副军装，骑着高头大马，驰骋于街头；有时是西装革履，打扮成美男子；有时穿着日式和服，成了一个日本少女。人生角色的极端变化，让人匪夷所思。自"九一八"事变到抗战胜利的 10 多年间，川岛芳子始终上蹿下跳，在东北，在北京，在天津，在日本，干着祸国殃民、不可告人的勾当。

1931 年，正在风雨飘摇之际，日本天津驻屯军司令香掫浩平和大特务土肥原贤二、川岛芳子在天津制造暴乱。他们收买了地痞流氓、社会流民 2000 多人组成了便衣队，由日本人出钱、发枪，并委任李际春、张璧、袁文会等为军政头目。11 月 8 日，这群民族败类由日租界的万国公寓、大同公寓出发，在日军掩护下，袭击国民党政府的公安局、市政府和省政府。早已潜入中国管辖区的便衣队则分别从南市、万德庄、南门外、广开及河北一带策应；日租界的日本警察、宪兵在日租界边沿向我方射击，为便衣队吆喊助威。当晚便衣队攻占了靠近日租界的南市警察署一区六所和驻海光寺二区六所及河北电灯房。时任天津市市长和公安局长的张学铭事先已得知暴乱的消息，他指示以东北军改装的天津保安队进一步做好戒备，于 11 月 9 日凌晨击退了便衣队的进攻，夺回被便衣队占领的地方。这帮乌合之众组成的所谓"第五纵队"（便衣队），狼狈逃回租界。11 月 26 日，日本人发动了第二次便衣队暴乱。当晚 9 时，在日军机关枪的掩护下，便衣队又从日租界海光寺附近袭击中国保安队，日军并在中原公司（今百货大楼）等处架设大炮，袭击国民党省、市政府、公安局、电话局等处，妄图配合便衣队，搞垮天津国民党政府。由于张学铭早已指示保安队作好布防，采取了非常强硬的措施，训练有素的东北军把这群乌合之众打得丢盔解甲，这次暴乱很快被击溃了。

1933 年夏至 1936 年冬。在爱国将领马占山居津期间，日本特务川岛芳子、团伊玖磨对马占山策划了一系列的罪恶的阴谋。但马占山从容面对，巧妙周旋，迎难而上，与之斗争，使日本特务的阴谋破了产。当日本特务了解到马占山到来的消息后，便想暗杀他。日特成立了由 7 男 1 女参加的暗杀小组，准备用手榴弹炸和打黑枪的方式暗杀马占山。时任河北省主席的于学忠是马占山好友，他把保卫工作做得很周密，几次化险为夷。当时，任天津市公安局侦稽总队队长的解方，奉于学忠之命保护马占山，他和马占山的卫士

川岛芳子故居（今解放南路 325 号）

长杜海山密切配合，连续两次破获了暗杀马占山的特务行动。1933 年农历除夕中午，当了解到日特要害马占山之际，有关方面嘱咐马占山不要回家，一方面又在现场埋伏了侦稽队。后除一名日特被击毙外，全部逮捕，处以极刑。

　　1936 年仲夏的一天，马公馆接待了一个穷老头，自称来自河北丰润，名叫马荣，是马占山的父亲。其实马父已去世多年，这分明又是日特的阴谋诡计。老头每天都来吵闹，声称马占山不认亲爹。一时津城舆论大哗。几天后，天津法院竟然将传票送到马公馆，那个叫马荣的的老头以"遗弃尊亲"罪名将马占山告上法庭。但天津的律师竟没有一人为马占山出庭。马占山遂到北平找来著名女律师纪清漪。纪清漪是清代名臣纪晓岚之后，是坚定的具有爱国主义思想的知名人士。赴津前，纪清漪征求了中共地下党员王梓木的意见。他们分析认为，这不是普通的刑事案，是和当时的政治形势联系在一起的，是日本特务的阴谋诡计。奇怪的是，这个老头在法庭上却身着整齐的长袍马褂，一副志在必得的样子。经过法庭交锋，女律师纪清漪有理有据，原告马荣败诉，并被判 6 个月监禁。马荣出狱后，原本有钱请律师的老头，却依旧是一副衣衫褴褛的样子。这离奇的官司，原来是日特策划的闹剧，策划人便是川岛芳子。

川岛芳子在天津有其公馆，位于德租界的威廉街（今解放南路 325 号人民印刷厂内）。该房建于 20 世纪 20 年代中叶，现房犹在，保存完好。为砖木结构德式 2 层楼房，为花园洋房。多坡红瓦顶、白色混水墙面，并设有阁楼和老虎窗。占地面积 125 平方米，建筑面积 298 平方米，共有房屋 18 间。楼房南侧面凸出，1 楼入口处和 2 楼均为外廊式。居室内有灯光灰线、菲律宾木护墙板和英式壁炉。1 楼主会客厅中央建有微型喷泉。现为天津环球磁卡股份有限公司办公楼。

川岛芳子先后两次来此居住。1932 年，上海爆发"一·二八"事件后，川岛芳子北上来到天津，她以清廷十四格格的身份护送婉容（爱新觉罗·溥仪之妻）经大连去长春。当时川岛芳子和婉容均小住在该楼内。第二次来此居住是来津从事"华北自治"运动，住此楼约半年。后因川岛芳子在津遇刺就换到日租界宫岛街（现鞍山道）去了。川岛芳子经常去的地方有：末代皇帝溥仪居住的张园和静园，日本租界宫岛街上的日本人建筑，英租界维多利亚路上的利顺德大饭店，马厂道（今马场道）上的西湖饭店等。

川岛芳子在抗战胜利后不久，被当时进占北平的国民党当局，以汉奸叛国罪逮捕。经审判处死刑，于 1948 年春在关押的"北平第一监狱"内秘密执行枪决，结束其罪恶的一生。

附录：近代天津名人故居一览表

姓　名	身　份	现　址	使用情况	备　注
一、早期党的领导人故居				
于方舟		（宁）俵口乡解放村北头	纪念馆	
		（和）建设路芸芳里2号	民居	
		（和）泰安道3号	遗址	
毛泽民		（和）唐山道47号	民居	
		（和）先农里11号	遗址	
江　浩		（和）长春道普爱里4排21号	遗址	
刘少奇		（和）黑龙江路隆泰里19号	纪念馆	
刘清扬		（红）西北角严翰林胡同14号	遗址	
李季达		（和）南京路集贤里17号	遗址	
		（和）保定道松寿里79号	遗址	
		（和）长沙路求志里17号	民居	
安幸生		（辰）上河头镇上河头村	纪念馆	
周恩来		（北）元纬路元吉里4号	遗址	
二、抗日爱国人士故居				
马占山	抗日将领	（和）湖南路11号	民居	
		（和）大理道9号	餐饮	
		（和）大理道30号	办公	
李文田	抗日将领	（北）北安道20号	民居	
吉鸿昌	革命烈士	（和）花园路5号	医院	
		（和）新华路庆云里	民居	原牛津别墅3号
关麟征	抗日将领	（和）长沙路95号	办公	
杨十三	革命烈士	（和）成都道鹏程里4号	民居	
张自忠	抗日将领	（和）成都道60号	办公	
		（北）第二医院	医院	

姓 名	身 份	现 址	使用情况	备 注
张学良	爱国将领	（和）赤峰道 78 号	办公	
张学铭	爱国人士	（和）睦南道 50 号	办公	
宋哲元	抗日将领	（和）新华路 231 号	遗址	
		（和）南京路 98 号	民居	
赵天麟	抗日烈士	（和）成都道 73 号	民居	
高树勋	起义将领	（和）睦南道 141 号	办公	
三、社会名流故居				
李叔同	文化名人	（北）粮店后街 60 号	遗址	
		（北）粮店后街陆家竖胡同 2 号	遗址	
严 复	文化名人	（南开）宫北大街大狮子胡同 1 号	遗址	
		（和）建设路源茂里	遗址	
梁启超	文化名人	（北）民族路 44 号、46 号	纪念馆	
严范孙	文化名人	（红）严翰林胡同 10 号、12 号	遗址	原西北角贞女大街 1 号
		（和）重庆道 144 号、146 号	办公	
周学熙	工商名人	（和）澳门路 1、3、5、7 号	商住	
张伯苓	文化名人	（南开）三马路 26 号	遗址	
		（南开）南门外大街 272 号	工厂	
		（和）大理道 39 号	办公	
王劭廉	文化名人	（和）赤峰道 74 号	办公	
张克忠	教育家	（和）睦南道 37 号	办公	
		（西）桃园村大街 105 号	遗址	
庄乐峰	工商名人	（和）花园路 10 号	办公	
袁家骝	物理学家	（和）成都道 93 号	民居	
金 钺	文化名人	（西）台北路 2 号	遗址	
		（西）苏州道玉川居胡同 5 号	遗址	
张叔诚	收藏家	（和）成都道 118 号	办公	
		（和）重庆道生生里 9 号	民居	
华世奎	书法家	（南开）东门内大街 141～147 号	遗址	
		（北）北安道 3 号	民居	
赵以成	脑外科专家	（和）常德道 69 号	民居	
朱宪彝	内分泌专家	（和）成都道 100 号	民居	

姓 名	身 份	现 址	使用情况	备 注
林 崧	妇产科专家	（和）睦南道 65 号	民居	
沈理源	建筑师	（和）洛阳道 21 号	办公	
阎子亨	建筑师	（和）岳阳道福林里	遗址	
曹 禹	戏剧家	（北）民主道 23、25 号	遗址	
焦菊隐	戏剧家	（北）锦衣卫桥"浦园"	遗址	
沈 浮	电影导演	（南开）南门东崔家大桥护城河畔	遗址	
谢 添	电影导演	（和）菜市街菜市里 2 号	遗址	
杨 度	近代名人	（河西）浦口道青岛胡同	民居	
		（河西）绍兴道松盛里	遗址	
罗隆基	近代名人	（和）贵州路津中里	民居	
陈省身	数学家	（南开）三马路颐寿里	遗址	
		（南开）南开大学宁园	民居	
郑孝胥	清末遗老	（和）山西路耀华里 51、52 号	遗址	
王 襄	考古专家	（南开）东门内大街大刘家胡同 15 号	遗址	
李烛尘	实业家	（和）马场道 102 号	民居	
		（和）辽宁路 187 号	办公	
		（和）睦南道 58 号	民居	
		（和）四平东道 57 号	民居	
侯德榜	化学家	（塘）永利新村 5 条 24 号	遗址	
		（西）解放南路 323 号	遗址	
范旭东	实业家	（和）鞍山道太和里	民居	
周叔弢	收藏家	（和）睦南道 129 号	民居	
		（和）芷江路泰华里 6 号	民居	1937 年前后居住
毕鸣岐	实业家	（和）常德道 50 号	办公	
		（和）常德道 78 号	民居	
		（和）大理道 63 号	办公	
		（和）桂林路 16 号	办公	
范竹斋	实业家	（和）赤峰道 78 号	办公	
		（南开）西门内大街达摩庵胡同东	遗址	宅为西门内大街 97 号、99 号 东跨院和花园为祁东胡同 2 号、4 号

姓　名	身　份	现　　址	使用情况	备　注
宋棐卿	实业家	（和）马场道 116 号	托幼	
		（和）睦南道 68 号	办公	
		（和）睦南道 84 号	民居	
		（北）北安道 44 号	遗址	
吴鼎昌	实业家	（和）多伦道 216 号劭园	遗址	
陈亦侯	银行家	（和）西安道 93 号	遗址	
胡仲文	金融家	（和）成都道永定里 14 号、15 号	民居	
梁炎卿	买办	（和）新华路 201 号	遗址	
郑翼之	买办	（和）郑州道 35 号	办公	太古郑
雍剑秋	买办	（和）马场道 60 号、62 号	民居	
孙仲凯	实业家	（和）新华路 120 号	办公	元隆孙
刘髯公	著名报人	（北）建国道 66 号	办公	
金显宅	肿瘤专家	（和）睦南道 69 号	民居	
卞俶成	实业家	（和）睦南道 81～87 号	民居	
		（北）光复道 1 号	民居	卞家大院
朱继圣	实业家	（和）成都道 104 号	民居	
丁懋英	医学家	（和）成都道 106 号	民居	
詹天佑	铁路专家	（和）建设路源茂里	民居	
茅以升	桥梁专家	（红）河北工业大学团城	办公	
刘春霖	末代状元	（北）李公祠大街 48 号	遗址	
宁星普	实业家	（和）陕西路 55 号	民居	
		（南开）三纬路 50 号	民居	
陈少梅	国画家	（和）成都道 103 号	餐饮	
刘子久	国画家	（北）天纬路中兴胡同	遗址	
朋　弟	漫画家	（和）宜昌道慧德里 7 号	遗址	
谈丹崖	金融家	（和）洛阳道先农大院	民居	
刘奎龄	画家	（西）土城平建里 2、3 号	遗址	
周明泰	戏曲专家	（和）河北路 277 号	办公	
刘彭寿	实业家	（和）新华南路庆云里 2 号		
孙冰如	实业家	（和）成都道 94 号	办公	
		（和）马场道 169～171 号原西湖饭店和西湖别墅	遗址	

（续表）

姓 名	身 份	现 址	使用情况	备 注
梅 氏	文化名家	（红）西北角梅家胡同	遗址	梅家胡同梅家
李 氏	实业家	（南开）东门内二道街冰窖胡同	遗址	李善人
		（和）睦南道 26 ~ 28 号	办公	
孙 氏	实业家	（和）大理道 66 号	宾馆	寿州孙
石 氏	知名人士	（西青）杨柳青镇河沿街	石家大院	杨柳青石
乐 氏	实业家	（和）睦南道 54 号	民居	达仁堂乐
		（和）成都道 131 号	办公	达仁堂乐
乔 氏	实业家	（和）赤峰道 70 号	办公	大德通乔
陈 氏	实业家	（和）成都道 20 号、22 号	办公	洋灰陈
高云览	作家	（和）湛江道 21 号	遗址	伟夫路 21 号
宋则久	实业家	（和）赤峰道 125 号	民居	
章瑞庭	实业家	（和）花园路 9 号	办公	
李勉之	实业家	（和）睦南道 74 号	办公、餐饮	
王雨生	实业家	（和）重庆道 29 号	办公	
朱继圣	实业家	（和）成都道 104 号	民居	
徐鹤桥	实业家	（南开）仓敖街 48 ~ 58 号	民居	
誉玉普	实业家	（和）大理道 37 号	托幼	
吴泰勋	实业家	（和）马场道 16 ~ 18 号	遗址	
蔡慕韩	实业家	（和）建设路 70 号	民居	
赵汉卿	实业家	（和）建设华安大街 162 ~ 164 号	学校、民居	冰窖赵家
孟养轩	实业家	（北）民生路（博爱道交口西南角）	办公	孟氏家庙
王松午	实业家	（北）建国道（现天津电力学会）	办公	王松午为王郅隆次子
"麻袋王"	实业家	（和）河北路 271 号	民居	"麻袋王"因经营麻袋生意得名
李宝诚	实业家	（和）建设路 97 号	办公	天津八大家"李善人"的三代嫡孙
李魁元	实业家	（和）南京路 110 号	遗址	天祥商场老板
石松岩	实业家	（和）河北路 279 号	民居	津门"八大家"之一的石家后人
孙季鲁	实业家	（和）郑州道 20 号	办公	天津裕蓟盐务公司经理
卞述卿	实业家	（南开）北门内沈家栅栏胡同	遗址	卞家大院
宋振刚	实业家	（东）李地大街铁路二小学新 16 号	民居	
李艳章	实业家	（东）李公楼前街 1 号	民居	李氏小楼

姓 名	身 份	现 址	使用情况	备 注
王光英	实业家	（和）重庆道24号剑桥大楼	民居	原全国人大常委会副委员长
		（和）长沙路66～68号民园大楼	民居	解放前在此居住
叶兰舫	天津总商会会长	（和）新华路118号	办公	
高星桥	买办	（和）辽宁路162号	民居	
李吉甫	买办	（和）花园路12号	办公	仁记李
吴颂平	买办	（和）昆明路117号	餐饮	汇丰吴
林子香	买办	（和）睦南道114号	民居	比利时商业电灯电车公司中方买办
靳少卿	买办	（和）西安道64号	遗址	西安道小学址
		（和）唐山道54号	民居	
徐朴庵	买办	（南开）东门内大街202号	博物馆	现老城博物馆
陈祝龄	买办	（和）保定道4号	办公	怡和洋行副买办
张茂林	买办	（和）新华南路36号会馆	办公	东棉洋行总经理
孙啸南	金融家	（和）常德道20号	办公	中孚银行副经理
魏采章	银行家	（和）长沙路泉源里4号	民居	原泉德里
严家祯	银行家	（西）马场道155～167号	遗址	
王益斋	盐商	（南开）户部街60号	遗址	天津八大家之一"益德王"
王君直	盐商	（南开）老城厢府署街69号	遗址	王氏旧宅
杨 氏	盐商	（南开）宫北大街13号	遗址	天津八大家之一"长源杨"
张锦文	盐商	（南开）东北角龙亭街民居里	遗址	
安文忠	富商	（北）博爱道74号	遗址	杨柳青"赶大营"先导人物
易幼卿	富商	（北）民族路93～94号	民居	
高星桥	富商	（和）辽宁路162号	办公	
张浙洲	富商	（和）长春道184号	民居	
孟 氏	富商	（和）常德道26～28号	民居	天津八大家之一章丘孟家
孟 氏	绸缎商	（北）博爱道12号	民居	谦祥益孟氏家庙
凌 氏	绸缎商	（西）越秀路小王庄	遗址	凌家大院
胡炳旺	绸缎商	（北）北安道（光复道交口东北角）	民居	
凌月波	大棉布商	（和）赤峰道142号	办公	
张子祥	工商业主	（和）烟台道76号	民居	
麦信坚	轮船业主	（和）新华路120号	办公	1933年卖给"元隆孙"
刘 家	工商业主	（红）北马路286号	遗址	刘家大院

（续表）

姓 名	身 份	现 址	使用情况	备 注
王 家	工商业主	（红）针市街 166 号	遗址	王家大院
方先之	骨科专家	（和）睦南道 109 号	民居	
范 权	儿科专家	（和）常德道 24 号	办公	
林必锦	耳鼻喉专家	（和）睦南道 60 号	民居	
张纪正	胸外科专家	（和）大理道 53 号	民居	
张天泽	肿瘤专家	（和）马场道 108 号	民居	
卞万年	内科专家	（和）云南路 57 号	办公	
		（西）台儿庄路 51 号	餐饮	
虞颂庭	泌尿科专家	（和）睦南道金林村 2 号	民居	虞颂庭俞霭峰为伉俪
俞霭峰	妇产科专家	（和）睦南道金林村 2 号	民居	
柯应夔	妇科专家	（和）睦南道 139 号	民居	
杨 珂	妇科专家	（和）马场道安乐村 18 号	民居	
施锡恩	泌尿科专家	（和）睦南道 75 号	民居	
欧阳乾	泌尿科专家	（和）马场道安乐村 1 号	民居	
毛羽鸿	名医	（北）民族路光复道小学对面的联体公寓楼	民居	北宁铁路医院院长
张公扐	外交家	（和）花园路 2 号	办公	
陶茂正	知名人士	（和）成都道 36 号	办公	
王卓然	知名人士	（北）博爱道 28 号	办公	九三学社发起人之一
陈宝泉	教育家	（和）长沙路平安里 5 号	民居	名晓庄，20 世纪 30 年代住此
李书田	教育家	（和）新华南路庆云里 36 号	民居	
凌勉之	教育家	（和）长沙路四治里 2 号	民居	
林墨青	教育家	（南开）西门内中营前街 18 号	遗址	
马千里	教育家	（南开）西门内大街祁东胡同 14 号	遗址	
赵光宸	教育家	（和）建设华安大街 162～164 号	学校、民居	冰窖赵家后人
郑庭玺	教育家	（和）芷江路泰三义里 1 号	民居	天津文史研究馆馆员
王荷舫	教育家	（北）建国道	民居	民主剧场附近
邓庆澜	教育家	（和）黄家花园福顺里	遗址	
罗光道	教育家	（和）山西路耀华里 25 号	遗址	原耀华里 45 号
徐克达	教育家	（和）张庄大桥义庆里 45 号	遗址	
丁文江	地质学家	（北）民生路	遗址	天津意租界东马路 30 号
王华棠	水利专家	（和）芷江路泰华里 1 号	民居	原王怀庆故居

姓　名	身　份	现　　址	使用情况	备　注
卢景贵	天文学家	（北）北安道 19 号	民居	
卢鹤绂	核物理学家	（北）北安道 19 号	民居	卢景贵之子
霍元甲	爱国武术家	（西青）小南河村	陈列馆	
陶　湘	收藏家	（和）成都道 14 号	民居	
胡宗楙	著名学者	（和）南海路永康里 1 号	办公	刻书家、目录学家和藏书家，其寓所"颐园"
任凤苞	收藏志书名家	（和）山西路 186 号（赤峰道口）	民居	法租界萨工程师路
李学曾	书法家	（东）大直沽中街 50 号	遗址	
王召南	书法家	（和）长沙路永安里 2 号	民居	
郑诵先	章草书法家	（北）民族路饮冰室对过南侧	办公	原智德小学南侧
王守恂	地方史学家	（南开）老城厢府署街 69 号	遗址	"近代天津诗坛三杰"
杨宪益	翻译家	（和）山东路、（和）耀华里、（和）兆丰里	遗址	日租界花园街、英租界耀华里、法租界兆丰里
赵元任	语言学家	吉林路与承德道交口一带	遗址	紫竹林
沈　湘	音乐家	（和）河北路 86 号	民居	原法租界 31 号路 6 号
马连良	京剧大师	（和）河北南路疙瘩楼	餐饮	
杨荣环	京剧名家	（和）马场道安乐村 10 号	民居	
骆玉笙	金嗓鼓王	（和）马场道安乐村 11 号	民居	
魏元泰	风筝世家	（南）东门内大街 221 号	遗址	风筝魏
刘凤鸣	刻砖世家	（红）春德街蔡家胡同 1 号	遗址	刻砖刘
姚逢年 姚承恩	世进士第	（南开）东门内大街 225 号	遗址	姚家大院（扛张胡同 22 号）
董兆荣	杨柳青八大家之一	杨柳青镇猪市大街 19 号	遗址	
安　氏	杨柳青八大家之一	杨柳青镇估衣街 2 号	景点	安氏家祠
施剑翘	知名人士	（和）重庆道世界里	民居	1935 年借居此亲戚家
胡纯赞	知名人士	（北）北安道（博爱道交口）	民居	周恩来学友，博爱道 74 号东侧
四、外国知名人士故居				
胡　佛	美国 31 届总统	（和）马场道 6 号	遗址	美籍
德璀琳	旧海关税务司	（西）马场道 271 号	遗址	德籍
汉纳根	德璀琳女婿	（西）马场道 271 号	遗址	德籍

（续表）

姓　名	身　份	现　　址	使用情况	备　注
桑志华	生物学家	（西）马场道 119 号	院校	法籍
李爱锐	奥运冠军	（和）重庆道 38 号	办公	英籍
纳　森	开滦总经理	（和）睦南道 70 号	办公	英籍
		（和）浙江路 1 号	办公	
		（和）泰安道 7 号	办公	
盖　苓	建筑设计师	（和）重庆道 24 号	民居	奥籍
		（西）蚌埠道 7 号	遗址	
马歇尔	美国国务卿	（西）广东路 1 号	院校	美籍
史迪威	美国军官	（西）广东路 1 号	院校	美籍
魏德迈	美国军官	（西）广东路 1 号	院校	美籍
麦克鲁	美国军官	（西）广东路 1 号	院校	美籍
包瑞德	美国军官	（西）广东路 1 号	院校	美籍
泰莱悌	实业家	（和）曲阜道 3～5 号	办公、民居	英籍印度人
李亚溥	实业家	（和）解放路 116 号	银行	瑞士犹太人
赫　赛	美作家主席	（和）新华路 158 号	民居	美籍
爱泼斯坦	名记者	（西）镇江道 7 号	遗址	波兰犹太人
崔　伯	教育家	（西）湛江路 19 号	民居	华籍美国人
		（北）黄纬路仁田西里	遗址	
崔古柏夫	实业家	（和）浙江路 27 号	宾馆	俄国犹太人
		（和）重庆道 12 号	民居	
雷鸣远	传教士	（北）狮子林大街望海楼教堂	教堂	西班牙籍
库拉也夫	实业家	（西）解放南路 290 号	遗址	美籍俄国人
鲍乃弟	建筑设计师	（北）建国道	遗址	意籍，大马路 26 号
慕　勒	建筑设计师	（和）解放路 34 号	办公	法籍
波尔顿	会计家	（西）台儿庄路 51 号	餐饮	英籍
达文士	皮毛商人	（西）马场道 121 号	民居	英籍
德日进	生物学家	（西）马场道 119 号	院校	法籍
马根济	医学家	（和）大沽路 74 号	医院	英籍

姓　名	身　份	现　址	使用情况	备　注
五、北洋政府、国民政府军政要员故居				
袁世凯	总统	（津南）小站镇	遗址	
		（和）建设路 64 号	办公	
		（北）地纬路元春里、谦让里	院校	
		（北）海河东路 39 号	餐饮	
		（西）大沽路 54 号	办公	
		（西）大沽路 56 号	办公	
黎元洪	总统	（和）河北路 283 号	商场	
		（和）解放南路 268 号	遗址	
冯国璋	总统	（北）民主道 50～54 号	民居	
		（北）宇纬路 6 号	民居	
徐世昌	总统	（和）泰安道 26 号	遗址	
		（和）新华南路 255 号	办公	
		（西）闽侯路 1 号	学校	
曹锟	总统	（北）五马路	医院	
		（和）河北路 211 号	学校	
		（和）南海路 2 号	托幼	
		（北）民主路 27 号	办公	
		（北）进步道 94 号	医院	天津市第一医院门诊部旧址
段祺瑞	内阁总理	（和）鞍山道 38 号	学校	
张作霖	奉系首领	（和）睦南道 11 号	办公	
		（北）黄纬路 254 医院	医院	
唐绍仪	首任内阁总理	（西）马场道 5～17 号马场道公寓址	遗址	
顾维钧	内阁总理	（和）河北路 267 号	办公	
颜惠庆	内阁总理	（和）睦南道 24 号	办公	
张绍曾	内阁总理	（和）河北路 334 号	餐饮	
朱启钤	内阁总理	（西）马场道 164 号	办公	
龚心湛	内阁总理	（和）重庆道 64 号	餐饮	
靳云鹏	内阁总理	（和）四川路 2 号	办公	
		（和）南海路尚友村 1 号	办公	
		（北）建国道西段北侧	民居	位于北安道与寿安街之间

（续表）

姓 名	身 份	现 址	使用情况	备 注
潘 复	内阁总理	（和）马场道 2 号	遗址	
黄 郛	内阁总理	（北）民主道 7 号	遗址	
刘冠雄	海军总长	（西）马场道 123 号	院校	
土邽隆	财政总长	（西）南京路 27 号	办公	
		（北）建国道第一医院住院部	医院	大马路 17 号
吴毓麟	交通总长	（北）民主道 38 号	办公	
		（西）解放南路 292 号	办公	
张志潭	农商总长	（和）大理道 4 号	办公	
鲍贵卿	陆军总长	（北）民族路 47 号	办公	
		（北）平安街 81 号	办公	
杨文恺	农商总长	（和）大理道小园西华村	民居	
		（和）成都道世界里	民居	
		（和）河北南路林东大楼	民居	
袁乃宽	农商总长	（北）海河东路 39 号	餐饮	
曹汝霖	交通总长	（和）山西路 108 号	民居	
		（和）贵州路 86 路	民居	
倪嗣冲	安徽督军	（和）南京路 84 号	托幼	
		（西）马场道儿童医院	医院	
		（北）进步道第一医院对过	民居	
李厚基	福建督军	（和）赤峰道 90 号	办公	
陆洪涛	甘肃督军	（和）建设路 80 号	办公	
卢金山	湖北督军	（西）宁波道 33 号	民居	
王占元	湖北督军	（和）大理道 60～64 号	疗养院	
		（北）自由道 68 号	遗址	
		（北）民主道（华安街一带）	遗址	
		（北）进步道（平安街交口东侧）	遗址	
张作相	吉林省长	（和）重庆道 4 号	办公	
		（和）烟台道	办公	
		（和）西安道 34 号	院校	
		（和）大理道 64～70 号	疗养院	没住

姓　名	身　份	现　址	使用情况	备　注
孟恩远	吉林督军	（和）重庆道 23 号	餐饮	
		（津南）双桥河乡西泥沽村	遗址	孟家祠堂
李　纯	江苏督军	（南）南丰路	文化宫	李纯祠堂
齐燮元	江苏督军	（和）新华路 178 号	遗址	
孙传芳	五省联军总司令	（和）泰安道 17 号	办公	
蔡成勋	江西督军	（和）大理道 1 号、3 号	办公、救护	
		（北）日纬路 84 号	院校	
陈光远	江西督军	（和）大理道 48 号	托幼	
		（和）烟台道 62 号	遗址	
张　勋	江苏督军	（和）保定道 59 号	院校	
		（西）浦口道 6 号	办公	
杨以德	天津警察厅长	（南开）二纬路 41 号	办公	
		（北）建国道 72 号	民居	
汤玉麟	热河省主席	（和）花园路 3 号	遗址	
		（北）民主道 38 号	办公	
田中玉	山东督军	（和）营口道 42 号	办公	
郑士琦	山东督军	（和）建设路 47 号	办公	
林宪祖	山东省长	（和）常德道 8 号	办公	
熊炳琦	山东省长	（和）睦南道 127 号	民居	
阎锡山	山西省长	（和）陕西路 55 号	民居	
马福祥	绥远都统	（和）河北路宁静里旁和平五幼	托幼	马家楼
马鸿逵	宁夏省主席	（和）河北路宁静里 1 ~ 4 号	民居	马家楼
徐世章	交通部次长	（和）今大理道 26 ~ 28 号	民居	
		（和）睦南道 126 号	医院	
萧占瀛	天津市长	（西）台儿庄路 54 号	遗址	
		（和）桂林路协兴里 11 号	民居	
张廷谔	天津市长	（北）民主道 33 号、35 号	民居	
		（西）宁波道 2 号	托幼	
陆宗舆	驻日公使	（和）鞍山道 70 号“乾园”	民居	
孙殿英	军长	（和）睦南道 20 号	办公	
		（和）南京路 114 号	民居	

（续表）

姓　名	身　份	现　址	使用情况	备　注
鹿钟麟	京畿司令	（和）大理道 18 号	民居	
		（和）陕西路 53 号	民居	
卢永祥	浙江督军	（和）赤峰道 130 号	办公	
高凌蔚	国务总理	（和）包头道 10 号	民居	日租界桃山街（归绥道）10 号
钱能训	国务总理	（西）杭州道 10 号（今河西区第八幼儿园址）	遗址	德租界埃姆登街 10 号
熊希龄	国务总理	（和）南京路 84 号倪嗣冲故居附近	遗址	小孟庄 10 号
冯玉祥	爱国民主人士	（和）陕西路福缘里 29 号	民居	
陆　锦	陆军总长	（和）辽北路 17 号	民居	
		（和）陕西路 174 号	遗址	
齐耀珊	陆军总长	（北）光明道 1 号	办公	光复道 1 号
金邦平	农商总长	（和）重庆道 114 号	办公	
王揖唐	内务总长	（和）沈阳道 66 号	办公	
张怀芝	参谋总长	（北）民族路 16 号	民居	
章宗祥	司法总长	（北）民主道	遗址	二马路 19 号
张福运	海关总署长	（和）常德道 2 号	招待所	赠与林鸿贲
吴景濂	众议院议长	（和）新华路文联大楼	办公	
刘汝明	察哈尔省长	（和）长沙路 64 号	托幼	
		（和）马场道 150 号	民居	
刘翼飞	察哈尔省主席	（北）民族路马可波罗广场西南角	民居	孙良诚故居西侧后部，已拆改为居民楼
王廷祯	察哈尔都统	（和）陕西路 3 号	民居	
张锡元	察哈尔都统	（和）保定道通达里 4 号	遗址	
王怀庆	热河都统	（和）芷江路泰华里 1 号	民居	
李鸣钟	绥远都统	（和）花园路 11 号	办公	
张怀斌	烟台镇守使	（北）民族路 16 号	民居	
孙振家	湖北省省长	（和）营口道 125 号	民居	
曹　锐	直隶省省长	（北）民主道 29 号	办公	
毕桂芳	黑龙江省省长	奉化道 7～9 号	民居	旧德租界法尔肯海恩街 11 号
米春霖	辽宁省政府代主席	（和）长沙路 95 号	办公	关麟征故居左首
石敬亭	山东省主席	（和）长沙路 69 号	民居	
吴新田	陕西督军	（和）马场道 74 号	银行	

姓 名	身 份	现 址	使用情况	备 注
傅良佐	湖南督军	（和）湖北路（南京路口）	遗址	英租界戈登路 160 号
张敬尧	湖南督军	（北）民主道	遗址	二马路 27 号
杨增新	新疆督军	（北）民族路协丰里	民居	杨增新建协丰里 4 所楼房
段芝贵	陆军总长	（北）民主道 35 号	民居	二马路 20 号，1917 年段祺瑞暂住，1926 年卖与张廷谔
吕调元	安徽省省长	（北）建国道 11 号	民居	1917 年段祺瑞暂住
张福来	河南督理	（和）建设路 69 号	民居	
龙觐光	云南巡按使	（西）宁波道 32 号	民居	
雷震春	河南护军使	（西）江苏路 2 号	办公	
孙良诚	西北军军长	（北）民族路马可波罗广场西南角	民居	
孙桐萱	军长	（和）重庆道 68 号	民居	抗战期间任第三集团军总司令
吴泰勋	军职	（和）马场道 16～18 号	民居	奉系军阀吴俊生之子
范国璋	师长	（红）太平街 12 号、14 号	遗址	
程 克	天津市长	（北）进步道 80～84 号	民居	程克建福寿里
胡若愚	青岛市长	（北）建国道 27 号	遗址	遗址为今迎安里 1 号
方 若	伪天津市长	（和）多伦道 186 号	遗址	
徐树强	伪唐山市长	（和）睦南道 128 号	办公	
林修竹	教育部次长	（和）常德道 38 号	托幼	
朱有济	财政部次长	（和）成都道 92 号	民居	天津票界三杰之一
王鸿陆	长芦盐运使	（北）民主道	遗址	二马路 37 号
杜友樵	孙传芳五省联军总司令部秘书长	（和）长沙路 42 号	民居	杜家大院
梁子青	天津市政府秘书长	（和）桂林路 45 号（今 19 号）	民居	
佟德一	营口道尹	（和）常德道 62～64 号	民居	堂号"德裕堂"
王一民	天津保安总队总队长	（北）民生路民建胡同北侧	民居	
曾延毅	山西瓯州警备司令	（和）常德道 1 号	民居	
李汉元	天津警察局长	（和）重庆道世界里 20 号	民居	
阎家琦	天津警察局长	（北）北安道 21 号	民居	
六、清朝遗老遗少故居				
载 振	庆亲王	（和）重庆道 55 号	办公	
载 洵	海军大臣	（西）浦口道 31、33 号	学校	

（续表）

姓 名	身 份	现 址	使用情况	备 注
载 抡	遗老	（和）香港路 1 号	民居	
		（西）台儿庄路与徐州道交口北侧	遗址	
载 泽	摄政王	（和）湖北路 27 号	办公	
那 桐	军机大臣	（和）新华路 176 号	办公	
袁克定	袁世凯长子	（西）台北路 6 号	办公	
张鸣歧	两广总督	（和）贵州路 88 号	民居	
		（北）民族路 80 号	办公	
		（北）自由道 21 号	办公	
		（北）民生路 69 号	办公	
小德张	太监大总管	（和）睦南道金林村 4 号	民居	
张 彪	陆军第八镇统制	（和）鞍山道 59 号	办公	张园
金 梁	内务部次长	（和）重庆道 52 号	民居	
溥 仪	末代皇帝	（和）鞍山道 59 号	办公	张园
		（和）鞍山道 70 号	修缮中	静园
		（北）民生路舒家楼	民居	暂住
荣 庆	刑部尚书	（和）新华路庆云里 2 号	民居	
婉 容	末代皇后	（和）南海路惠安里	遗址	原静安里
袁克文	袁世凯次子	（和）成都道 66～68 号	民居	
袁克桓	袁世凯六子	（和）长沙路 93 号	民居	名新武，晚年住此
王益孙	黑龙江巡抚	（和）河北南路 273 号	餐饮	
李 准	广东水师提督	（和）赤峰道	不详	
吴重熹	河南、江西巡抚	（和）烟台道 56～58 号	民居	
张氏故居	皇室驯马师	（和）浙江路 16 号	民居	绰号"快马张"
张仲金	清末道台	（和）多伦道 228 号	遗址	张家大院
七、其他人士故居				
川岛芳子	日本间谍	（西）解放南路 325 号人民印刷厂内	办公	
李宝忤	杀人犯	（和）睦南道 22 号	办公	津门箱尸案主犯

（金彭育　张绍祖）

后　记

　　《名人故居博览·天津卷》一书收录了 160 多位近代在全国和天津知名人物的故居和相关的故事，搜集 400 来幅老照片，并附录了由 260 多位名人组成的天津名人故居一览表。

　　《名人故居博览·天津卷》一书的编写凝聚了关于天津近代名人故居资料搜集、研究的成果。天津有关单位曾相继编辑出版了《天津近代建筑》《天津房地产志》《天津文史资料选辑》《近代中国天津名人故居》《今晚丛刊·五大道的故事》《天津文化通览·五大道的故事》《今晚丛刊·意式风情街》《海河河西史话》等书。《天津日报》《今晚报》《天津老年时报》《天津青年报》（《城市快报》前身）、《天津政协》等报刊也曾开辟有关天津小洋楼、名人名楼的专栏，汇聚了有关天津名人故居的史料，为该书的编写出版打下了良好的基础。多年来天津涌现了一批热心搜集、研究天津名人故居的专家、学者和文史工作者，王振良就是其中的代表。本书有的文章就吸取了他曾发表在《今晚滨海》报上文章的成果。本书执笔是二三个人，但凝聚的是天津名人故居搜集、研究的成果。在此向搜集、研究天津名人故居的有关单位和个人表示敬意和感谢。

　　《名人故居博览·天津卷》一书收录的名人众多，事件久远，许多名人故居随着城市的发展，或不存在，或变化甚大。加之编者水平有限，难免有错误之处，希望读者，特别是书中收录的名人的后裔给予批评指正。另外关于名人故居的地址、产权没有经过权威部门的认证，不可以本书作为产权根据。

图书在版编目（CIP）数据

名人故居博览.天津卷/全国政协文化文史和学习委
员会,天津市政协文史资料委员会编.-- 北京：中国文
史出版社,2018.3
　ISBN 978-7-5205-0189-7

　Ⅰ.①名… Ⅱ.①全… ②天… Ⅲ.①名人—故居—
介绍—天津 Ⅳ.① K878.2

　中国版本图书馆 CIP 数据核字 (2018) 第 063942 号

责任编辑：殷　旭

出版发行：中国文史出版社
网　　址：www.wenshipress.com
社　　址：北京市海淀区西八里庄路 69 号　邮编：100142
电　　话：010-81136606　81136602（发行部）
传　　真：010-81136666
印　　装：廊坊市海涛印刷有限公司
经　　销：全国新华书店
开　　本：16 开
印　　张：42　字数：530 千字
版　　次：2021 年 2 月北京第 1 版
印　　次：2021 年 2 月第 1 次印刷
定　　价：118.00（上下册）